何谓法律：
美国最高法院中的宪法

查尔斯·弗瑞德

Saying What the Law Is by Charles Fried
Copyright© 2004 by Charles Fried
Published by arrangement with Harvard University Press
Simplified Chinese translation copyright© 2008
By Peking University Press
ALL RIGHTS RESERVED

宪政经典

何谓法律：
美国最高法院中的宪法

Saying What the Law Is:
The Constitution in the Supreme Court

〔美〕查尔斯·弗瑞德　著
胡敏洁　苏苗罕　李鸻　译

北京大学出版社
北京·2008年

著作权登记号:01-2005-1914

图书在版编目(CIP)数据

何谓法律:美国最高法院中的宪法/(美)查尔斯·弗瑞德著;胡敏洁,苏苗罕,李鸧译.—北京:北京大学出版社,2008.7
(宪政经典)
ISBN 978-7-301-14058-1

Ⅰ.何… Ⅱ.①查… ②胡… ③苏… ④李… Ⅲ.宪法-研究-美国 Ⅳ.D971.21

中国版本图书馆 CIP 数据核字(2008)第 103773 号

书　　　名:	何谓法律:美国最高法院中的宪法
著作责任者:	〔美〕查尔斯·弗瑞德　著
	胡敏洁　苏苗罕　李　鸧　译
责 任 编 辑:	白丽丽
封 面 设 计:	第零书装部
项 目 策 划:	博珩编译室
标 准 书 号:	ISBN 978-7-301-14058-1/D·2093
出 版 发 行:	北京大学出版社
地　　　址:	北京市海淀区成府路 205 号　100871
网　　　址:	http://www.pup.cn　电子邮箱:law@pup.pku.edu.cn
电　　　话:	邮购部 62752015　发行部 62750672　编辑部 62752027
	出版部 62754962
印 刷 者:	三河市新世纪印务有限公司
经 销 者:	新华书店
	650mm×980mm　16 开本　22.25 印张　299 千字
	2008 年 7 月第 1 版　2008 年 7 月第 1 次印刷
定　　　价:	38.00 元

未经许可,不得以任何方式复制或抄袭本书之部分或全部内容。
版权所有,侵权必究
举报电话:010-62752024　电子邮箱:fd@pup.pku.edu.cn

序　言

　　这本书并非一部专论,亦非一部参考书,而是针对宪法学的主要课题给出了自己的理解。伴随着历经两百年的数个修正案,自美利坚合众国政府建立之初,宪法就或多或少地建构起了政府的框架。理智的人无法去期待宪法来提供某种单一化的主题。但是,对于我们在此所讨论的,为大众所普遍关注,且为国民生活赋予了清晰而绝妙的基本结构的主要论题而言,各个论题之间有着一贯性。正如学习解剖学时不仅要去学习神经、骨骼以及肌肉等,还要学习更大的生命系统,如神经系统、循环系统、消化系统和骨骼肌系统一样,正是这种或这些一贯性,使得宪法学成为一门不仅需要学习而且更需要理解的学问。

　　因此,在宪法中这些主要论题和体系的存在,以及对其分别加以清晰表述并使之相互区别,使得人们能以更为一般化的术语对这些主题予以妥当的表述。这样的一贯性使得有可能通过某种对宪法学的记述,来为那些受过教育的外行人士以及非专业的律师提供启蒙,而不会让他们藐视或忽略那些至为关键的细微差别。

　　即使对于宪法专家、技艺娴熟的律师或进行宪法学专业学习的学生而言,此种关于一贯性的研究也具有启示意义。同时,也不能太过强调对宪法学融贯性的探寻。宪法是人类政治的创设物,在通向答案之途上,紧张和矛盾、差异和问题是不可避免的。应如实地去标明,这些参差不齐的边界、全然的失败以及所对应的宪法实例。用朗·富勒(Lon Fuller)的表述,要让宪法自身得以纯粹地运作。最重要的,像这样的一本书必须意识到自身的偏颇与成见,不要将其误解为都是对实态问题所给出的最为基础性的最佳

2 何谓法律:美国最高法院中的宪法

解释。

我在 1958 年,在赫伯特·韦克斯勒(Herbert Wechsler)的课上,最早接触宪法学。赫伯特·韦克斯勒教授是过去四十五年法律教育以来,我所熟识的最伟大的法学学者。他用高深和严谨的学识去探求法律推理的规则,并在规则未被发现之处施以影响。当我步入教学生涯时,他是我学习的榜样。我最初的宪法实践是作为约翰·马歇尔·哈兰(John Marshall Harlan)法官的助手。他也相信推理在法律圣殿中的统治地位。从他所判决的案件中,或许可以更好地看出他对推理的笃信。因为在出任法官之前,他作为一位非常成功的执业律师,在纽约度过了自己的职业生涯。他将自己的两个法律助手作为这伟大法律推理事业的合作伙伴。在投票表决之前,当我们并未说服他,他也并未说服我们时,他宁可哀伤地离开房间。他会说:"很好,我想我是法官。"在任职期间,他写了许多不同意见,例如在 Monroe v. Pape 案、Mapp v. Ohio 案、Poe v. Ullman 案中,其间所包含的智慧现在看起来仍然具有先见之明。此后,直到 1985 年,我初次作为司法部副部长以及随后作为司法部部长之后,才开始重返宪法。有四年的时间里,最高法院是我主要的活动舞台。在本书所讨论的案例中,有些是我与我所在的部门提交给法院的,它们包括第三章"分权"中的 Morrison v. Olson 案、Bowsher v. Synar 案;第六章"自由与财产"中的 Nollan v. California Coastal Commission 案以及第七章"平等"中的 Cleburne v. Cleburne Living Center 案、City of Richmond v. J. A. Croson Co. 案。

当我重返教学岗位时,宪法学是我所教授的主要课程。我也有很多机会作为律师参与到本书所讨论的某些案例中,尤其是第二章中的 United States v. Morrison 案,第五章"宗教"中的 Zelman v. Simmons-Harris 案以及第四章中所讨论的商业言论案。我曾写了一本关于我作为司法部长实践经验的著作,即《秩序与法律:为里根革命辩护》(Order and law: Arguing the Reagan Revolution, 1991)(第三章"分权"吸纳了该书第五章的内容;在此,我感谢 Simon 和 Schuster 对重刊其中部分内容的惠允)。进而我决定写一本围绕宪法本身展开的著作,这一计划在先前也以两篇论文的形式发表,即 Constitutional Doctrine, 107 *Harv. L. Rev.* 1140 (1994) 与 Types, 14 *Constitutional Commentary* 55 (1997),它们被收入本书的第一章之中。

自我有写这部著作的想法以来,我就一直围绕此撰写著述,并在其他一些地方加以发表。例如,在本书的第一章和后记中,我吸收了论文 *Five to Four: Reflections on the School Voucher Case*, 116 *Harv. L. Rev.* 163 (2002) 中的一些观点。在本书第三章中我引述了 *Perfect Freedom or Perfectice*, 78 *B. U. L. Rev.* 606 (1998) 和 *Perfect Freedom or Perfect Control?* 114 *Harv. L. Rev.* 606 (2000) 中的内容。在本书的第一章、第二章以及后记中,汲取了来自 *Revolutions?* 109 *Harv. L. Rev.* 12 (1995) 的部分内容。

由于我供职马塞诸塞州最高法院助理法官的四年经历,延误了本书的写作计划。但对宪法案例的裁断、教学和辩护,极大程度上影响了这本著作的立场和进路。在我试图提出某种值得注意的推理规则时,所有的这些经验都强化了自己的信心。

我在哈佛大学和其他地方工作的同事,对该书的某一章或多章给出了自己的评论。大卫·夏皮罗(David Shapiro)阅读了该书早期的完整版,他给予了颇具意义的鼓励。关于言论一章受益于埃琳娜·卡根在此领域的专业学识及其所提出的审慎建议,他也对其他章节提出了建议。罗伯特·波斯特、弗雷德里克·肖尔、劳伦斯·特赖布、尤金·沃洛克、朗·伯克、斯科特·布鲁尔、斯蒂芬·布雷耶、理查德·法伦、希瑟·格肯、玛丽·安·格伦顿、瑞安·古德曼、约翰·曼宁、弗兰克·米歇尔曼、玛莎·米诺,罗伯特·诺齐克,约瑟夫·辛格与威廉·斯顿茨都对一章或更多章节提出了建议。每一次他们的帮助,既出自友情,又出自学术上的援手,他们的批评鼓励使我继续更加努力。我对他们不胜感激。但我并未采纳他们所有的建议,因此他们不应对本书的错误之处承担任何责任。对于了解这些给予批评的杰出学者的人而言,显然会了解这些批评者对这些主题的见解,往往并非我在此论述主旨所在。这也正是这些评论之所以相当富有意义的缘由。我在伯克利、卡多佐、哈佛、纽约大学以及宾夕法尼亚大学法学院的教师研讨会中提交了个别章节的较早初稿。从参与讨论的同事之处我受益良多。哈佛法学院2003级的塔拉·科尔对我的全文进行了数次校对工作,她提供了难以估量的帮助。贾姆·道奇·伯恩斯、贾斯廷·狄龙与迈克尔·迪米诺,在就读哈佛大学法学院期间,也为我的研究提供了支持帮助。Matthew Seccombe为本书的编辑提供了有益的帮助。我要感谢哈佛法学院和院长罗伯特·克拉克为我提供的诸多物质支持以及此书写作期间所不时提供的帮助。最后,我要非常感谢多年来跟从我学习宪法学的学生们。

——查尔斯·弗瑞德
2003年8月

目 录

第一章　宪法原则　　　　　　　　　　　　　　　1
　一、先例　　　　　　　　　　　　　　　　　　3
　二、连贯性与特征　　　　　　　　　　　　　　6
　三、不同意见书：原则中的次强音　　　　　　　12
第二章　联邦主义　　　　　　　　　　　　　　　15
　一、基础　　　　　　　　　　　　　　　　　　18
　二、权力及其逾越（run out）　　　　　　　　　22
　三、与联邦权力对峙的州权力　　　　　　　　　37
　四、为何是联邦主义原则？　　　　　　　　　　52
第三章　分权　　　　　　　　　　　　　　　　　56
　一、多样选择之一　　　　　　　　　　　　　　58
　二、从结构推断职能　　　　　　　　　　　　　62
　三、分权与现代行政国家　　　　　　　　　　　63
　四、最高法院与"无头的第四部门"　　　　　　　76
　五、安全与效率：两种分权模式的正当依据　　　79
　六、作为自由卫护的司法分支　　　　　　　　　81
　七、司法审查　　　　　　　　　　　　　　　　86
　八、对"最小危险分支"的水平控制　　　　　　　88

第四章　言论	90
一、基础	90
二、学说	109
第五章　宗教	168
一、宗教条款的悖论	168
二、学说	174
三、结论性的思考	194
第六章　自由和财产	201
一、文本：征用、契约和正当程序	202
二、征用和契约	210
三、自由	216
四、基本权利	217
五、普遍的程序保护	235
第七章　平等	243
一、一般意义上的平等	244
二、种族	249
三、性别与其他分类	255
四、贫穷与基本权利	261
五、目的与效果	266
六、平权措施（affirmative action）	269
后记	286
案例表	292
索引	305
保守派的宪法代言人：查尔斯·弗瑞德——代译后记	342
附记	348

第一章　宪法原则

《美利坚合众国宪法》制定于1787年，并于1789年生效。作为最为重要的修正案，第一至第十修正案于1791年获得通过，第十三至第十五修正案于1865年至1870年间获得通过。宪法及其修正案的内容恰好超过了七千五百字。如果本书的目的在于理解宪法文本，这可能是一项关乎历史的工作。但是，这是一本关于理解宪法的书，而宪法的规则主要源自合众国最高法院的判决，它们所涉及的卷宗有五百三十多册（尽管其中不到一半的判决涉及宪法问题）。出于这一缘由，本书经常不厌其烦地引用最高法院的重要意见——它们有时以尖锐雄辩之词来阐明法律。它们不仅是文字，而且奏响了我们宪法的乐章。宪法也源自下级联邦法院以及州法院处理联邦宪法问题的判决，国会及其执行分支的实践和声明，但其地位相对较低；而在更小的范围内，宪法也源自宪法学者们的教义。来自所有这些渊源的规则和原则被概括为宪法原则（constitutional doctrine）。[1] 贯穿于联邦主义、分权、言论、宗教、自由以及平等中的宪法原则，将成为本书后继章节所讨论的主题。但是，在论述这些论题之前，本章将从一般意义上对宪法原则的本质进行讨论。

关于原则的首要问题在于它究竟是否存在。美利坚合众国最高法院的判决当然解决了这一争议，最近最引人注目的例子是布什诉戈尔（Bush v. Gore）[2]案。但是，确实是判决造法么？在一般

---

[1] 一般可见 Richard H. Fallon, Jr, *Implementing the Constitution* (2001); Charles Fried, "Constitutional Doctrine," 107 *Harvard L. Rev.* 1140 (1994). 此章中的观点，得益于多年前我曾学习过的罗纳德·德沃金（Ronald Dworkin）的论文。

[2] 531 U.S. 98 (2000), 见 Richard Posner, *Breaking the Deadlock* (2001); *Bush v. Gore: The Question of Legitimacy* (Bruce Ackerman ed., 2002).

意义上,它们必须造法,律师称之为判例法,因为它们是能在法律体系中被援引的,对特定争议的确定性裁断。但是,法律的雄心走得更远:每一司法判决应能被作为规则或原则加以援引;它的正当化根据不应仅仅来自利益,而更应在于它是法律结构的一部分。"我们不要去仿效那些下级法官的行为,不要去依据对个人权益的考量来分配正义。"[3]如果宪法是法,而不仅仅是政治家作出的一系列政治决定的话,费利克斯·法兰克福特(Felix Frankfurter)上述这段话的意蕴就成为必须的要求。最高法院首先亦是一个法院,我们要求法院应当受到规则与原则的拘束。某些原则是基本性的,它们绝非政治上的权宜之计。绝大多数案例并不受基本政治道德原则的拘束,只有当政府为规则所限制时,个人自由才能得以保障。[4]法院是政府天然的组成部门,它确保对基本原则的遵循,以及规则适用的规律性。这些关于一个良好运行法律体系的规范性判断[5],有时会簇集于法治之名下得以展开,对此,我在第三章对分权的论述中予以了关注。

对这种法治概念的挑战,会引发一般原则能否约束特定判决的质疑。同时,无论如何,最高法院没能也不可能去遵循规则与原则。如果当法院裁断特定案件时,不能遵从规则与原则的话,那么宪法原则是不可能的,因为学说是法院通过合法方式裁断案件时所编织的网。法院不能遵从规则和原则,这是一种根本性的挑战,这植根于深奥的哲学争议中,在此我不予展开论述。[6]相反,因为规则的创设和遵守弥漫于人类的活动之中,我宁愿假设原则是可能的。当我在随即的章节中论述特定疑难案件判决的形成过程

---

[3] *Terminiello v. City of Chicago*, 337 U.S. 1, 11 (1949) (Frankfurter 法官,不同意见书)。

[4] Montesquieu, *The Spirit of the laws* (David w. Carrithers ed. ,1977)(1748).

[5] Richard H. Fallon, Jr, "'Rule of Law' as a Concept in Constitutional Discourse," 97 *Colum. L. Rev.* 1 (1997).

[6] Mark Tushnet, *Taking in the Constitutional Away from the Courts* 28(1999); Duncan Kenney, "Freedom and Constraint in Adjudication: A Critical Phenomenology," 36 *J. Legal Educ.* 518 (1986).

时,法院事实上是否受原则制约,或者法院是否仅逡巡于极其辛劳和细致的、对规则的创设和援引之间,读者可以对这些问题给出自己的判断。出于本章结构均衡的考虑,我将转而从一般意义上讨论宪法原则的本质与渊源,先例在宪法原则形成中的作用,以及对法院而言,原则的遵守意味着什么。

一、先例

美国宪法原则具有两个主要渊源:宪法文本本身以及先前的法院判决,尤其是美国最高法院的判决。宪法文本是宪法(宪法原则)的渊源之一,这不足为奇。如果说需要对此加以解释的话,那也只是法律哲学意义上的工作——它的任务往往是对众所周知的事项加以解释。这足以说明宪法文本构成了宪法的渊源,正是法官和其他官员基于此宪法文本,宣示他们支持作为"具有最高效力国法"的宪法。[7] 可能更成问题的是,让法院判决作为同样重要的宪法渊源。在许多宪法争议中,宪法文本只是某种优雅的确认,它实际上已经消逝。当法院进行分析判断时,被认为是最高法院的先例而非宪法文本,控制了判决的结果。这亦是让许多宪法原则遭遇挫折的根源,这也意味着成百卷判例矗立在我们与宪法本身之间。[8] 尽管有让所有的判决都直接出自宪法文本的渴求,但

---

[7] U. S. Const. art. VI. 哲学家将指出这一要求,禁止文本自身来进行循环论证。
[8] 例可见 Robert H. Bork, *The Temping of America* 155—56 (1990); *Planed Parenthood of Southeastern Pa. v. Casey*, 505 U. S. 833, 943 (1992) (Rehnquist 首席大法官在判决中持部分同意,部分不同意见)(争辩认为,法院应当选择对于宪法的"恰当理解",而不是误解铭记于先例中的宪法解释); *Wallace v. Jaffree*, 472 U. S. 38 (1985) (Rehnquist 法官,不同意见书)。("引发这些问题是因为在第一修正案的历史上,较之(政教)分离墙理论(wall theory)的依据,莱蒙检验(Lemon test)并不具有更多的基础。这种三步骤检验法代表着一种坚定努力方向的设计,它来自于历史上不完善学说的可利用的规则……");又见 *Albernaz v. United States*, 450 U. S. 333, 343 (1981) (判决称,在双重危险的领域内,原则是"勇敢的司法航海家不可能不去挑战的不可避免之藻海"); *Graves v. New York ex. rel. O'Keefe*, 306 U. S. 466, 491—92 (1939) (Frankfurter 法官,协同意见书) ("宪政的试金石是宪法本身,而不是我们对于它曾经说了些什么")。

正如新教徒所宣称的,宪法文本"仅仅是神谕"。[9] 法官必须在特定个案中作出裁决,公民必须接受法官的裁决。但是,公民个人可以依据宪法本身的术语,而非被扭曲过滤的原则,来为自己申辩。这是一种富有创意的想象,但有必要停下来对其加以思考。

与上帝一起并肩抗争的信徒为最终的真理与灵魂的救赎而战。公民到法院是为了获得法院对他及其对手纠纷的判决,这一判决最终借助国家权力而被执行。其他公民也将从此判决中推演出,当自己卷入与邻人和政府的争议时,可能会有怎样的结果。悠远而且规定概略的宪法文本,很难为现代的纠纷直接提供可资援引的参考,亦不能保证为法治政府提供其所不可或缺的规则性与理性。在判决的生成过程中,宪法文本必须要经由宪法原则来发挥作用。但是,这并不意味着先例——先前的法院判决——必定构成作为中介的原则。据说,大陆法系的法官通过直接援引权威性文本,来根据支配性的法律规范作出对案件的判断,而不需要考虑此前的判决,但实践中这种援引也受法律原则调整:学者和文本撰写者发展出规则和原则,产生所谓的"法学(jurisprudence)",即对特定问题的决断过程。[10]

在革命之前和之后,美国法院都遵循了英国法院的实践。他们的判决附有对判决加以解释的意见,这些意见参考了先前的判决与意见,即先例。最高法院从最初就被认为是同其他法院类似的,尽管最高法院有着特殊的管辖权限,但其建构年代都是类似

---

[9] Sanford Levinson, "Political Implication of Amending Clauses," 13 Const. Commentary 107,110—11 (1966).

[10] Martin Shapiro, *Courts: A Comparative and Political Analysis* 135—36 (1981); John Henry Merryman, *The Civil Law Tradition* 47 (2d ed. 1985). 存在诸多怀疑论的基础。大陆法系法官的确遵从受尊敬的学者的著作及其一贯的判断过程,所有这些都构成了所谓的法学(jurisprudence)。因此,先例实际上以直接抑或间接的方式拘束着新的案例。同时,在德国、南非以及欧洲人权法院,都以与美国最高法院类似的方式适用先例。见 Donald P. Kommers, "German Constitutionalism: A Prolegomenon," 40 *Emory Law J.* 837,840 (1991), "Development in the law—International Criminal Law," 114 *Harvard L. Rev.* 2049, 2060 n. 66。

的。在听取反方辩护律师意见后,最高法院也判决案件——而且也是裁决具体个案,而非抽象或一般的争议,而且最高法院的判决附有法官对当事人所给出主张加以回应的意见书。[11] 因此,对于最高法院而言,从开始起便或多或少地将先例视为宪法推理的基本要素,是非常自然的。这并不意味着过去的判决在未来是不可逾越的鸿沟。英美法系法院总是擅长于诡辩,它们承认先前的判决,又将当下的案例与此前的判决相区分。同时,正如英国法院能够发展出普通法一样,解释宪法的美国法院,依靠万能的立法,无法走出先例的死胡同。因此,最高法院除了有时对不同案件给出并不足以深信的区分之外,也不得不间或求助于对先例的彻底推翻。但是,姑且不论区分和对先例的推翻,由于最高法院在判决宪法案例时,也像普通法院一样根据先例发展法律,五百多卷的最高法院报告就构成了宪法与宪法原则的首要渊源。

由于任何对自身加以解释的判决,都隐含着某种一般化,这种一般化带来一定程度的承诺,但有人可能会反对这种承诺,认为这约束不应超越特定情形的限定,因此不能以此承诺,作为将尊重此前判决当作建构宪法原则要素或基石的正当化根据。可以想象,法官和其他官员可能会忽略先前的法院判决,并对文本和蠹立于文本背后的原则如何适用于个案,作出崭新的考量。当然,不受拘束的法官也可能把过去的判决视为智识的源泉——正如他对待辩护律师的辩词或法律评论中的论文一样(对于那些通过重构撰写、辩论以及修正文本者的意图,或通过查明文本的含义,或通过直接重现宪法被认为包含的那些关于道德与正义的基本真相,来获知令人信服含义的努力,我不予考虑)。这种"新开始"(fresh start)概念迥异于判决完全不需暗示任何承诺或一般化的观念。

假设一部州法令无视宪法第一修正案的规定,去对言论加以

---

[11] 最初,最高法院法官每人逐一地表达个人观点——这是源自于英国普通法法院的实践。首席大法官 Marshall 关注这些判决模糊的先例价值,并确立了为法院撰写单独意见书的实践。

惩戒,法院会因该法令违反第一修正案而判决其无效。进而,如果法院出于对州长官的尊重,拒绝宣布惩戒言论法令无效的话,当给予此前判决以尊崇时,法院必须要解释与此前判决的不同所在;当对此前判决予以漠视时,法院依然要说明和此前判决的类似性所在。当作出对州长官有利的判决时,法院可能承认它作出的不利于立法者的判决与新的判决是不兼容的,因此是错误的。相信先前的错误,法院为何不彻底转向呢?在每一案例中,负有责任的法院都应给出——或者至少牢记——其判决的正当化根据,在此正当化根据中,应表明此判决是如何构成了同其他已作出或可能作出判决的契合,或构成了对其他判决的批评。原则始终存在,不过在第一个案例中可能成立的甚至是颇为精巧的原则,到了第二个案例中却可能是相反的原则。不仅是原则,甚至承诺也是如此。约束并不一定能经得住根据最终认可正确基准所进行的检验。在此并非原则的缺失,而是原则的过剩,差不多每个判决都带来一个法律原则。

当然,此种从头开始每每为新的推理模式,是相当不现实的。即使富有同情心的法官也没有时间或心智对每一案例予以重新考虑。从推理的维度上说,宪法原则不仅永远是首要原则和特定结果之间的桥梁,而且事实上,在纵然不存在逻辑上必要性的情况下,它也在特定的判决和此前的判决之间提供了某种连贯性。对于先例的尊重造就了宪法原则中的连贯性。此种连贯性赋予了最高法院判决以规则性与可预测性,他们必须使法院权力的行使的确是,而且看上去是合法且可接受的。

二、连贯性与特征

尽管被认为是来自此前决定的,以某种形式出现的先例,对于法律的连贯性与原则的持续性来说是必要的。对最高法院的判决以及法院发展出的宪法原则而言,它具有特别重要的意义。几乎无法把美国最高法院法官培育成与欧洲其他国家类似的,排除个人因素的模式。最高法院的法官总是由富有个人魅力的人员组成。有时对最高法院法官的遴选,会伴随着激烈的政治斗争。一旦出任了大法官,他们就会在任上很长时间,因为这是为宪法所保障的终身任职。在最高法院二百一十四年的历史里,绝大多数情况下由九名大法官组成,共有一百零八名大法官。在马歇尔法院之前的法院判决,几乎总是以单独署名的法官名义宣布,其他法官可以加入发表其协同意见抑或不同意见。因此,法院的制度声音始终充满了强烈的个人因素。个人化的因素使得对先例的强调变得更多而非更少。行使巨大权力的非民选法官,很自然地要去证明其判决并非是源自强迫,而是得到支持的;证明判决不仅为逻辑力量所驱使,且以他人提交的权威根据为基础而得出的结论;这样的结论将获得接受,并得以来证明法院自身纵非英明,至少也是称职的。

更个人化的在于,法官会不由自主地希望,以自己名义所撰写的意见,能够看上去彼此一致。首要的在于,他撰写的判决要和自己较早撰写的判决,以及相对更远一些的他人撰写判决中自己撰写的附随意见相一致。更远一些的是,当法官所撰写或表决的判决,与他就职之前已判决的案件类似时,并非受要与资历精深的同事判决相一致的动力所驱使,而是更强烈地感受到某种自我驱使:每一新任命的法官,都存在破坏在彼时业已发展出一系列先例的可能。新法官可能更期待在自己将参与发展的原则中,一定存在着某种延续性。因此,先例就像一条纤维织就的绳索,没有一条纤维能伸展到绳索的全部长度。以富有想象力的假设,假定法官对每一案例予以重新考量为例,这些假设都是不受逻辑驱使的。尽管它们为实践所必需,但不仅仅是如此。尊重先例赋予法官和法院以某种特质。这些特质为那些一定会接受法院权力支配的人增添了信心,也为法院权力的行使强加了规制。

我们要求法律原则的连贯性。我们也要求每一新的判决在是非曲直方面,或多或少是正确的。让新判决在这两方面都保持正确的唯一途径,是因为它与已确立的法律原则相一致。在此,我们碰到了可能构成关于理性悖论的一般性问题的示例:总的说来,一个理性的人是能接受理性的决定的,而当人类进行任何探求,特别是对理由加以探求时,如果那些约束让这些探求回归到首要原则,以确保起点正确时,这些探求可能会遭遇挫折。我称之为悖论,是因为我们试图从两方面来展开:一方面我们希望提出某些合理要点后即可终结争论,另一方面不愿将任何主张变成永恒的无可争辩的主张(我们不想成为那些因出门后总是回家去看是否关了煤气,而早晨无法去按时上班的人)。最为熟知的悖论形式,出现于我们对自身生活规划的设计之中——尽管法官的规划也并非其个人化的生活规划,而是法律方面的规划,但此悖论在法律中也表现出来。[12]

无论要从哪个层面上去解决悖论,在一开始都需指出的是,我们是随时间延续的而非间断的个体。我们所追求的目标和所接受的思想,以及控制我们的情绪总是随时间延续的,而不是间断的。我们的情感、承诺以及计划也是随时间延续的。如果在每一时刻都重新开始,我们就不能演奏乐曲,因此,如果在每一瞬时性和个别的时间点,都进行崭新的选择,我们会非敌非友,我们无法总是信守承诺,无法总是善意地行事,也无法进行报复。稳定性与承诺并非是让我们在实现某些目标或终结点的过程中坚定不渝的美德,但它们使我们的生活或多或少有了一致性,使得我们能理解或界定我们究竟是为什么所驱使。它们赋予了特质。当法官试图进行判决时,它们赋予了法官以特质,但是同样的稳定性和承诺也赋予了法院以特质。如果没有这样的稳定性,法院的运作可能不仅是不可预测的,而且法律也变成了无法信赖的,它将面临不一贯的威胁。除非法律原则自身能得以存续和延展,否则原则本身就无法有效地规范社会行为。

如果宪法层次的要求,能成为持续原则中的示例,那么可以通过宪法来保证这类原则的存续。不仅仅是最高法院,而且下级法

---

[12] 25年后,我反驳了这一问题,并发现适用于解决此种悖论的公开阐述,正沿着我当时所描绘的框架有了更多的发展。见 Charles Fried, *An Anatomy of Values: Problems of Personal and Social Choice* 26—40(1070),或许,在此我所铭记的正是对此争议的阐述。

院、州法院以及各个层次的官员,都可能从根本上对宪法的含义予以开放式的重新解释(如从宪法文本、原初意图或根本价值出发加以解释),都可能去开启一个新的故事,可能在每例宪法适用时都给出新的论证过程。那么无论怎样去陈述某些解释的"正确性",声称在宪法下展开的活动都将呈现出某种不一致,无论它可能已偏离了多远,这种不一致更深层次地源自宪法推理中的问题,而非对任何特定原则的偏离。[13]

公众期待法院中的稳定性和承诺。就像男人和女人具有各自特征一样,从总体上看,作为公共机构的最高法院应当具有自己的特征。[14] 法院更应像一个冷静谨慎、值得信赖的照管他人财产的受托人。让我们去想象这样的一个人是如何着手开展某些计划的。她不可能在行动之初就构想好所有的细节与结果。我们重要的事业也具有自己的生命周期。因此,按照某种节律和次序建立、详述并修正的原则,诸如关于征用或设立宗教之类的原则,或许最终会被摒弃。事实上,架构完备的宪法原则是以多种方式形成的。诸如司法审查或表明联邦与州之间关系的判决,确实是源自早期影响广泛的案例,如马伯里诉麦迪逊(*Marbury v. Madison*)案[15]、马丁诉亨特土地受让人案(*Martin v Hunter's Lessee*)等。[16] 之后法律理论的全部过程,就在于去参研出这些案例中蕴含的更具一般性的隐喻。但其他原则,例如本书第四章所阐述的第一修正案法律理论下保护的表达自由,则开始较晚,而且自起步始即步履蹒跚。只是在后来,通过案件中所做区分与延展的累积,才得以浮现

---

[13] 见 Cass R. Sunstein, "Routine and Revolution", 81 *NW. U. L. Rev.* 869,884—85,887(1987)("很难想象,真正流动性的世界看起来像是什么。实际上,部分个人自治可能被认为包含这一能力,即随着时间的流逝,它具有富有叙述性的连贯性之措施……")。

[14] 参较 K. N. Llewellyn, "The Constitution as an Institution,"34 *Colum. L. Rev.* 1, 37(1934)(注意到,最高法院日复一日的理念包含着对过去毫无错误的假设)。

[15] 5 U.S. (1 Cranch) 137 (1803).

[16] 14 U.S. (1 Wheat.) 304 (1816).

出似乎更具一般性意义的法律原则。

随着时间推移所展示出的案例理由,不仅必须要考虑承诺是如何形成的,而且要考虑计划与理解是如何被改变的。诸如最高法院般的任何个人或社会组织,都不可能时断时续地存在,在每一时刻都要重新推理以确定何为当下最好的行动。生命与注意力的大部分,都沿着已确立的计划展开,根据已有的乐谱演奏,并遵循已有的承诺。但是,正如断续性的存在是不适合人类生活需要的,严格依照计划的生命同样也是疯狂与危险的。可能会因为误解而废除整个计划,所带来的可能是自由、悸动,乃至满怀希望。那些未曾受到局囿的人们可以有某种外部的视角,即便当他们集中注意力时,也能关注到出现新偏离的可能性。这是我此前所提到理性悖论的表现。司法判决行为是智慧与道德的体现,判决论述背后所隐藏的拘束,约束着法官和他人。当然,与我们中的其他人类似,法官必须认识到,伴着法律原则行进的他们,可能会走向无望的死胡同,因此他将不得不折返到自己先前的足迹,甚至完全回到自己旅程的起点。但是,如果我们不能采取相当可观的举措,以确立对某些先前步骤的笃信,就根本不能获得进步。[17] 关于宪法的推理至少要求这种对我们思想的约束,在此种意义上意味着对先例的尊重。

最后,法律原则不仅会因时间的推移及法官的适用而被拓展,在概念维度上也会有所发展。它不仅仅是规则的簇集。时间的推移以及法官对原则的发展,使得法律原则中存在着一致性,其间附有更为理性而非断续的结构,因此,原则也不限于,或者说通常不限于离散的琐细问题。例如,我们将在本书第四章中,去讨论商业言论及儿童色情文学的原则,但若以更为一般的法律原则为出发点,可将这些原则连接在一起,并簇集于表达自由主题的麾下。这一主题下某一方面的发展,也会对其他方面的发展产生影响。同样成立的是,尽管程度相对较低一些,一个主题的发展也会对其他主题的发展产生影响。例如,表达自由领域原则的发展就会对宗

---

[17] L. Wittgenstein, *On Certainty* 506—17 (1969).

教自由原则中的类似方面产生影响。在更一般意义上，某一领域中的推理模式、分析术语的发展，可能会从相去甚远的另一领域中汲取养分。[18] 因而，某些宪法上的禁止与限制（例如，对损害契约义务的法律或构成州际贸易规制的内容予以禁止）只被认为是较弱的约束，而另一些（例如禁止侵害政治性表达的法律，或禁止基于种族的分类）则施加了非常严格的限制。尽管主题迥异，不同法律原则中用以描述每一领域严格程度的术语，将会在总体上受到限制，但对于圆满的法律原则而言，会以类似的方式对术语加以表述。

并不应该为在不同论题与主题之间的一致性感到惊讶。法律原则的发展不仅是一种推理实践，且很大程度上也是由共同的小的法官群体展开的工作，而这一法官群体组成的变化也是极其缓慢的。法官一早审理的可能是联邦主义案件，随后审理的可能是言论自由案件。在不同论题与主题之间的确存在着合理的关联，因为讨论所涉及的论题与价值可能具有相似性。但是即使不去寻找此种论题间的汇聚点，分析模式的相似性也是法律原则间一致性特征的表现。只能通过数量有限的术语来理解人类的思想。一致性源于所认识到的乃至强加的相似性及类比。法律原则的词汇表及理性结构是有限的，因此，在迥异的背景下会看到同样的术语及论证类型。法律原则的特征及蕴藏的一致性，要求原则能随时间流逝而存续，因此，它们要求对于完全不同的论题，应给予一以贯之的对待，并对对待中的差别给出解释，并通过理性归纳，将其归纳为所谓关于原则的学说（doctrines about doctrine）。仅仅在某一时刻持续的原则，即使得到了充分且精巧的阐述，也不能构成原则，也不会赋予法律上的一致性。同样的，如果每个案件都有自己的原则，那么法律也将会缺乏一致性。法律要求原则随时间推移而存续，并随案例与论题的拓展而拓展。一致性要求持续性既具有历时

---

[18] 一般可见 Richard H. Fallon, Jr., *Implementing the Constitution*, ch. 5 (2001); Charles Fried, "Types," 14 *Const. Commentary* 55 (1997); Eugene Volokh, "The Mechanisms of the Slippery Slope," 116 *Harv. L. Rev.* 1026 (2003).

性也具有共时性。本书后续章节中对特定主题的讨论,将展示出具有一致性结构的宪法原则,究竟在多大程度上具有共时性。

三、不同意见书:原则中的次强音

在思考宪法原则的含义与方式时,我的讨论不仅汲取了法院的判决意见,也常常吸收了不同意见书的内容。当法院陈述意见时,几乎总是以署名法官的名义撰写意见。[19] 我对先例的讨论已强调了原则的持续性,在一年前甚至一个世代之前的判决,依然会约束今天的法院。但法院不仅仅是一个具有持续性的机构,它也是一个合议制的机构。多数意见被指定为最高法院的意见。我了解到,对判决的拥簇者而言,如果是因撰写者的名字或其权威地位而引用这样一份意见,那将是一种糟糕的方式。通过我个人作为州最高法院法官的经历,撰写意见书的法官是代表法院撰写意见,从而掩藏了自己既往的经验。假定被指定为法院撰写判决的法官,所写的恰好是他所确信正确的,进而如果有其他四位法官想签署同意的话,这就产生了法院判决。尽管事实上,所撰写的最好的意见书,可能是一种有个人色彩、栩栩如生而并非完全官僚化的风格。但更多由具名法官所签署,出现在连贯性链条中的意见书,并非是法官的个人产物。在多数意见中附随有四个或更多法官的观点,可能会构成彼此间的约束,这类似于对先前法院的尊重和对未来法院的期待。

引人注目的是,法院的判决意见为法律代言,并创造了法律,它应当是个人的产物。然而,更引人注目的见解是,正式出版的法院判决应包括持不同意见法官的一份或多份不同意见。因此,这可能要从法院工作的开始展开讨论。撰写和公布不同意见书的意

---

[19] 偶尔,意见书是无签名的并被多数意见宣布。通常这种无签名的意见书处理那些不大重要、常规性的案件抑或家务性事务。*Buckley v. Valeo*, 424 U.S. 1 (1976)案就是此种案件,它强调对竞选资金规制的言论自由的严重限制。

义何在？诉诸法院的许多案件都是棘手的案件，法官之间存在歧见，是不足为奇的，如果法院的判决意见必须要收录所有法官的观点，那么判决就没有多少重要意义。不同意见书的公布首先是一种坦率的行为。一般而言，多数意见书试图回应所有持不同意见法官的观点，因此，案例报告期望向受判决拘束的公众表明，判决是论证和推理过程的产物。从这个意义上说，不同意见也是对多数意见的规制。毕竟，法院的意见书是一种论证、一种证明，一份理想的多数意见，应限于那些反对者不可能推翻的论证。当然有许多判决是不可能被推翻的，在这些判决中也保留了不同意见，将其作为理性人可以从中推演出来的，诸种可能存在的不同的解决之道。或者多数意见与不同意见的分歧可能始于这种有着广泛分歧的前提，而不同意见所展示的正是此种根本性分歧。

不同意见对法院自诩的合议制及连贯性会有怎样的影响？如果先例起作用的话，那么在接下来一个以此前曾持不同意见判决为基础的案件中，曾持不同意见的法官应该怎么做呢？恰如到法院供职的法官，感到无法任意忽略所有那些他此前未曾参与的判决一样，一旦判决确立，即使是先前持异议的法官，是否也应同样地去赞同此判决呢？他曾持的不同意见，是否能免除先例对其的约束呢？这些问题显示出不同意见书的第二种至为重要的功能，这也能解释为什么像本书这样的著作，应对不同意见书加以关注。先例仅仅是假定。如果宪法原则并未变得僵化，那么在普通法裁决路径依赖的驱使下，就必须存在区分、限定和摈弃先例的余地。不同意见书中包含了导引此种变迁的萌芽。在特定案件中不同意见的论述，可能代表了错误的方向，特别是当已表明错误方向会引领法律一步步地走向死胡同时，可以以此来证明对其加以彻底改变的正当化根据。也有体现了先见之明的不同意见，如奥利弗·温德尔·霍姆斯（Oliver Wendell Holmes）在"洛克纳诉纽约州案"（Lochner v. New York）中发表的著名不同意见[20]，他坚信最高

---

[20] 198 U.S. 45 (1905).

法院的立场,是阻止立法机关对不断浮现出的社会与经济问题作出回应。在之后的32年间,此不同意见并未发挥作用。但再后他的意见被广为引用,被视为宣称了法律原则。似乎只有从这个意义上说,洛克纳案判决的多数意见才构成先例,它成为说明法律不应是怎样的示例。

并非所有的不同意见都会如此的成功。实际上更多不同意见都并非如此,否则法律原则会相当不稳定。有时,持不同意见的法官会将案件判决接受为先例,但更愿意指出所作出多数意见会带来的不利隐喻,并通过推进自己的主张,来迫使法院对多数意见中蕴藏的逻辑加以限定。[21] 而且异议者通常会在大约一年后接受先例和其间的推理。[22] 作为伟大的制度主义者,哈兰大法官曾写到:"时间的流逝并未使米兰达案变得更令我愉悦……而且,尽管我强烈倾向于加入不同意见之中……我未能发现任何可接受的路径,以逃逸米兰达案……因此,仅仅是出自对遵循先例的尊重,我不情愿地被迫同意今天的判决……"[23]

不可能预先说,不同意见就一定会播撒出先见之明的萌芽,就一定能很好地为拘束和抑制位于相反地位的多数意见提供助益。也不可能就说,原则与先例能或多或少提供一些约束。我能做的,至多是展示这种的确存在的连贯性,并希望读者能通过对本书其后的实体性章节的阅读,去依照自己的某些直觉,来判断哪些原则将会消逝,哪些原则将被改变,哪些原则将会存续。

---

[21] 例可见,*West Lynn Creamery, Inc. v. Healy*, 512 U.S. 186, 207 (1994)(Scalia法官,判决中的协同意见)(不同意法院对于蛰伏贸易条款的"显著扩展");44 *Liquormart, Inc. v. Rhode Island*, 517 U.S. 484, 517(Scalia法官,部分同意,部分反对判决)(同意法院对于"家长式政府政策的厌恶",但是警告到,"对我们而言,阻止人们……免于制定我们认为是家长主义的法律,这也是家长式的作风,除非我们具有充分的理由相信宪法本身禁止这么做")。

[22] 例可见 *General Elec. Co. v. Gilbert*, 429 U.S. 125 (1976)(Rehnquist法官)。

[23] *Orozco v. Texas*, 394 U.S. 324, 327 (1969)(Harlan法官,协同意见书)。并且,当时存在持久的反对者。见 Charles Fried, "Five to Four: Reflections on the Voucher Case," 116 *Harv. L. Rev.* 163 (2002)。

第二章　联邦主义

　　从我们作为一个国家的历史开始——甚至早于制宪之前——州在新国家中应当承担何种作用,无疑是最富有争议的话题。亚历山大·汉密尔顿(Alexander Hamilton)可能将州的地位提升为联邦政府的行政区[1],而其他人则将联邦政府的作用严格限定于执行少数的既定任务。[2] 这种争议的动力源于对保留固有利益与强势群体的战略性考量——南部各州对继续维持奴隶制的高度关切,这远远超越了新联邦政府的范围——同样也源于对所熟悉区域与制度的感情依赖,或对于可能充分保证整体自由、安全以及繁荣之分配的无私关切。受这些动力渊源驱使,伴随着联邦工业化与经济聚合的显著发展,持续于内战期间的争议才开始逐渐衰落。伴随着普遍征兵,两次世界大战和大众文化的国家化使得一个观念越来越不可思议,这个观念——如果它曾被广泛地感受到——即,美国公民认为,他们所有的人首先都是纽约州人或乔治亚州人,只是其次才是美国人。然而,"州的权利"观念仍继续是政治雄辩的论题,而且,在20世纪最后几十年中,它再度作为宪法学说中颇有影响力并富有争议的命题而出现。仅在最后这些年里,以联邦主义关怀为名,最高法院再度采取宪法限制,既包括对国会向全国强加规则的权力的限制,又包括国会对州政府本身强加规则的权力的限制。

　　在尊重联邦主义的过程中,对于宪法原则的最基本质疑在于,

---

[1]　Jack N. Rakove, *Original Meanings* 170 (1996).
[2]　见 Daniel A. Farber and Suzanna Sherry, *A History of the American Constitution* 34—36 (1990)。

维持国家与州权力之间的平衡是否根本上是法院的任务。神学上的类似比喻浮现于我的脑海之中:在这些方面,宪法是像18世纪自然神论者的"非凡制表匠",创设了机械设备并允许自身运转呢,还是并非有神论的观念,它依赖于更高权力为确保神圣计划而有规律地介入呢?自然神论观点最著名的陈述是赫伯特·韦克斯勒(Herbert Wechsler)教授的观点,即"联邦主义的政治防护"[3]。韦克斯勒强调宪法的结构性特征,例如,州在国会中的代表以及选举总统时选举人团(Electoral College)的作用,足以确保州政治权力以保障其利益和特权时,不需要司法介入。无论是否曾经如此,今天这都非常令人怀疑。除已提及的社会与经济力量之外,仍存在破坏联邦主义政治防护的结构性改变:其中有早期联邦政治团体的发展、1913年第十七修正案所规定的直接选举、关心联邦而非地方事务的团体提供国会候选人的资金来源以及媒体的国家化。[4] 法院持续控制两级政府之间的边界,此种替代性概念在19世纪后半期处于上升地位,直到1937年新政开始,法院才开始寻求保留州的某些独特作用,以应对联邦权力的过度增长。最近发展出的保障州权力免于联邦侵蚀的原则,可追溯至1976年[5],也相当富有争议并受到诸多宪法学者的强烈批评(即使是对于最高法院的积极宪法作用的最大怀疑者也欣然同意这一观点,即最高法院必须维持联邦和州关系的另一边界,以避免联邦权力对州的干涉)。[6]

以联邦主义的名义,存在诸多解释这些限制国会权力的宪法原则的细节的可能命题:确信更小、更地方性的政府组织对于公民

---

[3] Herbert Wechsler, "The Political Safeguards of Federalism: The Role of the States in the Composition and Selection of the National Government," 54 *Colum. L. Rev.* 543 (1954).

[4] 关于Wechsler教授观点的反对意见及他所建议的重构,更为详细的评价见Larry D. Kramer, "Putting the Politics Back into the Political Safeguards of Federalism," 100 *Colum. L. Rev.* 215 (2000).

[5] *National League of Cities v. Usery*, 426 U.S. 833 (1992).

[6] Learned Hand, *The Spirit of Liberty* (3d ed. 1963); Wechsler, 前注[3]。

个人的关注反应更为迅速[7];如果州政府一旦被赋予足够的尊重和权威,它将更富有效率地治理并比联邦政府更少挥霍;打破联邦政府特定领域中的特权并将其任务分解于各州,将鼓励它们之间的竞争,竞争将带来革新以及效率的提高[8];越小的政府组织,将趋于治理得越少,因此,个人将可能受到更少的政府规制。

但首要的是,最高法院可能得出这样的结论,即限制联邦政府的权限以及保障州的特定权限,这恰好是被指定为负责规定权力分配的宪法所需进行的工作。通过对这种分配的尊重,最高法院正在履行着对于法治的尊重,拒绝承认未经这部基本法授权的权力攫取,无论其多么便利。拉里·克雷默(Larry Kramer)论称,制宪者从未想要最高法院发挥干涉主义者的作用,它曾一度或现在一直发挥着这种作用。[9] 首席大法官约翰·马歇尔(John Marshall)的陈述暗示着相反的观点。这是一本关于原则的书,而并非对于历史争议的裁决。我对于这一问题的考虑更倾向于宪法学者的立场,即考虑控制联邦与州之间的权力边界,这项工作是拥有或者能够塑造原则性工具的法院能够做的么?这些原则是否足以肯定地为法院宜于从事律师工作提供一种引导、规律性和自信?即使原则满足了这一测试,是否它们足以理想化并更富灵活性以适应正在改变的环境呢?同时,即使原则最终满足了这些测试,这些原则是否足以确保宪法文本以及我们的宪法传统呢?这些被视为非民选精英的恣意介入而被忽略。19 世纪的原则可能通

---

[7] *New York v. United States*, 505 U. S. 144,168 (1992)(O'Connar 法官)("国会鼓励州规制而非压制它,州政府需保持对地方选举偏好的回应,州官员保持对人民负责")。

[8] Richard L. Revesz, "Rehabilitating Interstate Competitions: Rethinking the 'Race-to-the-Bottom' Raionale for Federal Environmental Regulation," 67 *N. Y. U. L. Rev.* 1210, 1218 (1992); Edmund W. Kitch, "A Federal Vision of the Securities Laws," 70 *Va. L. Rev.* 857(1984)。

[9] Larry D. Kramer, "We the court," 115 *Harvard L. Rev.* 4 (2001);也可参见 "Putting the politics Back into the Political Safeguard of Federalism," 100 *Colum, L. Rev.* 215 (2000)。

过了第一个关于明确性的测试,但是却失败于第二测试。我将主张,除一次例外,法院最近的原则性介入为原则成功提供了某些前景。

一、基础

1789年《宪法》是一个新的开始,是新时代的新秩序(Novus Ordo Seclorum)[10]。制宪者不仅心照不宣地超越了要求他们修改邦联条例的任务,而且他们也要求以这样的程序采纳他们的方案,它忽略了先前宪法的清晰界限。进而,我们的宪法所代表的是司法的革命而非社会的革命:它的条款并非出于先前联邦政府宪章中的完整授权。[11] 尽管宪法代表着这样一种新的开始,但它并未宣称,它分配了其所建立的联邦政府机构中所有的统治权力。相反,在第1款开始便陈述道,国会"被赋予所有立法权"。因此,被赋予的权力并未被表达为全部的政府权力,而是一种特定的列举——这一结构由诸多赋予国会额外权力的修正案所推行。我们也不能指望总统办公室来弥补这种平衡,即宪法可能授权但并未授予国会的权力之间的平衡,因为正如我们可能看到的,总统的首要权力是

---

[10] 这一术语源自于古罗马诗人维吉尔,他使用这一术语来赞誉重返镀金时代:"*Ultima Cumaei venit iam carminis aetas*; *magnum ab integro saeclorum nascitur ordo*"(现在,上一个世纪先知Cumaean的歌声已经来临,诸多伟大时代开始重新诞生)。Virgil, *Eclogue IV*, II. 4—7,第10页(Oxford Univ. Press 1969)(引自于Charles McC. Mathias, Jr., "Ordered Liberty: The Original Intent of the Consitution," 47 *Md. L. Rev.* 174, 174 n.1 (1987))。这一术语也出现在美国财政部印在每个美元货币背面的图章上,并且,它是关于宪法发展的卓越研究中的论题之一。见Forrest Mcdonald, *Novus Ordo Seclorum*: *The Intellectual Origins of the Constitution* (1985)。

[11] Gordon S. Wood, *The Creation of the American Republic*, 1776—1787,第562—64页(W. W. Norton 1969, 1972);见Bruce Ackerman and Neal Katyal, "Our Unconventional Founding," 62 *U. Chi. L. Rev.* 475 (1995); Charles Fried, "The Supreme Court, 1994 Term—Foreword: Revolutions?," 109 *Harvard L. Rev.* 13, 20—27 (1995)。

"确保法律被忠诚地执行"。

国会的权力首先由第1条第8款规定。第1、第2、第5及第6项授予了它更广泛的管理国家财政事务的权力：以税收抑或借贷方式来筹集资金，建立并保障本国货币体系。第10项到第16项规定了国会的军事和外交权力。第3项规定商业，第4项规定国有化（naturalization）与破产，第7项规定邮局与邮道，第8项规定版权与专利权，这些条款为国会分配了在特定领域内的权力，它认为这对于建立统一的全国性规则可能有帮助或有必要。其他权力散见于宪法的其他条款之中。例如，在第2条中，国会被赋予了建立行政机构的不同办公室和部门的权力，即建立行政部门（这将在本书第三章中讨论）。尤为重要的是，国会被赋予了"恰当的立法权"以实施内战修正案，这包含第十三、第十四与第十五、第十九、第二十六修正案，保障妇女和十八岁公民的选举权。[12]

在我们统计所有被赋予的权力之后，如果我们确定这些权力比政府可能享有的所有权力少，问题就将出现：剩余权力是谁的权力？这一问题被回答了两次，但答案却相同，即剩余权力是州的权力。答案首先源于第十修正案，它直接回答了这一问题："权力依据宪法被赋予合众国，并未禁止赋予州，它分别被保留给州或者公民。"答案也可能沿袭不同的路径。由于独立，许多州政府承袭了"君临国会"（King-in-Parliament）的模式以控制其领土的无限权力。无论所剩余的政府权力以及不被联邦政府承担的权力为何，这些权力仍将保留给州。自始存在并持续被争论的是——经常在具有高度理论性以及浓郁历史特征的论辩层面展开——关于宪法是由各州创设，它们把部分特权转移给了新联邦政府，还是由作为整体的主权人民的最初创设的问题。[13] 1819年的 *McCulloch v. Maryland*[14] 案预演了这一辩论，该案中，马里兰州的辩护律师主张对于

---

[12] 第二十四修正案废除了联邦部门选举中的投票税，并赋予国会执行适当立法的权力。
[13] Rakove, 前注[1], 第163—80页。
[14] 17 U.S. 316 (1819).

宪法授予州权力的狭义解释，它部分基于联邦政府毕竟是州创设的。通过指出宪法本身要求州之间协定[15]的批准，他支持了这一立场。首席大法官马歇尔否定了这一主张，认为并非任何司法意见书都能够解决历史问题。

> 没有一个政治梦想曾经疯狂到足以考量打破州的分离界限，并将美国人民构建为一普通群体。重要的是，当他们行动时，他们在所属的州内行动。但是，出于某种缘故，他们所采取的措施并未停留于人民自身的措施，或成为州政府的措施。[16]

然而，这并不存在争议，正如杰克·拉可福（Jack Rakove）所指出的，即

> 州的成立显然早于联邦……而大陆会议（continental congress）不得不重新创设，州作为十三个殖民地的自然继承者，其法律渊源可能被追溯至特定的王室政府赋权时代。尽管在1774—1776年的空白期间，王室特权的瓦解几乎延缓了各地合法政府的建立，先前的殖民地法仍然有效，基于从王权的侵略中恢复自然状态的想法，美国人仅仅要求恢复合法政府，而并非建立新的社会契约。正如革命并未变更财产权或家庭责任，因此，1776年划定的美国版图同1773年的疆界相同。[17]

因此，第十修正案中将权力留给州，这是否就代表了新国家宪

---

[15] Gordon Wood 注意到，既然协定忽略了作为州政府一般要素的立法机构与行政机构，反而赞誉那种根本不存在于州法中的制度，并基于宪法自身要求此种制度，对这种协定的引用本身就是一个基本的步骤。Gordon S. Wood, *The Creation of the American Republic*, 1776—1787, 第339—43页(1969)。

[16] *McCulloch v. Maryland*, 17 U.S. (4 Wheat.) 316, 403 (1819).

[17] Rakove，前注[1]，第163—64页。他继续论述道:"关于宾夕法尼亚州在何处穿过伊利湖，与此类似的不确定性仍然存在；这也是一个明显的问题，甚至纽约州是否具有一个西部边界，或者东部边界康乃狄克河的法定权利是否可以作为某种理由，来说服佛蒙特州的武装居民。"但沿着这些海岸，大多数居民居住于此，毋庸置疑，一州权限终止而另一州则开始。

法分配给他们的政府权力,或是承认了他们已经并持续享有的权力,对此仍在争论,但是,作为实际情况,宪法以此为先决条件,即州作为政府权力要素的最先以及持续存在,这是相当清晰的。实际上,令人惊讶的是,较之《宪法》第1条、第2条和第3条所创设的新的国会、总统以及联邦司法权限制度而言,宪法中并不存在相应的条款,用来建立州并允许其持续存在并行使政府权力。[18] 这种关于宪法的结构性事实,至少为最高法院早期以及最近更新的计划,从原则上判断其与假设的州独特的宪法地位之关联,提供了文本与历史的保障的开始。这些原则分为两种:第一,它们为联邦政府的权力确立了界限,这一界限很容易为国家权力所逾越,因此,不是州政府而是个人超越了权限;第二,它们认可了国会规制特定目标的一般权限,但是,为国会侵犯州的权力或以特定方式影响州的权力设定了特殊限制。

最近,有争议的第一种类型的惩戒性判决是 *United States v. Lopez* 案[19],在该案中,国会被认为越权。法院判决,国会管制商业的权力并未扩展到准许它可以把在地方学校或周围携带军火归为犯罪。最近的第二种类型的判决,以州主权的名义,建构了国会权力行使的某些障碍;同时,提出了这样一种观念:除非州仅仅是联邦政府的行政组织,否则不可能要求州的立法机关与行政机关来实施联邦项目。在 *News York v. United States*[20] 一案中,最高法院判决,尽管国会可能利用它的贸易权力来规制放射性废弃物的处理,并可以在全国建立仓储站,但是,国会不可能要求州政府去搜

---

[18] 宪法确实在诸多方面涉及各州。它为州分配了诸多联邦政府中的特殊任务(例如,作为参议员以及众议院成员的选举组织)。宪法保障州在国会中的代表——两名参议员以及至少一名代表——并提供了其他联邦行为的豁免。此外,特别禁止州从事某些行为——例如,包括与外国缔结条约、未经国会同意相互之间缔约,抑或颁布任何侵犯契约义务的法律,再或者,剥夺任何人的正当程序保障或平等保护法律保障。但是,所有这些内容都假设了州以及它们的一般政府权力的存在。

[19] 514 U.S. 549 (1995).

[20] 505 U.S. 144 (1992).

集并处理其境内产生的废弃物。州主权施加了一反压力,反而阻止了对这方面其他联邦控制权的承认。第二种类型的另一原则主张,尽管在国会实施其贸易权力时,可能规制州职业实践的诸多方面,也不可能因为第十一修正案的暗示,授予受侵害雇员起诉州侵害行为的权利;如果联邦政府要求州雇员行使这种权利,它自身必须先行使它。[21]

存在诸多有神论、法院干涉主义者(court-interventionist)类别的判决。这是一个公开的问题,这章将详细考量,此类判决是否能发展出充分一致的原则,并有效维持这些原则。

二、权力及其逾越(run out)

如前所述,第1条权力授予中述称,"所有立法权均被赋予",随后在本条中列举了那些被赋予的权力的内容。从这些言语中推论,制宪者设想列举联邦政府权力并非假想。基于多方面的批准争论,制宪者对这点加以了反复陈述。[22] 作为早期法官中最富联邦主义精神的法官,约翰·马歇尔强调了这一点。[23] 尽管,毋庸置疑,那些赋予的权力数量可能占据了政府权力的所有领域,但是,除了任何特定联邦权力的行使必须付诸于某一被具体列举的授权之外,这种列举是否意味着更多含义呢?

---

[21] *Bd. Of Trustees of the Univ. of Ala. v. Garrett*, 531 U.S. 356 (2001).

[22] 见 3 *Debates on the Adoption of the Federal Constitution* (Jonathan Elliot ed., 2d ed., Philadelphia, J.B. Lippincott 1888)。

[23] "如果(联邦法律制定者)制定法律并未受到任何被列举的权力的保障……这将被法官认为是一种对他们所卫护的宪法的侵犯。"Larry D. Kramer, "The Supreme Court 2000 Term—Foreword: We the Court," 115 *Harvard L. Rev.* 4, 70 n. 272(引用了 John Marshall 在弗吉尼亚州批准宪法会议上的言论)(June 20, 1788) in 10 *The Documentary History of the Ratification of the Constitution* 1430—31(Merrill Jensen ed., 1976)。

(一) 必要性与妥当性

列举试图涵盖这些主题,建国者的经验与预见表明,这些主题对于全国性政府的生命力而言是必要的。[24] 但是,如果这种分配的目的在于确保政府效率,那么,重要的是,清楚地说明进行分配以及期待被执行的解释性原则。邦联条例已规定,每州"保留"那些并未"明确授予"联邦政府的权力。[25] 相比较而言,宪法在国会权力列举之外附加了最后条款,有时称之为兜底性条款(sweeping clause):"为了行使上述各项权力,以及行使本宪法赋予合众国政府或其各部门或其官员的种种权力,制定一切必要的和适当的法律。"

这一条款最先的注释出现于 1819 年 *McCulloch v. Maryland* 案中,首席大法官马歇尔的处理方式如此精巧,以至于其一度被认为是原则可靠性的基础。该案中,马里兰州质疑国会建立美国银行的权力,因为这样的权利并未被宪法清晰地列举。马歇尔解释了在这一背景下的"必要性",不意味着感受必要条件(sine qua non)意义上的"必要"——正如马里兰州辩护律师所主张的——而意味着对执行列举权力目标以及国家立法目标而言,任何"恰当的"与"明确地适用"的手段。显而易见,银行并非绝对有必要执行那些如马歇尔所述的银行有助于实施的多种权力,包括征税和收税、借钱、规制贸易或培养并支持陆军与海军。筹集资金并在全国范围内支付,国家银行是促使实现这一目的的工具。他提供了这样的例子,即宪法赋予国会建立邮局和邮道的权力。但是,建立这些并不意味着必然要包含沿着这些道路从一处到另一处运送邮件抑或惩罚偷盗邮件的人。第一种功能可能由私人缔约的运营者来履行,第二种功能则可能由那些其法律规定一般偷盗为犯罪的州来履行。但是,毋庸置疑,这些措施对于实施被列举的权力而言,恰

---

[24] Rakove,前注[1]。
[25] Articles of Confederation, § 2.

当且充分。[26]

考虑到控制更广泛区域的边界,马歇尔从两个不同方面对此加以了论述。这两个思路之间的张力被反映于原则的整体持续过程之中。一方面,"依据某种理由,有权采取这种行动的政府必须……被允许选择手段……使目标合理……所有手段恰当且明确,被适用于合宪性目的。"另一方面,"如果国会在行使权力时为达成并未给予它的目标而通过法律,而说这种行为不是法律,就成为法院的痛苦职责"。这曾一度是两难选择。合宪性原则摇摆于这两点之间,一方面为避免联邦政府吞噬州的明确权限,进而处于对联邦政府施加限制的"痛苦职责"之中;另一方面,则倾向于阐明这些界限,因为,正如马歇尔所言:"宪法中的条款持续多年,其结果是它被适用于诸多人类事务的危急关头。"对解决悖论的原则的质疑在涉及两种被列举的权力时尤其尖锐:规制州际贸易的权力以及"借助恰当立法"的实施权力,以此保障第十四修正案,即州"未经正当法律程序,不能剥夺任何人的生命、自由、财产;亦不能拒绝给任何人……在法律面前的平等保护"。

(二)贸易权力(commerce power)

当我们考量"规制与国外的贸易,州之间以及与印第安部落之间的贸易"权力时,兜底条款是对广泛解释被列举的宪法权力的警告,这是一个相当适宜的结论。这并非一种实现既定目标的权力,例如,建立邮局、铸币等,而是一种对确定的客观问题进行控制(规制)的权力。同时,授权仅仅受其客观问题的限制。今天,关于贸易权力的这种争论是基本的:这项权力的享有是否实际上已经成为了一种一般的政府权力? 第十修正案宣布保留给州主权包罗万象的剩余权力,除了这种特定的情形,即"它根据宪法规定被授予

---

[26] 18世纪的习语惯于支持对于"必要性"语词的解释。Marshall的观点中,更是生动地禁止州对进出口贸易征税,它仅免除了此类可能"对于执行州检查法绝对必要的"征税。U.S. Const. art. I, §10.

合众国,或禁止州行使"。

早期,我们的宪法学已经承认了贸易权力的广泛范围(broad sweep),同时,警告我们,这并不等同于一般的政府权力。基础陈述仍源于约翰·马歇尔。1824年的 *Gibbons v. Ogden* 案中[27],约翰·马歇尔拒绝将贸易权力限定为"为购买与出售而交易(现代贸易术语中的买卖),或是日用品易货贸易的权力"。这样的限制不能"被理解为航运"——这是 *Gibbons* 案的主题:州与联邦在纽约水域中从事汽船运输的竞争性许可。"贸易无疑是交易,但它可能包含着更多的事务——它是交流(intercourse),描述了一国及其地域间,在所有支流之间的商业交流。"马歇尔也摈弃了对贸易条款的其他术语加以狭义解释的尝试。"各州之间"的贸易意味着,贸易总是"相互交融的",可能"延伸抑或影响其他州",即"贸易可能涉及不只一个州"。因此,贸易条款的主题并非"停留于各州的外部边界,而且也可以被引入各州内部"。"规制权力"意味着"描述控制贸易的规则"的权力。只要宪法中并未排除这点,"与国会授予的其他自身完备的权力一样,这项权力可被行使到最大限度,并且不承认任何宪法规定之外的限制"。

正如现在,当时,这一宽泛的定义一定激发了热望。马歇尔陈述了这种限制:

> 列举意味着某些事项未被列举;如果我们尊重条文抑或判决的主题,某些事项必须是绝对的州内部贸易……整个政府的特性和才能似乎是,其行为应当被适用于所有的对于全国事务的外部考量,适用于那些可能总体上影响各州的内部考量;但是,不适用于那些事项,其完全存在于特定的州领域之中、并未影响其他州以及出于执行某些一般政府权力而没有必要干涉的领域。

同时,消除这种疑虑(reassurance)也是 *McCulloch* 案的主题:授予联

---

[27] 22 U.S. 1.

邦政府的权力,也包括那些对"执行"某一被列举权力目标而言有必要的权力,但辅以这样的告诫:"在执行权力的托词下,如果国会通过了实现其目标的法律,而并非委托给政府,判断该行为并不属于法律领域,则可能成为这种裁判的痛苦职责……"

宪法原则的困境,即是否以及如何定义联邦权力的范围,在涉及贸易这样一个广泛的主题时,显得相当尖锐。在 *Gibbons* 案及其后的几个世纪以来,困境从另一方面展开,相关的考量是:在授予特定联邦管制贸易权限中,使特定的州际水路免于被破坏,宪法原则可能标示了更广泛的联邦竞争规则,它扩展到国会仍不能规制的内容以及不大可能试图去规制的内容。如果联邦政府选择了规制特定内容,是否意味着它可能承认了这种暗示,即甚至当联邦权力未行使时,州也不能规制该项特定内容?这种考量部分潜藏于争论之后——听起来这似乎很怪异——制造业、农业以及采矿业都是州的专有关切范围。[28] 如果客观问题必须排他性地属于州或联邦政府的关注范围,进而,将其分配给联邦政府,甚至潜在地将排除州的规制。这将依次意味着,客观问题所确定的樊篱将免于任何政府的注意,或者宣布这些主题的普通与不可避免的法律将由国会发布——进而,将促使国会在解决地方事务中,发挥比预期功能更大的功用。这是双重主权学说未阐明的问题(原则)。但是,问题的出现仅仅是由于这一前提的存在,它承认了联邦政府对特定事项的规制的权力,以此排除了州的规制,即使这项权力并未得以实施。它认为,赋予联邦政府权力同从州获取权力一样必要。第十修正案的条文可能一再被似是而非地用以支持这种分析。它指出只有"依据宪法没有被授予合众国的权力……被保留给各州"并由于规制州际贸易的权力如此被授予,进而不能保留给各州。

在 *Gibbons* 案中,马歇尔法官提供了解决该困境的实用方式:

---

[28] *United States v. E. C. Knight Co.*, 156 U. S. 1 (1895); *Hammer v. Dagenhart*, 247 U. S. 251 (1918); *United States v. Butler*, 297 U. S. 1 (1936).

同样的问题可能最终是联邦或州的规制主题;只有当问题是州际贸易的某一方面时,联邦政府才可以规制这个问题;同时,如果联邦政府确实要对它加以规制,那么联邦规制可能选择对贸易权力实施"必要和恰当"的事件,由此来排除同样主题的州规制权限的介入。[29] 但是,国会可能仅仅希望建立某种最低而并非统一水平的规制,同时,州也宁愿选择像在这种最低标准建立之前那样免于受规制。这种分析的不便之处在于,它明确或暗示性地要求国会要先于任何其他有效的州规制,州的规制可能与国会试图实现的目标相互冲突,并且可能存在一些自身的问题。州规制可能经常以多种、相当不可思议的方式,与联邦规制相冲突。这种妨碍可能相当普遍与常见,例如,限制那些车辆或司机使用每州的高速公路,他们仅仅持有各自州的许可资格,或是具有与其他州相异甚至可能相矛盾的特定资格与特征。[30] 但是,类似于重型卡车夜间经过街道通行的相关市镇法令,或许是分散与暂时的。国会不可能仅仅凭借明确的优先权来排除所有阻碍。

最高法院发展双重主权概念,这至少部分反映了实践需求,通过双重主权概念不仅把特定主题分配给国会,而且其他主题也由宪法分配给各州,州或国会都不能偏离它们的既定领域。原则也允许州政府处理联邦政府可能不便从事的问题。当愿望、能力以及首要的对于联邦经济规制的需求变得微弱时,原则主体所创设的结构足以良好运作,但是,伴随着联邦经济的加速工业化以及综合化——尤其是内战之后——原则的限制日益令人难以忍受。早期,法院有时并不按照自己的逻辑行事,或者从自己的逻辑中偏离

---

[29] *Wilson v. Blackbird Creek Marsh Co.*, 27 U.S. (2 Pet.) 245 (1829).
[30] 例可见 *Bibb v. Navaho Freight Lines, Inc.*, 359 U.S. 520 (1959)(伊利诺伊州要求与卡车轮廓相符合的挡泥板,而阿肯色州要求直而不卷的挡泥板并禁止与卡车轮廓相符合的挡泥板)。

出去:法院认为国会应禁止将彩票[31]、臭鸡蛋[32]或妓女[33]运送出州界。但是,仅强调被禁止的是物理上的州际交通,尽管那些对于引导这些措施的明显敌对行为,恰恰是州法传统上所提出的(或没有提出的)类别。马歇尔之后,原则主张规制应包括彻底的禁止,同时,无论其最终目标如何,国会规制州际运输的权力是有效的,当然,不顾这一事实,在州边界的范围之内可以感受到规制的效果——毕竟,如同马歇尔也曾说过的:必须在某一特定地域感受某一效果。但是,存在着脱离双重主权原理的限制,法院不能用反垄断法来阻止竞争性食糖精炼厂最初垄断股权的购买,这是因为食糖精炼厂——像所有其他工业一样——属于地方性事务。[34] 另一方面,法院的确也允许将反垄断法适用于铁路,因为它是"州际贸易的工具"[35];适用于肉类经销商,因为他们控制着从生产者到牲畜围栏,到屠宰场、包装工人、发售者以及零售者的"贸易流"。[36] 同样的逻辑也适用于判断对畜栏的规制,因为它固定于某一区域,是目前"贸易循环"的"咽喉"。[37]

  贸易条款通过类推的方式得以发展,借由累积及隐喻性的扩展,从具体实例的核心发展为更新、更为抽象的陈述。1937年前的贸易条款得以朝这种抽象的方向发展。这种隐喻性路径,从乐于承认包含在实际州际运输中的规制行为,扩展到可能被概念化为运输有形部分的行为(例如,肉类买卖)。下一步可能是,将贸易权力的范围扩展到包括那些对运输具有非有形经济影响的行为。原则扩展的外部边界可能陷入智识与政治困境之中。早在20世纪,当州际贸易委员会所确立的费率削减了由什里夫波特、路易斯安

---

[31] *Champion v. Ames*, 188 U.S. 321 (1903).

[32] 我夸大地描述了鸡蛋被"保留"并被不恰当地分类。*Hippolite Egg Co. v. United States*, 220 U.S. 45 (1913).

[33] *Hoke v. United States*, 227 U.S. 308 (1895).

[34] *United States v. E. C. Knight Co.*, 156 U.S. 1 (1895).

[35] *Northern Securities Co. v. United States*, 193 U.S. 197 (1904).

[36] *Swift & Co. v. United States*, 196 U.S. 375 (1905).

[37] *Stafford v. Wallace*, 258 U.S. 495 (1922).

那州以及得克萨斯州各州委员会与州内其他类似区域的费用时，最高法院便已经承认了州际贸易委员会对得克萨斯州铁路全部货运的规制权限。[38] 最高法院推理认为，联邦政府中必然存在这种权力，因为它作为一种"必要和恰当的措施"，能够使确实的州际贸易规制权限更为有效。并不存在这样的空间，能够对在与州际运输相同或并行的轨道上运行的州内运输的列车，适用联邦安全标准：后者可能对前者构成了实质性威胁。[39] 但是，这种损害机制纯粹是经济性的。一旦承认了它，这种方式便公开禁止在不符合标准生产条件的工厂与使用童工的工厂中进行州际运输（甚至州际运输工具的生产）。不仅通过州际邮道运输有害牲畜可以引发跨边界损害，而且来自低工资生产造成的竞争性压力的经济路径，也可能导致跨界损害。同时，直到1937年的"转折"期，经过激烈反对和对更多批判的回应，法院对此仍不赞同[40]，因为它开启了联邦经济规制的无拘束之门。某种程度上，法院的不妥协态度源于为州政府维持州清晰边界的传统关切，这种延伸容易陷入困境，因此，1937年前的法官设想他们正在履行某种"痛苦的责任"。但是，这将故意盲目地忽略那些同样强烈的驱动渊源：许多法官轻视这些规制措施的实质——尤其是当他们介入劳工市场以保障工人利益时——并使州层面的类似措施归于无效，而是基于这样的基础，即他们未经正当的法律程序剥夺个人的自由或财产。[41] 直到罗斯福总统及其政党在1936年选举中获得压倒性胜利之后，某些早期案件的逻辑才被允许扩展至对一些经济活动的规制，它们的州际影响纯粹是经济性的。

在 *NLRB v. Jones & Laughlin Steel Corp.* 案中[42]，最高法院决

---

[38] *Houston E. & W. Texas Ry. Co. v. United States*（The Shreveport Rate Case），234 U. S. 342（1914）。
[39] 见 *Southern Ry. v. United States*，222. U. S. 20，26—27（1911）。
[40] *Hammer v. Dagenhart*，247 U. S. 251（1918）。
[41] 见第六章。
[42] 301 U. S. 1（1937）。

定性地避免了这一姿态,即因联邦经济规制处于国会贸易权限范围之外而将其归于无效。该案中,国家劳动关系委员会(NLRB)主张,它对 Jones & Laughlin 在匹兹堡、阿勒奎帕、宾夕法尼亚州制造厂中的劳动关系享有管辖权。[43] 在一组案件中,最高法院避开了对委员会控制制造业雇员[44]、服装制造业雇员[45]以及美联社纽约办公室编辑雇员[46]的权限的质疑。在这些案例中,最高法院强调,在一定程度上,地方行为也是生产过程的一部分,它吸收州外许多区域的投入,类似地,其产出也被广泛分配。在 Jones & Laughlin 案中,首席大法官查尔斯·埃文斯·休斯(Charles Evans Hughes)引用了劳工委员会对宾夕法尼亚州制造业的描述,即它是"高度综合体的独立核心,它们经由密歇根州、明尼苏达州、西弗吉尼亚州、路易斯安那州的交通要道和 Jones & Laughlin 所控制的方式收集原材料;它们运输这些原材料并将其分散到联邦的各个部分……"在无轨电车与服装制造厂案例中,最高法院也强调了从其他州获取的、在工厂中加工的与进而运送至整个联邦的原材料比例。在美联社(Associated Press)案中,在纽约编辑的新闻被世界各地的定购商所接受,其编辑产品进而被传递到世界各地的定购商之中。因此,对特定区域劳工关系的破坏可能影响了许多区域内和区域间的贸易。最高法院得出结论,法律"主张仅实现那些可能被认为是负担抑或阻碍州际贸易的事务。……类似的原则是,对州际贸易和对外贸易或其自由流动直接施加负担抑或破坏的行为,处于国会的权力范围之内。……对贸易的影响,不是造成侵害的源泉,而是标准"。[47] 简言之,在现代联邦经济中,所有贸易都是州际的,任何贸易管制都是州际管制。

---

[43] 被解雇的工人是在委员会提出申诉的主体,他们是拖拉机司机、发动机检查员、焦化工业的清洗人、起重机操作者及 Aliquippa 厂的工人。
[44] *NLRB v. Fruehauf Trailer Co.*, 301 U.S. 49 (1937).
[45] *NLRB v. Friedman-Harry Marks Clothting Co.*, 301 U.S. 58 (1937).
[46] *Associated Press v. NLRB*, 301 U.S. 103 (1937).
[47] 最高法院援引了 *In re Debs*, 158 U.S. 564 (1985)案,普尔曼罢工事件中的一项劳工禁止令。

＊　＊　＊

其后的58年间，几乎没有任何反对意见[48]，*Labor Board* 案的原理有助于矫正更广泛的联邦项目。或许这些案例中，最著名的是5年后的 *Wickard v. Filburn* 案[49]，案件支持了对奶牛场主的处罚，其小麦种植超过了政府分配的"可供市场利用"的小麦限额。某些被处罚的 Filburn 少量的小麦产量因销售而增长，但是多数都是出于家庭消费的目标，即作为育种、家畜喂养以及面粉。罗伯特·杰克逊（Robert Jackson）法官漠视了此种关注，即此处是"生产与消费的管制，并非市场。……最高法院对于贸易条款适用中相关经济影响的承认，使得法律规则的机械适用不再可行。……即使 Filburn 的行为只在本地，尽管它可能不被认为是贸易，无论其本质为何，如果其对州际贸易施加了某种实质性影响，仍为国会的权限所及……"如果满足需要，杰克逊法官所强调的经济制度对于州际贸易的影响就和他的测试方法同样重要，如果其影响是实质性的，甚至则更为重要。"Filburn 对于小麦需求的投入，其本身可能微不足道，不足以将他移转于联邦规制的范围之外，此处，这种投入加上许多类似的被确定因素，远非微不足道。并且，自家种植的置于市场之外的小麦……在某种意义上与贸易之中的小麦竞争。"主张 Filburn 曾经是一个冒牌者，就好像主张较少的伪钞将不可能对联邦货币供应产生影响，更不必说实质性影响一样。这一原理在 *Daniel v. Paul* 案中被发挥到了极致。[50] 最高法院判决，国会基于州际贸易的权限扩展到对整个娱乐公园中种族歧视行为的禁止，因为它的快餐店获得了某些州外资源的供应。

---

[48] 见著名的 *Perez v. United States*, 402 U.S. 146, 157（1971）案（Stewart 法官，不同意见）；*Deniel v. Paul*, 395 U.S. 298, 309（1969）（Black 法官，不同意见）。

[49] 317 U.S. 111（1942）.

[50] 395 U.S. 298（1969）. 对持异议的 Hugo Black 法官而言，这恰好显得更多。

这些问题出现在最高法院1995年的 *United States v. Lopez* 案[51]和2000年的 *United States v. Morrison* 案[52]的判决中,由于这两项国会法案超越了被援引来作为其正当依据的贸易权力的范围,最高法院宣布其无效。在判决开始,法院援引"第一原则,即宪法创设了联邦政府被列举的权力,正如詹姆斯·麦迪逊(James Madison)所写到的,'基于拟议的宪法授予联邦的权力是少数与确定的,而保留于州政府的权力是多数和不确定的'"。 *United States v. Lopez* 案中的成文法,1990年的《校区禁枪法案》(Gun-Free School Zones Act)[53],认定在学校或附近持有枪支为联邦犯罪。立法并未要求州际贸易中的枪支转移。在得克萨斯州诉讼中,四十个州颁布了类似法律[54],基于某些州际防御的理由或其他原因,并未发现州在实施这些法律时存有难度。在 *Morrison* 案中,最高法院主张,赋予那些受"性驱动"(gender-motivated)暴力的女性受害者针对攻击者提出联邦损害赔偿诉讼的请求权,这超越了国会在贸易条款项下的权限。因此,1994年《暴力侵犯妇女法》(Violence Against Women Act)中的这一条款是违宪的。这样的诉求总是基由各州法律的可诉民事侵权行为。[55] 这些成文法都被国会以多数通过。

最高法院的判决总是与政治及学术界相吻合。[56] 某些激情可

---

[51]　514 U. S. 549 (1995).
[52]　529 U. S. 598 (2000).
[53]　18 U. S. C. §(q)(1)(A).
[54]　Lopez, 514 U. S. at 581.
[55]　在一或两个州中,婚内强奸不被认为与侵害一样具有可诉性。我确信,反对这种对一般法的排除可能被成功地提交于最高法院,并被认为是一种对于第十四修正案保障的法律平等保护的侵犯。
[56]　Richard H. Fallon, Jr., "The Conservative Path of the Rechnquist Court's Federalism Decision," 9 *U. Chi. L. Rev.* 429 (2002); Catharine A. Mackinnon, "Disputing Male Sovereignty: On United States v. Morrison," 114 *Harvard L. Rev.* 135 (2000); Cass R. Sunstein, "Foreword: Leaving Things Undecided," *Harvard L. Rev.* 4, 23 (1995). John T. Noonan, Jr., *Narrowing the Nation's Power: The Supreme Court Sides with the Untied States* (2002).

能来自对在三代以后重新主张宪法原则的惊异,这个主张的胜利被称为新政福利行政国家的铁律。几乎可以设想,文艺复兴时期的圣·乔治(St. George),他的矛牢固地固定在龙的要害之处,并承继了 *NLRB v. Jones &Laughlin Steel Corp* 案的旗帜。但是,此处存在相当多差异。毋庸置疑,如同新政时代前期的某些经济案例,在 *Lopez* 案以及 *Morrison* 案中,实质性管制总是在州法的合宪性权力中良好运行,并未提出任何对于隔离枪支于学校之外与维护被伤害的妇女权利的司法性对抗。宪法所要求的观念重现潜藏于(表面上被宣布的)这些判决之后。

这些案例富有批判性。尽管自 1936 年以来,最高法院并未发现任何案例可以得出这样的结论,即国会权力在长期行使中超越了 *NLRB v. Jones &Laughlin Steel Corp* 案的边界,最高法院也从未停止回忆马歇尔关于终止诉讼的概括,即"痛苦的责任"。在 *Jones & Laughlin* 案中,休斯法官认为,"[贸易]权力的范围必须根据双重政府体系加以考量,它可能不被如此间接或疏远地延伸至包括对州际贸易的影响,考虑到我们复杂的社会,应有效地废除何为联邦以及何为地方的区分,并创设完全的中央集权政府"。最为清晰的最近陈述是约翰·哈兰(John Harlan)法官在 *Maryland v. Wirtz* 案中的陈述,他赞同将联邦工资与小时法适用于州政府雇员,但是他告诫道,"尽管规制贸易的权力实际上是广泛的,但它也有最高法院具有充分权力【去强制执行】的界限"[57]。但是,如果规制贸易的权力可能扩展至惩戒在地方学校中持枪,甚或更远地关联到对丈夫虐待妻子行为的控制,那么,可能合理地得出这样的结论,即作为国会向政府授予的一般权力之基础,贸易权力可能涵盖任何事务。可能发现某一公式以避免此种结论么? 这一公式是否可以既标示某种贸易权力的边界,同时又不割裂半个世纪之久的现

---

[57] 392 U.S. 183, 201 (1968). 只有 Douglas 法官在 Wirtz 案中持异议,因为他相信,最高法院忽略了 Harlan 法官在案件中的告诫。

代先例关联？如此大的跨度，是否会严重扰乱联邦政府的运行？[58] 从马歇尔到休斯再到哈兰，重复的判决实际上一再忽略了空虚的虔诚信徒之告诫，他们缺乏坦白的美德。而借助某些推理过程，这些判决也一再确定了此处国会尚未通过的贸易权力限制。

首席大法官的意见书在每一允许贸易权力扩展的重要先例之夹缝中行进，从 Gibbons 案直至 1937 年后的新政时代判决，甚至包括 Wickard 案，它被该意见书描述为"或许是距离控制州内行为的贸易条款最远的例子"。尽管意见书并未对任何一个先例加以否决，它确认了最广泛先例之中的共同主题，这些主题在那些判决中也几乎是不清晰的。1937 年"转变"以来，充分发展的判例法确认了基于贸易条款，对州际贸易通道与交通工具加以规制的绝对权力，例如，铁路——甚至未经过州边境的特定汽车——或满足州际旅客需求的旅馆。[59] 这些案例并未体现此处的争端，因为主张《校区禁枪法案》(GFZA) 或《暴力侵犯妇女法》(VAWA) 规制贸易航道和工具，这并非似是而非的主张。类似地，当它们穿越州界或者越界之后，"甚至仅仅可能是来自于州内活动的某种威胁"，此

---

[58] Clarence Thomas 愿意接受这种可能性：

> 当最初的宪法被修改时，"贸易"包含出售、购买以及实物交易以及出于这些目的的运输。见 1 S. Johnson, *A Dictionary of the English Language* 361 (4th ed. 1773)（将贸易定义为"交往；物品间的交换；任何物品的交换；贸易；交通"）……
>
> 正如我们曾期待的，"贸易"这一术语被用于与生产行为相对应的情形中，例如制造业与农业。……进而，将现代意义上的贸易含义加入宪法，引发了明显的文本与结构问题。例如，我们不能将"贸易"用不同类型的企业来替代，例如制造业。
>
> 当制造商制造汽车时，不可能在"外国"抑或"印第安部落"进行组装。部分可能源自不同的州抑或其他州，进而可能曾处于当时的贸易过程中，但是制造业发生于分散的区域。农业以及制造业包含商品的生产，贸易包含此类物品的运输。……

United States v. Lopesz, 514 U.S., 514 U.S. 549, 586—87 (1995)（Thomas 法官，协同意见书）。一般可见，Randy E. Barnett, "The Original Meaning of the Commerce Clause," 68 *U. Chi. L. Rev.* 101 (2001).

[59] *Heart of Atlanta Model, Inc. v. United States*, 379. U.S. 241 (1964),

时,国会都可管制"州际贸易"中的人或事,长期以来,借助这种方式,法院授予了国会绝对的贸易管制权限。

最高法院确定了这些案例的第三种类型:"那些与州际贸易具有实质性关联的行为。"具有将贸易权力作为一般的政府权力的潜力正是这种类型——首席大法官使得 Jones & Laughlin 案成为其典型案例。这些案例正确地认识到,贸易自然意味着贸易行为,并且贸易行为由经济概念或标准来衡量。从经济视角来看,将制造业或其他生产模式排除于贸易领域之外,这是恣意的,而且,这种被认为产生了超越单一州边界效果的因果关系制度,是一种被加以衡量并借由经济术语概念化的制度。经济行为在地方范围或小范围内进行,如果它被一般化并被集中,则将产生联邦反应。没有任何一种单一的交易需要单一却微弱的市场影响,但是,那些情形无疑由种种经济事件所决定。借助这种方式,这是一种对于世界的透视,其是如何作为基本和变化的无限小微积分而运作的,这和它在概念上是相关的。最高法院的意见毫无拘谨,并在 Wickard v. Filbrun 案中重申了这点。

在 Lopez 案以及再度在 Morrison 案中,最高法院尝试了用以标志贸易权力限制、进而保留抑或矫正的绝对原则中心,这正是合宪性原则和最高法院裁决的主题。缓解那些仅关涉程度的限制,将包含最高法院对其裁决的频频介入,而且,这可能暗示着,如果对国会权力的合宪性限制被认为纯粹是程度问题,那么那些限制可能根本不适宜司法监督。由最高法院列举的前两种例子,州际贸易途径的规制以及州际贸易中人或事的规制,都印刻着决定性特征,而并非程度特征。第三种也是最重要的一种,即那些与贸易具有实质性关联的规制,最高法院也提议,要加以绝对的,进而可由司法控制的原则限制:国会试图规制的行为本身必须是经济行为。"在地方学校中占有枪支绝不是一种经济活动,将其到处传播,这或许实质性地影响了某种州际贸易。"五年后,首席大法官在 Morrison 案中重申了这点:"性导向的暴力犯罪,并非为某种习语意义上的经济活动。我们并不需要采用一种绝对规则,来应对为判决这些案件而对非经济活动影响的夸大,因而,在我们国家的历史中,仅当行为本质上是经济行为时,我们的案例才支持州际贸易条款对州内行为的规制。"从这一前提出发,在一种一体化的经济中,所有贸易都是州内贸易,这并不遵循所有行为都是贸易的原理。

尽管 1937 年后的案例并未陈述这种限制,最高法院的陈述至少确实试图说明这些结果,这也是真实的。回顾早期马歇尔法官在 *Gibbons* 案中的权威陈述,他认为宪法条文"描述了联邦与联邦各部分间的贸易往来"。再回顾 1937 年关键性的劳工委员会(Labor Board)案,行为当然包含的经济本质隐含在多数理由中,最高法院由此作出了相关判决。在 *Morrison* 案中,斯蒂芬·布雷耶(Stephen Breyer)法官在不同意见中提出反对:较之 1937 年后的判决而言,最高法院的新测试相当狭隘,它强调经济影响是贸易权力之下行为规制的充分依据。由《校区禁枪法案》(GFZA)规制的行为以及更为明显的由《暴力侵犯妇女法》(VAWA)规制的行为,可能被描述为经济行为,但是,可能显示出某种经济影响:校区暴力相当程度上转移了教育质量问题,随之,它对劳动力质量以及对社区可作为适合建立商业和员工居住的区域的期待,有所影响。女人是暴力的受害者,她们因此丧失了工作时间或者不能成为或继续作为劳动力;她们的受害为她们、她们抚养的人以及应当照顾她们的社区强加了诸多直接或间接成本。[60] 布雷耶法官质疑到,"我们为何要对影响州际贸易的缘由是经济性因素还是非经济性因素加以关键性的合宪性考量呢? 如果通过非直接的环境改变引发的化学物质扩散,其造成了类似的严重州外商损害,为什么可能关涉到是否由地方工厂或家庭壁炉释放这些物质呢?"简言之,即使可能依据经济行为规制划定边界,布雷耶法官质疑了为何在此划定界限具有意义。这毕竟关系到我们应当考虑的影响。

---

[60] 学校暴力对教育的经济影响,在 Breyer 所搜集的诸多政府或非政府报告中被争辩。反对向妇女施暴的经济影响,作为立法结果而被陈述,它概括了国会的听证结果。

在 *Lopez* 案的不同意见中，布雷耶法官看起来承认了贸易权力可能越权的某些关键点，在那里国会可能偏离得更远。这种让步使他开始加入到法院的辩驳之中，尽管他看来承认了这种限制，"他不能确认任何州可能规制的行为，但是国会或许也不可以"。在五年后的 *Morrison* 案中，布雷耶法官提供了一种对于更为基本的对原初贸易条款法理的反对意见，这正是对该质疑的反映。他否认了确定某种标志贸易权力限制的界限的迫切性："然而，此种【不能确定界限】的考量，虽然严肃，但并未反映法理的缺陷，却如此广泛地影响了实践事实。我们共同居住在联邦体中，经历了两个世纪的科学、技术、贸易以及环境改变。总之，这些改变意味着，无论如何地方化，至少综合考虑时，任何行为最终都可能实际影响州外贸易或相关状况。"或许，在确定被列举权力时，并未维持这样的整体权威主张，但是，这仅仅是因为，当时世界的方式并未给贸易主题之下的绝对主张提供机会。今天，世界大不相同，而"法官不可能改变世界"。

两种立场间的差异涉及这种结构性推理，即从授予国会"所有立法权被在此赋予"的宪法制度中所作出的推论。反对立场也仅仅怀疑，特定的主张是否被清晰包含于那些被列举的权力之中，而且如果世界以这种方式演进，即一种或更多的权力可能实质上是表明任何主题的前提，宪法也不能阻止得出这种结论。比较而言，法院查明了隐藏于文本、规则之后的命令式结构，这并非其所处时代的一种对于世界的描述。表述这一结构的界限并划定它的边界，法院将这视为原则的任务。

三、与联邦权力对峙的州权力

这种结构性陈述可能也被表达于这些原则之中，即在州政府中配置特定权力与主题的原则以及对侵入那些领域的联邦权力的规训主张。在 *Lopez* 案中，法院意见书中所隐含的观点是："基于政府的'国家生产力'推理，国会可能规制任何它认为与公民个人经济生产力相关的行为:例如,家庭法(包括结婚、离婚以及儿童监护)。"尽管首席大法官的观点提到,学校及其周围的安全是传统的州考量事务,他并未坚持这一立场,当然也并未将它当作定论来处理。这留给了安东尼·肯尼迪(Anthony Kennedy)法官的协同意见书。协同意见书提出,联邦与州之间隐含的结构性均衡,不意味着数个清晰宪法条款的简单叠加,它论称:"某种意义上,在我们相互依赖的世界中的任何行为,最终都具有贸易性渊源以及结果。但是,我们仍旧不认为贸易权力可能延伸到如此程度。如果国会尝试这种扩展,进而至少我们必须查明,联邦权力的实施是否试图侵犯任何传统的州关注领域。"犯罪基本法——谋杀、侵犯以及盗窃——遗嘱法以及财产所有权,这些都是州法的传统领域。

但是,正如摈弃双重主权原则所显示的,这种原则曾一度将采矿业、制造业以及农业置于州的排他性关注领域,这是用以限制联邦权限范围的不稳定的原则性基础。实际上,家庭法的诸多方面——儿童监护和抚养的州际实施法令——长期以来被无可争议地认为是联邦立法的主题,尽管它们涉及联邦权力而非贸易条款。并非法院质疑国会构建联邦类型的财产权、统一的买卖法或全国性司机驾驶许可证的能力——所有这些事项传统上都属于州的控制范围。另一方面(如果反对将联邦财政投入到那些自愿采纳这些制度的学校),国会是否能够利用贸易条款控制全国的学校分级课程,这值得考虑。国会权限"尽管广泛,但并未包含规制每个地方学校以及地方学校各个方面的权力"。法院也并未主张,国会权力遍及存在于"各个地方学校及其各个方面",在某些方面依靠学校自身的力量反而可以抵制国会权力的有效行使。在其触及之前便抽出联邦权力,这是教会一年级学生阅读的最好方法,这是有充分依据的。

(一) 反作用力(counterforce):第十修正案

然而,对于最高法院在 *Lopez* 案及 *Morrison* 案中所观察到的联邦主义结构,反作用力原则也赋予了它实质内容。源自 *New York*

v. *United States* 案[61]与 *Prinz v. United States* 案[62]的这项反作用力原则,仍在(或者再度)发挥作用。援引第十修正案,最高法院推断到,国会或许不可能以此种方式进行规制,以至于破坏了州作为独立治理区域的地位。这一概念与传统双重主权概念中所隐含的内容迥然不同。它不否定规制特定主题的联邦权力范围,而是防止联邦政府以不恰当的方式干涉州政府的运行。这一概念并不清晰。有两个案例阐述了它的重要性,即 *National League of Cities v. Usery*(1976)案[63]以及 *New York v . United States*(1992)案。[64] 在 *National League of Cities* 案中,最高法院主张,将联邦工资和时间立法扩展适用于州和市镇工人,这侵犯了宪法对州主权的认可,干涉了州履行火灾、警察保护和公共健康等"传统政府职能"的能力。无论何时,消防队员与警务人员被安排了长达八小时的执勤时间,即使这一职责包含睡觉期间在消防队待命的时间,或者是一天结束时被分散的安排了更长的执勤时间,使得其一周的工作时间并未超过四十个小时,这就必须为他们支付双倍延时工资,实际上这都对地方政府施加了负担。但是,抱怨并非国会正在进行的对纯地方行为的规制——被质疑的,并非国会将工资与时间制度强加于私人保险公司,其行为仅是地方性的——而是当它规定某种关键性政府职能时,这种规制遇到了州作为主权者的特权对构建劳工关系的反作用力。此后,最高法院拒绝将这一原理适用于对一系列地方事务的联邦规制之中,包括地方采矿实践、州所有的通勤铁路线、州警务人员的强制性退休制度以及对地方公用事业的规制。[65] 直到最后,仅在 *National League* 案的九

---

[61] 505 U.S. 144 (1992).
[62] 521 U.S. 898 (1997).
[63] 426 U.S. 833(1976).
[64] 505 U.S. 144 (1992).
[65] *EEOC v. Wyoming*, 460 U.S. 226 (1983); *FERC v. Mississippi*, 456 U.S. 742 (1982); *United Transp. Union v. Long Island R. R. Co.*, 455 U.S. 678 (1982); *Hodel v. Va. Surface Minning & eclamation Assoc.*, 452 U.S. 264 (1981).

年后，在 *Garcia v. San Antonio Metropolitan Transit Authority* 案中，最高法院摈弃了这一原理[66]，宣称其自身没有能力确定某种"可行"的界限，以此区分破坏政府必要职能的规制与那些允许联邦规制的情形。

在宣称原则终结的七年之后，在 *New York v. United States* 案中，最高法院部分修正了这一原则，但仅以非常特定和有限的形式。它主张，即使国会可能规制特定主题——在低度放射性废物处置场的案例中——也不能要求州本身进行这种规制，抑或在这种规制中发挥某种积极作用。耳熟能详的说法是，联邦政府可能不会通过"征募"州政府机构来为之进行规制。这个有限的反作用力原则看来已经陷入了困境，它在 1997 年 *Prinz* 案中被重新确认，尽管 *Reno v. Condon*[67] 案无可辩驳的判决清晰地阐明了这一点，即"征募"原则并未扩展至消极命令，即禁止州规制特定事务或以特定方式进行规制——这也是件好事，如若不然，就很难查明还剩下多少国家法至上与联邦优占学说。此外，这一原则也不能把规制的适用普遍地扩展至政府和非政府实体。故此，虽然在此讨论的联邦工资与时间规制问题普遍适用于所有公共或私人机构的雇员，*National League* 案也并未复兴。我假设，观点是：只有当州政府规制该州公民行为的权力被列明时，才存在特定的违法行为，要求州基于联邦命令对公民个人的主要行为加以规制，而并非允许州依据自身政策进行规制（只要它们并未干涉联邦政策），并使联邦政府对其主要行为进行自我规制（当然，联邦政府始终将州政府列于联邦政策管理之中，但是，仅限于合作状态之下，州可能接受来自联邦政府的关于特定项目的资金或者其他援助）[68]。

---

[66]　469 U.S. 528(1985).
[67]　528 U.S. 141 (2000).
[68]　例可见 *South Dakota v. Dole*, 483 U.S. 203(1987)(1987)（州必须规定 21 岁的饮酒年龄，以此作为接受全额联邦公路援助的条件）。

（二）反作用力（counterforce）：主权豁免

州在联邦中的地位受另一原则的保障，因为它相当复杂，因为它以奇特的间接和不完善的方式实现其目标，最终因为在我看来，这是历史上或原理上的严重误解，以至于我只能希望并确信迟早有天它将被摈弃，我将更为简要地讨论这点。这一原则是第十一修正案和从中推导出的州主权豁免原则，即未经州自身同意，禁止将州起诉至联邦法庭，甚或在自己州的法院由联邦政府之外的任何当事人提起诉讼。第十一修正案制定于1798年，内容为：

> 合众国的司法权不得被解释为适用于由任何一州公民、任何外国公民或国民依普通法或衡平法对合众国一州提出任何诉讼。

这一修正案是对最高法院 *Chisolm v. Georgia*[69] 判决的回应，基于普通法，允许一位南卡洛莱纳州商贩在联邦法院对佐治亚州提起诉讼，他诉求收回革命战争期间销售给佐治亚州的毯子、制服以及其他军事设备的款项。最高法院适用了宪法第三条第二款的规定，即"司法权力应扩展到……州与其他州公民的争议；以及不同州的公民之间的争议"，并由此得出结论，认为对此类诉讼联邦享有管辖权。革命战争时期的债务以及州对其应负的义务主题，是一个相当棘手的问题，这一判决引起了愤怒。在第十一修正案之后，这样的诉讼可能不再被提起。但是，这种诉讼是什么？从最为狭义和更为具体的角度而言，这样一种诉讼要求联邦法院对提起普通法诉讼的多样化管辖权，这种诉讼并非针对其他州的公民，而是针对该州自身。因为担心州法院可能对本州以外的当事人存有偏见，宪法中包含了联邦法院对常见的普通法案进行裁决的多样化管辖权。

在1890年的 *Hans v. Louisiana* 案[70]中，最高法院运用第十一

---

[69] 2 U.S. (2 Dall.) 419 (1973).
[70] 134 U.S. 1 (1890).

修正案来禁止联邦对这一案件的管辖,该案中,一位路易斯安那州的公民对该州提起了关于违反联邦宪法行为的诉讼。修正案相当明确地并未在术语上禁止提起这样的诉讼:它并非由"另一州的公民"提起。与 Chisolm 案不同,由于联邦管辖权的基础并非公民的多样性,而是以独立的《宪法》第 3 条作为基础,使得该案的起诉"基于宪法以及合众国的法律",没有必要为了理解这一修正案而去推断该案的文本含义(在现代术语学中,Hans 案援引的不是"多样性",而是联邦法院对"联邦问题"的管辖权)。基于联邦而并非州,由此赋予联邦法院审理争议的权限,这样的理由远比赋予法院多样化管辖权的理由更为有力。联邦法院不仅可能更少偏好于当事人的某一方,它们可能也更为熟悉并更易于适用联邦法,而且如果联邦法院具有首要(虽然不必要是专有)的职责去发展联邦法,那么联邦法的发展将更为一致。最高法院在 Hans 案中的判决基础并非第十一修正案的文本,而是潜藏于文本之后的原则:修正案是对州独特主权的承认,允许私主体未经州同意而在联邦法院中对州提起诉讼,这是对主权尊严的冒犯。[71] 伴随着此处我并未深入的复杂情形、资格以及例外[72],这一原则仅在 Seminole Tribe of Florida v. Florida 案中被明确得以重新确认。[73] 这意指为一种对州独立和尊严加以尊重的有力声明。三年后,在 Alden v. Maine 案[74]判决中,则更为有力地声明了这一点,它甚至排除了缅因州公民群体和州见习官员在州法院中起诉,他们主张,适用联邦工资与

---

[71] Hans 案法院的结论认为,推断对于避免宪法的变异而言是必要的。它摈弃了可选择的、我在文中提议的更为谨慎的作为一种摆脱变异的方式的解释,因为它确信这种解释被"许多最近的案例"所排除,在这些案件中,即使"案件是基于宪法或合众国法律起诉的",修正案中也被判决排除了其他州的公民在联邦法院提起的针对州的诉讼。

[72] *Ex parte Young*, 209 U.S. 123 (1908).

[73] 517 U.S. 44 (1996).

[74] 527 U.S. 706 (1999).

时间法应该给他们支付积欠工资。[75]

Alden 案显示了最高法院最近在第十一修正案法理方面的范围和缺点。类似于联邦反歧视法[76]、诸多环境法[77]、劳工法以及破产法[78]等法律，联邦工资与时间法的实施多少取决于个人受益者对规制内容提起诉讼的实施情况。Alden 案意味着被规制实体为州，私人履行可能整体上被排除，正如没有要求任何法院审理私人诉愿一样。但是，为了要返还见习官员的工资，合众国劳工部可能仍起诉缅因州并促使其以后遵循联邦标准。这个结论明显处于尴尬，因为作为一个实际问题，很难说明为什么州的尊严——无论它的意蕴如何——由联邦官员提起的诉讼远比由该州居民提起的诉讼对它的侵犯更少。考虑到如下事实，即 Alden 案中涉及的特殊联邦管制同样曾一度是早期案例的主题，在这些案例中至少一个恰当的问题已经被提起：这种管制是否过度干涉了州调控自身政府运行的能力，进而根本超越了国会赋予的权力？这种策略的拙劣尤为明显。我相信，National League of Cities 案已经正确地否定了国会的实质权力，但是，目前在最高法院着手的对国会实质性权力的联邦主义限制复兴之前，Garia 案又推翻了该案的判决。最高法院显然缺乏使 National League of Cities 案再度复兴的意愿（或者

---

[75] 在 *Federal Martime Comm'n v. South Carolina State Ports Authority*, 122 S. Ct. 1864（2002）案中，最高法院将这一原则加以扩展，进而禁止在作为执行部门的规制机构中提起针对州的诉讼。

[76] 见 *Kimel v. Fla. Bd. of the Regents*, 528 U. S. 62（2000）。然而，法律旨在弥补司法可判断的第十四修正案问题，例如，基于种族或性别歧视的第 7 款规定，如果国会清晰陈述了废除之意，它可能废除州的主权豁免，*Fitzpatrick v. Bitzer*, 427 U. S. 445（1976）。

[77] *Pennsylvania v. Union Gas Co.*, 491 U. S. 1（1989）。

[78] 巡回法院论述了第十一修正案是否禁止在破产程序中从州重获资金。例可见 *In re NVR*, LP 189 F. 3d 442（4th Cir. 1999）（第十一修正案并未禁止从州获得货币补偿）；*Sacred Heart Hospital v. Pennsylvania*, 133 F. 3d 237（3d Cir. 1998）（破产条款并未赋予国会权力以废除州的豁免）；也见 Kenneth Klee, James O. Johnston, and Eric Winston, "State Defiance of Bankruptcy Law," 52 Vand. L. Rev. 1527（1999）。

表决），它留下了这样一个奇怪的结论：最高法院（暂时）允许国会有调整州作为雇主的劳工关系的实质性权力，但是否定了国会行使这项权力的普遍与最富效率的手段。[79]

姑且不论最高法院法理的这一实用性转变，理论上和方法上的考量都支持这一特殊的法律实体并为其辩护。的确，植根于陈旧统计学概念的主权豁免原则，在政府对个人的救济的法律发展中发挥过重要作用，但只限于用一种复杂的、法院不经立法帮助也可以采取的方式。这总之不是坏事，因为它推动了联邦行政程序法[80]以及该法案的各州版本[81]等复杂立法计划的制订。准许基于合宪性基础对政府代表[82]加以补偿，这种立法与原则相结合的结果产生了一种状态，在这种状态下，可能认为法治原则——无论谁的任何违法行为，均可要求或多或少给予补偿——取代了过时的主权豁免原则，因为豁免也意味着政府对于法治的豁免。

适用主权豁免原则来限制国会权限时，假设此时国会行为处于分配权力之内并遵循了联邦至上条款（Supremacy Clause），同时，用该原则来规定其希望强加于州的实体制度与实施这些制度的最适宜（"必要与恰当"）的救济，主权豁免原则似乎非常不确切。

另一方面，最高法院在 Seminole Tribe 案中并未创设国会权力的障碍，而是发扬了对此抨击的学说与先例，但并未推翻最高法院的法理。在百年之前的 Hans v. Louisiana 案这一先例中尤其如此。据说 Alden 案也只是从 Hans 案中清晰包含的主权豁免原则中所作出的推断，它规定，豁免是在州本身的法院中提起对本州的诉讼之屏障。但是，这些从中衍生出的先例和原则，既未能很好地加以建

---

[79] 见 Ernest A. Young, "State Sovereign Immunity and the Future of Federalism", *1999. Sup. Ct. Rev.* 1。

[80] 5 U.S.C. § 551 et seq.

[81] 见 Arthur E. Bonfield, *State Administrative Rulemaking* 12—16 n. 20 (1986)（列举了基于最初的州行政程序法模型而制定行政程序法的各州）。

[82] *Bivens v. Six Unknown Named Agents of Federal Bureau of Narcotics*, 403 U.S. 388 (1971).

构,也未能得以稳固确立,以便要求新近出自遵从先例尊重原则的发掘。最有力的理由是,Hans 案本身即超越了第十一修正案的清晰言词,修正案的偶然适用以及(对我来说似乎如此)被揭示为两方面的明显目的,即将公民对州的诉讼排除于联邦法院管辖权类别之外与保留联邦法院对联邦问题的管辖不受影响。沿着 Lopez 案与 Prinz 案的路径,最高法院将更好地从事联邦主义工作。

(三) 相结合的两点:第十四修正案的实施

《校区禁枪法》(GFZA)以及《暴力侵犯妇女法》(VAWA)是国会明显的哗众取宠的例子。同时,Lopez 案与 Morrison 案引发了主要集中于宪法学者之中的轰动,这是如此明显的不必要。类似地,New York v. United States 案和 Printz 案中的征募原则(commandeering doctrine)都并未卷入政治浑水之中。但是,在一些案件中,法院推翻了标示宗教自由、年龄与残疾歧视的法律内容,则引起了相当多人的愤怒。[83] 源于第十四修正案的这些案例,连同其他两个更少感情色彩但并非不重要的案例,影响了联邦与州之间平衡的主要转变。[84] 借助州对个人的权力实施,未修订的宪法提供了很少障碍[85]:州可能并未通过褫夺公权法案抑或溯及既往的法律,也未通过减少契约义务的法律。[86] 通过文本及附随的解释,权利法案仅适用于对联邦政府权力的限制。[87] 与之形成鲜明对比的是,第十四修正案陈述了对州强加于个人的权力之更为广泛的禁止,最为显著地保障个人未经正当法律程序和法律的平等保护,不被州剥夺个人生命、自由以及财产——前者的保障最终成为权利法案中大多数保障的具体化。这些保障的本质是后面几章的主题。

---

[83] John T. Noonan, "Religious Liberty at the Stake," 84 *Va. L. Rev.* 459 (1998).
[84] *Fitzpatrick v. Bitzer*, 427 U.S. 445, 455 (1976)(Rehnquist 法官,协同意见书)。
[85] U.S. Const. art. I, § 10.
[86] 禁止进出口税也限制了州对于个人的权力。
[87] *Barron v. Mayor & City Council of Baltimore*, 32 U.S. 243 (1833).

重要的是第十四修正案的最后一部分，它赋予国会"以恰当的立法实施"这些保障的权力。鉴于修正案广泛与基本的本质，这些授权条款可能变得不受限制并包含贸易条款授予的权力。尽管在早期和最近的判决中，最高法院已经修正了这一对权力加以明显限制的原则。故事是复杂的，并且，在我们得出结论之前，我们必须遵循多条原则性线索，它们相当紧密地交织在一起。

首先，1883年确定了这点[88]，即第十四修正案仅仅针对州及其官员的行为提供保护，而并非针对私主体。因此，许多私人歧视行为或私人对生命、自由和财产的伤害，并未被纳入修正案的保障范围——这些是由（平等和公正的）州法来保障的领域。[89] 正是这一原则，促使国会援引贸易条款作为其权力源泉，目的在于宣布1964年的民权法案对私人雇用和公共住宿区域——如对州际旅行者开放的宾馆——之差别待遇不合法。[90] 正是基于这一原则，最高法院主张排除对第十四修正案的依赖。这条修正案赋予国会通过恰当立法实施该修正案的权力。同时，必要和妥当的兜底性条款，其不仅适用于赋予国会的类似贸易权力的基本权力，而且适用于"所有基于宪法授予合众国政府的权力"。但是，政府行为原则主张，由于修正案并未提供针对私人行为的保障，诸如《暴力侵犯妇女法》（VAWA）的立法，其对于执行修正案的允诺而言，并非"必要与妥当的"措施；并非能够"恰当"实施条款的立法。一旦最高法院自然地得出这样的结论，即修正案并未扩展至私人行为，认为《暴力侵犯妇女法》（VAWA）并非"适当的"立法，得出这样的结论

---

[88] Civil Rights Cases, 109 U.S. 3 (1883); United States v. Harris, 106 U.S. 629 (1883).

[89] 当主张特定的私人诉讼与州行为一致时，许多情况下最高法院努力收紧这种限制，并发现了诸多围绕这类限制的方式，United States v. Guest, 383 U.S. 745 (1966)案，或者，不同于第十四修正案，废除奴隶制的第十三修正案影响着个人与州，并赋予了国会废除"所有奴隶制印记和附带事宜"的权力。Jones v. Alfred H. Mayer Co., 392 U.S. 409 (1968).

[90] 见 Heart of Atlanta Model, Inc. v. United States, 379 U.S. 241 (1964)案及此前对该案的讨论。

并非漫长。然而,似乎对国会而言,其他部门也可能主张其行为不适当,这可能是武断的。在 *Marbury v. Madison* 案的判决中,最高法院并未主张当国会赋予法院违宪审查权时,其逾越了合宪性权限。[91]

被证明更有争议的 *City of Boerne v. Flores*[92] 案援引了同样的原则界限。早在七年前,在 *Employment Division v . Smith*[93] 案中,最高法院主张,宪法对宗教自由的保障并未扩展至法律的一般适用,而是仅在一定意义上以宗教为目标。第五章中,我将考量 Smith 案判决的实质;在此,需充分注意,判决严格地分离,许多看起来似乎与合宪性保障的目的与传统不相一致。这一判决与1964年的 *Sherbert v. Verner* 案[94]所确立的测试直接冲突,国会回应到:当政府行为限制宗教实践时,必须以"国家的迫切利益"作为正当理由。《宗教自由恢复法》(RFRA)宣称,任何联邦或州法限制宗教实践时,均需满足 Sherbert 案中所确立的测试。当然,因为国会不得不首先通过责任负担法案,国会同样有权限制自身制定法律。然而,为限制州政府的权力,国会必须指出某些明确的宪法授权,第十四修正案的实施条款是唯一的备选方案。长期以来,第十四修正案对自由的保障被解释为对第一修正案的宗教自由保障的具体化,但是,最高法院裁决,Sherbert 案不是对宗教自由的正确理解。因此,国会在《宗教自由恢复法案》(RFRA)中,将限制州以实施第十四修正案的名义按自己的规则行事,而不是按照最高法院所陈述的宗教自由意蕴行事。Boerne 案当然对保障州权力免遭未经宪法授权的国会权力侵犯有所影响:随之发生的争论重点并非基于联邦主义原则,而是基于最高法院的主张,即当开始解释宪法时,

---

[91] 5 U.S. 137(1803)案可以确定,另一支持这种争论的依据源于 *Morrison* 案中对国会权力的考量:基于不平等的法律及不平等的法律实施,州否定了对妇女免遭侵犯及施暴的平等的法律保护。

[92] 521 U.S. 507 (1997).

[93] 494 U.S. 872 (1992).

[94] 374 U.S. 398 (1963).

最高法院有决定权。如果国会较少坦率地否决最高法院对宪法的解释,反而是通过围绕它建构补偿性樊篱来实施这种解释,这种对抗可能已经缓和,这如同于拉比*经常被认为"围绕摩西五经设置樊篱",他们通过提议更广泛的禁止以免那些法律主题被诱惑到精确界限,并进而冒险逾越这一界限。但是,此处国会已表达了对最高法院在 Smith 案中解释之主旨的直接质疑。

原则的这些边界——国会基于宪法第一条的实体性权力,即主权豁免以及最高法院的最终解释权范围——集中于涉及年龄与残障歧视的 Kimel 案[95]与 Garrett 案[96]。雇佣关系的经济本质是国会基于贸易条款进行规制的充分依据,这一点早在劳工委员会案件中已被确定,在 Lopez 案中得以确认。Lopez 案以及 Printz 案都遗忘了原告资格,Garcia 案已经确定,雇佣关系规制一般也可以包含州政府雇员的规制。因此,禁止雇员年龄和残障歧视的法律也保护州的雇员。正是因为吉梅(Kimel)先生的年龄,佛罗里达州对其加以了非法的歧视,而阿拉巴马州对加勒特(Garrett)的歧视则是由于他的残障。法律赋予雇员因其为获得被歧视导致的工资损失而起诉的权利;因此,如果他们受雇于私人机构,可能赢得损害赔偿金。但是,Seminole Tribe 案中的主权豁免原则似乎阻碍了这样的救济,因而,只有联邦政府的行政机构可以实施针对州的法律——规定不作为或膨胀的联邦官僚行为。

不仅将成文法限制于贸易权力,而且也将其限制于实施第十四修正案平等保护保障的国会权力,成文法通过这些才得以被捍卫,因为这种后来被赋予的权力不受第十一修正案主权豁免原则的限制。此处,并不存在私人歧视问题;正是州施加了这种歧视。但是,Boerne 案的出现阻碍了这一路径。最高法院先前相当坚持地主张——在第七章将详细讨论这一内容——虽然州可能不会合宪

---

* 拉比为犹太人的学者或教师。——译者注

[95] Kimel v. Fla. Bd. of Regents, 528 U. S. 62 (2000).
[96] Bd. of Trustees of the Univ. of Ala. v. Garrett, 531 U. S. 356 (2001).

地基于年龄抑或残障加以恣意地歧视,与基于种族或性别的歧视不同,这种歧视的正当性相当容易被政府的某个合法目的所证明,在此基础上的区别可能被合理地(如果不正确的话)认为提高了州政府的工作效率,这个判断是粗略的。第十四修正案通过年龄与残障歧视保障提出的概念,与联邦成文法提供的非常严格的保障之间相去甚远。因此,把这种歧视置于国会的第十四修正案执行权力项下(进而逃避了主权豁免的限制),国会或者不得不主张不同的和更宽泛的视角下的平等保护,这被 Boerne 案所阻止;抑或行使救济权,通过围绕薄弱之保障建立更广泛的缓冲地带,来实施更为严格的保障。后者的救济途径没有被那些旨在推翻最高法院实体合宪性判决的公正声明所阻碍。

可是,最高法院否定了这一点,它无疑感觉到,围绕法院对合宪性保障实质含义的最后决定权的专横主张,救济性或实施性的路径提供了一种非常便捷的方式。这预示着可能将基于第十四修正案的执行权力转变为政府的一般权力——正如它所期待的关于任何主题的立法权——而当这些主题是贸易条款项下"对贸易的影响"时,最高法院否定了国会的判断。此时,它提供了远不及 Lopez 案"经济性行为"边界那么绝对的原则阻碍——但是,这一界限的灵活性与合理性使之较少被控诉为恣意与难以置信的:国会为实施修正案保障,对于判断何种措施是必要的和适宜的(或使用修正案中的表述,"恰当的"),具有广泛的裁量权。但是,为防止权力抹煞所有对于联邦权力的限制,被期待用来实施第十四修正案的权利的措施,必须是一致的与均衡的。正如最高法院在 Boerne 案中提出的:

> 在救济或阻止违宪行为的措施与造成适用法律实质改变的措施之间的界限不容易被察觉,国会必须具有宽泛的自由以确认界限在哪里,区别是存在的并必须被观察。在此,被阻止或救济的损害和为实现目标所采取的手段之间,必须一致且均衡。需要此种关联,立法运行和效果才可能有实质性的

运行和效果。[97]

这一明确表述的含义由可能两个并非激烈但在结构上却更富有争议的案例进一步阐述,在这些案件中,指控州侵犯了私人企业的专利权和商标权。[98] 在贸易条款的同一条中,宪法赋予国会权力,"对作家和发明家的著作和发明,保障其在一定期限内享有独占性权利"[99]。没有人对此提出这种反对意见,或者可能没有发现明显的反对意见,即国会令州尊重这种由宪法创设的财产权,这侵犯了州的某些特权。实际上,专利法清晰地赋予州授予发明专利的可能性,并在其侵犯他人专利权时追究法律责任。当州立大学产生并使用了更多可取得专利的作品与版权作品时,这远非理论上的问题。因为专利与贸易权力源自未修正的宪法,它们从属于第十一修正案,使得州政府剥夺私人主体的财产时,禁止他们维护其智慧财产权。像 Morrison 案和歧视系列案一样,这些州的受害者试图援引第十四修正案的执行条款。此次,需要国会救济的是对修正案的这一条款的实质性侵犯:"未经正当的法律程序,不得剥夺任何人的……财产。"此处,该州没有给专利享有者提供合法的正当程序。他们仅仅是剥夺财产,由此诉讼要求州对这种侵权性的剥夺提供救济。最高法院再次判决,国会走得太远。

为预防此种意料之外的结果,有人可能认为,对于第十四修正案的正当程序条款的这种适用,可能恰好为逆转最近以及先前所有的第十一修正案法理,开启了方便之门。因为州的任何未经补偿的侵权或违约行为,都可能被描述为剥夺了被害人的"生命、自由抑或财产",在这类案件中个人将对州提起诉讼,例如,在一个多

---

[97] *Boerne*, 521 U. S. at 519—20.

[98] *Fla. Prepaid Postsecondary Educ. Expense Bd. v. College Sav. Bank*, 527 U. S. 627(1999); *College Savings Bank v. Fla. Prepaid Postsecondary Ed. Expense Bd.*, 527 U. S. 666 (1999).

[99] 国会制定了置于贸易权力之下的联邦商标约束体系。U.S. Const. art. I, § cl.8.

世纪以前，Hans 案——诉求重新获得州契约未支付的款项——已经排除了联邦法院对第十一修正案的参照。Morrison 案、Kimel 案与 Garrett 案都符合最高法院限制援用实施条款之原则的"一致性"分支。国会试图救济的违反第十四修正案的行为与国会限定的救济范围不一致：国会对由于年龄与残障造成的歧视所提供的救济，与最高法院基于宪法描述的那些违法行为，其形式迥然不同。《暴力侵犯妇女法》(VAWA) 为私人行为造成的歧视性暴力提供了救济，但是，宪法断言，仅仅适用于政府行为者所作出的这种行为。在专利权和商标权案件中，救济完全与那些违法行为的形式相适应：国会创设了一种财产；政府剥夺了所有者的财产；而救济恰恰为这种剥夺提供损害赔偿。依据法院的判断，此时制度的缺陷在于缺乏均衡性。"国会不认同任何州专利侵权模式，更不必说违宪模式……【以至于】专利救济法的规定是'如此缺乏与既定预防性或救济性目标之间的均衡性'"，以避免为此种违宪行为提供正当理由，其借助第十四修正案来授权国会签署对州违宪行为加以补偿的立法。

一致与均衡标准是有前途的，它对于特定环境灵活与引人心动的判断，正是因为它根本不适合适用于涵盖所有判决。我们可能看到，不一致在《宗教自由恢复法案》(RFRA)、《暴力侵犯妇女法》(VAWA) 和年龄与残障歧视案件中是如何发挥作用的。但是，一致性在专利和商标侵犯案中是完善的，而且每个案件都只救济违法行为。救济在州法院并非恰当，因为这些都是依据联邦法而被特定化的主体；事实上专利和版权法是如此特别，以至于国会将所有上诉集中于一个专门的巡回法院之中。它考虑赞同法院的一致与均衡标准，允许对于特定措施有效性律师般的争论。这样的争论使我们得出这一结论：尽管这一标准贯彻了不完善的第十一修正案原则，在除专利和商标案件之外的所有案件中，最高法院正确使用了一致与均衡概念。*

四、为何是联邦主义原则?

为战胜希腊,薛西斯(Xerxes)从亚洲带来了军队。希罗多德(Herodotus)描述到,薛西斯用船只搭起了穿越达达尼尔海峡的浮桥。暴风雨来袭并驱散了船只。薛西斯狂怒之下命令他的人员上岸用鞭子敲击水面。希罗多德认为这是一种不虔诚的非希腊行为。[100] 布雷耶法官在他对 Morrison 案中的不同意见中的评论,"法官不可能改变世界",这可能被解说为希罗多德精神。

最高法院对联邦政府与州政府平等的权力平衡具有相当小的影响。当联邦发现其首要方向时,首席大法官马歇尔的早期判决确立的学说轨迹,使得最高法院避开了政治与经济的方式。尽管

---

* 在 Nevada v. Hibbs,123 S. Ct. 1972(2003)案中,最高法院畏缩于不断扩展的主权豁免法理。在 Seminole Tribe 案判决的撰写者,即首席大法官的一份意见书中,充满对这种法理的认可,最高法院判决,这一案件的原则并未排除针对州的诉讼,因为该州违背了联邦法律的一项规定,即允许所有雇员,无论男女,都可享受不支付报酬的休假用以照顾患病的家人。因为被主张的照顾任务老套地被分派给妇女,这使她们很少有希望被雇佣,同时,因为如第七章所阐释的,与基于年龄与残障(正如在 Kimel 案与 Garrett 案中所显示)的歧视相比,政府的性别歧视要求提供更多的正当理由,缓解使两种类别的雇员同样不快的歧视,这一国会的既定目标需满足一致与均衡的要求。为了救济这种歧视,基于性别歧视的严格审查应当包含较少的一致和均衡的测试要求,这似乎是某种不合逻辑的推论。无论何时,宗教自由都受到最高程度的宪法保障,而财产由特定的宪法控制保障它不受未经补偿的政府征用。可是,由于主权豁免原则,Boerne 案中以及专利与商标案中的原告均被剥夺了获得救济的权利。此外,用来证明州政府蓄意歧视妇女的行为的相关证据——违反宪法的前提——相当薄弱,事实上比其他案件中的相关证据更为薄弱。

[100] The Persian Wars, VII. 35. "薛西斯大发雷霆,他命令用鞭子鞭打达达尼尔海峡三百下并将一副脚镣扔到大海中……他也命令鞭打者以高呼奇特与傲慢的话语说:'你这讨厌的水,我们的国王审判了你,因为尽管他没对你作出恶行,你却不公正地惩罚了他!无论你是否愿意,我们的国王薛西斯将横跨你!不会有人为你牺牲,因为你是肮脏与泥泞的水流!'以这些方式,他要求海被惩罚,并把罪魁祸首与指挥在达达尼尔海峡架桥的那些人分别对待。"

最大的战争——关于合众国银行——的争点在于宪法原则的文本,实际上以政治争斗形式而告终。[101] 在 19 世纪末和 20 世纪初,最高法院阻止国会规制采矿业、制造业、农业以及劳工关系的侵略性干涉,只是减缓了与势不可挡的联邦经济一体化相关的联邦立法的增长。在更长远的背景下,设想最高法院最近的原则尝试(démarches)将有明显的实践效果,这点是荒谬的。毕竟联邦控制地方政府的最有力杠杆是财政,而且原则并未对国会的这项权力设置真正的阻碍,即以金钱从联邦金库流入州为条件,使这些州参与并附属于联邦项目。[102] 我不打算指出,最高法院在最近的陈述中认为联邦主义特性是我们宪法的结构性特征,这是堂吉诃德式的或是虚伪的,而要指出,明显的真相使得此种解释变得似是而非,即最高法院最近的联邦主义法理被解释为是一种转移联邦与州权力分配的政治性计划。

相反,我提出,这种发展的法理(jurisprudence)反映了最高法院自身职能的概念:判决诉诸它的案件要根据法律,还意味着要根据恰当的宪法概念。标志性案例是 Boerne 案,该案中,最高法院回避了国会的这一要求,它要求撤销最高法院对宗教自由保障含义的陈述。在最高法院最初对立法进行司法审查时,首席大法官马歇尔宣称:"说法律是什么,这主要是州和司法部门的职责。"[103] 最近的联邦主义判决可以被更好地理解为这些主张:宪法的确包含了联邦与州之间的关系的概念;可以发现这一概念表达于宪法原

---

[101] 见第三章。

[102] *South Dakota v. Dole*, 483 U.S. 203 (1987),最高法院赞同,以将该州的饮酒年龄提高为 21 岁,作为州接受高速公路资金的条件。最高法院仅仅询问投资项目的目标与条件之间存在何种关联,它发现了高速公路安全与反对青少年饮酒之间的关联。更为严格的标准,要求这一条件适用于实际上如何花费资金,迄今为止只有一次被支持。这一争议预示了在该问题上的不同意见,即最高法院如何密切监控,立法是否"适合"执行第十四修正案的保障。在这一案件中,最高法院坚决不愿开启后来在 Lopez 案与 Boerne 案中所开启的路径。也见 *South Carolina v. Baker*, 458 U.S. 505 (1988)。

[103] *Marbury v. Madison*, 5 U.S. (1 Cranch) 137, 177 (1803)。

则之中,而当诉诸最高法院时,则暗示着这项原则,即"说法律是什么,是州和最高法院的职责"。隐含在这些判决之后的精神是法治。

如果是这样的方案,要逆转的不是历史过程,而是宪法原则对政治的让步过程,那么结果仅与原则相同。同时,在这些案件中,持续的不同意见可能被理解为,或者基于原则的建立否定了联邦主义概念的正确性,或者否定了原则包含这一概念的能力。最近的贸易条款案件使用了一个明确的路径:他们允许规制州际贸易的工具、在州际贸易中移动的人或物以及对州际贸易具有实质性影响的经济活动。因为是明确的,这些界限很可能有机会转化为原则性的特征。尽管这似乎是恣意地强调被规制行为的本质,而非行为所产生的后果,这一限制确实意在避免国会贸易权力扩散到那些传统上被认为是州政府关注的行为,而且这项原则不仅有效,还或多或少易于包含作为其渊源的这一概念。

New York 案与 Printz 案中的第十修正案的"征募"原则,也具有这样的特征,它以合理判断的方式包含对我们的联邦主义的本质的直觉:州不应仅仅是联邦政府的行政单位。这项原则有助于保持公民对此的认识,即谁应对政府对他们作出的行为负责,这种想法被最高法院的陈述所把握。它有助于维持透明度及政治责任的界限。这种限制同实践效果一样有象征意义,然而,它并未排除通过有条件的开销实现同样的结果。这项原则也并未允许如此的扩展,以至于防止国会禁止州政府干涉联邦项目,因为这将与第五修正案的清晰陈述相冲突,即为实行宪法而制定的法律"应该是这一国家中的最高法律"。因此,整个原则大厦有时将取决于积极要求与宽松禁止之间的细微差别。

一致与均衡原则缺乏先前两者的明确特征,因此不要求更精确的制度干涉,但是,这样的优点可能与缺点同样多。布雷耶法官在另一文章中所提及的[104]，与均衡概念相似的这些术语，已被援引到欧洲的制度思想之中，而且在辅助性原则名义下，常被用于分配事务的控制以使其置于最低层面的合理适当层面，这一层面与民众最为贴近。类似于宪法其他领域，这也是一种原则性工具。例如，允许财产所有者"自愿地"将部分财产移交给政府，以允许此种管制性许可为条件，政府有时试图避免赔偿财产的宪法义务，这些财产是他们想要从私主体那里获得的。将这同规制权力的合理使用相区别的是一种测试，即可能被总体上质疑，这种需求是否与政府试图证明的规制目标之间是一致的与均衡的。[105] 此种交叉参照（cross-reference）是在其他方面（例如，言论自由与宗教自由）良好运行的宪法原则的特征。此处，注意到其出现是有益的。

  在历史上和文本上仍留下了拙劣的主权豁免案例，对此我已强烈抨击过。富有明确性的原则完全缺乏适当性。假设，州恰当地被置于公民义务之下，同时，很难理解侵犯了何种州尊严的现代概念，它允许负有这种义务的个人，将州起诉至另外一个合法的法庭。这项原则也是不确切的，因为它移转了可能来自宪法难题真正渊源以及真正的有辱尊严之注意力，即首先不应赋予国会强加实体性义务的权力。*Seminole Tribe* 案是这一类型案例，*Alden v. Maine* 案又是另外一种类型。因此，第十一修正案原则具有缺陷，它是一致与均衡测试的缩微影像：它制约了邻近的更为合理原则的发展。

---

[104] "Judicial Review: A Practicing Judge's Perspective," 78 *Tex. L. Rev.* 761, 772 (2000).

[105] *Dolan v City of Tigard*, 512 U.S. 374 (1994); *Nollan v. Cal. Coastal Comm*'n, 483 U.S. 825 (1987).

第三章 分　权

由于宪法是一个新的起点,将权力分配给联邦政府的不同组织,这是制宪者们的必要任务。今天,理所当然地认为,宪法不仅创设了联邦实体,也创设了其政府的不同机构,这很自然。依据《宪法》第 1 条、第 2 条与第 3 条,新成立政府的国会、总统、最高法院及低等联邦法院被分别赋予了立法权、行政权以及司法权,它们都是由宪法创设的——这与州不同,州被认为是在先的实际的和法律的存在。尽管,伟大人物乔治·华盛顿(George Washington)说过并且州治理者与立法者的先例也肯定存于每个人心中,对于立法、行政以及司法权的尊重将是对概念与抽象功能的尊重——而并非尊重现在被赋予新的或被改变功能的先前机构。这些机构采取何种形式取决于它们如何被选择、明确地赋予这些机构的权力以及概念性的氛围,其可能围绕这些过去常被用以命名他们的术语(总统、法院、首席大法官、参议员以及代表)而展开。

宪法的创造性使其术语很难加以解释。当一种制度与真正的人民相关并根植于真正的人民时,那些人民具有利益,也具有超越分配给他们的正式功能之倾向。已经建立很久的制度——君主政体或诸如下议院(House of Commons)的法人团体——获得了使之免于成为抽象政治理论的特性与实体内容。要设立全新的,即至今不存在的部门,制宪者有必要说明:如何选择工作人员、他们的任期时限和条件、他们必须履行的任务、必须履行任务的方式及其他们与相关机构之间的关系。但是,当这些抽象制度须从根植于其中的人民以及他们必须面对的现实情境而变得栩栩如生时,只靠这些一般规定既不能充分解释成熟政府如何运作,也不能靠自身解决这些机构间的冲突——恰如只靠制宪者的文本与目的不可能回答关于州与联邦政府关系的所有问题,也不能解释关系到政府权力对个人控制界限的所有问题一样。所有这些问题不得不成为宪法原则演进的主题。正如罗伯特·杰克逊(Robert Jackson)法官在关于联邦政府分权的唯一著名司法意见中所写到的:

> 正如我们祖先过去所预见的,抑或如果他们曾经构想应当已经预见到的那些现代情形,它必须从这些资料中预测,其几乎像要求约瑟夫为法老王解释的梦境般高深莫测。一个半世纪的党派之争以及学者推测并未产生最终结果,只是提供了或多或少地易于引用的可靠的原始资料,这些资料基于任何问题的每一方面。很大程度上,这些争论与推测相互克减。[1]

当时对此主题的任一记述,不仅必须解释宪法的多种权力分配包含哪些内容,还须解释某些一般概念是否可能通过这些分配来理解。没有此种概念,便缺乏可以从宪法简明扼要的规定中推断出问题解决方案的指南,这些问题远比制宪时期设想得更为广泛与复杂。或许如同某些学者曾经建议的[2],如果最高法院并未深入研究宪法的前提,它的作用限于确保没有任何文献的字面条款相互冲突,这并不构成严重问题。最高法院偶尔也会比这更富有野心,并寻求实施它从特别规定中理解的一般概念。这被证明是困难的,尤其是因为,作为法院,它必须具体表达规则和学说中的概念,以便赋予其工作一般性和可预见性。最高法院不可能满足于仅像裁判一样行事,只判罚而不经解释或推理。

基于规则和学说发展的传统结构,作者选择将此章命名为分权。《权利宣言》的第 30 条,正是约翰·亚当斯(John Adams)起草

---

[1] *Youngstown Sheet & Tube Co. v. Sawyer*, 343 U. S. 579, 634—35 (1952) (Jackson 法官,协同意见书)。

[2] 见 Joseph Story, *Commentaries on the Constitution of the United States* §427(5th ed. 1891)(1833)(据观察,这具有很大的正确性,尽管一份法律文件的精神,尤其是宪法的精神,被尊重的程度不仅限于文本,虽然其精神主要来源于文本。从偶然的情况便极端地作出这样的推论可能是危险的,即因为法律文件的文本直接规定,一个案件应当被免于实施)。

的马塞诸塞州联邦1780年《宪法》中第一部分所阐述的：

> 在联邦政府之中，立法部门绝不应行使行政权与司法权，抑或其中之一；行政机构绝不应行使立法权与司法权，抑或其中之一；司法部门绝不应行使立法权以及行政权，抑或其中之一；最终联邦政府才会是法治而非人治政府。

不同于马塞诸塞州宪法[3]，联邦宪法并未提及分权。[4] 相反，宪法在前三条每一条的开头作出了相应规定，即"本宪法所规定的所有立法权，属于合众国的国会"，"行政权力赋予美利坚合众国总统"以及"合众国的司法权属于最高法院以及由国会随时下令设立的低级法院"。在这三个授权条款之后，宪法转而陈述如何选择这些部门的就职人员[5]以及陈述这些部门的权力内容。构建我们政府的原则与引导并阐释这些原则的法则，必须从仅有的这些规定中推衍出来。

一、多样选择之一

通过把所有权力授予一个机构，并允许它建立和改变部门以及政府的职能，宪法可能已经完成建立联邦政府的基本任务。这最终接近于英国的议会主权原则抑或俄罗斯独裁者之专制原则的形成。抛开这一事实不谈，即这两个政体中都没有或者曾经没有

---

[3] 不同于1789年法国国民议会发布的《人权与公民权宣言》，它在第16条陈述道："在守法无保障和未规定分权的社会中，根本没有宪法。"

[4] 正如 Gerhard Casper, "An Essay in Separation of Powers: Some Early Versions and Practices," 30 *Wm. & Mary L. Rev.* 211 (1989)。这或许是因为，联邦宪法在很多方面比马塞诸塞州宪法中 John Adams 的措辞更为严苛，尽管他的措辞是1789年宪法的范本之一。无论如何，马塞诸塞州宪法及其命令在当时的各州宪法中是相当极端的。其中，许多州的宪法或多或少以激烈的方式违反了分权原则。见 Casper, 同前, 第215—17页。

[5] 选择最高法院法官的方法在宪法第2条第2款（任命条款）中加以陈述。当任命法官时，需要有参议院的提名与同意，而任命是总统的权力。见 U.S. art. II, §2, cl. 2。

成文宪法——这样的宪法文本可能类似于什么？——这些体制与我们的体制之间的巨大差异在于，任何单独的个人或机构在我们的体制中都不能代表最终权威。[6] 同时，即使在英国的体制中，根据职责种类进行的区分看来也不可或缺。此类体制与详细阐述了权力分配的体制之间的差异，在于在后者之中，特定机构的任务分配本身便获得宪法地位。在俄罗斯帝制的独裁实例中，如果沙皇将任命权授予总理，这一权力分配关涉到体制中所有的其他行为人，但与沙皇无关。这同样是真实的，如果国会授权于特定部长作出某些任命：这种授权对所有人具有规范意义——拘束所有人——除了国会本身之外。因此，说权力分配具有宪法地位，也就是说宪法本身的方式是基本的：对此没有规范性要求。尽管这种地位是重要的，也不应当混淆这两个孤立的问题，即这种分配是否以及在何种程度上可能由法院，尤其是最高法院来执行。分配有时可能是法院执行的主题，这是我们国家宪法权力分配相当显著的特征。事实上，由于官方行为可能以某种方式逾越宪法的权力分配，法院可以审判针对官方行为而提出的诉讼，这本身也是宪法权力分配的特征之一——这次是对法院本身的权力分配。

在把联邦政府的权力分配给公民和机构时，制宪者以大致相当的措施，干预权力的有效行使并保障防止权力的滥用。[7] 如果

---

[6] Bruce Ackerman 曾写到，我们的国家制度的起源剥夺了任何人以公民名义或者以国家整体名义发言的权利。例可见 Bruce Ackerman, *We the People*: *Foundations* 300—14 (1991); Bruce Ackerman and Neal Katyal, "Our Unconventional Founding," 62 *U. Chi. L. Rev.* 475, 568—73 (1995)。宪法序言中，的确宣布了人民是最终权力的来源，但是，他们被代表他们的机构的整体所代表。在最表面的意义上，宪法中的最高当局可能被认为是这样一种被复杂描述的实体，它分配着批准或修改宪法的权力。

[7] W. B. Gwyn, "The meaning of the Separation of Powers," 195 *Tulane Studies in Political Science* vol. IX(1965). 其中确定了这项原则的五个目标："(1) 创设更高的政府效率；(2) 保障成文法基于共同利益所制定；(3) 确保公正地实施法律，并且所有的官员都受法律约束；(4) 允许民众的代表要求行政官员对其滥用权力负责；(5) 建立政府权力之间的平衡。"也可见 Cass Sunstein, "Constitutionalism after the New Deal," 101 *Harvard L. Rev.* 421, 432—37(1987)。

分权意味着清晰的责任分配,那么责任的明确将实现有效的措施。如果分权不仅清晰而且适当,在这种意义上权力被赋予最适合执行的机构,这点就尤为重要。分权如何提供防止权力滥用的保障,这需要更为复杂的说明。标准解释是麦迪逊[8]所描述的孟德斯鸠[9]的观点:将权力分散于政府各部门,权力将制约权力。而且,如果采纳这一观点,我们将如何分配相互冲突的权力,就无关紧要。例如,在罗马共和国时期,最高地方行政权受两个执政官掌握,每个执政官都可能否决另一执政官的行为,尽管实际上他们对政府职能进行了分工,例如,一个负责国外军事事务,另一个则负责国内事务。[10] 立法机关分为两院,这是另外一种可能的安排样板。通过类推,产生了国会两院。英国结构描述了另一种相当不同的分权概念,即依据社会秩序的差异,分为国王、上议院以及下议院。[11] 其中某些在1789年《宪法》中保留下来:众议院被直接选举所确认并旨在成为大众的议院;参议院由州立法机关选举,旨在成为更为审慎且可能更为贵族化的机构——两年和六年的任期差别肯定也旨在影响此种差异,正如参议员要求更高的最低年龄、分配给参议院唯一的批准条约以及确认司法机关和执行机关职位任命的任务。今天,两院制的这一方面明显被削弱——近代历史

---

[8] 见 Montesquieu, *The Spirit of Laws*, bk. XI, Ch. 4 (David W. Carrithers ed., 1977) (1748) ("如果立法权与行政权集中于同一人,或者同一行政主体,自由将不复存在……")。

[9] 见 James Madison, *The Federalist No. 47*, 第 301 页 (Clinton Rossiter ed., 1961) ("立法权、行政与司法权集中于同一掌握之中,无论是一个人、少数人还是许多人,无论是世袭的、自命的还是选举的,均可能被断定为暴政")。

[10] 见 Michael Grant, *History of Rome* 67—71(1978)。

[11] 见 Gordon S. Wood, *The Creation of the American Republic*, 1776—1787, at 197—255(1998) (审视了州与制宪会议中关于两院制的争议)。宾夕法尼亚州的故事,见前注,第 83—90 页,它是如此深刻地影响了法国革命中的制宪者,这相当令人感兴趣。如果回顾它的政治推理历程,亚里士多德的存在非同小可,他首次陈述了宪法类型和这种类型的混合宪法,并借助不同的社会秩序而非任何与我们目前分权所关切的相似的秩序,展示了对参与形式的同样的关切。

的某些时期,每个众议院都可能更趋于保守——唯一一点具有说服力的原因可能在于两院制构成了迅速发展的阻碍。如果对政府的保障意味着对政府行为的保障,两院制已经成为重要的保障工具和麦迪逊制衡功能的完美实例。

防止权力滥用的效率与安全性之总体目标,并未明确地规定特定的权力分配或者这种分配的特定形态。例如,马塞诸塞州《权利宣言》的第 30 条所规定的严格分权,是一种可能的分配方式。这可能或多或少是政府权力的接受者。因此,在议会制中,立法机构所具有的优越性使得它可以将权力分配给行政机构,甚至临时或依惯例分配给司法机构。现代行政国家的需求要求庞大官僚机构的存在,它的行为和成员必须独立于行政机关或立法机关,或者可能被赋予分离甚至独立于二者的措施。设想政府权力的其他分支,这并非痴人说梦。例如,对政府预算或其他事项进行审计抑或在其他方面确保政府行为中的规律性与正直品质,这项工作可能被分配给一个完全独立的政府部门。一个特殊的政府部门可能只负责监督并确认选举。在高度赞誉教育、智力与文化成就的社会中,还可能形成一个学术协会,作为独立的政府部门。同时,培训并为高级公务人员发放资格证书的任务可能也被赋予这个学术协会或者某个特定部门,抑或它也可能被分配于其他几个分支中。[12] 简言之,马塞诸塞州《权利宣言》中所描述的严格的三权分立制度只是多样选择之一。

---

[12] 例如,孙中山构想的五权宪法包含下述内容:立法权、司法权、行政权、监察权以及考试权。孙中山从西方政体中借用了前三种形式,后两种方式源自于传统的中国政府权力。他写到:"这样的政府,将是最完整与最优异的政府,具有这样政府的国家实际上是民有、民享与民治。"Sun Yat-sen, *The Three Principles of the People* 358 (Frank W. Price trans., Commercial Press 1929). 又见 Sun Yat-sen, *Memoirs of a Chinese Revolutionary* 191—206 (Sino-American Pub'g Co., 2d ed. 1953) (1918) (阐发了孙中山所标明的"五权宪法")。对于进一步的关于美国分权模式向其他国家传播的争论,见 Bruce Ackerman, "The New Separation of Powers," 113 *Harvard L. Rev.* 633 (2000)。

二、从结构推断职能

在追求功效与保障的过程中,我们的宪法制度又作出了何种选择呢?如上所述,宪法缺乏对于分权原则的清晰陈述。在建立之前并不存在的机构时,宪法首先确定了如何选拔这些机构中的人员、他们的任职资格如何以及在新部门中的任期。其次,宪法描述了这些部门中的人员可能做什么以及他们的行为应当遵循何种程序。从这一体制推断,这样一个问题自然出现,即这些条款是否应当被理解为排他性条款。国会行使权力是否可能仅限于特定的列举主题?而且国会是否可能仅仅以特定方式行为?至于总统,第2条用极其简短的清单列举了他的特殊权力与义务。这些是他仅有的权力么?"行政权"的概括授权是否暗示着他可能具有更多权力?或许相应的职责是"他应当注意法律如何忠诚地被执行"呢?在第1条和第2条中,对于"立法权"与"行政权"的分配(designation)占了相当可观的权重。对于国会,引言中"所有立法权被赋予"的表述加上第8款的详细列举,阐明了被分配权力的特征。这些权力主要涉及规则制定,制定调整特定主题的规则——意味着立法权是制定规则的权力。然而,被列举的特定权力在不同的条款中被陈述,意味着以更富管理性的模式行为:国会不仅有设定还有"收取"税金的权力,在很多情形下,它将"用"于特定的目标。这些陈述总是被用来分配给国会权力来制定旨在确保这些目标实现的规则。[13]例如,赋予国会"供给民兵的组织、装备和训练"的权力,这意味着国会应当制定这方面的规则并为实现这一目

---

[13] 国会传统上也通过了所谓的特殊立法以应对具体事例。例如,最为频繁地采纳了以个人名义提出的议案,并解决了针对政府的特殊要求。

标拨款。[14] 因此,不仅是国会权力的主题是明确的,这借由规则制定,它如何行使权力也是明确的。内战修正案实施条款中所使用的公式使这点更为明晰:"国会有权借由恰当的立法来实施这一条款。"立法正是国会所做的事情。

单独从宪法文本和结构中,总统及法院的职能不容易被洞悉。只是什么是行政权、司法权?对于司法权,描述它对"案件"和"争议"的行使将大有助益。[15] 然而,对于行政权,只有历史和背景有助于我们推断行政权意味着什么——假定它意味着比宪法第 2 条所列明的特定事务(例如任命、缔约和接待外国使节)更多的权力。

三、分权与现代行政国家

在现代国家中,分权原则以两种主要方式被展示:对行政的控制以及司法独立。我将首先论述对行政的控制。

正如历史所显示,无论行政机构与立法机构的分离最初意味着什么,当这项原则适用于现代国家时,它具有迥然不同的含义。正如最初所构想的,对联邦政府的任何机构而言,这项原则根本承担着非常有限的功能。在英国,地方当局、富有实权的男爵和私人,在管理土地、贸易和制造业中负有最大责任。普通法与成文法规则足以协调并规制其行为。在法国,另一个主张分权原则的国

---

[14] "国会有权规定并征税……用以偿付国债,并为合众国的共同防御和普遍福利提供经费",这从未允许国会提供共同防御以及普遍福利的全面功能,而是赋予它制定税收规则的权力,而且国会可能通过立法来分配税收入以实现广泛的目标。这种开支权力正如 Hamilton 所构想的一样。关于该条款含义中的范围问题仍存在争议,但是,这仅仅关涉到分配是否仅限定于所列举的更为特定的目标。Madison 主张开支权力的限制性,这一观点在 *United States v. Butler*, 297 U.S. 1, 65—66 (1936)案中被明确否定。Hamilton 保留了反对意见。

[15] 很奇怪,严苛的马塞诸塞州分权概念不包含这种限制,John Adams 的宪法特别赋予了最高法院在"严肃场合"发表建议性观点的职能。Mass. Const. pt II, ch. III, art. II. 相比之下,早期,最高法院在 *Hayburn's Case*, 2 U.S. 409 (1792)案中,拒绝承认这种特权。

家,则较少如此,但这项原则的首要支持者寻求一种更类似于英国的社会。和两百年前不同,联邦政府对国家生活的各个方面加以了更多干预。我们的联邦政府卷入了国家生活中前所未有的方面——通讯业和航空业——或者那些原先属于私人、自愿组织、州或地方政府管理的那些方面。现在有 250 万政府雇员从事的既非军事亦非外交事务。[16] 1800 年,在 5,308,483[17] 总人口中这一数字少于 4000 人。[18] 1900 年,75,994,575[19] 总人口中这一数字少于 240,000 人。[20] 当然,这些数字并未提供关于联邦政府在国家生活中的重要性之精确证明。但是,它们提供了这样一种粗略的观点:所有的人都忙于管理国家事务(或管理公民)。宪法中的分权原则必须说明这些人的存在以及他们所管理的事务的存在。他们构建了名为"现代行政国家"的内容。[21]

现代行政国家不容易适应宪法的三权制度,因为行政官员贯彻(执行)国会制定的政策规则,制定他们随后要执行的自身的规则(立法)并裁决争端(案件和争议)。此处,存在一些恰好属于行政官员管理的事务:他们制定关于汽车排气管及工厂烟囱可能排放的物质数量的规则;他们决定规则被违反的时间以及违反者因

---

[16] 见 Bureau of the Census, *U. S. Dep't of Commerce*, *Statistical Abstract of the United States*;2000, at 335 tbl. 556(2000)[下文称 *Statistical Abstract*] 这一统计以 1999 年联邦公务雇员为对象并除去国防部的雇员。

[17] 同上注,*Statistical Abstract*, at 7, tbl. 1.

[18] Jonathan Turley, "'From Pillar to Post':The Prosecution of American Presidents," 37 *Am. Crim L Rev.* 1049, 1081 n.171(2000)(集中了联邦雇员 1800 年的人员估算)。

[19] 见 David A. Strauss, "The Irrelevance of Constitutional Amendment," 114 *Harvard L. Rev.*1457, 1472 n 37 (2001)(搜集了联邦雇员数据)。所有的联邦雇员大致为 240,000;如果外交事务雇员不被计算在内,这个数字可能更少。

[20] 同上注。

[21] "联邦宪法授予国会的最大职能在于,规制州际贸易以及规定州际运营商对旅客和贸易运输收取的费用。被确定的费率可能是多样的。如果国会被要求确定每一种费率,它将根本不可能实施这一权力。进而,常识要求……国会可能要求一个委员会,如它实际所为,来确定那些费用……" J. W. Hampton & Sons v. United State, 276 U. S. 394, 407—08 (1928)(Taft, C.J.)

违反规则应承担的罚款数额;他们确定给予联邦债务的利息率,因此影响整个经济的货币成本;他们制定关于个人何时因残疾不能工作的规则并确定特定的人是否处于该规则之下,以便他可从政府那里获得定期的援助;他们确定何种艺术家、音乐家、作家、博物院以及剧院将获得联邦补助以及何种科学研究项目将受联邦政府资助。所有这些行政官员适应宪法的权力分配之处在哪里?宪法中哪些内容允许他们做所有的这些事情?

最简短的答案是国会利用第1条的立法权,按照宪法规定的程序(由两院表决,递交给总统),授权所有的这些事务,创设行政机关来管理它们并详细规定这些机关所行使的权力。[22] 第2条第2款(任命条款),规定总统在获得参议院的意见与同意后,"可以任命大使、公使及领事、最高法院的法官,以及一切其他在本宪法中未经明定、但以后将依法律的规定而设置之合众国官员……"这清晰地表述了国会"依据法律"创设政府部门的职能[23],清晰地阐述了在第1条中的"必要与适当"条款中已经明确的内容:国会具有实现特定任务的权力(例如,建立邮局),也有建立政府部门以使其计划被实施的权力。因此,必须基于国会权限范围之内的事务来创设政府部门,而且必须遵循任命条款来任命官员。任何对于这些官员行为内容的限制必须源于宪法的结构,这个推论包含关于现代行政国家的所有问题,即国会可能赋予行政官员多少以及何种裁量权;在何种情况下,总统可以控制他们,而在任命之后,何种情况下他可以自由地罢免他们;是否存在这样的方式,国会可以不改变这些部门运行所依据的法律而控制他们;最终,在这些安排中,法院的本质和功能为何。

---

[22] 见 *Bowsher v. Synar*, 478 U.S. 714, 759—64, 776 (1986) (White 法官的不同意见书)。

[23] 尽管没有案件曾证明这一观点,这可能也被假设,即部门必须被创设于与国会的某些实体权力的关联之中:邮政局长一般管理邮政官员,部门及其首脑监督州际贸易与外国贸易,联邦法官就席于"次于最高法院的裁判所"之中,国会可能基于 Article II, § 8, cl. 9 的规定对此加以"建构"。没有任何部门能够脱离已创设的实体性权力。

对这些独立条款的逐一审视,暗示着一个几乎是议会制的概念,在这种意义上,立法机关设定了联邦政府的结构与职能。相反的压力主要是推理性的。最近几年来,最高法院已适用了两个与国会最高地位相关的闸门。在 Bowsher v. Synar 案中,最高法院判决,(除宪法有另外的特殊规定之外——例如在弹劾案中,或者涉及每个议院内部的管理事务时)国会仅限于通过法律。[24] 此外,在 INS v. Chadha 案中,最高法院主张,国会通过法律,必须依据第1条§7 的第2款与第3款规定的步骤:同样的决定必须由两院多数派表决产生,提交给总统,或经总统批准,或以每院的三分之二表决通过来忽略总统的否决。[25] 这是两院制的要求与表现。依据这一原则,国会作为法人,仅通过那些必须提交给总统的法律。同时,既然法人仅能通过代理人影响其决定,它必须依赖宪法其他部分中所规定的代理人。这种学说的推理与第2条的任命条款一起解读,即任命条款授予了总统任命权——或"低等官员"也由部门首脑或法院法来任命——这便创设了一个清晰可辨的结构,它赋予分权原则以具体的含义,即为了执行其法律并为执行那些法律配置相关部门,国会依赖于由总统任命的官员(需经参议院的确认)。因而,行政权可能被确认为与立法权互补的权力:是完成国会制定法律之执行的权力(存在一种很大的限制:法律——尤其是那些创设私人权利的法——经常在私人当事人所提出的法院诉愿

---

[24] Bowsher, 478 U.S. at 721—27(由于违反分权,它推翻《格拉姆—鲁德曼—霍林斯反赤字法案》中的一部分,其为总审计长有效地赋予行政权。总审计长由国会免职,进而不应具有这种权力)。又见 Metropolitan Washington Airports Auth v. Citizens for the Abatement of Aircraft Noise, Inc. ,501 U.S. 252,265—77 (1991)(国会迁移了两个主要的机场,对国会任命的关于机场的委员会的决定行使了否决权,由于违反分权,该案推翻了相关决定)。

[25] 见 INS v. Chadha, 462 U.S. 99, 946—51 (1983);也见 U.S. Const. art. I, § 7, cl.2("经众议院和参议院通过的法案,在正式成为法律之前,须呈送合众国总统……");U.S. Const. art. I, § 7, cl.3["任何命令、决议或表决(有关休会问题者除外),凡须由参议院及众议院予以同意者,均应呈送合众国总统;经其批准之后,方始生效,如总统不予批准,则参众两院可依照对于通过法案所规定的各种规则和限制,各以三分之二的多数,再行通过"]。

中被执行,它们为了推动未来的守法行为或者为了对过去的违法行为进行损害赔偿。这暗示着政府的第三分支,即司法部门。尽管我们必须返回到这点,此处我将暂且搁置这一大限制)。

对立法权的这种严格限制——并非像在联邦主义的垂直分权中一样依据主题事项,而是依据它的行为模式——既未要求逻辑上的先例,也未要求历史上的先例。作为逻辑问题,由两院通过并经总统签署一部法律,确定国会委员会管理某项事务——建构契约的分配——这似乎与宪法文本的要求相一致。[26] 作为历史问题,基于邦联条例的大陆会议和法国国民会议都通过委员会成员来管理政府事务,最耳熟能详的是公共安全委员会。[27] 但是,这些例子中的两种宪法具体构想了此种分配[28],而且他们缺乏任何具体权力的执行条款。[29] 它将允许国会将所有的政府权力转移给一个人,这种逻辑论点是否过分?

如果国会赋予自身管理职能或者声称作出决定性宣言,而并非通过第1条的立法,所感受到的阻止这种设计需求,真实的或者虚构的,这表明了除文本逻辑之外的某些因素(肯定不仅是历史)发挥了阻碍国会的功用。我确信这是最高法院在 Clinton v. New York 案,单项否决权(Line-Item Veto)案中的判决基础[30],它使最高法院信任的一项国会机制归于无效,这将有效地允许总统,无需进一步制定法律而减少拨款和税收支出。发挥作用的正是从建构

---

[26] 这是 Byron White 法官在 Bowsher 案及 Chadha 案的不同意见中的争辩。见 Bowsher,478 U. S. 759—76(White 法官,不同意见书);Chadha,462 U. S. at 967—1003(White 法官,不同意见书)。

[27] 见 Francois Furet, *Revolutionary France*, 1770—1880 132(Antonia Nevill trans. ,1992)。

[28] 见 Articles of Confederation, art. IX? 5;Furet,前注[27],第 134 页。

[29] 例可见, Articles of Confederation, art. IX ;见 Furet,前注[27],第 132—34 页。

[30] 524 U.S. 417 (1998).

政府三种分支的宪法结构中所作出的推论。[31]

正如由最高法院所解释的,宪法通过将国会这个法人的有效行为模式限定为立法,不仅剥夺了国会执行并管理它通过法律的能力,而且也使得国会依赖于(多数部分)[32]总统任命的官员或他的下级。不管怎样,这种限制创设了我们所具有的联邦政府、总统及其民众的结构性图景,使得实际结果为国会颁布更为抽象的法律。这种对于国会的限制使得我们认为,政府的实际机构处于总统与民众的掌握之中。正是这种限制使得每个人谈起"他的"行政。

当然,有更多说明总统权力和威望的理由。首先,总统的责任在于"注意使法律切实执行"[33]。基于这点,某些人主张存在固有的管理职能,这种职能不仅赋予了总统执行特定法律的职能,而且也授权总统创设并控制一般的条件,在这种条件下,法律的整体以及联邦部门可能被执行。在 Youngstown Sheet & Tube Co. v. Sawyer[34]案中,这种暗示被坚决摈弃,接管钢铁公司(Steel Seizure)案中,总统仅仅注意执行并审慎执行其中的此类法律。因此,这正是从第2款"授权条款"中的"执行"术语中划出更广泛权限的企图。正如杰克逊(Jackson)法官所指出的,"我不能接受这样的观点,即这一条款授予了所有可能的行政权……"[35]此外,当提及某些情形下政府中必须具有的剩余权力概念时,这被用以迅速应对紧急

---

[31] John Manning 曾提到,关于宪法,"整个文件格外审慎,并详细规定了权力的分配方式。在许多情况下,规定权力行使的特定方式……例如,第1条第7款审慎地定义了两院制以及缺席规则,但是,(如 Chadha 第955页所讨论的),许多条款特别授予了国会某些权限,使它在详细规定的缺乏两院制和呈文的情形下,仍旧可以有所作为。见 Art. I, §2, cl. 6(启动弹劾);Art. I. §3, cl. 5(弹劾的审判);Art. II. §2, cl. 2(提名并赞同任命);Art. II. §2, cl. 2(条约缔结)。这些条款都详细规定国会的权力及其实施方式,其程度使国会必须考虑第1款的规定,不能基于必要与适当条款为自己赋权"。

[32] 我撇开了接受"法院法"任命的低等官员。

[33] U.S. Const. art. II, §3.

[34] 343 U.S. 579 (1952).

[35] 同上注,第641页。

状态,必须由总统享有这种权力,杰克逊陈述道:"我们的政府是法治政府,而并非人治的……因此,我们必须服从于仅受规则拘束的统治者。[在紧急情况下要求行动的权力可能是必要的]此类权力可能没有起点,或者没有终点。"[36]

进而,存在某些为总统所特有的权力。这些权力很少但是引人注目:总统是武装部队的总司令;他缔结条约;接见大使。实际上,每一权力都受国会限制。总统是总司令,但仅限于国会"培育"并"维持"的武装力量[37];总统可以与他接见的大使磋商,但缔约必须经参议院的三分之二多数赞同。尽管这些权力可能受到限制,但仍然是威望的象征。它们为总统穿上了国家的制服。这种权力不仅是象征意义的,而且是实际的权力。例如,国会可能通过拒绝确认总统的任命,或坚持确认他们向总统提交的候选人名单中的人选,来限制总统的任命权的优势。那么,唯一的问题在于国会是否能够逃脱政治上的惩罚。总统具有报复的工具。他可能根本拒绝任命。他可能否决立法。这是一种各方都处于不确定地位的竞争,但是总统具有这样的优势,其可远远超越宪法赋予他的明确权力。杰克逊法官把握住了这一明显特征:

> 行政权具有集中于唯一首脑的优势,在他的选择中,整个国家成为一部分并使他成为公众希望与期待的焦点。在戏剧性事件中,其决定的广度与终局性使其他人显得如此不重要,以至于他几乎填满了公众的视听。在借助现代传输方式接近公众思想方面,公共生活中的任何其他人都不能开始与他竞争。凭借作为国家元首的权威与对公众观点的影响,他对那些期待与其权力制约与平衡的机构施加了影响,他的权力经常抵消这些机构的效力。[38]

作为他的行政的行政图景远非尽善尽美。尽管国会并不具有

---

[36] 同上注,第646,653页。
[37] U. S. Const. art. I, §8, cls. 12, 13.
[38] *Youngstown*, 343 U. S. at 653—54.

执行的权力,并且必须把这种权力留给那些由总统任命的官员,问题仍在于:他们一旦在部门中,是否就真正是他的官员?这取决于总统是否可以对他们发布命令,并且在他愿意时解雇他们。在宪法之下我们的早期生活中,存在对这点的真正质疑。因其不愿意替换来自华盛顿总统时期的内阁成员,约翰·亚当斯(John Adams)可能已经毁灭了总统制。[39] 在曾被称为1789年决定的文件中,第一国会在组建外交、陆军与金融部时,默许了这样的主张:参议院并不需要提出建议并同意确认官员的免职,尽管在官员首次被提名时它必须这么做。[40] 如果这项决定朝另外的方向发展,它将促使我们走向不彻底的议会主权制度:一旦被确认,官员则不能完全依赖总统。如果参议院可能解雇或不承认那些它曾赞同的人选,我们将沿着这条路的其余部分走得更远。

问题是严重的,因为当联邦政府呈现某种复杂性时,对国会而言,通过法律引导它希望总统和他的官员所采取的每个行动,这将变得不可能,尽管早在 *Marbury v. Madison* 案[41] 及 *Kendall v. United States* 案[42] 中国会确实制定了强制性法案——官员除了执行这项命令之外别无选择。国会必然要进行大量一般内容的立法,它只有以那种方式才能扩展其范围。在当下环境规制的实例中,这一点清晰可见。国会仅能通过由总统官员实施的一般指南来实现它的广泛目标。但是,一般分配产生裁量,而裁量产生政策。每次行政及行政执行者的改变都带来了新的政策。国会经常对一般指南被勉强甚至不适当地执行表示不满。有时,它以作出不可能被规避的特定指示来应对;更多时候它必须用政治武器来对抗。

但是,这是一个古老的故事。它在一百五十多年前关于美国

---

[39] 见 John Ferling, *John Adams: A Life* 333 (1992)(注意到,John Adams 本人相信维持华盛顿内阁成员的判决,"其结果是总统制的最终破坏")。
[40] 见 *Myers v. United States*, 272 U.S. 52, 127—28 (1926)。
[41] 5 U.S. 137, 177 (1803)。
[42] 37 U.S. 524, 609—10 (1838)。

第二银行案的争议中已经终结。[43] 以 1816 年的国会法案为标志，到 1829 年，银行或许已经成为国家最富力量的组织。它拥有遍及全国的分行，可能发行像货币一样流通的票据，而且源于财政部将银行作为美国国债的保管者，它确实具备大量资金。安德鲁·杰克逊（Andrew Jackson）分享了对这个如此有力的机构之普遍不满，即银行具有公共职责但并不受制于任何公众责任。他决定消灭银行。国会中银行的支持者做得过多，并在期满前四年通过法案更新了银行制度。杰克逊否决了这一法案。尽管银行仍有很长的延续时间，杰克逊试图消灭它。他最有效的措施是从银行抽取了美利坚合众国的资金。并没有任何法律要求银行是政府资金的唯一的、官方的存储机构，但是当银行被设立时便被这样构想。[44] 那么，通过何种权威，杰克逊可以奉行某种与银行租约立法不一致的政策？就杰克逊总统所关注的，他的委任状是他的选举委任以及他作为行政首脑对政府财产的实际管理。

更加恶意的对抗发生于 1867—1868 年间，其结果导致了对杰克逊总统的弹劾。[45] 杰克逊总统反对先前邦联国家的军事占领以及强加于此的激进派共和党人。总统是总司令，但是要通过他的陆军部长埃德温·斯坦顿（Edwin Stanton）行动，这是一个从亚伯拉

---

[43] 银行案的随后讨论见我的著作 *Order and Law*。见 Charles Fried, *Order and Law* 149—50 (1991)。

[44] 银行之战中的参与者很明显将它看做一种政治危机，而不同于当下，从来都没有任何对法律的诉求。不过，Jackson 最私密的建议者以法律术语讨论该问题。进而，财政部长 Louis Mclane 感觉到，只有在面对足够的客观证据证明在银行存款并不安全时，他才能转移存款；根据他的观点，国会曾认为存款是安全的（作为 Jackson 要求国会调查银行的回应），这一判断值得假设。最高检察官 Roger Taney 相信，尽管国会的观点可能被尊重，财政部长对存款仍具有绝对决定权。对于他，国会中某一议院的意见是不相关的；如果国会试图要求资金转移或保留，它必然遵循两院制和呈文规则并通过法律。Jackson 任命 Taney 为财政部长，实际上 Taney 也正是这样做的。在 1835 年，Jackson 总统任命 Taney 大法官为最高法院的首席大法官。

[45] 下面的讨论主要引自 Michael Les Benedict, *The Impeachment and Trial of Andrew Johnson* (1973) 以及 *Myers v. United States*, 272 U. S. 52 (1926) 案中所包含的独特历史视角。

罕·林肯（Abraham Lincoln）总统时代遗留下来的激进派共和党人。通过免除斯坦顿和其他内阁官员的职务，杰克逊总统可能因此使重建尝试归于失败，基于这种担心，国会越过总统的否决权，于1867年，通过了《职位任期法案》(Tenure of Office Act)，禁止总统未经参议院提议并同意便免除高级官员的职务。杰克逊总统公然违抗这一法案，解除了斯坦顿的职务，而国会于1868年提出了对杰克逊的弹劾。弹劾因参议院一票之差而落败。自那时起，官僚机构的大小及其管理事务的复杂性已远远超越了其早期所构想的权限，并超越了国会在最一般范围内控制的能力。富兰克林·罗斯福总统认为，这使他成为"合众国最全面的管理者"——国会可能作为行政首长的委员会，但除了以弹劾解除行政长官的权力。国会并未在这一概念中默认并拥有诸多武器来维持它在权力平衡中的地位。它负有财政权（"除根据法律的规定拨款之外，任何资金都不应从国库中抽取……"）[46]，并可通过缩减行政机构的资金项目及其雇员工资而规训刚愎自用的行政首脑。借由不可逃避的特性，它可以立法，但是缺乏持续这么做或者做更多的能力。或者，尽管国会不可能通过行使罢免权使官僚直接依赖于它——但毋庸置疑，它能够试图分裂总统与其官员之间的某种结构。而这正是它所作的。至少自1820年以来，创设的一些部门中含有具有一定任期的官员——有时长于四年，以至于他们的任期可能超过任命他们的总统之任期。[47]

Humphrey's Executor 案中，展示了这样一种潜在的冲突，罗斯福总统试图解除一名联邦贸易委员的职位，对他写道："我并未感受到，在政策或对联邦贸易委员会的管理中，你的思想和我的思想是

---

[46] U.S. Const. art. I, §9, cl.7.

[47] Stephen G. Calabres and Christopher S. Yoo, "The Unitary Executive During the First Half-Century," 47 *Case W. Res. L. Rev.* 145—1516 (1997)（提及1820年《职位任期法》并要求它"首次对联邦总统授予权的总统控制加以实质性限制"）。

一样的。"[48]总统的行为表达了他的这种观点,即"清晰的事实是,目前的组织与政府行政部门的配备挫败了宪法的意图,即存在一个单一负责的行政首脑来协调并管理与国会制定法律相一致的行为与部门。在这些情况下,政府不可能为了共同利益,基于普遍控制而充分有效地工作"。[49]

　　问题涉及独立机构的"独立"问题。第一个独立机构是国会在1887年建立的州际贸易委员会,主要规制新近发展的全国铁路体系中的费率与路线。其他这类机构相继被建立。它们包括联邦贸易委员会(Federal Trade Commission),用以调查并起诉不公正的贸易行为;联邦储备委员会(Federal Reserve Board),用以监督联邦银行体系并确定特定的利率;联邦通讯委员会(Federal Communications Commission),用以许可并规制广播业以及州际电话通讯业。这些委员会的所有成员都有数年任期,并规定了出于某种缘由离任的不同规则。但是,这些委员会(委员)是精确地独立于谁呢?国会?政治?抑或总统?当然,他们不可能独立于国会,某种意义上他们不可能独立于国会通过的法律。*Marbury v. Madison*案中确立了这样的规则,法院为官员施加了相当明确的职责,此处,一定从这项职责中获益的个人可以提出请求要求官员来履行职责。同时,如果官员的行为侵犯了确定的个人权利,个人可以提出请求阻止此种行为。超越政策、裁量、审判整个领域中存在的界限,问题在于那应当是谁的政策、谁的审判。

　　国会似乎有理由认为,它的政策应该起决定性影响。宪法赋予行政机构忠诚执行法律的职责包含真诚地执行,即出于制定法律精神的执行。但是,这是检验这一主张不可预想和无着落的案件——正如在寻求(只要为了资源)可能冲突或竞争的目标中必须要确立优先权。如果总统是不同于国会的一方的话,关于冲突和

---

[48]　见 *Humphrey's Executor v. United States*, 295 U. S. 602, 619 (1935) (引用了一封罗斯福给 Humphrey 的信,他试图解除 FTC 官员的职位)。

[49]　President's Commission on Administrative Management, 74th Cong., 2nd sess., pp. 39—40.

优先权,他——尤其但不仅仅会——具有不同的观点,国会也不想任由总统摆布。某些官员游离于总统的罢免权之外,那些官员至少不大可能仅仅追随他的政策。例如,他们可能试图发展出对法律自身所隐藏政策含义的某种独立理解。

这被认为是法官在解释成文法中应该做的,而且这种姿态被认为可以促进司法独立。这一姿态假设实际上存在某种法律或立法项目中固有的原理,它可以被公正的判决所洞悉。如果国会必须使自己与那些法律执行者保持敌对,它可能宁愿与以这种精神执行法律的官僚敌对,而并非与总统敌对,他是民选政治权力的关键核心。但是,独立机构仅仅是政府的一小部分。多数项目中的首脑是部长、助理部长和行政官员,基于任命条款与"因故"免职条款,他们不能被免予解职。联邦官僚机构由大约二百五十万人组成。[50] 由总统任命的那些部门首脑任职时间相对较短(平均为20—22 个月)[51],而他们管理的事务极其庞杂多样。使他们以有序方式工作的人并非总统任命的官员,而是许多服务于该机构多年的官僚。宪法关于他们的规定何在?他们是任命条款中所言的雇员或"下一级官员"(inferior officer)。他们可能不经参议院确认,而由总统或部门首脑所任命。什么使官员成为"下一级官员"(inferior officer),这是相当不确定的。但是,无论何时,当国会设立一个部门——特定部门中副助理国务卿(Deputy Assistant Secretary),举一个常见的例子——未要求参议院确认,这就(以一种迂回的方式)假设他或她为下一级官员。其他在政府中从事重要或日常工作的人们被指定为"雇员",他们可能更多以类似于与行政部门缔约的方式被雇佣:国会必须拨出资金用以雇佣他们,可能规定也可能不规定人数、工资数额以及他们可能从事的工作。这些雇员处于联邦公务员体系之中,而且自 19 世纪末、20 世纪初的进步

---

[50] *Statistical Abstract*,前注[16],at 355 tbl, 556.
[51] 见 Cindy Loose,"What So Proudly They Served-Presidential Appointees Depart with a Big Sigh of Relief," *Wash. Post.* , Jan. 16, 1997, at A01。

时代(Progressive Eva)的改革起,他们的资格确定以及雇佣的期限已日益受到了法律的规制,其结果已经从其选举中摆脱政治性并确保他们免受由政治推动的免职。

这种表述中的"政治"一词可能指任免权——授予政府职位以回报对方的忠实执行并在行政变迁中令其免职而为新人员留出职位——或者可能意指政治控制,即由于官僚能力及其执行行政计划的乐意程度来进行的选举或保留(当然,这两种意蕴并非毫不相关)。强调公务员超越了政治控制,这是一个未阐明的前提。在实施大量政策和项目之中,存在某种公正的技艺。熟练的公务员可能像技艺熟练的钢琴弹奏者一样,他们可能在不同的艺术大师指挥下演奏许多作曲家的作品。事实上,公务员发展出了自身的习惯与承诺:最糟糕的情况下,这些加固了公务员自身的权力、威望甚至生存;最好的情况下,这些承诺是长期存在的、复杂的,而且发展出一些项目,它们要求熟知并稳定的良好运行。既然这些项目基于假设而被建构并由国会立法所维持,忠诚的执行似乎是合宪的适当行为。从更为中立姿态的某些视角来看,行政官员是特定项目中的专家;这些项目可能潜藏于国会既定条款的规定之中,甚至像在独立机构中一样,潜藏于特殊重要官员的因故免职之中。除此之外,这些官员中有许多就职于共同掌权的机构之中——诸如联邦储备委员会或联邦贸易委员会——以此来创设连贯性和与总统行政间的一些距离,这种目的显而易见。

总统的被任命者和雇员概念将他们更多地构想为公正的专家、技术专家以及他们所实施法律的忠实随从,而不仅仅是任命他们的总统之代理人。行政机构建立中的公务员至上(haut fonctionnaire)概念与通常被确立于其中的议会制政府是一致的。当行政机构是立法机关的一个部门,而且它由立法机关根据立法选择时,在立法与行政的政策或政治之间并不存在张力。因为行政首长和他的部长所执行的法律是那些由他的政府制定或选择保留生效的法律,此处,法律与他们的行政之间天衣无缝。但在我们的体制中并非这种情况。两个部门被以不同的方式、在不同的时间,由不同的选民选出:总统选举时仅选出三分之一的参议员,在总统任期内整个众议院的半数成员必须重新选举。非常不同于传统以及野心的驱使,这些情形各自确保了国会政策和总统政策之间通常存在的差异,国会制定法律,而总统必须执行这些法律。罗斯福总统认为总统是一个全面管理者,他渴望首相的灵活性——但不伴随国会随时可能替换他的规定。通过至少将其某些官员置于总统控制之外,国会抽离了总统管理的权力及一致性。它也创设了不直接对任何被选举出的部门负责的权力中心。罗斯福任命用于审查政府职能的专家组织,曾一度参照被称为"无头的第四部门"的独立机构(和对弱化的公务员的意义上的扩展)。[52] 有些人认为,国会通过从总统控制之下分离出某些部门,必然加强自身权力。他们论称,由于两个部门被困于竞争之中,必然此消彼长。另一些人认为,"无头的第四部门"是一种富有自身支持者的具体权力中心,其中国会是唯一的例外,其他支持者在这个第四部门的运行中富有特定利益,它必须与总统所建立的机构相互影响。

四、最高法院与"无头的第四部门"

最高法院并未提供一个清晰的描述权力的图景。在早期两次主要的总统对他建立机构的控制争斗——1789 年的决定和 1868 年对杰弗逊总统的弹劾——均终结于国会的舞台,政治的舞台。最高法院一度明确对总统一方加以干涉。在 Myers v. United States[53] 案中,法院实际上认可了 1789 年与 1868 年的政治决定,判决主张要求参议院同意邮政女局长免职的成文法令违宪——一个职位的任命很少是政策的结果而多出自于政治施惠。首席大法官威廉·霍华德·塔夫脱(William Howard Taft)的观点源于总统的

---

[52] President's Comm. on Admin. Mgmt., *Report of the Committee with Studies on the Administrative Management in the Government of the United States* 37 (1937) 众所周知,委员会被认为是"Brownlow 委员会"。

[53] 272 U.S. 52 (1926).

合宪义务,它要求总统判断法律是否被忠诚地执行,暗示着权力不仅仅是选择(如同任命条款所陈述的),而且是"使那些不可能持续负责任的人免职"[54]。但是,这份法官意见超出了需要,因为这一争议仅解决了参议院赞同免职的要求,而非这一更为宽泛的问题,即总统是否应当总是具有不受限制的免职权力——并因而控制任何他不满意的官员。正是这个更宽泛的问题,质疑总统是否合宪地控制整个行政机构的建立——我们所知的"单一任期"概念——或是否可能包含独立的权力中心,即一个无头的第四部门。最高法院再度介入了这一问题,将整个结果置于被怀疑的境地。上文述及的 *Humphrey's Executor v. United States* 案[55]中,将 *Myers* 案的规则限制为:被称为"纯粹的行政官员的……是那些担当行政部门的臂膀与眼睛的人"[56]。因为联邦贸易委员制定规则并起诉、判断违反规则的行为,并因而部分地进行"准立法和准司法"活动,在规定的任期内,除出于"理由"之外,委员不可能被任何人免职。[57]

当下这种推理没有多大意义,在裁判阶段可能也没有意义。多数行政活动不可避免地涉及规则制定、规则执行以及违规行为的裁决:例如,移民归化局(Immigration and Naturalization Service)、社会保障署、环境保护署以及美国国税局(Internal Revenue Service),所有这些都由服务于总统意愿的官员来领导。它们的职能当然要接受司法审查,处罚的适用则可能要求法院来执行。但是,像美国国税局一样,对作为独立机构的全国劳工关系委员会而言,这也是真实的。然而,最高法院的审查和执行也对行政机关予以了高度尊重,以至于最高法院审查更类似于最初诉讼——亦即刑事

---

[54] 同上注,第 117 页(楷体字为作者所加)。
[55] 295 U.S. 602 (1935).
[56] 同上注,第 628 页。
[57] *Wiener v. United States*, 357 U.S. 349 (1958)(Frankfurter 法官)。该案中,最高法院将判决适用于战争赔偿委员会成员的解职,其职能被描述为一种"潜在的司法特征"。同上注,第 355 页。该案也发展了超越 Humphrey's Executor 案的法律,因为最高法院暗示了对出于部门本身性质而解职的限制,而在早期案例中,这种限制或解职由法令本身所阐述。

诉讼——由政府在法院提起。最终，许多这类行政部门的职能受成文法——行政程序法——确保规则及公正程度的控制体系所控制。例如，更多独立机构的事实认定和裁决首先由行政法官任命的小组作出，尽管他们并未享有基于宪法第 3 条任命的法官的保障，而是具有明显公务员类型的法定保障。

然而，直到 1988 年，最高法院也并非清晰地终结 1935 年 Humphrey's Executor 案中引入的原则变异。Morrison v. Olson[58] 案摈弃了对政府伦理法的合宪性质疑，该法要求由联邦法院，而非由司法部长或总统任命的独立检察官，来调查并对高级行政部门官员（包含总统本人在内）提起刑事诉讼。最高法院陈述到："毋庸置疑，我们的确依赖于'准立法'与'准司法'的术语，来区分涉及 Myers 案与 Humphrey's Executor 案的官员，但是，目前我们考虑的观点是：宪法是否允许国会对总统解除一位官员职务的权力施加了一种'良好理由'模式的限制，这一判断不可能被转化为这位官员是否可被归为'纯粹的行政官员'。"[59]

这项判决严重破坏了宪法本身要求单一任期制的主张。由于裁定独立检察官是一位下级官员，最高法院避开了独立检察官须受总统任命并由参议院确认的要求。最高法院也避开了这样的主张，即如果下级行政官员由法院法任命——一种跨部门的任命——这种行为违反了任命条款。[60] 假定大量的政治权力被独立检察官有效运用——正如多年后独立检察官肯尼思·斯塔尔（Kenneth Starr）对克林顿总统进行的调查所证实的那样，它仅引起了我们历史上的第二次总统弹劾——最高法院的判决看来将问题留给了政治，即国会能脱离总统对行政部门全体人员的控制多远，这只是模糊地暗示了最高法院将控制争斗的外部边界。

---

[58] 487 U.S. 654 (1988).
[59] 同上注，第 689 页。
[60] 最高法院此类判决的基础在于，联邦法院任命合众国律师的长期实践以及相当陈旧的先例。同上注，第 676—77 页（引自 United States v. Solomon, 216 F. Supp. 835 (S.D.N.Y1963)）。

五、安全与效率：两种分权模式的正当依据

洛克（Loke）和孟德斯鸠（Montesquieu）认为，个人安全是维持立法权和行政权分离的原因。而《联邦党人文集》（The Federalist Papers）认为，政府的功效是行政权独立于立法权的进一步缘由。[61] 目前的分配如何满足安全与效率两方面的考虑呢？下文是孟德斯鸠对于个人安全的论述：

> 主体的政治自由是精神的宁静，这源于每个人都有安全保障的观点。为了拥有这种自由，前提是构建一个这样的政府，使一个人不必害怕其他人。当立法权与行政权集中于同一个人或者同一地方行政主体时，自由便不复存在：因为可能产生这种忧惧，唯恐同一的君主或议会可能颁布暴虐的法律并暴虐地执行这些法律。[62]

这个论述相当概括。正派的行政部门是否可能"忠诚执行"暴虐的法律；或者易于暴虐适用的法律是否可能不被以那种方式适用；或者因为熟知暴虐的法律将适用于所有案件中，包括那些立法机关不愿意适用这些法律的案件，立法机关是否将首先不制定这些法律？在 Chadha、Bowsher 及 Morrison 案之后，目前的分配确实保障政府不受国会干涉，但是，它不保障法律仅由总统执行，留下了不确定但却明显多的对无头第四部门的治理。

这是对于个人安全的威胁么？与孟德斯鸠、洛克和约翰·亚当斯——马塞诸塞州权利宣言的撰写者设想的方式有些不同，但是根本不存在威胁。因为行政包括规则制定、规则适用与裁决，理

---

[61] Alexander Hamilton, *The Federalist* No. 70, at 423 (Clinton Rossiter ed., 1961) （"决定行政管理是否完善的首要因素就是行政部门的强而有力。……一般而言，一人行事，在决断、灵活、保密、及时等方面，无比多人行事优越得多；而人数越多，这些好处就越少"）。

[62] Montesquieu, 前注 [8], at bk. IX, Ch. 6.

论家警告我们必须保持分离的这三种权力,统一于官僚机构内部。当现代公民抱怨现代官僚机构卡夫卡式的普遍存在和深不可测时,此种功能的结合可能正被他们铭记于心。现代的回应已经被创设为对官僚的独立控制,以确保它停留于立法控制之中并遵从公正和公开的程序。在美国,通过在行政程序法之下对行政规则制定和适用的司法审查,仅间接地、较少地适用了宪法规范,行政程序法已经实现了这一点(它建立了某些独立机构中的第二层分权)。在法国,同样的控制被委托给行政裁判所,作为最高行政法院(Conseil d'Etat)的引路者。[63] 这些控制机制可能确保广泛限制内的规则性,但是,在限制之内,那些官僚不对任何人负责,尤其是不对那些可能在对高压或缺乏广泛赞同的行政管理机构投票中有所作为的人负责。[64] 但是,进而这可能恰好是问题所在。

何谓效率? 行政官员独立于总统,这是对总统不可能确保执行协调的政策或系列政策的另外一种陈述方式。例如,成本收益分析是否将被用于特定事务的管理,这可能取决于该事务是由独立机构管理,还是由可被总统免职的被任命者所领导的机构来管理。[65] 例如,种族与性别偏好是否将被利用,又以何种方式被利用,将取决于这些偏好是被用于交通部对外的许可和契约,还是用于联邦通讯委员会作出的广播许可,交通部由可免职的内阁部长领导,而联邦通讯委员会是独立机构。有人可能或者赞同罗斯福总统成为合众国全面管理者的雄心,或者将某种程度的组织瓦解和矛盾,视为由于未将所有行政权赋予总统而支付的合理代价。无论如何,最高法院都把这个程度问题留给了国会,并拒绝对此作出任何限制,即它所允许总统权力的分散程度——尽管它相当模

---

[63] A. V. Diecy, *Introduction to the Study of the Law of the Constitution* (10th ed. 1959).

[64] 例可见 *Morrison v. Olson*, 487 U.S. 654, 731 (1988) (Scalia 法官,不同意见书)。

[65] 见 Stephen Breyer, *Breaking the Vicious Circle: Toward Effective Risk Regulation* (1993)。

糊地暗示了存在这样的限制。

六、作为自由卫护的司法分支

保障公民免受总统或者官僚的恣意权力侵犯,这最终取决于法院,并进而取决于它独立的程度——司法权与政府其他权力的分离程度。洛克很少提及这一主题,他将司法部门作为行政部门的臂膀,并强调司法分支与立法分支的分离。当然这些是王室法院(Crown Court)和王室法官,但是,他们长期主张某种职业的、道德的及智慧的区分。当国王主张对司法管理的控制权时,科克勋爵(Lord Coke)斥责詹姆斯一世(James I)道:

> 上帝确实赋予陛下卓越的智识和过人的天赋;但是,陛下并不了解英国域内的法律,它关注的生命或遗产、利益或国民的财富等主题,都不是由自然原因而是由人为原因和法律判断决定的,在人类实现对法律的认知之前,它是一个要求长期研究与实践的法案……[66]

尽管孟德斯鸠的评述强调刑事起诉并由外行的陪审团作为有罪或无辜的判断者,但他坚持认为司法独立是个人自由的保障。[67] 这再次为约翰·亚当斯所强调,他陈述了现代原则,其重点在于司法,在马塞诸塞州1780年《宪法权利宣言》第29条中:

> 保护每个人的权利、生命、自由、财产和特征是必要的,这是对于法律以及司法正义的公正解释。每个公民有权接受自由、公正、独立的法官的审判,这是人性的本质准许的。因此,这不仅仅是最好的政策,而且是对民众和每个公民的权利的保障,只要好自为之,最高法院的法官应始终任职,并且应当

---

[66] Edward Coke, *Reports* 63, 65 reprinted in 77 *Eng. Rep.* 1342, 1343 (1907).
[67] Montesquieu, 前注[8], bk. IX, ch. 6.

获得由既定法查明并规定的名副其实的薪水。[68]

宪法不加修辞地发扬了这一概念。第2条第2款将法官的任命权赋予了总统,但是要求参议院的"提名与同意",因此,联邦法官被置于这样的部门,它根据两个其他政府部门的决定设立。一旦联邦法官获得职位,第3条试图保障他们免受其他部门施加的进一步压力,其中规定了他们的终身任期(仅受某些复杂弹劾程序的控制)并禁止任何薪水的减少。鉴于这种审慎的隔离状态,第3条影响了法官应发挥的相应的界定作用:司法权力扩展到对案件和争议的裁决,而且作为最高法院早期历史上的诸多天才举动之一,*Hayburn*案[69]的法官坚决主张,司法权力仅仅扩展到案件与争议之中,而拒绝将其扩展到行政过程中,如同它是一个行政部门的附属机构。所有这些没有一个是不可避免的,或被认为是法官职位概念中所固有的。英国的传统中存在着由国王或其代表——王室统治者所任命的法官。另一个极端是朝向法官选举的运动,在此存在一个相当生动的争议,正如托马斯·帕斯莫尔(Thomas Passmore)在1903年所写到的,"英国所谓的法官独立与美国法官的独立具有一定的相似性——如果前者要独立于国王,这证明后者要独立于民众有充分的理由"[70]。法官的作用一般并不呈现为通常所承担的清晰的既定作用。在英国和美国各州,法院和法官履行着更为广泛的职能,相当程度上超过了第3条任命条款中严格的"案件与争议"[71]。

---

[68] Mass. Const. pt. I, art. XXIX.
[69] 2 U.S. (2 Dall.) 409 (1792).
[70] Aurora (Phiadelphis), March 31, 1803,宾夕法尼亚州的纪念性立法(楷体字为原作者所加),援引自 Richard E. Ellis, *The Jeffersonian Crisis: Courts and Politics in the Young Republic* 167 (1971). 也见 Wood, 前注[11], 第159—61页; Ellis, 前注, 第5—16页。
[71] 一般可见 Casper, 前注[4](审查了早期州宪法的结构,并阐述了分权的不同路径)。在履行革命时期所遗留下的最为精细与最为激进的任务时,政治部门寻求谋取法院的帮助, *Hayburn*案中缘起的这一争议暗示着,把法院和法官视为实现复杂行政任务的普遍资源,在这时是相当自然的。

尽管约翰·亚当斯(John Adams)机械的立法与行政功能分离概念,在现代行政国家下处处显得陈腐不堪,司法的独立性在各处兴起,尤其当世界接受了某种形式的宪政主义和司法审查。[72] 对司法作为个人安全的卫护者,这种信赖能够被部分以同样的结构性术语来解释,这些术语在《联邦党人文集》中用以说明分权的正当理由,即"以野心……对抗野心"。[73],任何权力集中都不能变得过于险恶,最为必要的是,权力的集中能够足以清晰的保持其所确定的功能。正如我曾指出的,尽管最高法院相当坚定地坚持国会仅能作为立法者行动,它也不愿在维持单一任期制中发挥裁决作用。然而,当涉及司法权时,因为司法是裁决,冲突呈现出不同的外观。如果这些裁决的决定,像在德国和其他几个国家中一样,由独立的"宪法法院"所控制,这种分析不会改变。相反,美利坚合众国的制度安排——通过最高条款(第5条)——将这种功能赋予了国内的各州法院和联邦法院,这具有明显的优势,表明了"法官"职位的某些特质使在其位者成为裁决者(当然,这仅仅是"法官"的另一种措辞)。

司法独立与司法权和其他权力之间的权力分离相互作用。它主张,法院工作必须免于受到行政或立法部门的干涉和指导。司法的职责在于裁判案件与争议。其法律制度承继于英国普通法的很多国家,尤其是美国,对司法的敬畏切断了对何谓法官职务特色之质询——因为答案似乎不证自明,而实际上仅仅是循环论证。在19世纪,戴雪(A. V. Diecy)主张,普通法是法治的真正阐述,大陆法系的行政法(droit administratif)仅仅是仿制品,一种将政治制度的官僚意愿强加于公民的统计工具。[74] 但是,正如戴雪所构想的,官僚机构以及担当其职员的公务员,通常更像法治的保证人,而并非法治的敌人——根据事先确定的规则与程序,政府权力可

---

[72] 例可见,Vicki C. Jackson and Mark Tushnet, *Comparative Constitutional Law*, chs. 5 and 6 (1999)。
[73] James Madison, *The Federalist No.* 51, 第 322 页 (Clinton Rossiter ed., 1961)。
[74] 见 Diecy, 前注[63], 第 328—405, 388—89 页。

预测并公正地实施。当它发挥作用时,政治体系确定政策、制定规则,进而官僚机构将其适用于所有公民。英美法系的褊狭之处在于,它坚持,仅仅只有将对官僚机构的控制被赋予同一法庭时,它裁判所有的其他争议——遗嘱争议、交通事故争议、刑事诉讼等,公民才将被真正遵从于法律的行政所保障。对行政的控制,这一概念涉及文化、传统以及专业主义。有人担心行政裁判所太多地将其视为行政机构的组成部分,进而缺乏独立性,并且,仅仅因为认为其他行政官员是同事,便不恰当地站在他们的立场之上。这些担心是没有必要的,也是任何制度设计都不可能确保的。例如,在普通法系国家,裁决与起诉功能机械地根据亚当斯的分权模式而被分离,法官忙于刑事开庭,淹没于大量等待判决的诉讼事件中,其中包含只是简单地告诉你指控犯有某种罪行(即使并未明确地说明控诉的罪名),太经常地将他们的任务视为尽可能快地应付大量的、愁苦的人们。甚至选择"司法"(the administration of justice)这一术语,也揭示了与非普通法国家中法官组成部分的类似性。同时,事实最终如此:一个世纪以来,我们已经习惯于由各种行政裁判所来裁决争议,它们源于构成现代福利行政国家的巨大项目。[75]

法治体系中富有特色的是根据法律裁判案件的规则和文化。亚当斯陈述的法治而非人治的政府,法的统治,这是由于人民将受到事先公布和知悉的规则拘束,这是最好(仍有缺陷)的保障。依据法律裁决并非易事。需要知道很多,而且法官必须能脱离外行所考虑的这一争议的某些相关方面。法官必须能够听取当事人及其辩护人进行的不吸引人、甚至似是而非的争论,并考虑到其中可能包括的某些有效和真实的观点。这就是规则。进而,存在这样的文化,即争辩的形式、偏好的种类以及是传统或并非传统的权

---

[75] 即使这些裁决职能一般由作为"职业行政法官"的中坚力量来履行,并由他们的公务员地位来保障,同时,经常在严格的指南下发挥作用,最高法院也通常坚持,考虑到所有因素,他们的工作应受第3款司法权的审查。

威。文化和规则集中于法院的发展原则之中,这是第一章的主题。细节可能不同,但是在许多文明社会中,存在这种概念,即法官作为一种独立的个体,是一种神职概念。在伊斯兰教中是这样陈述的:

> 法官将被带到裁判日并将面对如此激烈的陈述,以至于他希望从未在任何两方间作出判决,哪怕是缺席判决。
>
> 法官有三种,前两种在火中,最后一种在天堂。富有智慧并依据他所知来裁判的法官,宛如在天堂。无知并依据他的无知来裁判的法官,宛如在火中。富有智慧但根据智慧以外的东西来裁判的法官,宛如在火中。[76]

正如叶忒罗(Jethro)对摩西(Moses)所言:

> 此外,你应提供的应出自所有有能力的人。例如,敬畏上帝的人,知道真理的人,讨厌贪婪的人。[77]

这不同于法官应独立于君主的概念(即使是一个选举出的君主或一个充斥着贵族的国会)。应当明确,这种独立表现为:裁决的规则和文化依据法律并只依据法律。当分权适用于司法,从而意味着国会和总统可能仅能通过法律来影响法官(回忆亚当斯的陈述:"法官的自由、公正并独立是人性本质所准许的")。这意味着权利的最终裁决必须留给法院。强化这一陈述的观点是,如果司法独立成为有效的宪法原则,那么只有司法部门才能作出司法的行为。因此,如果国会宣布了对某人的刑事判决,它正在作法院的工作,那么这种判决是无效的。如果国会推翻了一项认同一个人对另一个人的权利的判决,它的行为像是上诉法院,它可能不能这么做。但是,如果它为将来定义财产权,这正是它的工作。

---

[76] 归咎于 Ibn Hanbal, 6:75 al-Bayhaqi 10:96, 援引自 Frank E. Vogel, *Islamic Law and Legal System: Studies of Saudi Arabia* (2000).

[77] Exodus 18:21 (KJV).

七、司法审查

我们宪法最重要的特征在于,分权和司法独立本身是宪法性的原则,而并非只是政治性的原则。并且,自从宪法声明它本身为法律,实际上是"具有最高效力之国法",从我们的早期宪法开始,这便暗示着法院必须自己得出法律是什么的结论。首席大法官马歇尔的权威性陈述,其观点如下:"说法律是什么,这主要是司法部门的职责和任务。"[78] 不可避免地那一结论也曾遭遇著名的质疑:认为它混淆了宪法至上与司法至上之间的关联,并忽略了《宪法》第6条施加于州、联邦和其他所有部门之的官员维护宪法的职责。尽管主张本身可能没有差别,对早期最高法院和首席大法官马歇尔的主张的这一回应也没有差异。在早期的两个案件,Hayburn 案与 Marbury v. Madison 案中,法官强调,要依据自己的宪法观点来裁决而并非依据国会的法律,他们倾向于行使国会赋予他们的权力,而并非法官所认为的第3条所授予的"司法权"范围外的权力。因此,并非法官们告诉其他部门该作什么,而是他们宁可不让其他部门来告诉他们该做什么。让我们考虑一下相反推论的结果。司法独立将仅限于普通法所允许的这种独立。这将意味着,法院将必须遵守国会对其作出的指导,正如马歇尔设想的那样,由其依据比第3条第3款所要求的更为宽松的基础来裁判叛国案,要求("对同一公然行为提供两个目击者证明,或是本人在法庭上公开认罪"),或者是国会来引导联邦法院在特定案件中为某方利益作出判决,法院将不得不依从它。这些指导应当是以正当形式制定的法律,并且由此,在这种意义上,法院将只能依据法律来裁判,而司法的独立性将被压缩为要求两步走的正式形式,而并非规避某一方。最高法院设想了一种比这更为健全的独立性。最高法院得出结论,司法权的范围应由宪法规定,而且当行使其权力时,法院必

---

[78] *Marbury v. Madison*, 5 U.S. 137, 177 (1803).

须以对它来说特有的方式行为,这些方式中,部分清晰地规定于宪法之中(如叛国罪的审判),或者由宪法更为宽泛的条款所陈述(正如以第五修正案所陈述的方式:"未经正当法律程序,任何人不能被剥夺生命、自由与财产"),或者是隐含于法院的特别概念之中。

当我们回顾其他部门须依法律而行为并强调司法分支"说法律是什么"的职责时,司法独立性成为司法至上的可能性就凸现了。如果在说法律是什么的过程中,法院得出这样的结论,即某位官员在法律保障之外行为,则这位官员将成为私人个体,同时可能是权威性的合法显示的那些方面成为了违法行为的动力。它要求仅以短暂的步骤得出这样的结论:即使以一般形式通过的法律,如果其与宪法禁止相冲突("国会不应制定法律……剥夺言论自由……"),它也将被剥夺法律地位。[79] 在所有此类案件中,法官可能被视为简单地拒绝参加那些他们认为偏离于宪法形式和法律限制的行为,并进而只是为了保持他们的独立性及完整性。但是,正如他们偶然所做的,如果他们走得更远,并要求政府官员这样或那样做呢? 在那些方面,法官拒绝对某些看似不合宪的行为予以勉强承认,并试图越权管理政府事务——执行法律时,法院的确超越了这一界限么? 这一方向的第一步是容易的。在 *Marbury* 案中,首席大法官马歇尔注意到,在英美法系的传统中,法院长久以来具有要求官员履行特定行为的权限:

> 部门首脑是行政机构的政治或秘密的代理人,仅仅执行总统的意愿,或者更倾向于在行政部门享有合宪或合法裁量权的情形之下行为,最为明确的是他们的行为仅仅在政治上可审查。但是,当特定职责由法律分配,而且个人权利取决于这些责任的履行时,认为自己受到侵害的个人有权诉诸本国的法律寻求救济,这看来同样明确。[80]

马歇尔为我们所呈现的图景,甚至在这种带有政治色彩的诉讼背

---

[79] U. S. Const. amend . I.
[80] *Marbury*, 5 U. S. at 166.

景下,法院仅以其传统行为方式行为:解决具体的权利争议。这也就是他们在第一份意见书中抵制一项国会成文法的原因,继而,*Hayburn*案中的法官们——在首席大法官约翰·杰伊(John Jay)带领之下——拒绝在退伍养老金项目的行政管理中承担建议或从属性的管理职能:"依据合众国宪法,政府被分为三个明确和独立的部门,彼此间相互制约,反对互相侵扰。立法部门或行政部门都不可能根据宪法被分配给任何司法责任,而这恰好是司法部门的责任并以某种司法方式而实施。"[81]这呈现了我们的理解,即关于何谓司法责任以及何谓以司法方式的执行。

从马歇尔开始,到法院对监狱、精神病院、学校体系及其他组织的管理的复杂介入,经历了一个漫长的过程,法院通常借助助理法官的任命,他们将成为一种由法院任命并监督的官僚机构。或许那一长远过程中的某些情况可能被解释为简单地一起停止这些项目的替代方式,这将与法官的传统作用更为一致,并被所有涉及的机构所默许。沿着这条漫漫长路,法院每前进一步都审慎地设计了复杂的原理用以确定何时存在应被裁判的真正争议,这些关涉到法定权利事项、存在于真实的当事人之间、在争议中具有具体的利益。此处,这些原理过于复杂和技术性,但其目标将停留于*Hayburn*案所设计的图景之中。所经历过程的长远不应模糊联邦法院行为的合宪性基础,这一基础处于互惠的分权原则以及司法独立之间,它也并不能允许混淆法律至上、宪法至上和司法部门自身至上的某些观念。

八、对"最小危险分支"的水平控制

宪法确实赋予了其他部门用以对抗司法的武器,即任命权、创设或不创设低等联邦法院的权力以及对包含最高法院在内的联邦法院管辖权的控制。第3条根本没有要求国会创设低等联邦法

---

[81] 2 U.S. 408, 409 n (a) (1792).

院,并且关于宪法承认存在的最高法院,第三条赋予了它的上诉管辖权,"但国会所规定的例外和另有处理规章者,不在此限"。存在一个生动的争议,即后一种权力是否可能用于防止某一个或所有联邦法院裁决特定的政治争议事项。[82] 甚至假设国会可能制定此类"不正当操纵管辖权"的法律——例如,为许多涉及校车接送或堕胎的案件——只要州法院存在,法治就不会被彻底否定。这些法院具有普遍管辖权,有权控制其领域内的每个人。而且,各州法官与联邦法官受到同样多的拘束,均将联邦宪法视为域内的最高法。因为国会并未建立各州法院,即使国会可能有效实施了被列举权力中的任何一项,剥夺了州法院对联邦问题的管辖权而将它交给联邦法院,各州法院也可自由地质询:国会试图限制它们是否实际上有合宪的有效性。[83] 这种美妙的并幸免于验证的论说支持了对法治原则的笃信并使其得以彰显;无论是州法院还是联邦法院,都从这样的论说中继受了共通的观念,进而知道法院要做什么以及法院的行事为何不能完全免于法治图景的约束。[84]

---

[82] 例可见,Alexander M. Bickel, *The Least Dangerous Branch* (1962); Akhil Reed Amar, "The Two-Tiered Structure of the Judiciary Act of 1789," 138 U. Pa. L. Rev. 1499 (1990); Akhil Reed Amar, *A Neo-Federalist View of Article III: Separating the Two Tiers of Federal Jurisdiction*, 65 B. L. Rev. 205, 258 (1985) ("架构联邦司法部门的权力并非微不足道,而是有着实在的意蕴。它包含了创设不可审查的第 3 款税收法院或者堕胎法院的权力")。

[83] 当然,这样的判决引发了异样的结果和对州法院干涉联邦职能的不完美的展示。它旨在避免宪法为联邦法院规定的这些结果。我注意到,不幸的结果仅仅是国会已经将联邦法院移出了法治图景。

[84] 在美国法律中,作为最完美和深刻的法律文书的片断之一,这是一个非常明晰的概括。见 Henry M. Hart, Jr., "The Power of Congress to Limit the Jurisdiction of Federal Courts: An Exercise in Dialectic," 66 *Harvard L. Rev.* 1362 (1953)。

第四章 言 论

一、基础

第一修正案,亦称"言论与出版自由条款",规定"国会不得制定关于下列事项的法律:……剥夺言论或出版自由"——该条款今天有力地保护了这一修正案的明显对象:政治演说、传单、书籍或报纸,使之免受政府管制。但是,这一条款也保护了制宪者们可能未曾料到的一些表达和活动,如图书和电影中对各种所能想象的性行为的露骨表现,对公众人物的肆意诽谤,商业广告,非常侮辱人格的辱骂,竞选开支和捐助,焚旗,乃至脱衣舞,它们都处于这一修正案的庇护之下。一如他处,制宪者们所设想的对他们写入该文件中的这条宽泛原则的适用,对今天这一原则的适当理解而言根本没有决定性意义。言论与出版自由条款的理解过程本身充满争议。[1]最狭义的观点几乎称不上是一种理解,而更多的是对历史记录难解的推论:第一修正案的"主要目的在于……防止对出版进行事前限制……而并非防止对这些可能被认为与公共福利相悖

---

[1] 本章中我有时把它简称为"第一修正案",尽管这一修正案也论述到宗教问题。宗教条款是本书第五章的主题。

的言行进行惩罚"[2]。

其次的狭义观点，则以这样那样的形式得到了相当可观的学理支持，其中以亚历山大·米克尔约翰（Alexander Meiklejohn）为标志，他将这一言论与出版自由条款认定为服务于民主的自我治理过程。根据这一观点，对政治对话的内容或质量并无助益的言论，不在该条款的保护范围之内。[3] 在这一观念中，不受保护的言论不仅包括淫秽的和以谩骂为基调的言论，还包括商业性广告，还可能包括油画、电影、诗歌或音乐，除非它们承载政治信息。对第一修正案的这一政治性观念的论说是基于民主的论说。官员干预对当前政策的批评性言论，是一种对当政者的民主控制的明显干扰，通过对此的论说，这种政治性观念克服了对司法介入部门之间的政治选择的厌恶，这些部门的权威沉浸在民主合法性之中。[4] 现有的法律事实上早已超越了这一观念。电影、表演、图片、文学作品（在非常宽泛的意义上使用这一术语）、广告、露骨表现性行为或者辱骂性的言论，都是受到保护的。这些形式的表达中，有一些也

---

[2] *Patterson v. Colorado*, 205 U. S. 454, 462 (1907)（Holmes 法官）。Holmes 引用 Blackstone 的《英国法评注》(Commentaries)来支持他曾经在 *Schneck v. United States*, 249 U. S. 47 (1919)中不情愿放弃的观点。根据这一狭义的概念，即使是挑衅性的诽谤也不违反第一修正案。例如，1798 年的《反煽动法》(Sedition Act of 1798, 1 Stat. 596(1897))，该法禁止发表"针对合众国政府的虚假、诽谤和恶意的言论"，对那些今天可能属于核心政治言论者进行了刑事处罚。尽管杰弗逊派人士相信《反煽动法》违反了宪法，最高法院并未对它进行审查。直到 1931 年，最高法院才成功地适用了第一修正案。见 *Near v. Minnesota*, 283 U. S. 697 (1931)。有关研究以及除最高法院之外其他法院的诉讼的评述，见 David M. Rabban, *Free Speech in Its Forgotten Years* (1997)。有关第一修正案原初意义的争论，有关考察和评估可见 Rabban, "The Ahistorical Historian: Leonard Levy on Freedom of Expression in Early American History", 37 *Stan. L. Rev.* 795 (1985)。

[3] Alexander Meiklejohn, *Free Speech and Its Relation to Self-government* (1948).

[4] John H. Ely, *Democracy and Distrust* ch. 5 (1980).

可以勉强地归入到民主理解的范畴之内。[5] 例如,有人就主张,即使是纯粹虚构的,或者是明显谣传或淫秽性质的作品,也是对不同生活方式的表现[6],而这些不同生活方式可能有时,或者在某种程度上也在政治选择中表现自我。但是,这是相当牵强的,或明显将米克尔约翰式的视角转变为别的视角。

本章中笔者将要论述的第一修正案,最好将其理解为保护一种非常宽泛的或者根本的自由——我将其称为思想自由。更确切地说,它为政府的公权力干涉我的自由——我根据自己所愿进行思想,并将思想传达给别人,反过来接收他们的表达的自由——设定了坚实的限制。我首先研究了这一基础性的观点——它究竟意味着什么,为什么具有重要性——然后表明,最好如何对第一修正案加以理解才可能体现这一点。我当然不认为第一修正案理论完美地体现了这一观点,甚至也不认为它可以明显地体现这一观点。例如,有关诽谤、知识产权、商业欺诈的法律,并不完全符合这一严格的观念,而且也许它们不应该与之相符合。可是,思想自由是在第一修正案原则背后的启发性概念,它解释了该原则的发展轨迹。最后,我坚持认为,这一启发性概念含有对政府的限制,而不是关于思想和对话的某些泛化的价值的,因为正如某些评论家和最高法院的大法官们所做的那样,以更为一般化的方式来表述——正如法院可能塑造儿童安全或家庭福利等价值一样,它使得最高法院(和法院)在形成这一价值的过程中承担了一般性的管理职能。但是,法院也是政府的一个组成机关,让它们承担如此积极的角色,需要有对该价值相对于其他价值的重要性加以判断和权衡的权威。这种一般化的权衡,也可能会成为另外形式的政府对思想

---

[5] Meiklejohn 承认艺术、文学、哲学和科学都应该包含在第一修正案之中,因为它们有助于"选民获得知识、诚实、敏感和对于大众福利的赤诚奉献,因为理论上可以说,投票就属于表达行为"。Alexander Meiklejohn, "First Amendment Is an Absolute," 1961 *Sup. Ct. Rev.* 245.

[6] 一般可见 Richard Posner, "The Right of Privacy", 12 *Ga. L. Rev.* 393 (1978); Plato, *The Republic* (Allan Bloom trans., 2d. ed. 1991).

自由的干预。这种我认为推动了第一修正案原则的观念是相当消极的。第一修正案原则为政府干预思想自由的活动设定了限制，包括内在地为法院本身设定了限制。该原则通过对规则的细化坚持这种消极观念，它可以比其他方式更为严格地约束决策者——包括作出司法判决者——对判断和把握他们实施的规则可能会带来的实质内容的诱导。

（一）思想自由

人们常常会说，第一修正案既保护了发言者的权利，也保护听众的权利，因此，人们有权用别人所不愿意听的信息去打搅别人，如抗议者在堕胎诊所的入口集会，或者宗教信徒或政治掮客登门拜访，而这也和读书或看电影的权利一样，可以免受政府的干预。为进行（如政治、文化的或无关紧要的）启蒙而祈求保佑听众的利益，不能被直接作为对敌对或漠不关心的听众保护发言者的基础。至少在这一论说中，还需要另外一些步骤。也许我们可以说，如果今天政府能够阻止我去读根本不想读的书，那么明天它就可能阻止我去读我确实想要读的书。而政府如何知道我可能感兴趣的范围呢？这些论述强调了听众在不受政府干预的情况下接受信息的权利，但是该原则也承认发言者的权利，它不只是作为听众权利的附属物而存在。你确实有权利了解所选择的事物，但是我也有权利引导和劝说你。所以言论自由权保护两种不同的权利：我的表达权和你作为我表达对象的权利。它保护的是沟通行为。

首先讨论一下发言者的权利。除了在谈话中与另一个特定的对象交流，或者像绝大多数书籍那样有泛化的对象之外，我们可以或者应该承认表达的权利吗？我认为，当我独自弹奏钢琴或跳舞时，这可能会被认为是一种独自的表达（如果我是为了一次演奏会而进行练习又如何呢？）。政府对于这些独自的表达所进行的干预，当然是对个人自治的严重侵犯，但是宪法会保护这种自治吗？如果会的话，又是通过哪条规定？考虑到一种补充性的、也不大牵强的政府干预形式，在没有发言者或者作家的时候——例如伽利略把望远镜对着星空，或者列文虎克（Leeuwenhoek）把显微镜对着水滴时——阻碍了人们（更恰当地说，是初学者）成为听众的权利。政府很可能会需要阻止这种探求，因为这可能是扰乱他们与他人沟通行为的前奏，因为我所学到的知识可能会使我采取了某种政府不喜欢的行为方式，或者在跟随它的引领方面不如以往那么驯服，或者因为我的发现最后使我成了政府所希望的不同类型的人。这可以联系到那些只是为自己而发言（唱歌或跳舞）的人的情形。政府也可能会希望控制这类单独活动，因为这种活动可能增强其他倾向，占用了从事政府认为更具价值的活动的时间，或者又促使行为人成为政府不希望他成为的另外一类人。事实上，这两类情形非常接近，因为无论做什么都要求政府不得不控制这些单独活动。

在第一修正案所调整的更为常见的情形，即两个或更多人之间的沟通中，个人的权利和政府的要求都与单独活动相同，尽管政府的干预注定更要侵入单独活动。在所有这些例子中，个人的权利在于他的思想自由：思考自己所希望的，学习自己所希望的，倾听、阅读或看到所希望的——正如大法官路易斯·布兰代斯（Louis Brandeis）所言，"自由思考，并且表达思想"[7]。这种权利的必然结果是不会阻止别人接近他的思想。因此，标准的术语——言论自由或者表达自由，包括表达一个人思想的自由和听、读和思考的自由。我这里简洁地将它称为思想自由。第一修正案的言论和出版条款保护这种自由不受政府的限制。

这一广泛的观念阐明了第一修正案所保护的各种表达行为。该修正案不仅反对政府压制你的思想及其表达，也反对政府教你如何说话，强迫你印刷你不愿意印的，承认你所不相信的。在他支持学生拒绝向美国国旗致敬的权利的意见书中，杰克逊（Jackson）大法官表达了这一想法：

> 只有在表达已经构成一种行为的明确和即刻的危险，而

---

[7] *Whitney v. California*, 271 U.S. 357, 375 (1927)（协同意见书）。

政府有权实施阻止和惩罚这种行为时,书报检查制度或对观点表达的压制才是为我们的宪法所容许的,这已经是老生常谈了。似乎只有在具有比保持沉默更为直接或迫切的理由时,才可以要求非自愿的承认。

……

如果在我们的宪法星座中,有一颗恒星,那就是:任何官员,无论尊卑,都不能规定什么应该是政治、民族主义、宗教或者其他思想问题方面的正统,或迫使公民以语言或行动承认它们的正统地位。如果允许任何例外情形存在,他们现在也就不会对我们发生影响。[8]

1937年之后,随着宪法转向对参与多数行为方式的政府规制的有力保护,尤其是贸易方式的自由不受政府规制,它也承认了对于思想自由的更广泛的保护。也许有人会说,结果是对于至多关系到相当少的一部分人的自由加以保护,而赋予政府更自由的手段以规制那些关系到所有人的自由,如财产使用甚或吸烟的权利。[9]但是,思想自由是首要的自由,在其种类和重要性上都有别于其他自由,这具有重要的意义。哲人们对此进行了不同的表述。亚里士多德(Aristotle)把人称为理性的动物。康德(Kant)把人性界定为自由与理性。这些表述主张的是,我们希望的、所做的和体验的都是由我们的思想所组织的。我们通过感知对所遇见的事物的判断,对将要采取的行动的选择,都是由思想所支持的。因此,甚至在我们提到更高层次的抽象理性的模式之前,我们必须判断如何厘清我们的体验,如何构思我们在这个世界上的行动。思想自由否定政府具有控制这些判断的权威。约翰·斯图亚特·密尔(John Stuart Mill)将其称之为对于自我——我的身体和思想——

---

[8] *West Virginia State Bd. of Educ. v. Barnette*, 319 U. S. 624, 633, 642 (1943).
[9] 见 R. H. Coase, "The Market for Goods and the Market for Ideas", 64 *Am. Ec. Rev.* 384 (1974)。

的所有权。[10] 我如何运用我自己的身体,这也许会对他人产生影响,在这种意义上,也会影响他们对自我所有权的权利。我如何运用我的思想,一定意义上这种运用可能通过他人的思想来影响他人,这是一个我自己判断的问题,也是我可能说服的对象判断的问题。密尔对于我们身体的所有权的主张,以及从该主张中推导出的自由,也产生了富有可比性的自由的主张,但对这一主张有着更大的争议。该主张引起更大争议,是因为许多人都坚持政府拥有控制该运用的权力是非常正当的:当然这样我就不会损害他人的利益,但是也可能这样我就不会损害自己的利益,或甚至虽然如此我不会减少自己福荫他人的能力。而所有这些对我生理上的自由的运用和对它们的约束,都由我判断。为了他人的利益或为了我自己的利益,也许我生理上的自由也可能会受到限制,但是政府没有强迫我对这些约束作出某种判断的权力。

对于这一论述,存在着一种政治性的,从而也是米克尔约翰式的考量。如果政府也控制我们的判断,政府的有形权力可能会得到扩张,以至于我们最后不仅在生理上受控制,而且喜欢这种控制。对于思想自由的主张,也表明了一种比民主和自治更加根本的承诺。这一承诺指向个人性或自我所有权的学说。它界定了共同体的边界和权力要求。当所有关于我们对他人的义务、我们对他人的依赖、我们对他人的不可避免的影响的论说已经得到承认,留下的便是个人主义。

自我所有权的这种坚强核心的根源在于我们的宗教历史。即使是在更为社群主义,或权威主义传统的罗马天主教会中,受到强迫的信仰也不是真正的信仰,人们只有自愿前往,才能得蒙拯救,因此,最终个人对自己的灵魂负责,这些也已经成为共同的预设。当然,这一要素已经成为了新教神学的中心要素,它强调每个人与

---

[10] 见 John Stuart Mill, *On Liberty* 13 (Stephan Collini ed., 1989) ("个人就是他自己、自己的身体和思想的主权者")。晚近对于这一作品的精彩评论,可见 Daniel Jacobson, "Mill on Liberty, Speech, and the Free Society," 29 *Phil. & Pub. Affairs* 276 (2000)。

上帝之间个人的和直接的联系。个人的能力以及对真理和善作出判断的权利，也是启蒙的前提，对此康德有最为有力的论述。因此，现代科学的发展也依赖于这些前提：个人有为自己判断证据和主张的能力，而且不受传统权力——尽管不是主张或证据——的限制。对于真理和理性——简言之，合理性——的承诺需要对于说服，即证据和主张，在原则上保持开放的承诺。相反的命题也主张，合理性在原则上是与拒绝考虑主张或证据——即拒绝允许某人得到说服——不相一致的。思想自由是这样一种体制，其中没有一种强制力可以合法地限制说服作为说服而存在。因此，合理性要求一种思想自由的体制，并且为强大的第一修正案所规定的自由提供有力的阿基米德支点。而且，正如我们将要看到的，一旦建立这种杠杆，该自由就会超越理性的说服，而延伸至与思想的概念本身同样宽泛的表达的概念。

（二）针对政府的权利

第一修正案的文本采取的是禁止式的语句："国会不得立法……"该权利不是以抽象的术语[11]进行的表述，而是表述为对国会的限制，这种限制已经泛化为对于任何层级的政府或其代表的禁止。思想自由的伟大原则超出了政府强制的范围。如康德等哲学家就声称，思想自由不仅是权利也是义务，因此，个人如果把这一自由让渡给他人——如主人、教会、父母，就违反了他自己的人格。宪法并没有通过不走那么远而对该原则进行妥协，而是注意

---

[11] 比较《美国宪法第一修正案》和《法兰西共和国宪法》第 5 条第 1 款（"每个人都有表达观点的自由，或者是通过口头、书面或图像或者是其他方式传播观点的权利，并从一般渠道自由的获取信息"）；《西班牙宪法》第 20 条第 1 款（"下列权利被承认并保护：(1) 以口头、书面或任何其他复制的方式，自由表达和传播思想；(2) 文学、艺术、科学、技术产品和发明；(3) 学术自由；(4) 通过任何传播媒介自由报告或接收真实消息"）；和《南非宪法》第 2 章第 16 条第 1 款（"人人皆享有表达自由，包括：(1) 新闻和其他媒体的自由；(2) 接收或传播信息或思想的自由；(3) 艺术创作的自由；(4) 学术自由和科学研究的自由"）。

自己的权力限度。事实上,如果它试图确保思想自由超出政府强制的范围,就伴随着侵犯其所保护的自由的某种危险。个人如果允许家庭、企业或社团来限制他所听到或表达的事物,就可能需要按照别人所说的去做,如若准许存在这些强制,那么就可能被要求作出赞同这些强制的判断。尽管他的家庭可能会禁止他开始某种表达,只要个人自行作出判断这些禁止是最优的,那就只能保持这种禁止,如果政府确实试图保护个人免受各种强制,如教会的强制,那么,这种保护将成为对于他的判断的强制,即他的思想和选择如果由教会加以限制可能会更好一些。政府则不同。政府的要求可能是总体性的。政府甚至控制着驱逐出境的选择权——驱逐出境,即进入另一政府的管辖范围。很少有政府确实采取这种最后的强制措施,正如很少有政府试图控制公民的思想,这不是政府现象所固有的发展,更确切地说,是接受对于政府权力的宪法限制所固有的发展。

　　这一论说有一种特别的形式。某些部分的机构——教会、企业和家庭——对于其成员有着比政府更强的控制力。也许可以这么说,或者因为政府允许这些机构有这样的权力——这可能使国家成为它们的同谋者——或者因为不管国家愿意与否,它们都享有这样的权力。后一选项体现的是前现代国家,或者是正处于形成期或发生剧变的国家的情形。稳定的现代国家拥有正式的权力,在实践中完整程度不一,马克斯·韦伯(Marx Weber)称之为强制力垄断,因为政府的要求潜在地涵盖了这一领域。韦伯并非意指其他机构就不能在现代国家中使用强制力,而是指所有合法的强制力或者由国家本身所形成,或者经过其允许或授权。国家是我们立足的终极理由——没办法再往后追溯了——因此如果国家试图控制我们的思想,我们事实上就被控制了(这是规范意义上的,而非事实上的垄断。当然,我们可能会违抗国家;但是在法律的背景之下——我们这里的背景下——我们就可能不这样合法地行事)。当然,当归因于国家的强制力垄断,并进而将国家界定为合法性的来源时,肯定存在循环论证。但是,循环论证所描述的是现代国家的司法理论[12],而第一修正案理论,大体上像准宪法理论一样,是国家与法的理论的一部分。

宪法上的思想自由是一种免于政府控制的自由。它是针对政府的自我所有权的公理,通常界定、裁决和保护所有权。它告诉政府:无论你如何在整体上归因和界定所有权,我的思想都是我自己的。

神权统治或极权主义的政府一直关注你的思考、听闻和言谈,因为它们关心你是什么样的人。一位德国贵族,一个虔诚的宗教徒,他辩称自己从未在书面或口头上对体制有何不忠,纳粹法官告诉他:"我们纳粹和你们基督教徒一样,关心的不是你们的行为,而是你们的灵魂。"现代政府,包括我们的政府,很少提出这样的主张。如果他们试图控制我们的言论、听闻或思想,如果他们试图控制我们的思想,他们会主张,这是因为他们关心我们将要做什么。

正如我们稍后将要详细看到的,还有一些涉及言论的严肃议题,与其说是标志不如说是信号,即"行为的操纵杆",类似于对射击队的命令——准备、瞄准以及发射。在刑事共谋过程中的对话、合同的文本,或者是那些包含在威胁或者勒索要求中的言辞,也都是如此。[13] 虽然这些情形肯定有些与某些已知的法律体系相符,但是,它们并非对思想自由原则构成质疑的情形。巨大的挑战来自于这样的一般性主张,即言论之所以受压迫,是因为其听众可能会依言行事。这一主张提出了对于思想自由的质疑,不在于其边缘,而在于其核心。如果此主张成立,思想自由就会荡然无存,因为除了最具反思性的行为之外,都会被思想超越,而言论可以沟通并改变思想。该原则还隐含有防止其证明过度的限制。思想自由的学说对表达加以保护,仅仅在于其通过思想来发挥作用。它只保护那些试图影响他人想法,即思想的表达。该学说对表达加以

---

[12] 见 H. L. A. Hart, *Essays on Bentham: Studies in Jurisprudence and Political Theory* 254(1982); Hans Kelsen, *Introduction to Problems of Legal Theory* (Bonnie L. Paulson and Stanley L. Paulson trans. 1992)。

[13] 一般可见 Kent Greenawalt, *Speech, Crime, and the Uses of Language* (1989)。

保护,仅仅在于其对别人或予以说服或给出指示。更充分地说,它保护了那些可能被说服或得到指示的思考中的听众,正如它保护那些试图说服或发出指示的理性的发言者一样。

回到细节,我们还需要考虑这一提法,如果某些具有明显性暗示的物品没有通过说服或指引生效,以至于尽管它可能会经过耳闻目睹,但不对思想发生作用。另一方面,刑事案件中的指引肯定是受思想控制的。但是,通过考察它们是否以及与思想自由有何牵连,来寻找这些疑难情形的答案的自然属性,可以证明我们的方向是对的。

(三) 禁止(prohibition and inhibition)

"国会不得立法……剥夺言论和出版自由。"当国会仅仅坚持通过刑法禁止公民的言论和听闻,从而控制他们的思想的权利时,这一禁止性规定的含义最为清楚。刑法手段的运用,使得这一强制性规定可以察觉,因为刑法的禁止是绝对的。鲁莽冒失和叛逆之徒可能选择违反刑法规定而冒受刑罚处罚的风险,但如此一来他们也冒犯了政府:通过适用刑法,政府不仅仅试图设定行为的代价,更希望全面消除这些行为。就此而言,刑法大体上和国家相似。正如我们所看到的,国家主张暴力的垄断,正是这一主张造就了国家,即使在实践中有一部分暴力,也是脱离其控制的不合法的暴力。因此,通过适用刑法,国家也展开了表明它意图的观念,即某些事根本不应发生,尽管它不能完全成功地实现这一目标。而且刑法如果规定了你不能说的或者不能去听的事情,它本身就是坚持有控制你思想的权力的法律。这就是第一修正案规定政府不能做的事的核心所在。

但是,政府除了直接禁止之外,还有其他多种影响思想的方式。第一修正案的理论将这些强制性要求描述成对第一修正案所规定权利的限制。可能会发现政府沿着两种方向对言论进行限制。第一个方向是,政府可能试图通过为某一种表达设定代价而阻止某一种言论或发言者。与刑事禁止不同,就其本身而言,代价没有对所设定代价的事物给予绝对的禁止。相反,价目表说明:只要它的代价是适当的,这件事是被允许的。但是,代价可能是非常高昂的,无论如何某种代价都会有一定的阻止作用。[14] 当国家给出了一个思想的价目表(诸如此类,但并非仅仅是蕴涵这些思想的材料,或购买或销售这些材料所借助的经济安排),正如它在公民生活的其他诸多方面的权力,它维护了对思想的权力。

  政府对言论施加限制的第二个方向涵盖了所有那些既非禁止亦非对言论设定价目表的限制,即在追求实现其他合法目标时——保持街道整洁、提高收入——使得思想的表达或接收更为困难。在这些情形中,政府并不能直接冲向言论,而是向其他目标行进时擦边撞击它。一般的消费税使书籍更加昂贵,正如工薪工时法可能增加报纸的劳动力成本一样。事实上,政府有不在某种情形下或在某种程度上对言论进行限制的。这不过是对我们物质存在而非表达出的思想的一种限制,因此,对于我们物质条件的管制,不可避免地会对我们所思想、表达和听闻的事物产生普遍影响。政府通过给一大类人某些好处来限制表达,但对于其中以某些方式或对某些主题表达自我的人不给予这些好处,例如对于报纸没有解雇保护,这些例子可能被认为是两种方向之一:拒绝给予一般来说可得到的好处,毕竟也是一种代价,但是如果报纸或化学家为解雇保护规定增加了特殊的困难,那么这种拒绝就可能会被视为提供这种好处相附随的负担。这些情形如何与第一修正案中思想自由保护的规定,即免受政府对思想的强制相一致呢?

  声称禁止所有对思想自由的行使有影响的政府管制,这是没有意义的。更为似是而非的建议承认了政府限制的普遍性,也正是因此使限制成为一种平衡的问题:政府目标的权重与干涉程度之间的平衡。这一观念需要一种宪政体制,它要求权衡政府设定

---

[14] 事实上,其代价可能非常之高,以至于与禁止相当。对于某些民事过错、攻击、诽谤行为,受害人有权起诉,可能表达的是这样一个判断,即该行为本不该发生,但是,赋予受害者针对执法的控制权意味着他的同意——被收买或是其他——除去了过错,从而在一定程度上排除了禁止。

的任何其他目标和言论自由的权利的重要性。这种平衡就是政治素质,即立法者和行政官员们所展示的。但是,法院解释和适用宪法,尤其是其文字如第一修正案一样绝对的条文——"国会不得立法……"——被认为是做不同的事。但又是什么呢?法院处于政府和个人之间,因而对于这两种相争的利益的重要性在立场上也更为客观,而立法者和行政官员毕竟也是政府机构,往往可能倾向于为了支持政府的目标而失去平衡,果真如此吗?出于下述原因,这种解释并不令人满意。首先,它并未承认当政府运行良好时,它除了追求公民的利益之外从未追求自己的利益,因此,当政府对利益进行权衡时,往往是在一些公民和其他公民的利益之间进行权衡。这样看来,法院所做的不过是在重复政府已经在做的。其次,这种观点将法院看做是天平两边的各种利益的裁判者,因此与两方的现状相悖。它让法院把裁判政府已经作出的决定的重要性作为一项重要的目标,从而也冒犯了立法者和民选官员根据民主制度取得的权威。而且它也使得法院去判断特定个人想说的或想听的事情的重要性,从而违背了思想自由原则背后的个人主权观念。[15] 毕竟这项原则主张,个人可以自由决定自己要听说的内容,以及这些内容的重要性如何。

在使思想自由的原则免于过度证明或被权衡标准所分解之间,存在两难。这也是在权利保护或体现利益的时候都会存在的两难,并且这种两难的解决方案会遵循法律在其他情形中可能采取的形式。法律构建了这种冲突,而不是授权对一种价值或利益与另一种利益或价值之间进行全面平衡。它将冲突组织成各种类型,并且在每种类型中实现平衡。如果冲突被分配到某种类型的范畴之中,一种利益就会取得相对于其他利益的绝对优先地位。在其他类型中,这种优先性可能会减弱,以至于一种或其他利益只是取得假定的优先地位,而且这种假定可能会被特定强度或类型

---

[15] 在其他制度下,例如南非、德国,专门法院对宪法的解释和适用具有更直接的合法性的政治形式,法院也更愿意承认和行使更为全面的政治职能。

的相争的利益压倒。最后,其余范畴将会真正需要逐个权衡,但是领域比较有限。于是,冲突就得到规范,权衡也为一套规则所限制或消除。这就是原则的机制。

政府所做的许多事情可能是影响思想自由,或者就第一修正案学说的方法论而言,可能会束缚表达自由。在前文,我已经提供了一些例子,范围从对某些事情的听闻的刑事禁令,到诸如税收的一般体制,它收回了本可用于其他内容的言论的传播或接受的资金。个人可能向法院诉称,他的第一修正案自由被这些方式中的一种所限制。假设这种限制是可以作出的,那么就要由政府负责解释其举动。证成或不能证成这种限制的各种解释可以很好地揭示第一修正案学说的结构。

1. 不可容许的政府目的

政府可能给出的一整套论证理由,其一般采取的形式为,宣称它这么做是为了防止你说出或听到某些特定内容。你不能说 X,你不能买说 X 的书。当然,政府这么做肯定还有更进一步的理由。你不能说 X 或听 X,是因为 X 是你做 Y 的先决条件,或者说,说 X 或听 X 的人,很可能会去做 Y。易言之,说 X 或听 X,对你不利:这样让你心情变得糟糕,或者让人变成坏人。作为第一个推断,我提出这样的命题,即无论 X 或 Y 如何,这种形式的理由都与思想自由不相容,从而也与第一修正案不相容。[16]

根据政府的动机来制定的规则因为其不合适或没有可操作性,而常常遭到反对。只有个人具有动机,机构则没有。而且因为机构几乎不可避免地由若干人组成,常常是经历一段时间,而很少会有大家都有共同的动机,归因于机构的各种动机是逻辑上的或者事实上的谬误。这一反对意见过于压倒性,但是无论如何都不适用于我所阐述的规则。我提出的规则,其缘起是发言者对其发

---

[16] 见 Elena Kagan, Private Speech, "Public Purpose: The Role of Governmental Movie in First Amendment Doctrine", 63 *U. Chi. L. Rev.* 413, 462—63 (1996)。

言受到政府限制的申诉,要求政府为其行为说明理由。这种申诉完全不需要涉及政府的动机。否则,当它主张某些通常不限制言论的举动——如解雇一名政府雇员——被用来惩罚言论时,这种申诉本身可能指控压制言论的动机。政府所谓的正当理由就是诉讼的对象,而当政府亲自提出一个禁止性的理由时,它就开始起作用。当然,政府可能会给出一些正当性依据,它们并非真正的理由,而只是合理化的理由。它可能会否认报复政府雇员,而给出他们的缺勤记录。或者在劳工暴动时,市政府可能会禁止在大街上发动传单,而理由是希望减少街道上的垃圾。[17] 因此,必须有办法从被当作借口否定的理由中挑选出各种可接受的正当性依据:更多的学说。作为讲解第一修正案的第一步,我提出这条规则:政府不能根据它不希望人们传播或接受某种特定表达,来证明它限制言论的正当性。我称之为零依据规则(the ground zero rule)。[18]

那么,何种情形下,肯定是最常见的情形,政府所提出的理由只是其提供进一步理由的步骤之一:因为 X 这种表达和你做 Y 之间的联系,你就不能说(听) X 吗?例如,如果有一份政治传单激烈抨击所得税,将其视为合法化的盗窃,可能被证实已经引导一些人对其纳税申报造假。政府可以基于这样的理由禁止这份传单的出版或持有吗?当然,政府有权征收法律规定的税收,将逃税作为犯罪处理。而且,同样确定的是,政府也可以惩罚那些建议顾客隐瞒收入,并为其出具欺诈性的纳税申报的会计师。但是,禁止这份传

---

[17] 参较 *Schneider v. State*, 308 U.S. 147 (1939)。

[18] 政府必须证明,强加的负担对于言论自由学说并不罕见,这是有正当性依据的。政府义务的对象可能总是要求政府说明其义务的理由,这是更一般化规则的一个方面,实际上是我们宪法的独特特征。见第六章。这意味着厘清被称之为自由权利的广泛的、模糊的范围,但是,政府很容易通过表明所谓的合法权利,说明对自由权利设定强制的理由。政府可以如此轻易地表明所谓的合法权利,以至于个人极少敦促政府说明理由。但是,正如对第一修正案权利的情形,当这些权利得到高度的保护时,政府说明理由的责任也相应增大,所得到的权重也相应地达到足以为宪法所重视的程度。见 *Bverf GE* 55, 159 (1980); *Ferreira v. Levin*, 1996(1) S.A. 984 (南非宪法法院)。

单违背了零依据规则,因为它禁止了特定信息的沟通。我们还没有讲到前文述及的反垃圾法令情形的复杂性。这里政府措施(刑事禁止)就清楚地表明了政府不希望特定的信息被说出或者被听到。政府对于为何不希望信息被传播有更进一步的理由,这并不能改变这一事实。

　　零依据规则是对思想自由的直接表述。其他各种实体也试图影响我们利用自己思想的方式。教会可能发展到指明某些思想是不能考虑的,某些书需要禁止的地步,但是教会属于自愿性组织,人们是出于在先的判断而愿意接受其训诫。媒体对要广播的内容加以选择,可能会出于这种对其受众有益的确信,进而接受其像邻居或朋友可能做的那样。但是,正如我所言,这些都是部分的权力,我们都有权选择不服从。当政府违背了零依据规则,它只是声称其有权控制我们的思想,这意味着我们不能摆脱它的控制——尽管像其他法律一样,我们可能违反或规避它的禁止。当政府违背零依据规则时,它所主张的权利与第一修正案直接相矛盾。更缺少证据支持的是零依据规则是否包括下述情形:说(或听)X 使得 Y 的发生也更具可能性,而且 Y 不是言论而是一种行为,政府出于这样的更深层的理由而禁止言论 X。但是,这种包容是必要的,不仅仅是因为这一情形是普遍的,以至于如果它不被包括在内,零依据规则实际上涵盖的情形也会非常少。更深层的理由是,思想自由的原则不仅阻止了政府将你隔离在某种思想之外的野心,而只是因为它不想让你还抱有这种思想(像教会可能做的那样),也防止政府通过控制实施某些行为的想法来阻止(实现)这些行为。政府可能会努力控制你的行为——如缴纳税收——通过将要对你不缴纳行为实施惩罚的威胁,以这样的方式也许可以说它试图影响你对缴纳税收的想法。但是,它通过规定你可能思想的其他事物——如考虑缴纳罚金或入狱的可能性——这么做,而不是阻断你所有或部分的思考过程。

　　2. 可容许的政府目的与不可容许的言论效果

　　政府所行的诸多作为都会产生使表达变得困难的效果,而且政府所做的每一件事都会使得某些表达变得比其他表达更为困难——政府会对某些言论施加更重的负担（我有时会称这些为间接负担的情形，来与我们所刚刚讨论过的，我有时称之为直接负担的情形之间进行对比）。零依据规则阻止政府以它不赞同某些信息，或不赞同你考虑这些信息时可能的行为为由，来证明其施加的负担的正当性。但是，政府提出的间接负担的正当理由多数根本不采取这一形式，而其他替代性的理由可能也不是违反零依据规则的托词。这些情形为第一修正案原则提出了难题。其中包括政府规制可能明显限制思想自由的情形，但是第一修正案要求法院在政府目标的重要性和言论的价值进行权衡，而仅就法院——作为一类政府机构——在判断我希望听到或者说出什么而言，这种调查违反了思想自由原则。第一修正案原则可能通过将这些情形作为直接负担对待而缓解此类两难困境，因为法院要么不相信要么不同意政府的这种主张，即它不只是牢记压制言论。但是，尽管如此，仍然有许多情形困扰着法律，在这些情形下，法院和常识都充分信任政府的非言论理由。在部分情形下，法院确实致力于权衡，但是该权衡需要遵循结构非常复杂的原则。而在其他情形中，法院根本不遵循这一路径。正如我们将看到的，在对言论自由原则进行考察时，难以解释为什么不同情形的处理方式上有所差别。

3. 思想与行动

前一类情形下，政府对言论进行限制的正当理由只是针对与禁止言论无关的目的——或者作为目的，或者是作为实现目的的手段。有另外两类情形可以检查思想自由的含义，在某种程度上，它们是彼此的镜像。在一种情形下，个人确实会因为言论而受到限制或惩罚，但是政府的理由是所假定的言论根本不是言论而是行动。命令射击小队"预备、瞄准、发射"的死刑执行人，或者在拟议的合同上签字或表示同意的买家，无疑只是表达了一些文字，但是政府正确地认为这些文字不过是一组行为的一部分，正如扣动扳机是来福枪发射的一部分。[19] 言论其实只是一种行为。另外一类情形，行为不过是言论，个人没有表达文字，但是其行为像言论一样明确传达了某些信息：例如在对政府政策进行示威活动的过程中，绘制并损毁或破坏旗帜的示威者。

第一类情形——作为行为一部分的言论，也就是由威廉·道格拉斯（William Douglas）大法官所称的"由行为所组织的言论"[20]——有时难以理清。"言词既是劝说的关键，也是引发行为的因素。"[21] 思想自由原则禁止政府干预劝说，但是劝说可能会带来与命令同样确定的行为。事实上两者之间的界限是很难划定的，但是，在调查阶段，重要的是要证明哪些是划分界线所需要明确的概念。我想说的是，劝说要求判断。它使得思想的评价性能力处于变动之中。当然，一项命令需要理解，但是它并不引发评价或反思。它并不要求你作出你认为对它最好的行为。类似地，其他形式的言论——比如在合同同意栏上签字——也意味着直接发布，没有对所发生的具体影响进行评价或反思。[22] 实际上，实践性的困难很多。艺术性表达——绘画、音乐追求劝说的效果吗？哪些材料希望激发情欲？计算机指令以完全不同的方式沟通信息或操作机械。[23] 同样的文本，在一种背景下，可能是作为犯罪计划

---

[19] 见 G. E. M. Anscombe, *Intention* (Harv. Univ. Press 2000) (1957)。

[20] "命令是以行动为支持的言论，可允许的命令不得违背。" *Parker v. Levy*, 417 U.S. 733, 768 (1974) (Douglas 法官，不同意见书) (军事命令)。

[21] *Masses Publ'g Co. v. Patten*, 244 F. 535, 540 (S.D.N.Y., 1917) (L. Hand 法官)。

[22] 这对于合同的承诺是真实的，但是合同修改建议显然属于对要约的反思和评价。同样确实的是，合同要约是正式行为，与承诺结合就自动生效，这是事实。这就是为什么在具体情形下有必要区分合同的要约是否具有说服性要素。

[23] 见 *Bernstein v. United States Dep't of State*, 1288 (N.D. Cal. 1997) (认为对加密技术的出口管制是违宪的), aff'd 176 F. 3d 1132 (9th Cir. 1999), in turn vacated and reh'g en banc granted 192 F. 3d 1308 (9th Cir. 1999); 参较 *Lotus Development Corp. v. Borland international, Inc.*, 49 F. 3d 807 (1st Cir. 1995) (计算机软件作为一种"运行方式"而非受保护的"表达")。

一部分的制造炸弹的说明,在另一种背景下,就可能是有关制造炸弹如何容易的(或者困难的)政治性论辩的一部分。[24] 在所有这些情形中,原则都是问了同样的问题:交流是否提出同样的判断问题,寻求劝说或引发赞赏或评价?

相反的情形——侮辱旗帜——要简单得多,也受到法律的保护。所有表达都要求某种程度公开的宣示。要限制对表达、其他口头或书面形式的思想自由,或其他特定的公开宣示所提供的保护,将会是武断的。法律提到象征性言论,好像所有言论并不以这样或那样的方式利用象征。在弗朗兹·卡夫卡(Franz Kafka)的小说《在流放地》(In the Penal Colony)中,一种装置以针刻的形式慢慢地在违法者身上留下其所犯罪刑的性质。尽管这也是一种沟通的形式,却是令人生厌的做法,如果个人将它用于其仇敌身上,肯定不会得到思想自由学说的保护。政府可以禁止使用这种机器,但不禁止在你自己的仇敌的照片上纹上某一信息,因为前一种情形中的禁止关注的是对受害者实施的物理侵犯,无论这种侵犯可能传达的是或不是何种信息,而在后面这种情形中,除了这种沟通之外,没有什么可被禁止。再者,在更为详细的学说层面上,还会观察到细微差别,但是学说是清晰的。

4. 政府言论

最后,在言论与政府自身而不是和非政府的机构相关时,政府禁止或控制言论。政府不是个人,它只能通过人来发言或行为。作为一个抽象的主体,它体现了组成成员的目的和判断。这与思想自由原则无关,尤其像在第一修正案中针对政府所坚持的,它与拥有观点、判断、价格、偏好、思想和目标的政府并不兼容——或者是履行其职能的特定的官员个人,或者是作为抽象概念。政府是剩余的和最终的权威,这是第一修正案确认保护反对政府的思想自由的原因所在,但是该原则不排除禁止政府定罪或单独或集体地表达其思想。实际上,政府裁决、政府"思想",可能会具有更大

---

[24] *United States v. Progressive, Inc.*, 467 F. Supp. 990 (W.D. Wis. 1979).

的权重——甚至可能具有潜在的压迫性,但这是受政府管理的个人能够得到保护的重要原因之一。

因为民选的政府表达它所治理的社区的价值,由于社区对其(隐喻性的)思想的宣示将会因为保护其公民的思想自由而被排除,这将会对社区塑造宪法性原则的激情形成不利的限制。但是,政府若非指导其成员代表它发言,就不能表达它的判断和集体思想。这些指导——任何指导——逻辑上都需要一定范围的禁止。那些代表政府发言的人,当其为政府发言时就是代表了政府,可能不会同时暗中损害其传达的特定信息。出于同一理由,如果对采纳与传播公民的信息不加以选择,公民也不能抱怨他的自由已经遭剥夺。否则,极端地来看,政府不会有规划,因为它执行规划的能力总会被人的要求所控制,他是为了自己的规划,随之而提出的对其设施的主张。援引杰克逊法院在另一背景下的论述,这一原则"既没有开头,也没有结尾"[25]。

与对政府行为和学说的分析相同,只有在政府不独占所有时间、设施以及公民的收入时,这一分析才是有效的。但是,两种分析都假设存在着重要的私人领域,也就是说,并非政府发号施令的领域。一些体制、大量的私人财产和一定水平的裁量性收入的存在,是我所描述的体制的预设立场。如果(几乎)每一样事物都属于政府,那么,思想自由的原则也就需要进行完全不同的分析,这也是一种非常不稳定的分析,因为它将更可能让法院介入分配特定言论的机会而非管辖边界。这一任务不可避免地需要判断特定表达的价值,或者总体上与其他资源利用相关的价值。

二、学说

思想自由不仅仅是一项正确的原则,它还是为第一修正案原

---

[25] *Youngstown Sheet & Tube Co. v. Sawyer*, 343 U.S. 579, 653 (1952)(Jackson 法官,协同意见书)。

则复杂结构提供主要活力的原则。这一学说并不完全对应于这一原则。在许多观点上,该学说并未完全实施,有时是出于历史性的理由,有时则是因为某些相互抵消的因素的困扰。正如我将展示的,该学说通过对政府限制言论的正当理由设置非常高的障碍来保护思想自由,如果它的正当理由包括掩盖甚至限制此类或某些特定情形的言论。该学说也对控制言论加以有力的禁止。政府常常提供掩盖甚至加以限制的正当理由,而不是目标。在那些情形中,该学说坚持认为,被主张的有利目的具有特定权重并与该目标相适应。最后,这一学说使这一原则成为对政府的限制,而并非要求政府促进言论权利之限制。宪法上的思想自由是一项消极权利。

(一) 禁止:"预防与惩罚"

"言论自由和新闻自由的宪法保障并不允许国家阻止或禁止对使用暴力的支持,或对违法行为的支持,除非这样的支持指向激发或引起迫近的违法行为,并且很可能激发或引起这种行为……"最高法院在 1969 年 *Branderburg v. Ohio* 一案中[26],对三 K 党人的种族主义言论提起的刑事指控的判决,现在成为第一修正案的经典论述。政府为阻止特定信息,通过完全掩盖或阻止言论来限制言论(出于简略,我将称之为掩盖),其最清楚的体现就是以法律形式规定某些言论为犯罪。这些事项或者可以在条文中指明(比较少见),或者是通过对禁止性言论的一般描述来规定。但是,更一般性的法律——如禁止干预草案——也许可以适用于言论,因此,主张该法律草案违反第十三修正案,可能被认为是干预法律起草。刑事禁止只是掩盖某一信息的最明显的情形,因为刑事禁止意在不允许违背它的选择,即使其处罚可能足够轻微以至于有些人会认为值得付出代价。法律有时只是规定言论的价目表,但是,如果这一目录的理由在于法律寻求阻止那些特定信息,它也同样由这一规则调整。

---

[26] 395 U.S. 444, 447 (1969).

宪法原则并不禁止所有形式的排斥。前文已经述及，如果言论可能使得政府有权加以制止的严重恶行，呈现"明显和现存的危险"，政府可能会阻止这些言论。这一表述历来争讼纷纭，处处充满了困难和模糊。我们可以回顾一下约翰·斯图尔特·密尔（John Stuart Mill）的《论自由》中的著名段落：

> 一份意见书说粮商是使穷人遭受饥饿的人，或者说私有财产是一种掠夺，这一意见书如果仅仅是通过出版物在流传，可能不被干涉，但如果是对着一大群聚在粮商门前的愤激的群众以口头方式宣讲或者以标语方式宣传，那对此加以惩罚就可能不失为正当。[27]

最早由霍姆斯（Holmes）大法官所提出的"明显和现存的危险"标准，其目的可能只是为了对言论进行一般的分析，以确定行为人可能因为其行为引发或协助刑事犯罪而遭到何种形式的惩罚。在霍姆斯还是一位作家和州法院法官时，就对未遂的法律产生兴趣[28]，并着手归纳出一套标准，来确定行为人与其行为的密切联系程度，以判断是否构成未遂——作为纵火预备对建筑进行事先侦察行为；购买汽油和火柴；将这些物品装上汽车驶入现场。坚持明显和现存的危险即重大恶行会随之发生，也是确定所需的密切联系程度的方式之一。在未遂情形中，主观上希望带来损害的目的也需要表现出来——购买汽油和火柴并不能作为纵火未遂而加以惩罚，除非是作为焚毁大楼计划的一部分。当我们将这一规则适用于一些情形，例如那些可能使得公民拒绝答应军事机构的征召的言论时，我们说言论必须既与损害有密切联系，也有意造成该损害。在经过发展的表述形式中，言论自由原则中的"明显和现存的

---

[27] Mill，前注[10]，第56页。
[28] 见 Oliver Wendell Holmes, Jr., *The Common Law* 64—70（Dover Publs. 1991）(1981); Herbert Wechsler, William Jones, and Harold Korn, "The Treatment of Inchoate Crimes in the Model Penal Code of the American Law Institute: Attempt, Solicitation, and Conspiracy," 61 *Colum. L. Rev.* 571(1961)。

危险"标准更增加了在未遂的法律中没有出现的进一步约束:以言论作为其前兆的恶行可能并非那些法律确定或可能确定其为犯罪的行为,但它本身必须被(法院而非立法机关)判定为足够严重,以证明对言论施加限制是正当的。[29]

明显和现存的危险标准也延伸适用于这种情形,其中言论不仅仅是作为一种信号——行为的引发因素,而是通过其说服力产生影响。但是,阻止说服是干预思想自由的核心情形。考虑到这一点,法律已经陷入了表述方式的纠结之中。哈兰(Harlan)大法官在 Yates 案中寻求对冷战中的刑事指控的运用加以约束:

> 武力颠覆的学说性的正当理由……尽管表述了对最终可能引发暴力革命的希望,但它与具体行为之间的联系过于遥远,以至于不能被认为是对可能被谴责的行为的一种学理化准备……根本区别在于辩护人提出的对象必须是被激励在现在或将来做某事,而不是仅仅是相信(某事)。[30]

这也被认为与勒尼德·汉德(Learned Hand)法官早期所作的表述遥相呼应:

> 言辞既是说服的钥匙又是行为的扳机,那些没有什么犯意只是讨论违法行为的人不可能……成为公共舆论的一部分,而在民主国家中,公共舆论是政府的最终源泉。……如果某人就此停下来,没有怂恿他人有责任或有权利来抵制法律,在我看来,他不应该被认为具有引起违法行为的企图。[31]

但是霍姆斯指出,这一区别的缺陷在于难以阻止某一宣言的发表

---

[29] 比较 Gitlow v. New York, 268 U.S. 652, 667 (1925) ("国家在行使警察权时,可以惩罚反对公共福利、损害公共伦理从而滥用自由、引诱犯罪或扰乱社会治安的人,这并不成为问题")与 Whitney v. California, 274 U.S. 357, 377 (1927)(Brandeis 法官,不同意见书)("即便是迫切的危险也不能证明诉诸禁止言论的合理性,除非涉及的过错相对严重")。

[30] Yates v. United States, 354 U.S. 298, 321—22, 324—25 (1957).

[31] Masses Publ'g Co. v. Patten, 244 F. 535, 540 (S.D.N.Y. 1917).

者被指控触犯反政府罪,因为"宣言不仅仅是一种理论,它更是一种煽动"。抛开这一区别,霍姆斯接着写道:"每一种观点都是一种煽动。它为自身提供了信念,并且根据该信念行事,除非其他信仰超过它或者某种动力的缺乏使得运动一开始就难以延续。观念的表达和狭义上的煽动之间的唯一区别,是发言者对于结果的狂热。雄辩可能为理性煽风点火。"[32]

由于接近标准明确允许根据说服力来确定对言论的惩罚,这种对思想自由的明显的限制可以因为危险的直接性——当言论所引发的危险不会遭遇"更多言论"时——它才被合理地作为例外。[33] 连这一明显和现存的危险标准的普遍适用性都已经遭到质疑。在 Dennis 案中,为了消除冷战早期共产党人所带来的威胁,勒尼德·汉德对这一标准进行了重新表述:"在每起案件中法院都要质疑'恶行'的严重性,它是否证明此种对言论自由的侵犯对于避免危险是必要的,要考虑到它的不可能性。"[34] 而且,在最高法院,杰克逊大法官也有同样的认识:"明显和现存的危险标准的提出者从未将其适用于这样的案件,我也没有。如果像此处被提议的这样适用,就意味着共产党人的阴谋在初期阶段是受保护的;其组织和准备的预期阶段是不受法律限制的;政府只能在其迫近的行为很明显之后才能采取行动,当然,这为时已晚。"[35]

最终,法律停留于本节开头所提出的 Brandenburg 表述。它要求(i)将受惩罚的言论具有引起违法行为的意图;(ii)发布该言论

---

[32] *Gitlow v. New York*, 268 U.S. 652, 673 (195)(Holmes 法官,不同意见书)。

[33] *Whitney v. California*, 274 U.S. 357, 377 (1927)(Brandeis 法官,协同意见书)。

[34] *United States v. Dennis*, 183 F. 2d 201, 212 (2d Cir. 1950), aff'd 341 U.S. 494 (1951)。这一表述与 Hand 先前在 *United States v. Carroll Towering Co.*, 159 F. 2d 169, 173 (2d Cir. 1947)中"确定有发生侵权的危险"的表述相呼应。

[35] *Dennis v. United States*, 341 U.S. 494, 570 (1951)(Jackson 法官,协同意见书)。

意在造成迫近的违法行为;(iii) 事实上该行为很可能造成该结果。[36] *Brandenburg* 检验并不完全对应于我所说的思想自由原则:它可能有时允许因为所传播的观点,因为其说服力而对某类信息加以禁止。它并不限于作为标志的言论。道格拉斯(Douglas)大法官在 *Brandenburg* 案的协同意见书中表达了同样的观点:

> 尽管我怀疑"明显和现存的危险"标准在宣战时期是否与第一修正案兼容,但我可以确信它在和平年代与第一修正案是无法兼容的。……可以允许的、不受控制的、可能会不受允许的以及需要受到规制的,这三者之间的界限即为思想与外在行为的界限。通常给出的例子……是有人在拥挤的剧院中谎报火灾。然而,这是由行为组成言论的经典例子。[37]

但是 *Brandenburg* 表述并不把这种背离限制在很狭窄的领域之中。在这里,和在其他领域一样,法院只是不愿意阻止政府在极端的情形下采取例外措施进行应对的能力。说第一修正案将这些例外措施限于战争的情形之中,也是不正确的。如果危险看来足够明显或急迫,那么明显和现存的危险标准或它的变化形式会被明示或默示地适用于民众的骚乱,甚至于小规模的街头对抗。[38] 存在这样的细微差别:一些意见书主张,当政府想要避免的暴动是

---

[36] Holmes 曾经分别指出意图和迫切性的要求:"我丝毫不怀疑,通过同样的推理可以证明惩罚劝说到谋杀的合理性,对那些导致或意图制造某些实体恶行的明显和现存的危险的言论,如果这些恶行是美国依据宪法可能试图防止的,美国宪法可以对这些予以惩罚……*只有发生恶行的现存危险或意图制造恶行,国会才有理由限制不涉及私人利益的观点的表达。*" *Abrams v. United States*, 250 U.S. 616, 627—28 (1919)(Holmes 法官,不同意见书)(楷体字为原作者所加)。

[37] *Brandenburg v. Ohio*, 395 U.S. 444, 452, 456 (1969)(Douglas 法官,协同意见书)(略去分段)。

[38] 当出现暴乱、骚乱、影响公共道路交通,或者其他危及公共安全、和平或秩序的明显和现存的危险,国家的禁止和惩罚的权利也就凸现出来了。*Cantwell v. Connecticut*, 310 U.S. 296, 308 (1940); *Feiner v. New York*, 340 U.S. 315 (1951)。

由听众对发言者的敌意和非法的反应引起的,政府就缺乏足够的理由让发言者闭嘴。[39]

  Brandenburg 似乎是把明显和现存的危险标准,作为政府不能因为言论的内容而对其加以禁止的唯一例外。但是事实并非如此。在其他情形下,最高法院允许根据言论包含的信息而对其加以禁止。在 *Buckley v. Valeo* 案[40]中,最高法院判决,限制政治捐款相当于"压制沟通",但是因为避免外观和实质上的政治腐败都是很重要的利益,仍然允许对其加以规制。而在 *Burson v. Freeman* 案[41]中,最高法院允许州政府对在投票场所入口外 100 英尺范围内的所有政治言论加以禁止,包括粘贴政治标记和散发政治材料。[42] 这些情形可能会被认为属于在特定场所禁止或限制某种形式的言论,但是最高法院显然并不使用那些术语。相反,当政府想为被指控侵犯个人权利的行为辩护时,最高法院援引了普遍适用于所有情形的原则性分析。这一分析方法将各个案件分别定位在三种审查水平上:合理依据的审查,一种任何对自由权利的干预都必须符合的审查强度,根据这一审查水平,政府只需主张某些似乎言之成理的目标,以及被指控的措施与实现这项目标之间的合理联系;严格审查,要求政府让法院确信其利益是急迫的,所选择实现目的的手段是适当的,并仅限于该目的;中度审查,其中政府目标的紧迫性和目的与手段的密切相关性并不需要达到严格审查标

---

[39] *Terminiello v. City of Chicago*, 337 U.S. 1 (1949); *Gregory v. City of Chicago*, 394 U.S. 111(1969); *Edwards v. South Carolina*, 372 U.S. 229 (1963).
[40] 424 U.S. 1 (1976)(全体一致)。
[41] 504 U.S. 191 (1992)(多数意见)。
[42] 多数意见认为这种禁止可以通得过严格审查。基于选举地点的周边不属于公共论坛,从而这种观点特定而内容中立的规制是可以允许的,Scalia 大法官提出协同意见。

准的程度。这合宪性理由的三级体系,尽管现在非常一般[43],直到明显和现存的危险标准及其类似 *Brandenburg* 的变型已经成为特定类型案件的固定标准之后,才变成规范性的。[44] *Brandenburg* 可能被吸收到后来那些因规定了具体情形而满足严格审查标准的制度中去。*Brandenburg* 和严格审查标准意味着巨大的,但并非不可避免的严格性。*Brandenburg* 标准就其条文而言,适用于政府所采取的"禁止或者限制鼓吹使用武力或违反法律的言论"的措施,同样,政府行为也就不能触及那些不会产生暴力或违法威胁的言论(例如,*Burson*,*Buckley* 案等),也不能触及那些不是通过对言论定罪,而是出于压制言论的目的以其他方式加以限制的言论(我将在本节下文对后一类例子进行分析)。

(二)排除的类型

有一些充分界定和限定了的言论类型,对其进行防止和惩罚从未考虑过会引发宪法性问题。它们包括淫秽的和色情的、亵渎的、诽谤和侮辱人格或者"挑衅性"的言辞,原因在于它们容易造成损害或者直接打破和平的状态。[45]

弗兰克·墨菲(Frank Murphy)大法官此时对第一修正案原则

---

[43] 诸如获得陪审团指控、陪审团审理,或在刑事诉讼中得到代理的权利等权利法案的诉讼保障,还不能适用该审查标准。也许要摆脱严格审查标准默示的极端情形,还需要借助更为弹性的正当程序标准,即审查对类似于因为刑事指控和定罪之类的限制自由的标准,只要这些对自由的限制不是正式地作为处罚。见 *United States v. Salerno*, 481 U. S. 739 (1987); *Kansas v. Hendricks*, 521 U. S. 1346 (1997)。

[44] 根据种族或者是涉及根本自由进行的划分,法院将适用严格审查。见 *United States v. Carolene Products Co.*, 304 U. S. 144, 152—53 n. 4 (1938); *Adarand Constructors, Inc., v. Pena*, 515 U. S. 200 (1995)。根据性别进行的划分则是接受"较高程度"或"中度"的审查。见 *Craig v. Boren*, 429 U. S. 190 (1976)。其他分类则接受"合理依据"标准的审查。见 *Williamson v. Lee Optical of Oklahoma*, 348 U. S. 483 (1955)。见第七章。

[45] *Chaplinsky v. New Hampshire*, 315 U. S. 568, 572 (1942) (Murphy 法官)(涉及对一位市长使用"该死的骗子"和"该死的法西斯分子"的用词)。

的这一阐述当然是正确的。而且,他也许已经增加了商业性言论这一类型。[46] 但是,直到 1976 年,这些类型中的每种都至少部分地被吸收到更大范围的言论自由原则之中,在统领第一修正案学说的一般原则之下,必须证明每种类型需要如何特殊处理的正当理由。结果,许多在 1942 年不属于第一修正案保护范围的表达,现在或多或少得到了充分的保护。不仅如此,绝对的排除继续保有一些有待审查和解释的效力。

1. 性

墨菲大法官有关"淫秽和色情"已经在第一修正案保护范围之外的观点无疑是正确的。正如淫秽和色情之物也已经不属于宪法原则的对象一样。那个宣布詹姆斯·乔伊斯(James Joyce)的《尤利西斯》(Ulysses)并非色情的著名案件,对 1930 年海关法的条款进行了解释和适用,该条款规定:"禁止进口任何淫秽的书刊、图片、绘画以及其他表现形式的作品。"奥古斯塔斯·汉德(Augustus Hand)法官是这样论述的:"每一个案件中的问题是出版物在整体上看是否具有情欲的效果。而我们面前这本书有着如此篇幅,写作中对于特定类型的人性描写明显真实,其结论中只有很少的色情描写,因此不能归入所禁止的类型之中。"[47]这也是美国法学会的模范刑法典对色情定义的一个缘起:"如果从整体上看,其主要的吸引力在于性欲,即可耻地或病态地痴迷于裸体、性爱、发泄,而且其实质地超越了描述或表达这些事情的惯常限制,那么它就是淫秽的。"[48]

直到 1957 年,最高法院才在 *Roth v. United States* 案和 *Alberts v. California* 案中[49],提出了宪法条款中的这一问题。布伦南

---

[46] *Valentine v. Chrestensen*, 316 U.S. 52(1942)(涉及"纯粹商业性言论")。

[47] *United States v. One Book Entitled Ulysses by James Joyce*, 72 F. 2d 705, 707(2d Cir. 1934)。

[48] Model Penal Code § 251.4(Official Draft 1980)。

[49] 354 U.S. 476, 481(1957)("尽管这一议题首次被提交法院,或者根据第一修正案,或者根据第十四修正案,在众多的判决意见中我们可以发现,最高法院总是假定淫秽物品不受言论或出版自由的保护")。

（Brennan）大法官，在后来的16年间一直执著于这一主题，否定了下述观点：限制对言论禁止的规则，通常也应该限制对露骨描述性爱的言论进行的规制。他允许禁止，不仅是在"有证据表明，该色情材料已经构成了导致反社会行为的明显和现存的危险，或者可能诱导读者实施此类行为的危险"时，也包括允许对"完全不具有可取的社会价值……从而也不属于宪法保护的言论或出版范围的淫秽材料"的禁止。但是，他接着说道，"性爱和淫秽并非同义词。淫秽材料涉及性爱，但其方式是吸引淫欲"，尤其支持美国法学会的标准。

这一学说不能轻易地与思想自由原则相妥协。这里所指的是针对思想的言论。它并非行为的标记。该原则不会去问，如 *Roth* 案一样，言论是否有任何"可取的社会价值"。在 *Roth* 案中，发言者必须证明其思想及其表达具有社会价值。这一表述假定政府拥有对于思想和表达的一般性权力，而这正是思想自由所要否定的。背离传统——这是悠久而广泛的——难以看出其正当理由将是什么。某些露骨地描写性爱的表达可能会深化我们对人际关系的这一方面的体验，这一表述至少从 *Ulysses* 案以来就承认了这一点。但是，较少能启迪心灵，即所谓的纯情欲的言论又会怎样？即使它不过是提供各种性爱上的满足感[50]，只要我们提出正确的问题，只要政府必须证明正当理由，什么都不会随之发生。

哈兰大法官在 *Alberts* 案中试图满足这一质疑，"即使假定色情文学不被认为会[引起]犯罪行为，[这个]国家便能够合理地得出结论，不加选择地散布那些材料，其根本特性为对性爱的贬低，长久之后，它将会逐渐腐蚀道德标准"。首席大法官沃伦（Warren），

---

[50] 见 Rabin L. West, "The Difference in Women's Hedonic Lives: A Phenomenological Critique of Feminist Legal Theory," 15 *Wis. Women's L. J.* 149 (2000)。见 Robin L. West, "Constitutional Skepticism", 72 *B. U. L. Rev.* 765, 777—78 (1992)。

在 Jacobellis v. Ohio 案判决的不同意见书中这样论述[51]:"国家和州有权维持体面的社会。"但是,道德标准的腐蚀、体面社会的维持——这些影响通过思想来实现。其中,负面信息甚至有更多的机会与之相抵消,比起在有言论支持政治暴动和违法的情形中,我们需要避免损害的观念远不够精确。只有我们转向这样的观念,即第一修正案保护那些社会认为它的目的有价值的言论——尤其是促进自我规制的目的——这种论说才可能获得其立足点,而认为社会可能控制(而不仅仅是帮助)我们如何利用和影响其他人的思想的主张,正是我所要抛弃的。我相信第一修正案原则也拒绝这一观点,从而必须将禁止淫秽物品法作为特别法对待。亚历山大·比克尔(Alexander Bickel)论述了它的特殊性:

> 这涉及社会的基调、心态,或者是使用更为流行的术语、现在或者将来的生活方式抑或品质。人们可能有权在家里阅读淫秽书刊,或在那儿作出不端庄的姿态……我们应该保护他的隐私。但是,如果他要求有权在市场上获得他想要的书刊或图片,并在公共场所审慎地与同他嗜好相同的人聚集——如果你愿意,所有人都可以加入——然后赋予他影响我们其余人的世界的权利,并侵犯其他人的隐私。即便假设我们每一个人都可以有效地遮耳闭目(事实上我们是做不到的),如果他愿意,大家所共同阅读的、看到和听到的或所做的,就会对我们所有人产生影响,而无论其是否希望。[52]

这种论说并非这样的陈述,即国家有权保护我们免受纯粹的思想影响,它们存在于社会中,其他读者正在阅读的材料之中(与我们自己阅读的感受不太接近),而且市场上的可获取性将我们不愿意遇到的图景和言辞,强加于公共空间。这些材料的传播者还"侵犯"了"其他隐私"。这是一种严肃的论说。如果有性爱取向的

---

[51] 378 U.S. 184,199 (1964) (Warren 首席大法官,不同意见书)。
[52] Alexander Bickel, 22 The Public Interest 25—26 (Winter, 1971) (援引自 Paris Adult Theatre I v. Slaton, 413 U.S. 49, 59 (1973))。

材料不是政治性的，那么它们的影响至少可以类比于那些纯粹美学——悦人耳目以及心灵，而对行动没有任何影响的主张，更不必说其对于政治的影响。尽管国家无需告诉我去看什么，在构建迎合大多数人需要的公共空间时，它可能代表了社区。不雅观的成人影院和书店也许会令公共空间内的居民烦恼，正如看见散布的垃圾或坍塌的建筑。但是，肯定是不雅观的事物而非思想令人烦恼。同样因此，妓女、毒贩和流浪者在这些地方聚集，可能也会打扰公共空间的居民。但是，如果这就是论据，它就体现了自身的缺陷。只要书商仍旧有裁量权，路人就不能仅仅因为他们了解里面所出售的书籍而抱怨。[53]

这一论说与现有法律在实践中的运作情况完全对应。除了我下面将要论述的儿童色情文学这一例外，出售露骨描述性爱的材料的审慎的商人没有受到太多的干扰，私人占有这些材料也似乎超出了法律的领域。[54] 但是，该论说仍然会对我所论述的原则产生影响，因为它意味着某些言辞、图景以及观点被迫与世隔绝，无法与其他一样占有同样的公共空间，因为大多数公民都不喜欢对于这些思想的论述。这对于压制那些销售政治性材料、科幻小说、关于桥牌和单人纸牌（无法想象还有比单人纸牌更"令人羞耻的浪费精力"的方式[55]）的书籍，或者洛克威尔·肯特（Rockwell Kent）

---

[53] 第一修正案原则已经得到了扩展，以容纳在这种意义上的"环境"主张：按照分区规制，销售露骨表现色情的材料可能或者聚集在"成人娱乐区"，或者分散在商业区内。在二者之一的情形下，正当理由不是他们提供的材料可能是规制的对象，而是社区可能采取措施保护在这些设施附近成长的人和活动，它们被称为"副作用"。*Renton v. Playtime Theatres*, 475 U. S. 41 (1986); *Young v. American Mini-Theatres, Inc.*, 427 U. S. 50 (1976). 被认为支持这一推理界限的是，损害的发生不是由于这种表达的说服性效果，而是更进一步，因为当出现大量对表达的说服性效果感兴趣的人时，呈现给盗匪、妓女、传播内幕消息者的商业或犯罪机会。对这些表达的限制是否仍能被证明是正当的，这将在下文关于限制的章节中讨论。

[54] 见 *Stanley v. Georgia*, 394 U. S. 557 (1969).

[55] 色欲的满足就是将精力浪费于可耻的放纵之中（William Shakespeare, *Sonnet* 129）。

的艺术复制品的书商来说,无济于事。我赞成,今天的大量材料可以归入对丑恶和低俗的淫秽物品的禁止之列,也有一些蔑视它的客观标准,但是思想自由原则并不允许政府决定或适用这些标准。这样看来,我对禁止淫秽物品法的反对,得到了第一修正案对描述和展示暴力和血腥之处理的很大支持。对于淫秽物品的降级和使道德败坏的影响无缘置喙,至少对暴力性言论说,这不是真实的。但是,对于允许禁止或限制这类材料,第一修正案学说不存在例外。而且理由也很充分。《伊利亚特》(*Iliad*)抑或福楼拜(Flaubert)的《萨朗波》(*Salammbo*),诸如此类含有对暴力和折磨详细描写的文学经典,将它们与那些开发堕落的人性爱好的作品加以区分,这并非法律所能做的,那些作品造成了疼痛与苦楚,只是令人作呕。

与威廉·布伦南(William Brennan)在 *Paris Adult Theater I v. Saltion* 案中的不同意见书一样,我也得出了同样的结论:

> 但是,正如通常所承认的,国家通过打击淫秽物品来对伦理进行规范的利益,在本质上仍然没有集中于特定事物且界定不清。而且由于剥夺不受保护的言论之意图必然会产生溢出效应,波及那些受保护的言论,为了实现这种不确定的利益而打击淫秽物品的努力,必然会严重损害第一修正案所保护的权利。
>
> ……
>
> 尽管我不能说国家的利益——除了在未成年人和心智不成熟的成年人的问题上——是细微的或不存在的,我不得不断定,这些利益并不能证明严重损害宪法权利和国家的司法机制的合理性,那将不可避免地禁止向心智成熟的成年人散发不受保护的材料。[56]

但是,禁止淫秽物品法的实际效果最终并未远离布伦南和我

---

[56] *Paris Adult Theatre I v. Salton*, 413 U.S. 15 (1973).

所论述的观点。Miller 案[57]，Slation 的姊妹案，宣布了淫秽物品的认定标准，将只有很少性爱描述的言论也归入了这一禁令之中：

> 旨在规制淫秽物品的法律必须得到严格的限制。结果现在我们必须将可允许的规制范围限于那些描写和刻画性行为的作品。这种行为必须由作为准据法的州法具体规定……对于事实问题的裁判者的基本指南必须是：(a)"常人，以当代的社区标准来看"，是否认为该作品从整体上会引发情欲；(b)该作品是否以明白和突出的方式，刻画和描写了由作为准据法的州法具体规定的性行为；(c)从整体上看，该作品是否缺乏严肃的文学、政治或科学价值……[此处没有要求该作品]"**完全**不具有可取的社会价值"……[58]

这一标准更为严格，它明确了如果对陪审团的裁量权没有明确的控制，在决定什么可能引发情欲、什么是公然冒犯以及什么是有重要价值时，什么是值得考虑的。[59] 作出最后这项决定依据的不是地方标准而是国家标准。[60] 访问任何一个大城市中的"成人娱乐"区，或者是大多数宾馆中的"成人"电影频道，使人确信 Miller 标准并没有留下多少情欲想象的空间。另一方面，布伦南大法官对于保护未成年人不受露骨描写性爱的材料的毒害之例外，可能也已经变得更加严格。国家不仅可能会控制将这些材料向儿童展示（假定该控制在其禁止范围内并不涉及成年观众）[61]，还可能禁止对儿童的色情露骨描写。[62] 而且，这种禁止还可能扩展到阻止

---

[57] *Miller v. California*, 413 U.S. 15 (1973).

[58] 同前注，第 23—24 页（引语省略）（黑体字为原作者所加）。对 Miller 要求的更滑稽的应用情形之一是，禁止性材料的"明确界定"，使得法律和法规对其所禁止的问题而言变得具有侵略性。

[59] 见 *Jenkins v. Georgia*, 418 U.S. 153 (1974)。

[60] 见 *Pope v. Illinois*, 481 U.S. 497 (1987)。

[61] 见 *Butler v. Michigan*, 350 U.S. 352 (1957); *Reno v. American Civil Liberties Union*, 521 U.S. 844 (1997)。

[62] 见 *New York v. Ferber*, 458 U.S. 747 (1982)。

儿童占有这些材料。[63] 因此,它不仅保护儿童不受这些材料的毒害,还避免儿童被用于制作这些材料而造成更为实质性的损害。通过使该市场枯竭,法律希望能够阻止自私地利用那些过于年轻以至不能以有意识的方式同意参与的人。这一论说的逻辑,并不适用于只是刻画成年演员饰演儿童的露骨描写性爱的材料,也不适用于计算机生成的描绘儿童但不危及实际生活中的儿童的材料。[64]

2. 诽谤

直到 1964 年,一个人因另一个人的口头或书面言论对其名誉造成了损害而提起诉讼,正如交通事故诉讼一样,这属于州侵权法的问题,超出了宪法的范围。[65] 今天,反诽谤法的内容几乎不在第一学年的侵权法课程中安排,而成了第一修正案理论的复杂和富有争议的一个分支。当时和现在,这一主题既难以被归入言论自由理论,亦难排除在它之外。与对言论的刑事禁止不同,诽谤是一项可以提起诉讼的对他人名誉的私人过错。[66] 但是,当政府制定剥夺言论自由的法律时,它包含在内,因为是政府制定了法律允许进行这类诉讼。而该法律与我后面将要论述到的诸如合同法的一般性法律不同,它具体指向言论。*New York Times Co. v. Sullivan* 一案[67]对诽谤侵权行为宪法化的事实就证明了这一点。《纽约时报》刊登了一则所谓的"捍卫马丁·路德·金及南方自由委员会"的广告。该广告批评南方当局从事针对民权运动示威者的恐怖行为,并提及了阿拉巴马州的蒙哥马利市警察的行为。若干地方官员——他们都没有在广告中被指名道姓地提到——在阿拉巴马州的一个法院针对《纽约时报》提起了诽谤侵权的诉讼。原告仅证明

---

[63] 见 *Osborne v. Ohio*, 495 U.S. 103 (1990)。

[64] *Ashcroft v. Free Speech Coalition*, 535 U.S. 234 (2002)。

[65] 回想 Murphy 大法官在 Chaplinsky 案中的表述,见前注[45]及相应正文。

[66] "只有存在马上发生恶行或有意使该恶行发生的现存危险时,国会才有理由对不涉及私人权利的观点表达设定限制。"*Abrams v. United States*, 250 U.S. 616, 628 (1919)(Holmes 法官,不同意见书)(楷体字为原作者所加)。

[67] 376 U.S. 254(1964)。

该广告的大量细节方式上是不准确的,其中没有一项造成了该文本可能具有的诽谤效果。当地的陪审团判决,对每个原告赔偿"可能的"损害 50 万美元,尽管没有人能证明该广告的发布对他们造成了怎样的损害。[68] 最高法院对该案件的处理方式与该州一样——在原告以公民个人的名义起诉的情形中——对报纸的行为所处罚金"千倍于反煽动法所规定的罚款数额"[69]。最高法院允许公众人物只取得诽谤行为实际损害的赔偿,只要原告证明了其陈述为虚假,且发布信息时明知是虚假,或者由于过失忽略了其是否真实。

最高法院为什么没有进一步完全禁止这类诉讼呢?很显然,除非有一项严重恶行的明显和现存的危险,"国会不会立法禁止随意"发表有关言论的自由,即发表你对于政党、福利享受者阶层、政府机构、种族团体、大屠杀(Holocaust)的实情或者私人财产权设立的任何要求的自由。[70] 但是,如果原告能够证明发言者明白其所说的陈述是虚假的,或者是在不顾是否真假的情况下作出的,国家可能会要求发言者对经查证仍生存的人(在其提起的诉讼中)支付赔偿金。实际上,如果该陈述不是有关公众人物的,甚至即使是轻率的错误陈述都可能遭到起诉。[71] 虚假的陈述会使受害者的名誉

---

[68] 最高法院驳回了这一主张,即该判决超出了第一修正案的范围,因为它不属于政府行为。

[69] 见前注[2]。

[70] 在 Beauharnais v. Illinois, 343 U. S. 250 (1952) 中,最高法院维持了根据州刑事禁止诽谤法而指控一名传单散发者的定罪判决,因为传单声称某一非裔美国人社区引发了对强奸、抢劫和种族"混杂"危险。法院援引了"Chaplinsky"例外和刑事禁止诽谤法的悠久传统,来证明伊利诺伊州法院拒绝给予"明显和现存的危险"的指示的正当性。尽管没有被明确地推翻,该判例仍不能成为良法,因为这里所谴责的言论与 Brandenburg 案中的种族言论没有差别。又见 Collin v. Smith, 578 F.2d 1197 (7th Cir. 1978), cert. denied, 439 U.S. 916 (1978)(涉及一部禁止美国纳粹党人以游行通过一个犹太人聚居的社区的地方条例)。

[71] 何人属于公共人物,这是一个相当复杂和模糊的问题,但是,该原则这一方面的细微特点并不足以使我们产生畏惧。见 Gertz v. Robert Welch. Inc., 418 U.S. 323 (1974); Dun & Bradstreet, Inc. v. Greenmoss Builders, Inc., 472 U. S. 749 (1985)。

受损,但是这种损害是通过对观众的思想施加影响而发生的。但是,在 New York Times v. Sullivan 案之后,这一原则指向发言和倾听的自由。最高法院注意到"对公共议题的辩论应当是自由的、热烈的且开放的,对这一原则深刻的国民承诺",而且"在自由辩论中,错误陈述在所难免,并且需要得到保护以使表达自由能够得到生存的空间"。因此,为什么不能全面地保护所有诽谤性的言论呢?

我必须承认,让这一特定法律体系适合于更一般的言论理论的最简单方法,就是将米克尔约翰式的命题作为主题的核心。如果第一修正案的首要目的是保护对公共议题的公开辩论,将其作为民主的中心机制,那么,为使辩论的意义完整,仅在必要时可以准许公民损害彼此的声誉。New York Times 案将长期以来形成的关于诽谤的普通法作为其背景,它把对名誉的损害视为私人过错,在很大程度上与对于我人身或财产的损害一样,是一种私人过错。它以此为背景,并且只是在保护公共辩论的民主功能所必需时才进行修正。将明知或疏忽的错误排除于第一修正案的保护之外,可能被解释为这样一种政策,即尽可能不去更改诽谤问题的普通法:故意撒谎或者不在乎所言是否真实的人,并不打算致力于寻找真理以及通过公共辩论加深理解,从而也不会得到宪法保护的利益。或多或少,这恰好是最高法院在 New York Times 案中的陈述。但是我并不信服。

各种形式的表达——绘画、音乐、诗歌和对性行为的描写——获得了充分的保护,但是并不符合米克尔约翰式的范式。认为必须借助第一修正案来实现许多目标是不可行的,而且它也不能归结为一种理论。尽管它可能是真实的,当他们的例示出现冲突时,各种迥异的基本原理的援用会有不一致的风险。未经那一理论的要求,在保护思想自由的理论之下,宪法对关于诽谤的规定加诸这种保护是不合时宜的。相反,它是从这一观点需要的各种保护中抽取而来的。因此,在放弃和承认迷惑之前,我们必须再努力一些。

让我们想象一下诽谤无需承担责任的世界。我并不怀疑人们可能会因为虚假的陈述而遭受严重的损害,甚至是严重的财产损失。损害的发生,是因为相信这些虚假的陈述,至少是怀疑事情的真实性,诽谤的刑法规定试图避免损害,而诽谤的民法规定则试图阻止或补偿这些损害。诽谤行为的受害者利用法律加以证明。但是,如果该损害可以在信任层面上得以消除,那么诽谤的刑事或民事规定就都不需要了。[72] 在这方面,臭名昭著的缺乏刑事和民事保护手段本身有点用处,因为当久经世故的观众听说对诽谤的指控时,他们会保持警惕,就像反对制造假币一样(鉴于法律救济上存在的困难,非常久经世故的观众早已保持警惕)。但是,就假币制造而言,这样的体制是有成本的:如果需要对每一个镍币都要检验以确信不是假币的话,就会阻碍流通。同样,如果要调查每一主张的真实性的话,也会阻碍交流。[73] 诽谤制度为我们验证了每个镍币的真实性——具有高昂的成本和不确定的结果——但是,有两个方面是与言论自由学说相冲突的:它通过惩罚或阻止言论发挥作用,它让政府担当真相的官方裁判者。对于那些认为其受到损害的人来说,一个替代选择是,为他们提供了要求发言人公开受害人一方经历的权利。这一机制已经恰当地受到了谴责,因为它会损害所谓的消极思想自由:不发言的权利。[74] 但是,国家可以提供一个证明的论坛,在这里受害者可以主张他们的无辜,并自愿提供一份有关他们的主张的官方评价。发言人可以自由进入该论坛,就这一申诉进行辩论。各方都需要承担自己的成本。发言人,当然需要冒着会被官方称为撒谎者的风险,但是这种称谓会有与相关公众所附加的称谓一样多的激励。[75]

---

[72] 受害者对讨论这些有关他的丑事——也许只是对于面子——可能产生的痛苦或愤怒,我将在下节中涉及。

[73] 见 Richard Posner, *Economic Analysis of Law* 97 (3d ed. 1986)。

[74] 例可见 *Miami Herald Publ'g Co. v. Tornillo*, 418 U.S. 241 (1974)(判决认为,州法律要求报社给竞选候选人提供同等的篇幅回应各种攻击,这种做法是违宪的)。

[75] 这一做法是基于 Pierre N. Leval, "No-Money, No-Fault Libel Suit: Keeping Sullivan in Its Proper Place," 101 *Harv. L. Rev.* 1287 (1988)。

我提出这种不真实的可能性,因为对于我来说,它意味着最好从历史演进的角度对诽谤法的范围加以理解,除了针对法律体制的个人辩护这种早期手段之外,多数情况下根本不能提供任何证明。当然,诽谤法在某种程度上是反常的和不令人满意的。但是,我并不认为,思想自由的学说可以作为能从整个法律体系中归纳出来的公理。因为现有的体制被现实考量、历史和强有力的反潮流因素所推动,无法期待它可能在这方面与学说相符。相反,该学说告知、批评、解释,也许还能提供法律的发展轨迹。

3. 侮辱、骚扰和"挑衅性言辞"

妇女群体以及少数民族群体已经成功地通过立法、命令或规章,对那些冒犯其成员的言论进行惩罚(或者允许提起诉讼)。法律还没有停留在对这一套对言论的充满感情的政治性禁止之上。正如在露骨描写性爱或者诽谤性的言论的案件中,出发点是墨菲大法官所列的超出第一修正案保护范围的言论种类,其中包括"亵渎……侮辱性或者'挑衅性'的言辞"。

最高法院从未对这一类"挑衅性言辞"加以外在的分析和限制,尽管它对墨菲大法官所列举的其他两类淫秽和诽谤性的言论已经这么做了。在所有涉及"挑衅性言辞"这一类言论的晚近案例中,为了论证,最高法院愿意允许"挑衅性言辞"的例外具有一定的可行性,但是发现有一些理由可以对案件作出有利于发言人的判决,而不涉及这一类型包括的范围,以及它是否与第一修正案法律的发展相兼容。这类案件很多都涉及所能想象到的冒犯性和煽动性的文字。[76]

"挑衅性言辞"的概念属于言论自由原则早期发展阶段的概念。正如我们所看到的,把"色情、淫秽、亵渎和诽谤性"的言论排

---

[76] 见 *Rosenfeld v. New Jersey*, 408 U.S. 901 (1972)(用"他妈的"来描述学校董事会上的教师和行政人员);*Lewis v. New Orleans*, 408 U.S. 913 (1972)(对警察的辱骂可能会被逮捕,尤其是对他们喊"他妈的法西斯走狗");*Gooding v. Wilson*, 405 U.S. 518 (1972)(对实施逮捕的官员骂道,"狗娘养的白人,我要杀了你!")。

除在第一修正案保护范围之外的分析，已经被一种给予它们以不同程度保护的分析所超越（正如我们将要看到的，对于先前排除的商业性言论这一类型来说也是如此）。将挑衅性言辞排除在外，尤为反常，因为它所指向的损害正是即刻的混乱，Brandenburg 案似乎就此澄清了这项法律。最高法院不愿意消除挑衅性言辞这一独立类型，对此最可能的解释是：它只是——以熟悉和生动的词组——特定化了一般言论的概念，它旨在引发即刻（常常只是小规模的）暴力。[77] 当"挑衅性言辞"不会产生即刻的暴力时，法院会发现一种或另外的方式来为其提供第一修正案的保护。对这一类型的独特利用具有两点意义。首先，以约翰·伊利（John Ely）的话来说，这些文字"显然是引发争吵的因素"[78]。或许法院不愿意保护这些诱发因素，而不敦促调查这种因素是否具有足够的可能性以满足 Brandenburg 标准。如果这样，这虽然微小，也许却是具有实际有用性的出发点。

更有可能取得成果的——也带来混乱的——是墨菲大法官本人在 Chaplinsky 案中提出的：这是"通过自身的发布造成损害"的言辞。在这一文献中采纳的第二个观点是，主张将明显基于个人的宗教信仰、性别、性取向或其他特征、群体成员资格等——这些被认为很可能引发压抑或被排挤感受的因素——发布种族歧视和侮辱言论的个人，排除于第一修正案的保护范围之外。[79] 通常将这种侮辱称之为"仇恨性言论"。保护那些通过劝说或影响印象和态

---

[77] *Terminiello v. City of Chicago*, 337 U. S. 1 (1949)（对一个在体育馆外向敌对的人群提出"满身黏液的长虫"、"渣滓"的说法的人，法院撤销了有罪判决）。

[78] John Hart Ely, *Democracy and Distrust* 114 (1980).

[79] 见 Daniel Jacobson, "Freedom of Speech Acts? A Response to Longton," *Phil. & Public Affairs* 64 (1995); Richard Delgado, "Words That Wound: A Tort Action for Racial Insults, Epithets, and Name-Calling," 17 *Harv. C. R.-C. L. L. Rev.* 1333, 172—79 (1982); Charles R. Lawrence III, "If He Hollers Let Him Go: Regulating Racist Speech on Campus," 1990 *Duke L. J.* 431; Mari J. Matsuda, "Public Response to Racist Speech: Considering the Victim's Story," 87 *Mich. L. Rev.* 2320 (1989); Catharine A. MacKinnon, "Pornography, Civil Rights, and Speech," 20 *Harv. C. R.-C. L. L. Rev.* 1 (1985).

度来实现效果的言论,我的总体分析似乎也将仇恨性言论包含在内。为了避免得出这样的结论,人们提出了几种论说。有人认为,这种侮辱并不是旨在劝说的观点的沟通——毕竟它们常常指向所侮辱的对象——而是旨在伤害的人身攻击。或者有人认为这类言论可能被禁止,因为它倾向于压制或淹没受害者自己的言论。这些并非论说而只是隐喻。当然,这些文字没有真实地引发对于受害者身体的伤害("棒打或石击……"),实际上也没有使受害者的言语几不可闻。侮辱可能会使受害者自我感觉不好,或向他传达这样的信息,即他是发言人或许也是他人所厌恶的。这是让人很痛苦的。这些侮辱可能会让人有这样的感受,即他不得不说的内容将不会被评价,也可能他所说的只是因为他说的没有任何价值,从而也不值得去说。这样一来,他就会保持沉默。但是,这种损害机制完全是通过思想:受害者可能会受它影响而错认自己和自己在社会中的地位。因此,这显然是受表达自由保护的言论,因为旨在证明智慧和道德特征是与种族及性别相关联的平静且从容的言论,可能造成同样或更为糟糕的损害效果。例如,大屠杀就是犹太人所宣扬的荒诞行径,它旨在通过增加其受害者的地位而赢得优势。事实上,在世界各国,社区被赋予了比我们的宪政传统更大的权力来控制其成员的生活和思想,对仇恨性言论的禁止也延伸到这类陈述。[80] 再次断章取义地援引杰克逊大法官的话,这种正当理由"要么无始,要么无终"。当然,如果侮辱行为确实构成了引发暴力反应的明显和现存的危险,就可以出于这一理由加以禁止。

---

[80] 例可见 Sarah Lyall, "Critic of Holocaust Denier Cleared in British Libel Suit," *N. Y. Times* (Apr. 12, 2000) at A1(指出否认大屠杀本身在英国并不是犯罪,但在德国属于犯罪); Michel Marriott, "Rising Tide: Sites Born of Hate," *N. Y. Times* (Mar. 18, 1999) at G1(指出"在加拿大、英国和德国这些网上仇恨性言论属于违法的国家,要比美国"更容易对网上言论加以审查……); Michael L. Siegel, "Hate Speech, Civil Rights, and the Internet: The Jurisdictional and Human Rights Nightmare," 9 *Alb. L. J. Sci. & Tech.* 375, 396 (1999)(指出对仇恨性言论的禁止和联合国人权公约第18—19条有关意见和表达自由的规定之间,存在冲突)。

这是因为侮辱行为所指向的人，在有机会对其加以约束之前，可能会立刻行动。最高法院尚未完全否定 Brandenburg 规则主张的这一例外，但是它也没有确认这一例外。

"仇恨性言论"主张的这一艰难的变型已经被成功地应用于种族评量表或性骚扰问题之中，这些问题尽管不是犯罪，但是会造成严重的后果。雇主本身进行这些骚扰行为，或者他的雇员或顾客从事这些行为，可能会被认为已经造成了对于雇员的"敌对性的工作环境"。[81] 如果雇员属于受保护阶层中的一员，这样的结论可能会使雇主对所造成的损害负责或者会得到禁止令。不仅工作场所中的雇员受到保护不受这些骚扰，学校或大学里的学生[82]、诸如餐馆、酒店和电影院等公共场所中的顾客也同样属于受保护之列。[83] 最高法院从未面对依据第一修正案提出的反骚扰体制的质疑，尽管它已经避开了基于其他理由而提出的质疑[84]——有人据此得出结论：最高法院已经默示地承认这种言论豁免于第一修正案的保护。[85]

已经被认为构成这类骚扰的言论，并不总是容易符合 Chaplinsky 类型。最特殊的情形可能会是"侮辱性或'挑衅性'言辞"的例子。[86] 但是，许多这类事情都是令人不悦的、低俗的，如果持续太久会让人

---

[81] 例可见 Oncale v. Sundowner Offshore Servs., Inc., 523 U.S. 75(1998); Burlington Indus., Inc. v. Ellerth, 524 U.S. 742(1998); Faragher v. City of Boca Raton, 524 U.S. 775(1998)。这需要与所谓的交换型性骚扰（quid pro quo sexual harassment），即雇主暗示接受性骚扰是任职或升职的条件，加以比较。这样的任职条件显然是歧视性的，类似于任何其他在某些交流中必然包含的条件。这些交流是不能作为自由言论而得到保护的，而是更接近于行事性词语。

[82] 见 Gebser v. Lago Vista Indep. Sch. Dist., 524 U.S. 274(1998)。

[83] 见 Arguello v. Conoco, Inc., 207 F. 3d 803 (5th Cir. 2000), cert. denied 531 U.S. 874 (2000)。

[84] 见 Harris v. Forklift Sys., Inc., 510 U.S. 17 (1993)。

[85] 见 Richard H. Fallon, Jr., "Sexual Harassment, Content Neutrality, and the First Amendment Dog That Didn't Bark", 1994 Sup. Ct. Rev. 1。

[86] 对于这一目的来说，存在强奸的威胁就足够了。Oncale v. Sundowner Offshore Servs., 523 U.S. 75 (1998) 涉及这类威胁。

不愿意回到他必须忍受这些问题的地方去继续工作,但是他们并不接近于挑衅性言辞。例如,在 Brandenburg 案或者美国的纳粹党经由伊利诺伊州 Skokie 市的示威游行中,被赋予宪法保护的言论和标志[87],如果在工作场所中,则很容易被认为构成了违法的骚扰。典型的例子就是在工作场所中粘贴搔首弄姿的裸体女人图像[88]。如果雇主只将女性雇员置于温度不适的场所之中,那么就可能构成违法的性别歧视,但是,许多妇女会发现场地内装饰有此类挂历美术作品的——尤其是伴有一些恶作剧评注的——那些商店,与那些冬天太冷夏天又太热的地方一样,也是无法让人愉快工作的场所。

反骚扰法似乎已经为政府提供了机会(通常是通过反歧视机构,它们常常会把自己的使命视为执行排除其他所有因素的平等规范),对那些在其他背景下可能是受第一项修正案原则保护言论的明确例子的情形,施加明显的限制。[89] 但是,至少在雇佣背景下,人们也许可以认为骚扰性的言论可能融入到商业性言论之中,

---

[87] 见前注[70]。

[88] 例可见 Baty v. Williamette Indus. , Inc. , 172 F. 3d 1232 (10th Cir. 1999) (确认一项裁决,即当被告展示"一张'半裸、身着比基尼妇女的海报'"时,存在敌视的环境)。

[89] 宾夕法尼亚大学以前的言论守则,禁止"任何人以口头或物理方式的行为,基于种族、人种或国籍诬蔑或欺骗个人……并且以影响个人的学习或工作为目标或结果;和/或造成胁迫性或侵犯性的学习、生活或工作环境"。Ethan Bronner, "Big Brother Is Listening," N. Y. Times (Apr. 4, 1999) at A23. 又见 Silva v. Univ. of New Hampshire, 888 F. Supp. 293(1994)(根据第一修正案,禁止大学根据违反大学禁止性骚扰行为法规的指控而暂时令教授停职); Doe v. Univ. of Michigan, 721 F. Supp. 852 (E. D. Mich. 1989)(撤销密歇根大学的政策); UWM Post, Inc. , v. Bd. of Regents of Univ. of Wis. Sys. , 774 F. Supp. 1163 (E.D. Wis. 1991)(认为威斯康星州大学的政策过于宽泛而予以撤销); Dambrot v. Central Mich. Univ. , 839 F. Supp. 477 (E. D. Mich. 1993)(撤销中密歇根大学的言论守则)。哈佛大学法学院的政策可下载自 http://www.law.harvard.edu/administration/hr/harassment.html(2001年3月10日最后登陆)。私人机构当然不受第一修正案的约束,已经把他们对政治正确性严格标准的强制规定,解释为希望避免在性骚扰案件中承担责任。见 Burlington Indus. , In. v. Ellerth, 524 U.S. 742, 765(1998)(在雇主对性骚扰指控的积极抗辩中,确立了反骚扰政策的重要性)。

在这种意义上,在工作场所的言论也是雇主和雇员双方商业关系的一个方面。[90] 当言论可以让一个理性的人脱离一份法律保护他不因性别或种族而被解雇的工作时,就是最容易觉察的情形。[91] 同时,雇员可能会主张,工作场所不同于其他情形,如在街道或公园,每个人都有言论被保护的权利,或者也不同于对某些信息的空白禁止,而不论其在何处或如何传播。毕竟,你不可以在我的起居室里发表违背我意志的政治言论,因为与我的隐私与财产利益相关,而与言论无关。骚扰者在这一背景下至少相当于对我隐私的侵犯者,正如在一个行人稀少的地铁站台角落里,乞丐把我拦住一样。[92] 反对这种骚扰的规则,如果并非指向此类言论,则更少涉及具体信息,它们旨在防止未经同意而对他人在公共场所或其他地方保持的相对平静加以侵犯。现在工作场所绝非你的家庭,但是也同样不是海德公园里的演说者。出于那些与言论根本无关的理由,法律可能会授权我把在工作时必须忍受的侵犯限制于与我的工作相关的内容之上——这可能会包括噪声、污浊的空气或令人不适的温度。对于大学宿舍或者校园的某些部分来说,同样也是如此。人们不应比进入我的公寓楼道更为随意而进入我的宿舍来找我。[93]

4. 商业性言论

"商业即交流",首席大法官马歇尔如是说。[94] 不论他意指什么,商业包括沟通,而沟通包括言论,这是非常明确的。在最为原始的水平上,制造业、采矿业和农业也许可以无需沟通就可进行,

---

[90] 见下文有关商业言论的部分内容。

[91] 例可见 Patterson v. McLean Credit Union, 491 U.S. 164 (1989)。

[92] 见 Young v. New York City Transit Auth., 903 F. 2d 146, 152—54 (2d Cir. 1990), cert. denied, 498 U.S. 985 (1990)(支持以第一修正案来挑战 NYCTA 所作出的,对在特定公交设施中进行的所有乞讨行为的禁止性规定)。

[93] 见 Kovacs v. Cooper, 336 U.S. 77, 86 (1949); Martin v. City of Struthers, Ohio, 319 U.S. 141,143.148 (1943)。如果是我烦恼的人住在同一宿舍内,他不能跟我回我的房间。

[94] Gibbons v. Ogden, 22 U.S. 1 (1824)。

尽管如果一个人在这些事业上与其他人进行合作,就肯定存在着相互的沟通。但是贸易、商业不可能在无沟通的情况下进行。即使最为原始的物物交换也需要沟通,用以了解各自交易伙伴的意图。要根本达成任何复杂的合意,这一点是显然的。

直到 1976 年,没有经过多少讨论,就假定商业性言论绝对超出了第一修正案分析方法的范围。[95] 这一排除省却了不少麻烦。适用日渐严格的第一修正案标准,将会危及到压制相应增加的对于经济性规制的强烈愿望。广告就是言论。各种欺诈性以及虚假的广告都是如此。共同构成契约的要约与承诺也是言论。限制交易的协议(或共谋)也是如此。对市场中的沟通进行控制的各种体制——反垄断法、消费者保护法、证券招股书中的强制披露以及食品药品法——都是经济性规制的核心。正如我们所看到的,一般性的言论自由体制假定言论的内容必须不受禁止或强制,除非政府可以提出强制性的或者严格划定界限的正当理由,从而法院可以对其进行严格审查。从 19 世纪后半叶直到 1936 年大选后的新政"转变",经济性规制需要以众多这类术语来为自己辩护。[96] *Lochner v. New York*[97] 就是早期经济性规制的一个臭名昭著的例子。当然,自新政改革之后,受经济性规制者可能仍然要求政府为其规定提供正当理由,但是,只需表明规制是实现一些不太具有合法目的(理性基础审查)的合理手段,这种要求就可以被轻易地满足。通过把对商业性言论的规制置于第一修正案的审查范围之外,最高法院试图避免——类似于 *Lochner* 案的——对于经济性规制审查的重演。

但是,这一措施过于粗糙,无法一劳永逸地防止幽灵再现。首先,这一类型的边界非常模糊。当然,根据发言人的盈利动机来确

---

[95] 见 *Valentine v. Chrestensen*, 316 U. S. 52 (1942) ("该裁决是随意的,几乎是唐突的")。*Cammarano v. United States*, 358 U. S. 498, 514 (1959) (Douglas 法官,协同意见书)。

[96] 见第五章。

[97] 198 U. S. 45 (1905)。

定区别,这无可厚非。多数出版商的存在就是为了盈利。有些发言人和出版商通过销售信息本身来挣钱。而其他则是通过劝说观众花钱购买商品或服务,或者捐助慈善事业来盈利。*New York Times* 案的主题就是民权组织付费来寻求捐助以对抗南方的种族隔离的广告。这两种营利方式不可避免地相互纠缠。[98] 航空杂志和面向园艺工、音响迷、汽车发烧友等的专业杂志常常不过是宣扬某些产品的材料堆砌,而且这些杂志可能会从广告商那里得到大量收入。[99] 如果商业性言论"只是提议进行商业交易"[100],这可能会是可行的边界。商业性言论可能会被认为是一类产生影响的表述行为言辞的例子,而非除了影响之外还传达某种信息的言辞,正如新郎表示"我愿意"、军官发出开火命令以及商人邀请或同意缔约时那样。但是,今天认为是商业性言论的内容——也就是商业性产品和服务的广告——大多数远远超出了单纯的文字。广告的目的是为了使人们知悉理性的决策并刺激消费。多数言论是为了达到这点目的,有时出于利他主义目的,有时明显为了自私自利的目的,甚至是唯利是图。通过允许政府关闭信息和劝说的平台,政府操纵着公民的思想,这也正是第一修正案所要禁止的。

其次,因为商业信息和劝说与政治议题无关,而与消费者选择相关,现在主张第一修正案与这类政府规制无关也不足以信。正如赋予露骨描写性爱的言论保护所显示的那样,把第一修正案保护限于政治对话——米克尔约翰式的主题——与言论自由学说的发展完全不兼容。商业广告更多地是有关告知和影响选择,而并非第一修正案荫蔽之下的书籍、图片、电影和现场表演中对性爱的

---

[98] 见 *Bolger v. Youngs Drug Prods. Corp.*, 463 U.S. 60 (1983)(撤销了禁止寄送避孕用品厂家主动提供的商业广告邮件的法律)。

[99] 笔者这里引用了自己在 *City of Cincinnati v. Discovery Network, Inc.*, 507 U.S. 410 (1993) 一案中出具的简要的法庭之友意见书,其中认为,城市街道上的报纸分发箱不应限于放置主要的日报,而排除了登载待租或待售房产以及公布可利用的成人商业教育课程的刊物。

[100] *Pittsburgh Press Co. v. Pittsburgh Comm'n on Human Relations*, 413 U.S. 376, 385 (1973)。

露骨描写。[101] 正如哈里·布莱克门(Harry Blackmun)大法官在废止一项州禁止令的案件中所说的,该禁止令针对处方药价格的精确广告,他把商业言论置于言论自由的背景之下:"我们的药剂师并不希望对任何文化、哲学或者政治的主题发表评论。……他所希望传达的'看法'只是:'我可以按价格 Y 向你出售处方药 X.'……如果不比其对于日常生活中最为紧急的政治辩论中的利益更为敏感,特定消费者对于商业信息自由流通的权利……可能会是敏感的。"[102]

在后来的一起案件中,法院撤销了罗德岛有关禁止白酒价格广告的法律,克拉伦斯·托马斯(Clarence Thomas)大法官把该案和药品价格案的特征归纳为:"政府宣称的权利是为了控制消费者的市场选择,而保持服务或产品的合法使用者的无知。"[103] 只是对于预经济性规制的内容,尽管显然是一种对于思想的控制,产生的非理性的反感——我称之为被 Lochner 案的幽灵所惊吓——否定了对于这些案件赋予第一修正案的保护。这显然令人难以忘怀,因为在一些包含类似动机的经济性规制的立法中,否定了 Lochner 原则;对于添加配料的脱脂乳和人造色素添加剂的禁止令[104],在后 Lochner 案时代是被允许的,这种立法显然不利于竞争并对公众有害,其制定出于强大的政治上特殊利益。同样,在商业性言论之中,有些零售药剂师和本地白酒销售商利用其政治影响力来减少价格竞争,因此他们可能继续欺骗公众。这是一种法院并不愿意卷入的斗争。利用宪法来保护自由市场在政治上并不十分正确,但是在价格广告案件中,最高法院发现,就产生相似的经济效应而

---

[101] *Barnes v. Glen Theatre, Inc.*, 501 U. S. 560 (1991)(多数意见书)(总体上,裁决脱衣舞所传达的淫秽色情信息并未超出表达自由提供保护的范围)。

[102] *Virginia State Bd. of Pharmacy v. Virginia Citizens Consumer Council, Inc.*, 425 U. S. 748, 761, 763 (1976)。

[103] 44 *Liquomart, Inc. v. Rhode Island*, 517 U. S. 484, 518 (1996)(Thomas 法官,部分持协同意见,对判决持协同意见)。

[104] 见 *United States v. Carolene Products, Co.*, 304 U. S. 144 (1938); *Clover-leaf Butter Co. v. Patterson*, 315 U. S. 148 (1942)。

言,在光明正大的市场规制——对于白酒或处方药实行强制最低零售价——和通过让消费者对与其选择相关的事实保持无知之间,有至关重要的差别。[105]

法院在这一方面的举动,是思想自由学说的一次胜利。但是,这一胜利并不是全部的。最高法院还没有对商业性言论给予与一般言论相同的充分强度的保障。它究竟想在这方面做到什么程度,尚不明朗。在 Central Hudson Gas v. Public Service Commission 案中,最高法院撤销了州规制机构关于公用事业不得为促进用电而发布广告的一项规章,它明确了这样的标准:

> 首先,我们必须确定为何这种表达受到第一修正案的保护。要使商业性言论纳入这一条款,它至少必须涉及合法行为,并且不具有误导性。其次,我们会问所谓的政府利益是否是实质性的。如果这两个问题的答案都是肯定的,我们必须决定规制是否直接促进所谓的政府利益,以及它是否高于服务该利益所必需的强度。[106]

这一标准的复杂之处在于其意义可能的消逝性[107],但是在 Posadas 案[108]中,对于被证明是紧急的事项,最高法院指出,抑制对合法产品(赌场博彩)的需要,可能会成为这种实质性的政府利益,以至于可以成为对该产品广告实施限制的理由。当然,这种解释会破坏对于商业性言论的保护,而且事实上最高法院在 44 Liquormart 案中放弃了 Posadas 标准,并为使消费者对所体现的真

---

[105] 又见 *Rubin v. Coors Brewing Co.*, 514 U.S. 476 (1995)(撤销了禁止对啤酒和麦芽提出说明酒精浓度的要求,这里对烈酒浓度的直接规制本来就生效了)。

[106] *Central Hudson Gas & Electric Corp. v. Public Serv. Comm'n of New York*, 447 U.S. 557, 565 (1980).

[107] 例可见 *Bd. of Trustee v. Fox*, 492 U.S. 469 (1989).

[108] *Posadas de Puerto Rico Assoc. v. Tourism Co. Puerto Rico*, 478 U.S. 328 (1986).

实信息保持无知的规制,适用了更具有言论保护作用的标准。[109] 重要的是,任何情况下,如果商业性言论是真实的、非误导性的,而且不指向非法活动的助长,它就能够获得宪法保障。这完全区别于禁止言论的一般情形,其中只有一项紧迫的利益可以作为对无论真假的言论都加以限制的正当理由。这更类似于诽谤法,其中真理是且必须是绝对的抗辩,以至于只有诽谤性言论才需要为自己辩护——虽然辩护的方法甚至比为真实的商业言论辩护更为容易。对商业性言论的第一修正案保障的限制,可以充分理解为利用商业性言论和一般契约性表述的履行方面之间的联系。对于所出售产品质量的虚假表述,常常被作为契约性条款,即产品实际上会像所描述的承诺(担保)那样被对待。就使承诺人遵守协商条款而言,不存在第一修正案的问题,否则契约法整体上违反了第一修正案。据此,一个简单的做法是把通过虚假保证来获取(或试图获取)利润视为一种盗窃行为(欺诈)。那么,为什么我们不去惩罚政治运动[110]、新闻报道及社论、历史书和科学文章中的虚假陈述呢?因为他们无一可以同比为(除非通过或多或少带有限制的隐喻)通

---

[109] 见 44 *Liquormart, Inc. v. Rhode Island*, 517 U.S. 484, 501 (1996);同上注,第 518 页(Thomas 法官,部分持协同意见,对判决持协同意见)。Thurgood Marshall 大法官代表最高法院为 *Linmark Assoc., Inc. v. Willingboro*, 431 U.S. 85 (1977) 撰写的判决书,得出了同样的结论:"该镇禁止粘贴'待售'和'售出'的标记,这种行为阻止了该镇居民获得特定的信息……该镇已经试图限制这些数据的自由传播,因为它担心,如若不然,房主们作出的决定,将不利于该镇认为属于房主们的私人利益和该镇的团体利益……如果这些信息的传播可以被限制,那么,只要有似是而非的主张认为,披露会导致信息的受众采取'不理性'的行动",国家的每一个地方都会压制反映当地的贫乏的事实。431 U.S. at 96.

[110] 有些州法律支持禁止在政治竞选活动中进行故意的虚假陈述。但是执法措施非常匮乏,下级法院对这些法律的合宪性认识也不一致。见 *In re Chmura*, 626 N.W. 2d 876 (Mich. 2001); *State of Washington ex rel. Public Disclosure Comm'n v. 119 Vote No! Committee*, 957 P. 2d 691 (Wash. 1998).

过欺骗方式的盗窃。[111]

(三) 负担——总体情况

在我对第一修正案的分析中,当个人抱怨政府的某些做法限制了他自我表达或者获取他人表达的能力时,政府需要为自己进行解释。在前面一节,我已经考虑了具备这一特征的所有类别的情形,即政府的正当理由包括涉及个人想要说(表明)或听的实体问题。在这些情形下,把政府的目标特定化为思想控制是公平的——政府希望通过压制言论来实现它的目标。但是,政府所做的大量事情可能会对言论造成负担,而这些负担的正当理由可能与对表达或思想的压制之间几乎或完全无关,但是与压制噪音(与来自摩托车排气和来自卡车喇叭一样之多),或对企业(任何企业)的征税,或者为雇员(乐师、煤矿矿工或新闻记者)制定最低工资和最高工时制度有关。正如我在第一节中所展开的对基金会的讨论,一般而言,对这类政府行为适用任何严格体制,或者会带来瘫痪,或者会导致法院对于所有政府事务的实际上无法容忍的总体监督作用。

在一些案件中,政府确实坦诚地说明了它对某些言论强加压制的正当理由,即作为表达,这些言论具有危险性或侵略性,我已经分析过这类案件;如果可以指望政府在任何以此作为真实行动的依据的时候,都提供这种正当理由,这种机制可能足以保证思想自由。但是,这可能期望过高。政府并不总是诚恳的。当它们可以似是而非地提供一些其他的更为无关痛痒的理由时,它们也不打算去公布那些可能严重限制其裁量权的理由。当然,现在还不甚清楚机构实体方面的不诚恳会意味着什么。因此,当政府坦诚地说明对言论的限制是由于其表达内容时,要权衡政府的正当理

---

[111] 对于商业言论的精彩分析,篇幅上比我要简练一些,可见 Robert Post, "Reconciling Theory and Doctrine in First Amendment Jurisprudence", 88 *Calif. L. Rev.* 2353, 2371—2374 (2000)。

由的充分性,除了这项原则之外,还出现了用于下述情形的一个原则性框架,即政府宣称:限制言论的正当理由不涉及所表达观点的危险性或违法性。这一框架在过去几十年中已经有了详尽的论述,它对是或者不是"内容中立"的、内容中立的以及"观点中立"的言论加以分别的规制。内容中立的规制要比那些内容特定的更容易证成,观点特定的规制要比那些内容特定但是观点中立的言论更难以证成。正如我所看到的,这些类型并非总是清晰,而且它们在特定情形中的适用也很有争议。[112] 但是,这部分学说所要实现的目标和我的一般分析相符:在这些负担情形之中,相对于政府强加于自由言论"价值"的负担程度而言,法律试图避免对政府主张目标的重要性进行逐案权衡。相反,该学说希望强制实行一个分类规则的框架,以公布(建构)一个尚无人主张的压制言论的目标。

法律禁止煽动暴力或淫秽出版物,其实是根据其表达内容而提出的,并受到第一修正案的严格限制。相比之下,使出版费用更加高昂的一般的或无差别性的税收[113],或者增加出版者劳动力成本的工资—工时制度[114],这些由于内容中立,就完全规避了第一修正案的限制。对它们必须附加适用财产、侵权或契约法的一般体制。这些问题确实不时出现,并在对这些一般体制的适用聚焦于言论活动时,就得到了认真的对待。Cohen v. Cowles Media Co.案[115]就是这种情形。一家报纸已经承诺对新闻来源保密,但是,后来该报因认为当事人的身份关系到对所报道的新闻的全面理解,

---

[112] 例可见 *Cornelius v. NACCP Legal Defense and Educ. Fund, Inc.*, 473 U.S. 788 (1985)(坚持将政治性和辩护人团体排除在联邦办公室的筹款活动之外,但是发回重审决定"将被告排除在外,是否会不可避免地受压制某一特定观点的愿望驱使");*Rust v. Sullivan*, 500 U.S. 173 (1991)(支持健康与人类事务部对于禁止公开资助鼓励、推动和支持堕胎行为的公共健康项目的规制)。

[113] 见 *Murdock v. Pennsylvania*, 319 U.S. 105(1943);*Minneapolis Star & Tribune Co. v. Minnesota Commissioner of Revenue*, 460 U.S. 575(1983)。

[114] 见 *Okalahoma Press Publ'g Co. v. Walling*, 327 U.S. 186(1946). 又见 *Associated Press v. NLRB*, 301 U.S. 103 (1937)(问题涉及劳动法对新闻行业的适用)。

[115] 501 U.S. 663 (1991).

而公布了他的名字。最高法院并未对我下文将要考虑的任一原则加以权衡与展开，它裁定，第一修正案不要求，仅仅因为该制度的适用实际上会使报纸为明显受第一修正案保护的言论支付损害赔偿，就规定一般承诺制度的例外。即使法律不能强制报纸出版那些认为自己受到不公平批评的人们的回应，出版商通常会对他们违约出版某些材料，或对以某种形式出版材料而造成的损失负责。[116] 诽谤和回应权的区别在于，这里援引的法律特别地将言论作为责任或规制的例子，因此，政府不能似是而非地否定法律提出的言论实质内容的正当理由（在这些案件中，问题不在于政府的真实目标：它似乎体现于法律的表面）。

但是，这些类型不完全清晰。一部法律如果禁止在特定日的所有言论，或者通过特定个人，或者通过特定媒体的言论[117]，或者在极端条件下的所有表达，它仍可能是内容中立的，但是将需要受到最严格的合宪性审查。"内容中立"这一术语在这一意义上是不幸的，因为它表明，只要不涉及特定的客体问题，对于一类言论或者所有言论的禁止或者明显的负担都可能是有理由的。但是我的例子必须被包含，即使它们并不针对特定的客体问题——例如宗教，赞成或反对，性爱自由——因为表面上它们的目的是为了压制表达。它们针对过多的表达，以至于几乎无法改善。正如我们将要看到的，这一学说更加复杂，因为一些内容特定的规制可以通过合宪性审查——政府限制它的设施利用只是出于教育目的，或者只是为了数学讲座的目的——但是如果该限制也是观点特定的，可能就不能通过审查，正如支持广义相对论的讲座得到允许，而那些质疑它的讲座则不被允许。[118] 但是，内容特定和观点特定，这两

---

[116] 见 *Miami Herald Publ'g Co. v. Tornillo*, 418 U.S. 241 (1974)。

[117] *Bartnicki v. Vopper*, 532 U.S. 514 (2001)（该法禁止出版非法截获的信息）；*Ladue v. Gilleo*, 512 U.S. 43 (1994)（该法禁止居民财产上的几乎所有标记，禁止了"过多"的言论，即使内容是中立的）。

[118] 比较 *Cornelius v. NACCP Legal Defense and Educ. Fund*, 473 U.S. 788 (1985) 和 *Rust v. Sullivan*, 500 U.S. 173 (1991)。

者之间并非总是泾渭分明。根据主题事项是如何确定的，限制可以被特定化为只是排除对该主题的讨论，或者压制某个特定的观点。*Rust v. Sullivan* 案就是如此。最高法院分析了在政府资助的生育护理项目中提供堕胎建议的限制，它认为可以允许将言论限制于该项目的特定目的，而并非根据有关堕胎的观点对言论进行限制。或者在 *Police Department v. Mosley* 案[119]中，最高法院以"内容控制"为由，撤销了一部条例，该条例规定，除在劳资纠纷中涉及的对于校园的和平纠察行动之外，禁止在校园周边 150 英尺范围内进行纠察行动。由于这类纠纷很可能只有一方进行纠察行为，该条例也很可能被认定为是观点特定的。

  一般而言，在政府声称它的言论只是打了擦边球，而非蓄意与之相抵触时——也就是说，当它试图为非因表达的实质内容（与对煽动暴力、淫秽、诽谤或商业性言论的规制相比）而对言论施加的限制，提供正当理由时，内容中立与内容特定的类型就开始起作用。在这些情形中，内容特定是一个强烈的暗示，即该主张是借口，而且政府实际上注意到了这些言论，因此必须为对言论的这种压制提供理由。这一主张尤其可以在两种情形中加以验证：一种情形下，行为和言论紧密相关，政府支持只对行为加以规制；另一种情形下，政府主张有权只规制言论的时间、场所和方式。我在下面两节对这两种案件进行了考察。观点特定只是在这样的情形中才会成为问题——如在政府资助的项目中——在某种程度上承认政府有权力限制言论主题，因而有权力对这类言论加以规制。整体上的禁止，不考虑其内容为何（当然也包括观点），从其表面来看，这种禁止对言论加以压制并进而必须确认其相应的正当性依据。

---

[119] 408 U. S. 92（1972）. 同样的效果还可见 *Carey v. Brouwn*, 447 U. S. 455（1980）。

1. 思想和行动

政府将焚烧美国国旗定为犯罪。[120] 这是"一部克减言论自由的法律"吗？答案是肯定的，该法限制了焚烧美国国旗的权利。回想我为判断政府的目的或正当理由是否是控制思想而提出的论证结构——阻碍表达的发表或接收：主张自己有听说能力的人，已经被克减了要求政府自我解释的权力，如果该解释涉及压制某种信息的话，就违反了第一修正案。当然，要启动这一过程，此人必须提出似乎合理的主张，即政府已经部分禁止了他的言论自由，而不是以契约、侵权、财产、税收等，可能会在某个特定场合禁止他的背景性法律的方式。

在国旗案件中，发言者实际上可以提出这样一种似乎合理的主张："我焚烧国旗是表达我厌恶该国旗所代表事物的一种方式。在这种意义上，国旗不只是一份不确定的材料——它只是一面旗帜——毕竟它本身就是信息。我利用该信息来传达我的信息。"政府现在必须提出它对自由加以这种限制的理由，这并不取决于阻止示威者希望传达的信息。政府的回应如下：它感兴趣的不是压制所有排斥它的政策的信息，而是禁止这种传达信息的方式，这引发了进一步的疑问：为什么它选择阻断现在被承认的一种传达思想方式——正如国旗是传达一整套思想的方式一样。在这一症结上，政府或者必须承认，选择阻止这一传达信息的媒介是因为该媒介为信息增加了颜色，从而输掉官司，或者必须提出与该信息无关的理由。[121] 那么，这样的理由可能是什么呢？火灾、烟雾吸入还是大气污染的风险？所有这些都是完全可以接受的、内容中立的目的。它们只是不能作为该法律的依据而令人信服。如果这是法律

---

[120] 见 *United States v. Eichman*, 496 U. S. 310 (1990); *Texas v. Johnson*, 491 U. S. 391 (1989)。

[121] 在真实发生的焚烧国旗案中，政府和反政府人士提出了不同的解释。他们都立足于保护未被焚烧的国旗所传达的一套信息。有些人可能援引急迫的利益去保护这些信息。另一些人则认为国旗是独一无二的，从而不在第一修正案的分析之内。还有一些人认为，焚旗行为属于挑衅性言辞的标准情形，在这种意义上对国旗的不尊重通常会给许多人带来痛苦。

的立场,那么它为什么禁止焚烧国旗而不禁止焚烧报纸、木炭或者秋天的落叶呢?为什么这种禁止是以亵渎或不尊重的理由建立起来的呢?[122] 拒绝接受这些明显的借口不是对立法者的主观意图妄加臆测,相反,是根据可能被发现存在某些依据的假定,来追寻可以从其文本和背景中推论出来的立法意图或目的。这不过是进行一些熟悉的解释实践,要洞悉任何立法意图以便正确适用该法,这是必要的。如果解释实践还是回到可能会压制言论的目的,那么法律就是失败的。

对这一实践的经典表述可以见于1968年的 *United States v. O'Brien* 一案,该案中最高法院(非常难以令人信服地)裁决,在禁止破坏义务兵役登记卡(征召卡)的法律中,存在合适的、内容中立的目的:

> 我们不能接受这样的看法,即无数种行为显然可以被贴上"言论"的标签,只要当事人实施这种行为意在表达某种观点……本法院已经判决,当"言论"和"非言论"因素结合于一个行为过程中,此时,规制非言论因素中的足够重要的政府利益,可以对第一修正案保护的自由进行偶然限制提供正当理由……如果政府规制属于政府的宪法权力之内,如果它促进了重要或实质性的政府利益,如果政府利益与对表达自由的压制无关,如果偶然限制所谓第一修正案保护的自由对于促进该利益是必需的,政府规制的正当性就能得到充分的证明。[123]

这就是原则。这里最重要的条件是,要求政府利益借助于证

---

[122] 得克萨斯州刑法典中有这样的相关规定:"42.09节 玷辱神圣之物。(a)有意或明知为玷辱行为的过错:(1)公共纪念碑;(2)朝拜或埋葬之地;(3)州旗或国旗。(b)出于本节目的,'玷辱'一词指诽谤、损坏或其他有形的粗暴对待,行为人明知这种方式将会严重冒犯很可能会看到或发现其行为的一人或多人"(Tex. Penal Code Ann. § 42.09 (1989))。

[123] *United States v. O'Brien*, 391 U. S. 367, 376—77 (1968).

明"这种禁止与压制言论自由无关"的理由。任何未能达到这一标准的规制，都不能主张 O'brien 可能会提出的问题。如果未能满足这一条件，该规制就需要受到第一修正案的严格限制。

但是，O'brien 标准看起来比我的分析对于言论更具有保护意义。它也要求，与压制言论中的利益无关的政府规制可以对言论施加负担（施加"偶然限制"），只要它根据"实质性的"利益被证明有正当理由，而且负担"对增进该利益是必需的"。我们可以回顾一下 Cowles 案，这是对言论适用侵权法或者契约法的一般体制的一个例子；同样的分析也可以对言论适用财产、税收、劳动或其他规制性法律的背景性体制中得出。在这些案件中，最高法院都没有适用 O'brien 分析。一个突出的例子是 Arcara v. Cloud Books, Inc.。[124] 过去用于妓女及其顾客之间见面的"成人"书店被关闭，那么旅馆、酒吧或者其他将会事实上成为卖淫场所的商业设施也就需要关闭。最高法院注意到"O'brien 案所提出的情况和本案的情况之间存在关键性区别：与 O'brien 案中焚烧有象征意义的征召卡不同，本案中进行的性活动显然不具有受保护言论的要素"。规制是中立的，与言论无关，这是问题的答案（当然，规制必须满足理性依据的标准，但任何对自由的限制都必须满足这一要求。这是一项几乎不可能不达到的标准）。但是，并不完全清楚的是，O'brien 标准如果得到适用，将总是会在这些案件中得到满足。该利益如果是实质性的，那么有多少实质性？这种限制对于该利益的增进是"必需的"，这是否明确？"必需"一词看起来是非常具有限制性的，它表明，在审查不确定的和比实际实践所支持的范围更广的政府活动时，最高法院扮演了冒犯性的角色。

如果我们仔细分析 O'Brien 规则陈述中介绍性的条件，就会出现一些疑惑。当"当事人实施这种行为意在表达某种观点……而且'言论'和'非言论'因素结合在一个行为过程中……"这时就可

---

[124] 478 U.S. 697 (1986).

以适用该规则,规制不同于诸如侵权法或契约法等一般性的法律,它更集中地关注用于传达该信息的这一行为。它关注的焦点在于所谓的"象征性言论"这一宪法学说,而受规制的这种行为就是沟通的一种体现。因此,O'Brien 与焚烧国旗者一样,主张他的行为是一种信息。我们可以考虑这两个很明显的例子,即 *Barnes v. Glen Theatre, Inc.*[125] 和 *Clark v. Community for Creative Non-Violence*[126]。前者涉及对一家"成人"剧院的脱衣舞表演适用市政府对于公开裸体的禁止令;后者则是针对在 Lafayette 公园抗议政府有关无房者政策的露营,对这种情形适用一项规章,它禁止在华盛顿特区市中心的中央公园睡觉。在这两起案件中,相关规制都需遵守 O'Brien 标准:第一起案件中是因为裸体无疑为舞蹈所体现的色情信息增加了额外成本;第二起案件则是因为露营是用来扩大政治信息的一种特定方法,这与焚烧国旗非常类似。

在这两起案件中,尽管它们明显限制了信息所附着的媒介,因为政府可以(令人信服地)提出与压制信息或者作为体现该信息之方式的特定媒介无关的正当理由,规制都通过了该标准的审查。公园管理局的目的是一贯、容易为人接受的,即防止华盛顿特区中央的这一面积小、精心维护且游客众多的公园成为宿营地,以及随之出现的拥挤和卫生问题。在 *Barnes* 案中,州政府制定了一部禁止公开裸体的法律——无论其原因及场所如何。政府在这两个案件中也满足了 *O'Brien* 标准的第二个分支。公园管理局允许抗议者搭建临时性帐篷以表明其立场,但是他们不能在那里过夜。只要舞者穿着"内衣和丁字裤",政府也允许进行舞蹈。于是,规制得到严格的定制以保证"偶然限制所谓第一修正案保护的自由对于促进所宣称的利益是必需的"。

还有一些问题是需要加以阐述的。在 *Minneapolis Star & Trib-*

---

[125] 501 U.S. 560 (1991)(多数意见)。
[126] 468 U.S. 288 (1984)。

une Co. v. Minnesota Commissioner of Revenue 案中[127]，明尼苏达州根据制作出版物使用的纸墨成本来征税，对每年出版物所耗费的成本中头 100,000 美元免税。该法并不禁止或规制任何信息或言论，但是它针对，也只是针对发言者向观众宣传的一种主要方式。*O'Brien* 案的分析与该税收中存在的问题基本不相关，因此最高法院撤销该项税收时没有援引 *O'Brien* 案。相反，它强调了该案的歧视性本质。

> 各州及联邦政府可以对报纸进行普遍适用的经济性规制而不会产生合宪性问题……当然，报社必须缴纳的任何税收都施加了某种"负担"……但是，赞同这种经济性规制的案件，都强调了被质疑的经济性规制对于所有企业的普遍适用性……当一个州挑选出某家报社，防止立法机关规定普遍适用的税收政治约束受到弱化，令人烦恼的税收威胁就会变得尖锐。该威胁可以与制约这家报社的政治性评论检查机制一样有效运行，从而削弱我们政治体制的一项基本假定，即报社通常可以作为对政府的一项重要约束……而且，除非由报社的某些特征证明其正当性，差别待遇表明规制目标并非与压制言论无关，这样的目标据推测是违宪的。[128]

但是这种对歧视的强调与我的一般分析所依据的同样的基本原理。税收和规制一直都是歧视性的——或者用一个稍为中性的词来说，就是做了区分——香烟向来是被课以重税的，而牛奶则不是。在一些州，服装销售在一定的销售额以下可以免征销售税。食用大麻是被禁止的，而抽烟喝酒则被允许。但是，就第一修正案所保护的自由来说，负担必须有正当理由；尽管在税收或者其他具有普遍适用性的法律领域中，正当理由将十分充分，负担的歧视性本质会影响这些理由的效力。劳动法保障工人的结社权，但是如

---

[127] 460 U.S. 575 (1983).
[128] 同上注，at 581, 583, 585（删去分段）.

果这只适用于出版社,其解释可能就会缺乏合理性。因此,强调歧视性法律和普遍适用的法律之间的差别,体现了——也可能是在缺乏很好的解释时,权且认为的——这一被禁止目标内容,即因为它是言论而对其加以规制或施加负担。

2. 时间、地点和方式上的限制

当前,人们有时会认为,政府具有一般性的权力,可以对言论的时间、地点和方式,而非针对其内容,设定合理的规制。毫无疑问,在我自己的房产中,政府可能坚持要求我遵守消防条例,它限制了可能被准许——出于言论、祈祷或者其他的目的——集会的人数。政府可能保护我的邻居,使之不受任何我的客人可能在白天或晚上偶尔造成的过度噪音的烦扰。[129] 如果我拥有一家书店,国家可能会要求我遵守与物业使用有关的土地分区规划法规和普遍适用的商业设施开放时间的规定。同样,政府也有权阻止在城市街道和公园里的抗议游行和集会。

在最初的表述中,时间、地点和方式的限制是用于描述政府控制公共场所中言论的权力。对这一原则的经典表述如下:

> 市政府为了保证市民在公共道路使用中的安全和便利而强加规制的权力,从未被认为与公民自由相矛盾,而是保障它们最终依赖良好秩序的手段之一。对在城市街道上行进的控制,是对社会需要的这种认可的最常见的例证。在该关系中,对道路使用的限制旨在促进全民的公共便利,这是在试图行使其他情况下能够得到保护的某些民事权利的过程中不能忽视的。一个人不能因为他认为自己对违背市政府命令富有严谨责任,或者寻求通过这一手段使公众注意他的观点表达,而证明他无视常见的交通红灯行为具有正当性。尽管,对游行队伍行进使用的街道进行规制是地方政府的一项传统职能,特定情形中的问题是:所施加的控制是否足以避免否定——

---

[129] "没有人会设想……第一修正案可以禁止国家违背教会当局的意愿阻止教会内分发传单。"*Martin v. City of Struthers, Ohio*, 319 U.S. 141, 143 (1943).

或者无理由地剥夺——集会的权利,以及思想沟通和久远的借助公共空间讨论公共问题的机会。

……如果市政府有权对游行队伍使用公共道路情况进行规制,正如其无疑已经做到的那样,就不能否认,它有权对道路的其他使用的时间、地点和方式进行无歧视的考虑。[130]

与政府基于自身特性而规制言论的权利相关的法律,已经逐渐独立于承认一般背景性法律对言论规制的可适用性原则。因为我不喜欢你说的,我可以报警要求把你赶出我的住所。[131] 但是,市政府不能出于同样的理由把你从公园的临时演讲台上赶下去。然而,更不明确的是,它不能以这个理由将你从市政办公大楼中的政府雇员咖啡厅、教室或者你在公立中学的岗位上驱逐出去。[132] 我首先要论述这种独特的体制,它授权公共机构控制在公共场所行使的第一修正案所保护的权利。

在第一节中,我对政府言论的讨论中,已经解释了政府可能选择向公民提供信息,这与思想自由原则相一致。在表达和提供这些信息的过程中,它必须不仅能控制所选择(自愿,而非征募)的信使,也包括控制他们传输信息的背景——地点。它也会选择不使自己与某些信息相联系,从而正如私人那样[133],拒绝向他人提供传输不受欢迎信息的平台。作为背景性法律的一个问题(这里具有不相关的例外),这已经变得复杂化了[134],因为正是政府拥有街道、公园和公共建筑。

---

[130] *Cox v. New Hampshire*, 312 U.S. 569, 574, 576(1941)(允许地方当局要求事先取得游行许可证,"以防止游行队伍路线重叠导致混乱,保证其他行人对街道的使用便利,最小化造成混乱的风险")。

[131] 见前注[92]—[93]及相应正文。

[132] 参较 *Connick v. Myers*, 461 U.S. 138 (1983); *Bethel Sch. Dist. No. 403 v. Fraser*, 478 U.S. 675 (1986).

[133] 见 *Wooley v. Maynard*, 430 U.S. 705 (1977)(取消了政府有关机动车牌照上必须展示令一些人不快的标语的要求); *West Virginia State Bd. of Educ. v. Barnette*, 319 U.S. 624 (1943).

[134] 见 *Marsh v. Alabama*, 326 U.S. 501 (1946)(将公司园区视作自治地方)。

宪法原则早已否定[135]了霍姆斯在担任州法院法官时得出的一个结论，这个结论来自于这一交叉体制，即赋予财产所有人基于其财产控制行为（包括言论和集会）的权利，并赋予政府对公共空间财产权的分配："立法机关绝对地或有条件地禁止在公路上或公园中进行公开演说，与私人房屋主人禁止在其房子里实施同样行为一样，不再是对作为公众一员的权利的侵犯。"[136]宪法原则否定了这一分析，但并非出于这一理由，即公共财产是公共的，因此，与其他政府规制一样，对这种财产的规制必须遵守第一修正案的规范。这可能会是一个被证明过分的主张，它使得政府形成和提供信息的能力受到广泛的司法监督。霍姆斯的分析同样也被证明是过度的。根据第一修正案，我可以自由地认为我可以对任何人说我想说的，但只是在我可以从家中、电话中、书报的读者或选择收听广告的人中找到我理想中的听众时。但是，我的信息可能是一般性的，我的听众可能是陌生人，我也可能无法获得书架、报摊或者影视节目开拍的时间。甚至那时宪法原则也不会允许我充耳不闻：

> 无论街道或公园的产权归属于谁，他们都已经为了公众利用而持有该权利，并且已经长期用于集会、公民之间的沟通思想和公共议题的讨论。对街道和公共场所的这些利用，自古以来就已经成为公民特权、豁免、权利和自由的一部分。[137]

这就创造了一个不可克减的空间，即"公共论坛"，公民可以从中找到听众、团结伙伴、发言并可能倾听——哈里·卡尔文（Harry Kalven）称之为第一修正案的地役权。[138] 毕竟街道几乎是每个人必须不时冒险地寻求生意、食品和饮料、伙伴和娱乐的地方（至少

---

[135] *Hague v. CIO*, 307 U.S. 496 (1939).

[136] *Commonwealth v. Davis*, 162 Mass. 510, 511 (1895)（Holmes，法官）, *aff'd sub nom. Davis v. Massachusetts*, 167 U.S. 43 (1897).

[137] 307 U.S. at 515. 尽管 *Hague* 是对这一权利早期的重要表述，"很久以来用于集会目的"的街道和公园的概念，可能会被过分强调。

[138] Harry Kalven, Jr., "The Concept of the Public Forum: Cox v. Louisiana", 1965 *Sup. Ct. Rev.* 1, 13.

是直到最近,计算机和互联网时代已来临)。这是不可或缺的公共场所,这一原则为其保留了个人自由而非广泛规制的场所[139](这一自由几乎必定既涉及言论也涉及运动[140],但这不是本章所要讨论的主题)。"时间、场所和方式"等短语正确地适用于对"公共论坛"的规制。始于自由的前提,它认识到需要调整自由权的行使以避免发言者对他人自由的干预(当两个团体都试图集会并在同一线路上进行游行),避免占用街道作为运动中沟通场所之外的其他公共职能,最后也避免侵犯那些虽然不在街道上但在沿街大楼中工作的人们的利益。基于这一考虑,我们制定了这些规定:要求游行许可[141],限制音响设备的音量[142],或允许散发文献者按门铃,除非"房主……已经适当表明他不愿受烦扰"[143]。

对公共论坛的这些规制正是传统的"时间、地点和方式"学说所约束的。以下是对该学说的经典性论述:

> 在这些地方,可允许的政府对表达行为进行限制的能力是非常有限的:政府可以实施合理时间、地点和方式的规制,只要这些限制是:(1) 内容中立;(2) 严格限定;(3) 有利于重要的政府利益;(4) 为沟通留下了开放的充分的替代性渠道。[144]

这一标准的前三项要素我们已在商业性言论的背景下遇到过。他

---

[139] 见 *Benefit v. City of Cambridge*, 424 Mass. 918 (1997)。

[140] 见 *Commonwealth v. Pike*, 428 Mass. 393 (1998)(驱逐出境属于违宪的缓刑条件)。

[141] 见 *Gregory v. City of Chicago*, 394 U.S. 111 (1969); *Edwards v. South Carolina*, 372 U.S. 229 (1963); *Shuttlesworth v. City of Birmingham*, 394 U.S. 147 (1963)。

[142] 见 *Kovacs v. Cooper*, 336 U.S. 77 (1949); *Saia v. New York*, 334 U.S. 558 (1948); *Ward v. Rock Against Racism*, 491 U.S. 781 (1989)。

[143] *Martin v. City of Struthers*, Ohio, 319 U.S. 141, 148(1943)。

[144] *United States v. Grace*, 461 U.S. 171, 177 (1983)。

们保证了正当理由("重要的政府利益")不是压制言论的借口。[145]我已经提出,当言论涉及其日常和必需的业务时,要解决政府不可避免地对言论施加的限制,与要求政府不试图规制公民的思想之间的冲突,关键在于迫使政府为其基于一些希望压制言论之外的目的而施加的负担说明理由。原则推动了那些正当性证明,并或多或少使得政府容易证明自己行为的正当性。与简单表达原则本身相比,内容中立是一种约束性更小的设置[146]:涉及言论内容的正当理由就是规制此类言论的理由,这也正是该原则所要禁止的。

> 《芝加哥条例》的中心问题是它描述了根据主题可允许的纠察行为……第一修正案意味着政府无权因为表达的信息……或内容……而限制表达。禁止性审查的本质是内容控制。[147]

严格限定(标准的第二个分支)增加了额外的要求。政府已经提供了合理的和"实质性"目的,这一点还不够:例如,防止乱扔垃圾[148]或维护居住区或学校附近的安宁。原则坚持规制的确定是如此详细,以至于如果可能它在朝向正确目标的过程中不会影响到言论,而且如果必需的话,会造成尽量少的损害。严格限定不仅是内容中立,与相互冲突但内容中立的公共目的相比,它更倾向于言论中的个人权利:即使对言论施加限制对于政府达到合理目的是必需的,它仍然必须设法为言论中的个人权利保留充裕的空间。

可以从两个角度来理解该标准的这些分支:作为一种披露公

---

[145] 见前注[111]—[119]相应正文;Charles Fried, "Types", 14 *Const. Commentary* 55 (1997); Kargan, 前注[16]。

[146] 对于这种或其他训诫机制,见 Fried, "Types", 前注[145], at 65—68。

[147] *Police Dep't v. Mosley*, 408 U. S. 92, 95 (1972). 又可见 *R. A. V. v. City of St. Paul.*, 505 U. S. 377, 386 (1992) ("挑衅性的言辞正如同恼人的卡车喇叭……但是,正如对喇叭那样,对于挑衅性言辞也是如此:政府并不根据敌意——或者好感——对其所表达的内在信息加以规制")。

[148] 见 *Schneider v. State*, 308 U. S. 147 (1939)。

开主张的设置,这些主张是规制言论的禁止性目标的借口[149];或者作为一种推进积极性义务的制度,这种制度为深化言论中的私人权利提供公共条件。第一种解释使得该原则对这项本质上仍然是消极的权利构成障碍,正如某些希伯来教的规则被称为"律法的障碍"一样。第二种解释则开始将其转化为积极权利,类似于一种对言论补贴的权利。严格限定可能被似是而非地解释为与先前的理念相一致。最后一个分支,要求政府对"充分的替代性沟通渠道"保持开放,但是几乎都不是如此。尽管 O'Brien 标准以及时间、地点和方式标准实际上与前三项分支是一样的(也类似于商业性言论的标准),最后一项只是被阐述为公共论坛原则的一部分[150],但是这可能是因为 O'Brien 标准的背景之中几乎总是会有表达相同信息的替代性方式。我已经解释过,公共论坛是这样的场所,即便个人没有向听众宣传的其他方式,她也有权寻找听众并很可能找到一个。必须具有"充分的替代性渠道",这一要求是保持公共论坛中的言论地役权所必须的。在公共论坛原则的背景之外,功能等价的一般性条款会使言论自由的观念发生明显的变革。[151] 这会对政府施加提供个人倾听、诉说并甚至可能被倾听的各种机会的一般性义务。[152]

对于言论权利来说,这样一项义务可能是慷慨的,但是具有麻烦的暗示。因为这些积极性的规定并不等于每一个人对他们提出的权利要求之和。必须要有预算,不仅是需要总体限制,还需要在各个请求人之间对公共资源进行分配。宪法原则可以明智地在非常个别和有限的背景之下对这些分配强加内容中立的要求。公共

---

[149] Fried,前注〔145〕at 63—64;Kagan,前注〔16〕at 440—43.

[150] 但见 Harlan 大法官在 United States v. O'Brien,391 U.S. 367(1968)中的协同意见(Harlan 法官,协同意见书)。

[151] 对商业言论也要求严格限定,但其背景是政府有权规制此类商业言论的言论成分。

[152] 这将超出 John Rawls 在权利和权利的价值之间划分的界限。见 John Rawls, A Theory of Justice 204—05(1972)。

论坛就是这样的背景之一。但是,如果言论自由通常将依赖于政府提供,如果政府必须承担一般性的义务来支持公民的言论权利,那么,由政府确定为好的和坏的、有价值或无价值的言论,将马上顺理成章地决定这一分配。控制其他方面的宪法原则将会压倒政府代表的大多数选民的义务,这些义务使其得以执政。言论自由权的政府行为的局限(即其作为针对政府的权利)假定:只要政府不干预,一般的背景性法律和社会中可支配收入的可用性,都将保证多数个人(个人或以团体形式)[153]行使言论自由权利的一定范围。对于所有背景的公共论坛的一般化,即言论得到倾听的基本保障,将会打乱此假设,使第一修正案转化成积极的而非消极的权利。在这种意义上,一般背景性法律和经济立场的内容中立可以概念化为一种内容中立的广泛的公共论坛。

这些因素在确定哪里可以作为公共论坛时也引起了关注。将确定留给传统看起来也许是无意的:"街道和公园……很久以来……被用于……集会、公民之间的思想交流和讨论公共问题。"[154]对于这一主张,还有一点可作为佐证,即大都市的机场有着"挤满旅客的宽阔的公共道路、路边商店及其他商业设施"[155],从而,在今天也相当于传统的公共论坛,以至于否认将其作为公共论坛"在宪法上是没有依据的,宪法的价值不再停留于城市街道上,那已经不再是我们公共生活的唯一焦点"[156]。这种功能分析的危险在于,它可能产生一项完全不同的,没有多少包容性的原则——政府负有积极义务去提供自由交流所需的公共空间,并且该空间必须是可以有效地吸引到听众的。不可否认,在不断变化的各种情形

---

[153] 普通的公民并不能提供多媒体的表达,但是作为消费者,他们在一定程度上决定着可以得到何种多媒体。

[154] *Hague v. CIO*, 307 U.S. 496, 515 (1939).

[155] *Int'l Soc'y for Krishma Consciousness* [*IKCON*] *v. Lee*, 505 U.S. 672, 700 (1990), *aff'd Lee v. ISKCON*, 505 U.S. 830 (1992) (Kennedy 法官,在判决中持协同意见)。

[156] ISKCON, 505 U.S. at 710 (Souter 法官,在 *ISKCON v. Lee* 持协同意见,而在 *Lee v. IKCON* 中持反对意见)。

之中，该原则对街道和公园所赋予的意义可能看起来非常陈旧。如果人们对街道的使用只限于封闭的交通工具通行，那么，他们在街道上与他人面对面相遇的机会就小得多，我为这一原则所确认的目的也就自然消失。必须找到相应的替代物。也许总会存在这样的地方；如果不是街道，那么就是机场、购物中心或者汽车站、火车站（我会在下一节中讨论互联网的问题）。

根据我援引的观点，是功能和情形使这些新场所成为公共论坛。为解决这一原则中的难题，对公共论坛原则的阐释已经表明了复杂的细微差别。距离公共论坛最远的是，比如说，职员在其中整理申请文件、计算救济金的社会福利处后勤办公室，或者法官进行研究和写作的办公室。有一些情形涉及政府在那些地方以特有的能力行事[157]，但是，因为那里所发生的当然是公共事务，这并不能提供正确的区分。只是这些场所如果也向公众开放，这些工作就无法完成。对于该原则据以成立的不稳定的、无疑也是临时性的休息场所，则是这样表述的：

[除了公园和街道等传统的公共论坛之外]，另一类由各州向公众开放用于表达活动的公共财产组成。宪法禁止各州对通常向公众开放的论坛实施某些排除，即使不要求它首先设立这种论坛。虽然不要求各州无限保留该设施的开放性质，只要它这样做，就需要遵守在传统公共论坛中适用的同一标准。合理的时间、地点和方式的规定是可以允许的，为实现重要的州利益，基于内容的禁止规定必须被严格限定。

并非根据传统或指定而成为公共交流论坛的公共财产受不同标准调整。我们已经认识到，第一修正案不能仅仅因为公共财产是由政府拥有或控制的，就保证我们能使用这些财产。除了时间、地点和方式方面的规定，州可能有意为沟通或

---

[157] ISKCON, 505 U.S. at 678；参较 *Brown v. Louisiana*, 383 U.S. 131（1966）(Black 法官，不同意见书)；*United States Postal Service v. Council of Greenburgh Civic Ass'n*, 453 U.S. 114（1981）。

者其他目的而保留这一论坛,只要对言论的规制是合理的,而非仅仅因为官员反对发言者的观点而压制其表达的一种努力。正如我们在若干场合所讲过的,州和财产的私人所有者一样,它有权出于合法利用之目的而对财产加以控制。[158]

这一论述现在成为经典表述。不幸的是,就第二类和第三类来说,它是循环性的:如果一个场所被指定为这一用途——也就是说,只要政府将其向所有的表达活动开放,这个场所就具有公共论坛的性质。而在没有这么做的时候,政府保留着与所有者相类似的裁量权。但是,在第三类中,政府的所有者权利可能包括邀请某些公众成员对所指定的主题发表看法。例如,学校的礼堂可以用于有关烟酒危害的系列讲座,或者为节日上演莎士比亚戏剧。[159] 政府已经将该礼堂指定为公共论坛,从而按照其内容对这里的言论加以违宪的限制了吗?或者这种限制需要政府尚未指定的这种结论吗?

提出有限公共论坛的另一类情形加深了这种困惑[160],在这些情形下,政府已经着手为表达性活动而开放其财产,但只限于特定的主题。在这些情形下,政府可能设置了有关内容(发言人必须坚持该主题)的规制,它不能限制发言人就该主题所讲的内容——就这一下位原则而言,这些规制可能是内容特定的,但必须是观点中立的。[161] 这只是进行了细分而并没有解决问题。显然,不能完全剥夺政府在某些背景下规定言论主题及其观点的权力——实际上,

---

[158] *Perry Education Ass'n v. Perry Local Educators' Ass'n*, 460 U.S. 37, 45—46 (1983)(内引号、括号、引语省略)。

[159] 见 *Southeastern Promotions, Ltd. v. Conrad*, 420 U.S. 546, 573 (1975) (Rehnquist 法官,不同意见书)。

[160] 例可见,*Bd. of Regents of Univ. of Wis. v. Southworth*, 529 U.S. 217 (2000); *Heffron v. Int'l Soc'y for Krishma Consciousness, Inc.*, 452 U.S. 644, 655 (1981)。

[161] 见 *Cornelius v. NAACP Legal Defense and Educ. Fund*, 473 U.S. 788 (1985) (多数意见)。

133　它必须能够撰写它所选定的发言人宣读的文字稿。[162] 不然，就会违反政府必须被看做众多发言者之一的原理，而且，政府将不能履行其代表的职能。在对夹杂于这些情形之中的相互矛盾的前提加以梳理之前，原则还有一段长路要走。

最后，这一原则的反面是：政府是否可能寻求通过对它所知道的拒绝交流、保守秘密的方式实现其目的——即使在信息对于公民的生活和决定来说至关重要的时候？思想自由包含知情权吗？第一修正案原则只针对政府行为实施保护，但它是否对国家的不作为实施保护？第一修正案是否也暗含着发现他人不愿告诉你的信息的权利？什么是政府不想告诉你的？当然，政治性的，或者说是米克尔约翰式的对于第一修正案的理解，很可能会被认为意味着知情权，至少是对政府的知情权，有几部宪法规定了这样的权利[163]——许多联邦和州的立法也是如此。[164] 但是，第一修正案中对积极权利的体现，也遇到了伴随所有积极权利的难题：需要在法院的谨慎和持续的管理之下进行公平处理。更为直接的第一修正案消极权利的体制，没有限定什么时候政府及其官员可以保守秘密，或者甚至只是保留隐私。总统必须每天都生活在持续的 CS-PAN 电视节目上吗？法官会议或者法官与法官助理之间的谈话必

---

[162] *Rust v. Sullivan*, 500 U. S. 173（1991）. 但是，可见 *Legal Servs. Corp. v. Velazquez*, 531 U. S. 533（2000）. Rust 允许政府对医生在联邦资助的医疗计划中该如何说有过大作发表。Velazquez 认为，试图限制联邦拨款的法律机构的律师们的主张的类别，是违反宪法的。

[163] Croatia Const. art. 3（"记者应当享有报道信息和获取信息的自由权"）；Estonia Const. art. 44（赋予全民从政府获取信息的权利）；S. African Const. §32（赋予所有公民获取"(a) 国家所掌握的一切信息"的权利……）.

[164] 例可见，Freedom of Information Act, 5 U. S. C. A. §552（2001）；Arkansas Freedom of Information Act, Ark. Code Ann. §25-19-101（Michie 2000）；Delaware Freedom of Information Act, Del. Code Ann. tit. 29, §10001（2000）；Illinois Freedom of Information Act, 5 Ill. Comp. Stat. 140/1（West 2001）.

须被记录并发表吗？[165] 但是,拒绝公开政府文件可能会使得批评政府的自由毫无用处。最高法院已对此略有涉及,它留给立法去确定政府信息披露义务的边界。最高法院的判决中与知情权联系最密切的,当属 Richmond Newspapers, Inc. v. Virginia, Inc.[166],该案中,宣告了公众旁听刑事审判的宪法性权利,而这种诉讼的控辩双方更希望进行不公开审理。甚至那时最高法院也没有公开地确定该权利在第一修正案中的位置,从而有针对性地避免宣称第一修正案中包含着被泛化的"知情权"成分。相反,回顾英美两国的公开审查历史之后,最高法院发现一项"没有明白阐述的"权利,"不是明白地界定了的"但是"暗含于明示的各项保障之中",认定"参加刑事审判的权利是暗含于第一修正案的保障之中;没有这一人们已经行使了数个世纪的权利,言论和出版自由的重要部分就会失去"。但是,法院还从未在刑事审判和相关程序的背景之外去泛化这种权利。

(四) 言论和新科技

第一修正案原则有些离奇古怪。其最常见的形象就是正如小册子中类似于约翰·彼得·曾格(John Peter Zenger)的作家、街头演讲家以及面对面遇到的人们。如果该原则不保有其解释力,甚至在现代经济情况下似是而非,抑或当其适用于目前的技术语境时,例如广播或互联网,那么这将破坏我对这一原则的争论以及我关于该原则所应体现原理的主张。最大的压力还在于公共论坛这一概念上。

直到1969年,在 Red Lion Broadcasting Co. v. FCC 案中[167],意

---

[165] 第一修正案的保障范围已经扩张到个人可以发表政府希望保密和有权保密的信息,但是这或多或少没有成功。Pentagon Papers 案、*New York Times Co. v. United States*, 403 U.S. 713 (1971),就是标志性的例子。又见 *Bartnicki v. Vopper*, 532 U.S. 514 (2001) (广播评论员免于因播出第三方恶意制造的有新闻价值的谈话记录而承担责任)。

[166] 448 U.S. 555 (1980).

[167] 395 U.S. 367 (1969).

见一致的最高法院考量并认可了联邦通讯委员会实施的明显的内容规制,这种规制权是由1934年《通讯法》所赋予的。在分配广播频道许可证时,该委员会需要考虑"公共便利及需要"——在授权分配特许经营权和规制铁路、城市交通公司、公用事业及诸如此类的费率和运营时,常采用这种表述。该委员会一开始就把这一短语作为一项要求,用来考虑广播许可证申请人将提供的节目类型,用来基于这个理由获得承诺,并(在 Red Lion 案中所涉及的规制)以此来强制推行一项答辩权利,与 Tornillo 案的报纸背景中所被否定的答辩权利相比,这更具有侵益性。[168] 最高法院从两项前提中推出这一结论:如果想要避免广播业主信号之间的相互干扰,就必须建立某种广播规制;而且广播频道的数量是有限的。同时,它还注意到,这些规制并不矛盾,而是通过必要地限制许可证持有人的数量,去防止"思想市场"的"垄断化",从而服务于第一修正案中"保护和促进交流"的价值。进而,援用过去用于论证对垄断、公用事业、公共承运人、专家甚至旅馆和餐馆的经济性规制理由的用语,最高法院认为,广播业许可证持有者具有"分享"其设施和表达他们所服务的"共同体"的观点的"忠诚义务"。在批准国会于1971年的一项立法时,最高法院沿用了这一推理逻辑,该项立法要求广播业者为联邦政府机构的候选人给予或出售"合理的时长"。[169]

这种类比和隐喻的随意运用威胁到拆散我已经提出的原理性框架,以及作为这一框架的基础的言论自由权概念。首先,公用事业、垄断和反垄断规制等类似物不能被用来限定广播媒体,尽管他们在20世纪70年代早期已经存在。多数大城市的报纸市场比广播市场更不利于公开竞争。在大多数市场中,只存在一家或者至多两到三家主要的日报,而对新的竞争者则有较高的进入壁垒。甚至在1969年,当时的广播行业市场相对比较充裕:许多 AM 和

---

[168] 见前注[116]及相应正文。
[169] *CBS, Inc. v. FCC*, 453 U.S. 367 (1981).

FM 广播电台以及大量的 UHF 和 VHF 电视台。但是,只有学术评论家建议,Red Lion 案的分析也可以扩展到平面媒体。[170] 最高法院的分析确实指出了这两个市场之间的区别,这点类似于反垄断法:平面媒体的集中只是经济因素的结果,而在广播业中政府配置的是自然的,而非经济性的稀缺资源。因为,政府在管理稀缺的广播频率中承担着不可或缺的职能,这可能会被认为是第一修正案的不同做法的正当理由。这一理由可能会援引两项熟悉的第一修正案原则:政府行为与公共论坛。如果没有加以认真的扩展,这两项都不可能完成任务。诸如此类地位,即特许的、受规制的垄断,或者受控制的产品或服务的有执照的供应商,这并不能使特许权人或执照持有人成为政府代理人,以至于政府需要对其行为负责,或者对其强加宪法义务。[171] 如果广播业许可证持有者确实是政府代理人,将会对其强加远比 Red Lion 案中所设想的更为繁重的宪法限制。例如,宗教性的广播将会因为设立条款(Establishment Clause)而被禁止。作为政府代理人,广播业者将不得不被分为或者是政府发言人——类似美国之音或美军电台——或者是作为某类公共论坛的提供者。但是,一旦广播业者负责一个公共论坛(通过指定——上述两类中的第二类),依据宪法,不准许他们或者政府进行内容规制,这是广播业者所称的编辑判断的实质。编辑判断,这不过是发言人依据第一修正案所享有权利的一种说法,即他有权说出想说的和不说不想说的内容。这就意味着还有第三种类似物,它在涉及有线电视或互联网供应商时变得似乎更为有理:这些实体机构根本不是发言人而是更类似于公共承运人——电话公司——只要发送信息者支付传递费用,它就必须传递任何合法的

---

[170] 例可见 Cass R. Sunstein, Free Speech Now, 59 *U. Chi. L. Rev.* 255, 276 (1992)。

[171] 见 *Jackson v. Metropolitan Edison Co.*, 419 U. S. 345 (1974)(裁决公用设施并不承担向其顾客提供正当程序的宪法义务);*Moose Lodge No. 107 v. Irvis*, 407 U. S. 163 (1972)(裁决获得白酒经营许可证者并不承担禁止种族歧视的宪法义务)。

信息。[172]

  这些类似物的出现是该原则陷入困境的一个标志。如果技术会带来困境，它也可能缓解困境，有线电视、卫星和互联网技术提供了重新考虑 Red Lion 案的机会。这些媒介逐渐侵蚀了稀缺/垄断的基本原理，因为它们直接与广播信号相互竞争，还因为他们提供了数以百计的新频道。最高法院首先认识到这一点[173]，然后在 Turner Broadcasting 系列案[174] 和 Denver Area Educational Tele communications Consortium, Inc. v. FCC 案[175] 中，面临 Red Lion 案分析对于有线电视的不适用性。在 Turner Broadcasting 系列案件中，最高法院审查了联邦法中的"必须传送"（must-carry）规定，在他们向用户所提供的大量频道中，该规定要求有线电视运营商必须包括通过电波传输信号的电视台的频道。当时，全美有 60% 的家庭享受有线电视服务。所宣称的规制理由是如果没有这样的要求，有线电视运营商可能决定不去提供某些这样的电视台——最为明显的是主要的网络分公司（network affiliates）和公共电视台；这些电台如果单纯依靠广播听众则无法存续下去；结果没有安装有线电视的家庭就可能被剥夺了收看有价值的节目的权利。最高法院勇敢地迎难而上，宣称无论 Red Lion 的初始有效性如何，它都无法适用于频道实际上没有数量限制的媒体，因此有线电视规制需要严格按照第一修正案原则加以衡量。最高法院特别认识到，第一修正案对基于内容的和内容中立的法律之间的区分必须适用，尤其注意到 Miami Herald v. Tornillo。[176] 随后，最高法院再次顺流而下（marched down the hill）：有线电视运营商对于进入观众家庭的频道有着"控制作用的垄断"。这一事实使得"必须传送"规则在内容

---

[172] 有线电视和互联网的相关讨论，可见注〔179〕，184—86。

[173] 见 Leathers v. Medlock, 499 U. S. 439 (1991); City of Los Angeles v. Preferred Communications, Inc., 476 U. S. 488 (1986)。

[174] Turner Broad. Sys., Inc. v. FCC, 520 U. S. 180 (1997); Turner Broad. Sys., Inc. v. FCC, 512 U. S. 622 (1964).

[175] 518 U. S. 727 (1996).

[176] 见前注〔116〕及相应正文。

上中立,如最高法院所言,其设计似乎不是为了支持任何特定的内容,而是为了克服有线电视运营商对有线电视客户获取广播节目的"瓶颈或看门人的控制"作用。据最高法院自行分析,这一规制并非如该原则所使用的术语那样,它不是内容中立的。最高法院和政府论述了防止本地的广播业运营商因为他们所提供的服务——尤其是本地利益的节目和公共电视台的节目——而倒闭的重要意义。这可能是或不是观点中立的因素。它当然不是内容中立的。

最高法院的分析被两个原因所困扰。首先,有线电视运营商基本上经营着两项业务:他们提供来自各个节目制作商的节目——CSPAN、MTV 和家庭购物频道、发现频道、天气频道等的节目——而且他们本身也创办部分节目。事实上,许多有线电视运营商已经收购了节目制作商或与之合并。他们的双重职能并不会使得运营商容易受到控制。《读者文摘》(*Reader's Digest*)刊登其他出版商的作品。书店则很少出版它自己出售的任何书籍。但是第一修正案保护他们决定出版什么、出售什么的难题——有时是以编辑裁量的名义。最高法院支持让与 *Turner Broadcasting* 系列案同样的编辑裁量——来提供某些频道而非其他的频道,但是,随后以该术语的标准用法不支持的方式使之适格。

其次,尽管有线电视可能向家庭提供的频道的数目确实非常庞大,在这方面它与书商非常类似,但可以向特定观众提供服务的有线电视运营商的数目却受到了严格的限制。运营商们必须像电话公司一样使用公共街道来布设光缆。如果运营商可以不使用公共街道(如卫星放送),也不使用一部分有限的电磁频率来传输信号,那么规制诉求的市场就要小许多——但是那时运营商就不会成为有线电视运营商。[177] 而且有线电视节目的提供,如果不是确切地属于自然垄断,也是与之相接近的:对于一个社区内部的公共街道,在不造成难以忍受的混乱和拥堵的情况下,它可以支持的有

---

[177] 他们可能会提供卫星服务(另一类问题)。

线电视公司在数量上存在自然限制。[178]

　　无论在何种程度上，为什么政府不得不把公共街道地上或地下布设光缆作为公共论坛中的言论的一种例子，这并没有显而易见的学说或原则上的理由。[179] 确实，光缆能够传输言论，但是光缆并不像小册子作者、律师或街头演讲家那样使用公共街道。光缆是一种永久性的街道设施，与其他竞争对手的类似设施不相容。我不明白：为什么法律没有忽视有线电视运营商也是信息制作者的事实，并把布设光缆部分作为一种独立的事业，一种可以与电话公司一样受规制的公用事业。政府可以要求有线电视运营商的电线有偿提供给相互竞争的信息供应商使用，同样，在对本地电话服务放松规制之后，电话线路和交换设施的所有权人需要将这些设施提供给相竞争的电话运营商。消费者将会一方面向有线电视公司支付接入费用，一方面向内容供应商支付费用，该供应商向有线电视公司支付光缆使用费。政府可能选择确保那些想借助该系统传输信号的企业可以得到公平的对待，正如在电话行业一样——除了费用将需要提高之外，有线电视的发言人可以通过广告或用户回收成本。

　　最高法院没有采用这种直接的分析方法，而是让问题复杂化了，布雷耶大法官在另一起有关有线电视的 Denver Area 案件中，支持多数意见，他认为，可以合理地敦促放弃使用标准类型，因为他们"把在不同背景下形成的法律引入一个全新的和不断变化的环境之中"[180]。这看起来非常无懈可击，但是布雷耶大法官接着提出了这一主张："为了让政府对极其严重的实践问题作出回应，而

---

[178] 一般可见 City of Los Angeles v. Preferred Communications, Inc., 476 U. S. 488 (1986)。

[179] 参较 Members of City Council v. Taxpayers for Vincent, 466 U. S. 789 (1984)（裁决将对公共财物上粘贴标记的禁止性规定适用于在电线杆上粘贴政治海报，是根据 O'Brien 标准施加的合理的时间、地点和方式的限制）。

[180] Denver Area Educ. Telecomm. Consortium, Inc. v. FCC, 518 U. S. 727, 740 (1996)。

不牺牲第一修正案旨在保护的观点的自由交换,灵活性是必要的。"正如他在其他背景下所提出的[181],布雷耶大法官提出了对他所谓的"第一修正案权利"进行直接审查,这违背了第一修正案原则。[182] 但是,与适用现有原则中更为绝对的、正式的(如果你愿意)规则相比,这种策略对于言论自由更具危害性,因为这使得在决定政府规制是否会促进特定情形下的言论自由时,首先是政府,其次是法院都会参与到个案决定中。[183] 当然,第一修正案及其形式主义的背后还存在一些价值和原则,这一领域原则的关键点就是把言论价值问题置于具体的特定的场合和特定的背景之下,而在政府决策者(包括法院)所及范围之外。只有在该原则分崩离析之后,我们才需要直接根据这些价值进行判断。我已经试图证明在有线电视方面这种灾难性的分崩离析尚未被证明。

　　互联网已经被认为是对第一修正案原则已经确立的观念和类型的激进的、事实上也是终局性的威胁。[184] 我对此根本不确信。事实上,互联网正在按照我所提出的方法解决有线电视的难题,而没有对该原则造成任何损害。与广播业和出版业一样,互联网向大量受众提供或多或少相同的信息。这种提供几乎是同步的,并可能到达遍布世界各个角落的数亿人。与此同时,因为互联网是个人之间的沟通媒介,它又类似于电话或邮政。它是中间的一切:各种各样的发言人,对每个可能的潜在受众的子集发言。当然,互

---

[181] *Nixon v. Shrink Mo. Gov't PAC*, 528 U. S. 377, 400—02 (2000)(Breyer 法官,协同意见书)。这一路径是 Cass Sunstein 所赞同的。见 Cass R. Sunstein, "Words, Conduct, Caste," 60 *U. Chi. L. Rev.* 795, 837 (1993); Cass R. Sunstein, "Pornography and the First Amendment," 1986 *Duke L. J.* 589, 622。

[182] *Nixon*, 528 U. S. 377, 400 (2000) (Breyer 法官,协同意见书); *Turner Broad. Sys., Inc. v. FCC*, 520 U. S. 180, 226 (1997) (Breyer 法官,协同意见书)。

[183] 见 Fried, "The New First Amendment Jurisprudence: A Threat to Liberty," 59 *U. Chi. L. Rev.* 229 (1992)。

[184] 见 Lawrence Lessig, *Code and Other Laws of Cyberspace*(1999) 及笔者所著评论, Charles Fried, "Perfect Freedom or Perfect Control?", 114 *Harv. L. Rev.* 606 (2000) (书评)。

联网的传输也需要一系列复杂的实体和技术。各个发言人和受众需要有一种机器,能够产生或接受最终的信息。这些机器,现在已经相对不那么昂贵,也许可以类比为纸笔、打字机,或者眼镜。这些机器必须相互连接,而这引入了相当的复杂性。这种连接可能是有线的,尽管它们也可能是无线的。在这方面,连接媒介类似于电话通信的媒介。但是,互联网的实质是发送者与某一个接收者或一组接受者的即时信息交换。普通的电话连接无法实现这一点,也无法处理互联网上可以获取的各种长篇的、含有大量数据的信息(文本、静态或动态的图片和声音)。你可以向一个或多个人发送传真,但是,和电话中的信息一样,对其加以发送的能力非常有限。互联网特有的能力取决于信息在发送端实现编码、传输,再到接受端解码。这些任务都由那些互联网服务提供商来完成,他们通过信道(互联网的"骨干")网络实现编码和传输,然后在另一端接收并解码。

140　　在美国和其他许多国家中,服务提供商都是私人公司。在美国,骨干信道也是私有的,正如电话和有线电视网一样。按与对待电话服务提供商一样的方式对待所有这些供应商,这是完全符合标准原则的:正如要求公用事业无歧视地传输所有这些信息一样。与有线电视的情形不同,这些频道实际上几乎可以接收和传输无限量的信息,以至于不存在对有线电视构成约束的那种稀缺。与电话信息一样,我们也没有必要对互联网信息进行分拣——实际上,在线路的另一端,互联网信息常常就是电话信息。有些互联网的狂热爱好者将这种开放获取的机制看做是宪法所要求的,他们认为互联网就是一种新的公共论坛。这是错误的。既然这些供应商是私有的,也就不存在什么公共的事物。也正是基于这一理由,第一修正案并没有强制这类公开获取。这些供应商的发言人也不愿意公开。他们是其他人言论的渠道。政府可能、应当,但是并不需要要求公开获取。只有在政府为规制言论,而强行规定了对可以、必需和不应传输的信息进行拣选的义务之后,第一修正案才能真正发挥作用(例如,也许可以允许或者要求传输者排除淫秽言论,但是,无论如何,这些被适当界定的言论都不受第一修正案的保护)。这些供应商也不得规避对于发送和传输信息的规制,与有线电视服务提供商受到的规制一样。他们可能不被禁止这么做,但是任何其他发送者也是如此。例如,联邦快递运送书籍就不能规避对于公共承运人的规制,即便这些书籍是由联邦快递出版的。

我不是想要表明在对互联网适用第一修正案方面并不存在重要的质疑,更不是要预测这一原则将等同于该任务。有创见的人们已经提出了许多问题。[185] 其中最为有趣的当属如何对互联网适用版权法。[186] 这一质疑就是法律的有趣和重要之处。要想取得成功,就必须冒着失败的风险。我只认为任何失败的哭丧都是非常不成熟的,而未能实现思想自由的代价确实是巨大的。

* * *

有关知识产权的编后记

在讨论诽谤问题时,我解释道:我们无法期待有太多的理论可供借鉴,也不必指望原理总能严格坚持思想自由的原则。这种包括专利法和版权法的体制,为表明对于理论而言现实可能是多么难以控制,提供了又一个范例。知识产权法,尤其是版权法,常常明确地限制了可以发表的言论内容,通常甚至会授权发布关于发

---

[185] 例可见 Alfred C. Yen, "Internet Service Provider Liability for Subscriber Copyright Infringement, Enterprise Liablity, and the First Amendment," 88 *Geo. L. J.* 1833 (2000); Brian E. Daughdrill, "Personal Jurisdiction and the Internet: Waiting for the Other Shoe to Drop on First Amendment Concerns," 51 *Mercher L. Rev.* 919 (2000); Stephen Fraser, "The Conflict Between the First Amendment and Copyright Law and Its Impact on the Internet," 16 *Cardozo Arts & Ent. L. J.* 1 (1998); Robert Kline, "Freedom of Speech on the Electronic Village Green: Applying the First Amendment Lessons of Cable Television to the Internet," 6 *Cornell J. L. and Pub. Pol'y* 23 (1996).

[186] 见 Lessig, 前注[184], 第 122—41 页; Fried, "Perfect Freedom," 前注[184], 第 622—30 页。

表的禁止令(事前限制)。[187] 主张这种体制只是财产法的一个分支,从而也是一种具有普遍适用性的体制,它在某些个案中对言论施加偶然负担,这无助于解决已出现的难题。[188] 版权更类似于在 New Yorks 案中最终以宪法处理的诽谤。这是与限制言论相关的一组特定原则。版权法在另一方面也与反诽谤法相似:这是一个完全脱离于第一修正案原则而发展成熟的法律部门。事实上,与反诽谤法案件不同,宪法中包含了具体的授权,即国会"通过保证作家在有限的时间段内……对他们的作品享有排他性权利,促进科学和文艺的发展"。[189] 这一规定是不寻常的,因为它表述了它的目标,并且这种表述显然是工具性的。在版权法的发展过程中,它并非一直对于布雷耶大法官所称的"第一修正案价值"没有感觉。首先,第一修正案中所表明的目标正是通过激励创造来促进言论。但是,这一方法与第一修正案原则的一般体制非常不相符,鉴于它是政府对这一领域的规制中内在的最大危险,无论多么有利,它都是有严格消极意义的。知识产权法本身已经反映了类似于第一修正案所存在的忧虑。例如,这一体制甫一开始就区别了两种思想:一种是不能获得版权的(尽管有时可以获得专利权)思想,另一种是以言词和图像的方式表达,可以获得版权保护的,在方法论上被称为"表达"的思想。[190] 此外,还存在着"合理使用"原则,允许出于特定目的,如批评和评论,对作品进行有限的利用。[191]

出于互联网所带来的大量新的出版机会的压力,第一修正案已

---

[187] 见 Copyright Act of 1976, 17 U.S.C. § 502(授权法院"在可能被视为可合理地防止或限制侵权的条件下",对侵犯版权行为批准临时或永久的禁令救济)。

[188] 见 *Cowles* 案相关讨论,可见前注[115]相应正文。

[189] U.S. Const. art. I, § 8, cl. 8.

[190] 例可见, *Fogerty v. Fantasy, Inc.*, 510 U.S. 517, 527(1994); *Feist Publ'ns, Inc. v. Rural Telephone Serv. Co.*, 499 U.S. 340, 349—50 (1991).

[191] 有关互联网出现之前的有关合理使用原则和第一修正案问题之间的相互影响,可见 *Harper & Row Publisher v. Nation Enterprises*, 471 U.S. 539 (1985).

经被援引来应对版权法对言论自由施加的限制的质疑。[192] *Eldred v. Ashcroft* 案[193]——最高法院有关版权法和第一修正案相互关系的最近的判例,该案不经意间扫除了言论自由可能对国会最近的一系列立法带来的质疑,这些立法延长了版权保护的期限,这威胁到宪法的版权保护条款中的"有限的时间段"的含义。[194] 不能确定,最高法院继续以第一修正案的概念来论述版权问题,是否会使得现有的体制保持原封不动。

---

[192] 见 Universal City Studios, Inc. v. Remeirdes, 82 F. Supp. 2d 211 (S. D. N. Y. 2000)(临时禁令), 111 F. Supp. 2d 294 (S. D. N. Y. 2000)(永久禁令)。
[193] 537 U. S. 186 (2003)。笔者是在该案中的数名原告的辩护律师之一。
[194] 见前注[189]及相应正文。

第五章　宗　教

一、宗教条款的悖论

"国会不得订立有关确立宗教或者禁止自由信奉宗教的法律。"这是在第一修正案的开头就提出来的。它突出的位置反映了——从殖民地、制定宪法直到现在——宗教在我们国家历史中的重要性。很多人来到新大陆,是为了逃避宗教迫害,或者为了建立宗教团体。在我们的早期历史中,尤其是在宪法起草时期,宗教在我们的公共生活中的职能经历了激烈的争论。在共和国的早期,宗教和政府之间存在着千丝万缕的联系。在某些早期的殖民地和后来新加入的各州中,对于不同的宗教观点,甚至包括(程度较轻的)不信仰宗教,有着较大的宽容。而在另一些地方,则建立了教堂,并对与官方正统不同的宗教派别进行迫害。在维吉尼亚州,浸信会教友遭到了迫害和监禁。[1] 宾夕法尼亚则对所有宗教派别都特别宽容。[2] 但是,无论在哪里,这个问题通常都引起了普遍与急切的关注。

今天,时局已相当不同。首先,各种可以视为宗教的信仰的范围已经有了很大发展,以至可能包括了根本不信仰神的观点,或者可能包括信仰多神的观点。在制宪时期,很可能对伊斯兰教没有

---

[1] Michael W. McConnell, "The Origins and Historical Understanding of Free Exercise of Religion", 103 Harv. L. Rev. 1409, 1423 (1990).

[2] 同上注,第1430页。

考虑,更不必说佛教或者萨泰里阿教(Santeria)*了。美洲土著民的宗教确实引起一些兴趣。虽然美国可能是全世界人们去教堂最频繁的国家之一,但是今天仍然还有很多人宣称自己远离宗教,在许多重要的环境下——例如,在名牌法学院的学生和教师团体中——个人的宗教信仰在很大程度上被作为个人事务对待,而不是可以得体地被探究和讨论的。正如道格拉斯(Douglas)大法官所言,我们可能是一个信奉宗教的民族[3],但是我们更是一个世俗的国家和世俗的社会。

今天,在理解有关宗教的宪法原则时,历史有着不同寻常的重要性。当然,只要想找到宪法原则发展的轨迹,了解宪法原则的历史总是非常重要的。而且在很多背景下,当代的原则明确参照了制宪时期的历史局势,从而要求对其加以详细探究。[4]但是,历史并非只在这种意义上对于当代的宗教条款原则才是重要的。事实上,作为一项历史问题,确立国教条款当然只是旨在限制联邦政府制定"有关"确立国教的法律——建立国有教堂或关闭在某些最初的十三个州中建立的教堂——为支持在任何层次上的某种政教分离原则,这种观念在50年前就被抛弃了。[5]而历史与当前对宗教条款原则的理解的关联度则比这更为基础。宗教条款的历史解释了该主题背后的巨大能量,即便脱离开当前社会中对待宗教的严肃性,这种能量仍可以融合今天的原则。今天人们关心宗教自由和政教分离的主题,这些关注都是历史的一部分,是我们作为民众

---

* 萨泰里阿教主要源自加勒比海地区,其历史可以追溯至黑奴交易的殖民帝国时代。各地的萨泰里阿教具有不同的特色,例如,洛杉矶西班牙裔的信仰者融合了许多民族根源,墨西哥的信仰者侧重天主教成分,而古巴的信仰者则强调罗马天主教的根源。——译者注

[3] *Zorach v. Clauson*, 343 U. S. 306, 313 (1952)(我们是在制度上先定上帝存在的信仰宗教的民族)。

[4] 例如,宪法第七修正案对在联邦法院接受陪审团审理的权利所提供的保障,仅限于类似于18世纪晚期的"普通法诉讼"的案件。见 *Colegrove v. Battin*, 413 U. S. 149, 152—57 (1973)。

[5] *McCollum v. Bd. of Educ.*, 333 U. S. 203 (1948)。

一员的一部分。让各级政府与宗教分离并不是禁立宗教条款的最初目的,但是甚至在政府支持宗教的那些州中——尤其是维吉尼亚——该主题也是众说纷纭的。[6]

正是这种特殊能量——较高参与度的主题与较长的参与历史的结合——使得今天的宗教条款法理比言论自由条款更具张力和不稳定性,尽管从文本上看,两者只是以分号相隔。考虑到在当代言论自由法理中对言论的广义理解,为什么需要另外单独规定一个条款来保护宗教信仰自由呢?信奉宗教是否可以被认为属于言论,包括象征性言论?在信仰自由和思想自由之间仍然存在着很大差别吗?信仰自由被认为促成了实践自由条款(Free Exercise Clause),而我坚持思想自由支撑着言论条款。对言论原则的泛化只是过去六十年的产物。在第一修正案出台之时,宗教实践的表达性和象征性的面向可能尚未被认为已经包含在言论之中,从而需要特别的提及。但是,今天的原则又是如何?宗教实践自由消解为自由表达了吗?或者留下了某些东西?在出版自由条款中,也可能出现同样的问题。鉴于言论的原初概念是有限的,单独提及出版可能是必要的,但是今天——当电影和广播电视被认为是言论——提及出版是否多余?可能的答案有两项:把这个条款视为现存的冗余,保留它只是出于强调并使我们回想起这段历史;或者是坚持他们对于出版界和宗教实践提供了更进一步的和独特的保护。就出版条款而言,后来的扩张趋势并没有对该原则产生多大的影响。[7]但是,在实践自由条款的法理中,现在的麻烦和争议也许就在于此。

如果按原初的意思理解,设立条款是没有问题的。在它目前的解释中——根据第十四修正案,被具体表现为针对各州——它因从各级政府的势力范围中去掉一个潜在的广泛主题而凸显出

---

[6] McConnell,前注[1],第 1423,1436,1438—1440 页。

[7] 最明确的表述可见 Potter Stewart 大法官的不同意见书。见 *Zurcher v. Stanford Daily*, 436 U.S. 547 (1978); *Branzburg v. Hayes*, 408 U.S. 665 (1972)。

来。言论和出版之间的反差是巨大的。尽管政府可能不会因为所说的内容而让发言人保持沉默,或者关闭报社,在政府选择和作出决定时,它当然可以自由地说出和发表所依据的各种法律,从而有效地证成其观点(例如,政府开展戒烟运动,限制销售烟草制品,对香烟科以重税)。相比之下,设立条款中的禁止赋予宗教以宪法体制中的特殊地位——这似乎是特别不利的地位:由于政府可能不会对于这个唯一的主题主张自己的观点,当然也就不会使观点成为采取行动的外在依据。同样明显的是,许多国家在第二次世界大战以来都制定了新的宪法——包括德国和南非,它们对个人权利实施较强保护,只有印度实施了与取自当前宪法原则的政教分离相类似的制度。[8]

我们该如何理解宗教在宪法中所处的特殊地位?宪法中隐含的是对宗教的何种理解?它是否表明对国家和个人之间关系的理解?抑或这是否是一种历史的人造物?即使对于这些更为一般性和在理论上较为模糊的问题并没有令人满意的答案,宗教存在于文本之中并至今仍在继续发挥功效,从而需要某些尽责的认识。无疑,在制宪时期,与他们所做的其他事情相比,许多人更关注他们的教堂、宗教及他们与神的联系,因此,这似乎是这项新社会契约的一个审慎的限制性条款,它将宗教置于新国家政府的势力范围之外。许多人也许仍然持有这样的观点,但是无论如何,将宪法看做是社会契约的一部分,当前这一代需要相信这种原初的安排。但是,即使按照某一标准来判断宪法——该标准来自罗尔斯(Rawls)并可以更远地追溯至康德(Kant)——考量理性人会接受何种公正的宪法安排,而不问他们实际的倾向(信仰宗教或者不信教),宗教可能仍需要特别的关注。

宗教并没有被认为是一种口味或偏好。信教者不会去选择其宗教,毋宁说是宗教选择了他。宗教对信徒的要求是有力的和

---

[8] 见 Charles Fried, "Five to Four: Reflections on the Voucher Case", 116 *Harv. L. Rev.* 163, 183—184 (2002)。

包罗万象的,这与宗教的本质相符。宗教包括了对世界万物的本质和起源的解释;它是价值和欢乐的源泉;它提供了调整对他人、对自然或者对自身的行为的道德守则;它常常会规定礼拜式、仪式和规程,这些构成了信徒的时间和生活的基本职能的框架。由于认识到信徒发现自己在面对相互竞争的宗教和民事义务时陷入的两难困境,而且在被迫支持一种他们不信仰的宗教或为其捐款时,他们可能感到特别唐突,理性人会坚持认为宗教获得了特殊待遇。

理性人也许明确认识到,所有这些并不会产生一个对于宗教应该处于何种特别地位的统一尺度。毕竟,事实上,豁免人们的宗教义务,常常会给那些得到这种豁免的人增加负担。尽管认识到承担宗教义务的人主张宗教义务相对于世俗义务的优先性,置身于宗教义务之外的人们仍然指出,其他类型——个人的或者共同的——义务的承担者也是如此。例如,许多人认为,他们对于家庭或朋友承担的义务优先于对国家的义务。而很多具有很强的道德或政治信念的人认为,这些义务代表了判断,从而优先于国家的需要。而不信教的人可能会有同样的道德或政治信念,并准备据以行事,但是他们很少会同意,任何承担这种义务的人——无论对象是个人、集体还是精神信仰——应该享受与宗教信徒所要求的同样的对国家义务的豁免。许多宗教徒承认和尊重这样的事实,即他们生活在一个这样的社会中,他人并不承担与他们一样的——或许也是任何的——宗教义务,他们甚至可能承认一项道德的——也许是宗教性的——义务,即以各种方式接受他们与其他公民之间的差别。"让凯撒的归凯撒,上帝的归上帝。"但是,这只在一定程度上减少了困难,因为原则仍需要界定两个领域之间的界限。而宗教的信徒还是非信徒,谁的观点应该确定这一裁决?

迈克尔·麦克康奈尔(Michael McConnell)已经指出,在建国时期这一两难困境还不这么严重,而宗教条款只是被看做是对这一时期的洛克式有限政府的理想的生动表达:

洛克指出,政府的"整个管辖权限"应当限于"世俗利益",它包括"人的生命、自由、健康和疾病,和对诸如金钱、土地、房屋、家具之类身外之物的占有"。在《政府二论》中,洛克坚持认为政府的"主要目的"是保护"财产",他将其定义为包括"生命、自由和不动产"。当政府的目的只限于此,自由就有保障了。在洛克的理论中,自由主义和宗教自由之间并不存在紧张关系:它们在本质上是一样的。它们都认为政府的权力是有限的。[9]

但是,麦克康奈尔接着认识到,简单地将有限政府与宗教的丰富和安全的空间等同起来——同时包括宗教实践自由和禁立国教原则——不再能够在现代的福利/行政国家中得以实现。现代国家的职能远远超出保护生命、自由和财产,它以这样或那样的方式关注本国公民幸福的各个方面。

一种观点通过实际上把宗教条款视为时代错误,并将其纳入第一修正案的言论和结社自由条款之中,来解决这种两难困境。基于同一观点,设立条款只是要求宗教和教堂得到与其他学说和团体同样的对待。菲利普·库兰(Philip Kurland)曾主张,这两项条款意味着政府必须"不区分宗教"——既不限制也不优待宗教。这里提出了一个条理分明的体制,但是与该条款对宗教的重视不一致。它将会禁止任何对宗教的迁就,例如对出于宗教良心的反战者免服兵役,而要求宗教组织,尤其是宗教学校,与诸如私立学校或医院等其他组织相比,在同等条件下享受优惠待遇。[10] 而另一极端则是布伦南(Brennan)大法官在 25 年前所表达的观点:根据宗教实践自由条款,不仅仅是信仰和职业,还有宗教良心所推动的行为,都享受较高程度的民事控制豁免权;但是,他对设立条款

---

[9] Michael W. McConnell, "Why Is Religious Liberty the First Freedom?", 21 *Cardozo L. Rev.* 1243,1248 (2000)(省略脚注)。

[10] Philip Kurland, "Of Church and State and the Supreme Court", 29 *U. Chi. L. Rev.* 1 (1961).

的理解要求：教堂不适合于市民社会中的其他团体与政府之间的多种合作性互动。这两种观点都是不稳定的，而宪法原则在这两种观点之间艰难地摇摆不定。库兰的观点之所以不稳定，是由于它忽视了宗教的特殊地位，这是由宪法文本赋予宗教并在它的历史背景下确认的；而布伦南的观点之所以不稳定，则在于他对设立条款的见解与他对宗教实践自由条款的见解相冲突。库兰将宗教实践自由条款的"下限"定得非常低，而对设立条款的"上限"定得非常高，在两者之间留下了政府实施权术的空间。布伦南几乎没有在上限和下限之间留下任何空间——事实上，有时似乎下限比上限还要高。麦克康奈尔会坚持高度宗教实践自由条款的保护和极高的设立条款的上限。这对于宗教极为有利。而史蒂文斯(Stevens)大法官则倾向于低的设立条款上限和低的宗教实践自由条款下限，从上到下都对宗教非常不利。[11] 宗教条款原则的不确定性及其轨迹反映了这些紧张关系和两难困境。

二、学说

在缺乏可靠的用于确定什么被视为宗教的宪法原则的情况下，干预宗教实践自由或者其设立，没有什么比这更能生动地表明有关宗教的宪法原则中存在的根本性混乱。我会在本章的最后部分考虑这一问题。它对我所说过的每一个问题都投下了阴影，必然会使宪法学的研习者不再相信我们所遇到的这一主题，该主题的基础可能被明确地认识并自信地外推到新问题。相反，对这一材料的正确解读可以得出这样的结论，即法律已经或多或少停留在——在这种意义上它已经——一种妥协的集合上，它大致与我们不一致的人群的历史义务和当前体验相一致。

---

[11] 494 U.S. 872 (1990).

（一）实践自由条款

实践自由原则变动的两个极端体现在1963年裁判的 *Sherbert v. Verner* 案[12]和1990年判决的 *Employment Division v. Smith* 案[13]。七日基督再临论者谢伯特（Sherbert）女士，在其雇主——一家纺织厂——将每周5日工作制改为6日工作制之后，因基于宗教理由拒绝在周六上班而被解雇。出于（宗教原因上的）良心顾忌，她没能找到其他工作并申请州失业救济金。但是，她的申请遭到了拒绝，理由如州成文法所规定的，她"无正当理由而没有接受'所提供的合适工作'"。布伦南（Brennan）大法官承认这并不是一个对于宗教信仰实施政府规制的范例，因为基于该规定，"实践自由条款的门户已经被牢牢关闭了"[14]。相反，正如只是擦边涉及言论的政府规制的情形[15]，州已经对谢伯特的宗教实践强加了间接的限制，"强迫她在遵守宗教诫命放弃利益与放弃遵守宗教诫命接受工作之间进行选择"[16]。这种"对于上诉者的宗教实践自由所施加的偶然限制，只有'在州规制权之内，对某一对象进行规制之中存在迫切的州利益时'才是正当的"[17]。最高法院最后裁定，甚至对个人宗教实践自由施加偶然限制的政府活动也必须受到严格审查：该规制必须加以严格的设计以符合迫切的政府利益。这是极端的情形。

我们看到，类似对作者收入征收的所得税和对书店或出版社征收的不动产税，偶然限制通常根本不会受到强化的监督。只有在该规定限制了对公共论坛的利用，或者政府试图规制与表达密切联系的行为时，才会有强化的监督，即使在这时，这也没有达到

---

[12] 374 U.S. 398 (1990).
[13] 494 U.S. 872 (1990).
[14] *Sherbert*, 374 U.S. at 402.
[15] 见第四章。
[16] *Sherbert*, 374 U.S. at 404.
[17] 同上注, at 403. 最高法院援引了一个政治性组织案件，*NAACP v. Button*, 371 U.S. 415, 438 (1963).

布伦南大法官在 Sherbert 案中所宣称的高度。[18] 尽管有些宗教的信徒们可能反对为其收入缴纳所得税，或者反对不得不遵守在教堂门前的街道上停车的规定，但是他们几乎不向法院提出这些反对意见，甚至在他们这么做的时候，他们也因为异想天开而被置之不理。[19] 最高法院从未同意过如此具有深远意义的权利要求。实际上，直到 20 世纪中期还没有什么宗教条款的权利要求，很大程度上是因为这些条款还没有被认为已经纳入到针对各州的第十四修正案，而在联邦层面上很少对宗教进行规制。Reynolds v. United Sates 案[20]就是早期的一起开创性案件。该案的被告主张，一夫多妻制是由末日圣人基督教（摩门教）的教义加诸他的宗教义务，从而，对他适用认为一夫二妻构成犯罪的联邦法律，这实际上构成了对宗教实践自由的禁止。这一主张遭到拒绝："根据第一修正案，国会无权立法规制任何单纯的观点，而只能立法规范违反社会义务或者破坏良好秩序的行为。……同意这一主张无异于使得所公开表示的宗教信条高于国家法律，从而实际上准许每一公民自行立法。"[21] Employment Division v. Smith 就是对 Reynolds 案中表明的标志性原则的当代表述。史密斯（Smith）和另一个同为吸毒者复归社会顾问的人，因为他们在美国本土教会仪式中持有的佩奥特仙人掌（Peyote）*违反了俄勒冈州刑法，而被解雇。该法并没有为这种宗教引起的持有行为规定适用例外。因为他们是由于工作相关的错误行为而遭到解雇的，他们的失业救济申请也遭到拒绝。安东尼·斯卡利亚（Antonin Scalia）大法官代表法院写了判决书，

---

[18] 见第四章。

[19] 见 Tony and Susan Alamo Found. v. Sec'y of Labor, 471 U.S. 290 (1985)（宗教组织使用"自愿者"参与加油站和其他业务的运营，必须遵守工薪工时方面的法律）。

[20] 98 U.S. 145 (1878).

[21] 同上注，第 164, 167 页。

* 在美国，有一教派组织名为"佩奥特教"，其一直食用一种仙人掌属植物"佩奥特掌"，其中含有"佩奥特碱"，这是一种可以给人造成幻觉的致幻剂，因此受到俄勒冈州刑法的制约。——译者注

清楚地表达了其立场:

> 我们从不认为,当该法禁止的是国家有权规制的行为时,个人的宗教信仰使其有理由不去遵守另外一部有效的法律……在与宗教容许长期斗争的过程中,出于(宗教原因上的)良心顾忌还从未使人可以不去遵守并非针对促进或限制宗教信仰的一般法律。仅仅与政治社会的相关问题相矛盾的宗教信念,并不能让人免于承担政治性义务……宗教实践自由的权利并不能仅仅是因为一部法律支持(或禁止)其宗教禁止(或支持)的行为,而让人免于遵守这部具有普遍适用性的有效和中立的法律。[22]

Sherbert 案的极端性可能会被认为与 Smith 案的严厉性相匹配。这两起案件都带来了明确的不同意见和激烈的争议,Smith 案导致国会制定了一部法律,即《宗教自由恢复法》(Religious Freedom Restoration Act),其目的就是为了推翻这一案件,也因此而被裁定为违宪。[23]

首先讲述一下 Sherbert 案的荒谬性。宗教实践就其主题而言,要比一般意义上的表达更为狭窄,但也可能因为宗教实践需要的不仅仅是宣称信仰,还包括与宗教相符的行为,而比一般意义上的表达更为宽泛。行为的范围可能只限于参加礼拜仪式、念祷文、唱灵歌或作出礼拜动作。所有这些都可以理解为表达:他们属于言论,因表达性目的、象征性进行、表达性动作而与他人相关。无疑他们都是受保护的。但是,宗教还需要更多实践:包括最大范围的被要求的作为和不作为。对于言论的有些偶然限制——类似于一般的税收和劳工体制——也适用于宗教表达,但禁止虐待伤害儿童法、分区法[24]和建筑法典,规定服装标准的法律[25]可能会,有时

---

[22] 494 U. S. 872, 878—879 (1990)(省略引号和内部的引用标记)。
[23] *City of Boerne v. Flores*, 521 U. S. 507 (1977). 见第二章。
[24] 同上注。
[25] *Goldman v. Weinberger*, 475 U. S. 503 (1986).

甚至已经影响到宗教实践。同样，政府对自己财产的管理，因为限制了对该财产的宗教权利要求，也已经被认为限制了宗教实践。[26] 因为根据宗教条款的法理，法院不得独立地评估一项具体的禁止或要求对特定的宗教而言可能具有怎样的重要性[27]，根据 Sherbert 案的标准，有宗教顾忌的人可能会迫使政府证明，几乎任何法律是如何服务于急迫的利益并被严格限定于该利益。如果没有满足这一要求，政府必须对此人豁免适用该法律。Smith 案拒绝了这一可能性，它似乎并没有像言论条款进一步保护表达行为那样进一步保护宗教。

现实做法（也就是行为）也可能不会因为限制宗教的目的而遭到禁止。此类"宗教操纵"[28]的一个明显的例子，是 Church of the Lukumi Babalu Aye, Inc. v. City of Hialeah[29] 案中的条例，该条例禁止在城区内宰杀动物，但是因为有着如此之多的豁免规定，最高法院判定：该条例只是禁止了作为宗教仪式一部分的动物宰杀行为。这是一项意义重大的保护。政府通常会因为它不喜欢特定行为或者从事该行为的这种人，而限制或完全禁止某种行为。但是，它可能不会仅仅因为不同意导致这种行为的宗教，或者只是作为一种宗教实践，而禁止某种行为——如女性割礼。政府心中必须铭记宗教中立的目的。因为这种以宗教为核心的法律不具有普遍的适用性，这一禁止与 Smith 案的判决相符。也许还可以说，这类宗教控制者未能达到第四章所讨论的 O'Brien 标准，因为构成的这种实践的行为是表现宗教性质的，对该行为有目标的禁止并不是针对一般行为（例如，户外营火），而是因为它具有表达宗教的性质

---

[26] Lyng v. Northwest Indian Cemetery Protective Ass'n, 485 U.S. 439 (1988); Bowen v. Roy, 476 U.S. 693 (1986).

[27] 同上注。

[28] "宗教操作"这一用语似乎得到了第二大法官 Harlan 的呼应。见 Walz v. Tax Comm'n of the City of New York, 397 U.S. 664, 696 (1970) (Harlan 法官，协同意见书).

[29] 508 U.S. 520 (1993).

（正如焚烧旗帜以表达观点）才加以禁止。这并不是说一部法律如果是因为一种宗教实践引起立法部门的关注而制定的，即使在宗教背景之外也同样适用，就可以被看做是宗教操纵。女性割礼可能就是这种实践的一种例子。

那些使宗教徒的生活变得艰难的法律，其制定目的很少就是为了要伤害他们。对 Sherbert 和 Smith 造成伤害的法律当然并不具备这样的目的。那些要求服兵役，或者儿童入学，或者注射疫苗的法律也是如此。那些反对者常常会受到残酷的迫害，Smith 规则也不能为他们提供救济。尽管大约三十年间，Sherbert 规则是明确的宪法规则，最高法院仍然只对 5 起案件适用该规则裁定撤销立法：其中三起属于类似 Sherbert 案的失业救济金案[30]，一起案件是认定对旧规阿米什人（Old Order Amish）适用要求 16 岁以下儿童入学的法律[31]，一起案件是撤销禁止牧师服务于立法机关的州宪法规定。[32] 最后这起案件也可以根据 Smith 规则撤销立法。但是，大量的法律出于各种理由而逃脱了被宣告无效的命运：因为类似监狱[33]和军队[34]的特殊背景，因为该行为与政府对其资源的管理相关[35]，或者因为该规则被认为是实现急迫的国家利益所必需的。[36] 政府资源的情形，依赖于削弱 Sherbert 规则的前提的主张：对政府资源的规制不同于政府对私人行为的规制。但是，政府资源属于公共资源，因为其宗教义务而对它们加以管理，在一定程度

---

[30] *Frazee v. Ill. Dep't of Employment Security*, 489 U.S. 829 (1989); *Hobbie v. Unemployment Appeal Comm'n. of Fla.*, 480 U.S. 136 (1987); *Thomas v. Review Bd. of Ind. Employment Security Div.*, 450 U.S. 707 (1981).

[31] *Wisconsin v. Yoder*, 406 U.S. 205 (1972).

[32] *McDaniel v. Paty*, 435 U.S. 618 (1978).

[33] *O'Lone v. Estate of Shabazz*, 482 U.S. 342 (1987).

[34] *Goldman v. Weinberger*, 475 U.S. 503 (1986).

[35] 见前注[2]。

[36] *United States v. Lee*, 455 U.S. 252 (1982)（在全面统一的税法制度中的权利）；*Bob Jones Univ. v. United States*, 461 U.S. 574 (1983)（公共政策反对给种族歧视的教育机构提供税收豁免）。

上是对履行这些义务的一种限制。在 United States v. Lee 案中[37]，即使"阿米什人相信如果不供养他们的老年人是罪恶的"，对旧规阿米什人所支付的或者取得的工资中扣除社会保障税的要求仍通过了严格审查。[38] 对最高法院有所触动的最急迫的利益，就是要求社会保障和所得税之类的制度能够普遍适用，而无需调查特定豁免规定的有效性和迫切性。尽管这无疑是一项真实的需要，但它只是"反对公民自我立法"——这也是 Smith 案的判决依据——的一个例子。确实，在现代福利—管制—行政国家中，大量无视一部分人违法的法律在令人满意的实施中没有产生引人注目的区别，但是公开允许这类违法行为导致的道德风险会使得这些体系破产。如果虔诚即可作为检验宗教豁免的主张的标准[39]，这种道德风险就会非常巨大，对其加以保护的行政困难也会非常巨大。这并不意味着宪法原则断定该风险不值得经历，但是 Lee 案的推理过程暗示着并非如此。对于 Bowen v. Roy 案[40]来说也是如此，该案中在允许联邦福利机构向其幼女——Little Bird of the Snow——分配一个社会保险号作为她获取利益的条件的问题上，罗伊（Roy）的宗教顾忌没有受到尊重，即使这个小孩的号码可以轻易地在通常的过程之外进行处理。

另一方面，从大量相反的原则来看，Smith 案认为舍伯特是一个异类的主张，并不能完全成立。例如，在 Braunfeld v. Brown 案[41]中存在值得注意的模棱两可的主张，Smith 案主要依赖这一主张。Braunfeld 案拒绝了一位正统派犹太教徒提出的实践自由要求，他要求豁免适用周日歇业法，该法迫使他在周末的两天关闭零售店，而他的竞争者只歇业一天。布伦南（Brennan）大法官，和他

---

[37] 455 U.S. 252 (1982).
[38] 同上注，at 255.
[39] United States v. Ballard, 322 U.S. 78 (1994)（裁决那些作为"I Am"运动执行人而主张有康复力量的人，犯有邮件欺诈罪）。
[40] 476 U.S. 693 (1986).
[41] 366 U.S. 599 (1961).

两年后在最高法院为 *Sherbert* 案出具的意见不同,认为该法"将个人置于其事业和宗教的选择中"[42]。首席大法官沃伦(Warren)的多数意见[43]并不是对 *Reynolds* 案的模棱两可的包含:

> 未经最为严格的审查,而撤销只是对信教自由施加了间接的限制的立法,即那些并不使宗教实践本身成为非法的立法,将从根本上限制了立法机关的运行空间……我们无法期待,更无从要求,如果一些法律可能在某种程度上会导致一部分宗教派别而不是其他人——因为不同宗教的特殊实践——在经济上处于不利地位,立法者就不为规制行为而制定这些法律。

以下就是该判决意见所宣告的规则:

> 如果一部法律的目的或**效果**是阻碍一种或者所有宗教的遵守,或者是在各宗教之间进行不公平的对待,即使该限制可能被认为只是间接的,根据宪法这部法律仍是无效的。但是,如果州在其权限范围内制定一部一般性的法律,其目的和效果是为了促进州的世俗目标,尽管法律对宗教遵守施加了间接限制,它仍是有效的,**除非各州可能通过不施加这类限制的措施来实现其目的**。[44]

这并不是 *Smith* 案中所宣告的严格的具有普遍适用性的法律标准。首先,该规则开始似乎仅限于间接限制是经济性的案件,排除那些具有普遍适用性的法律使得"宗教实践本身成为违法"的情形,正如此前的 *Smith* 和 *Reynolds* 案那样的情形。其次,这种表述不仅排除了那些其目的是对宗教实践进行限制的法律,正如 *City of Hialeah* 案那样,也排除了那些其效果是阻止宗教遵守的法律。但是,

---

[42] 同上注,at 611.

[43] Frankfurter 大法官的宏篇大论的协同意见书,Harlan 大法官也加入其中,基于这里涉及的理由没有同意首席大法官的意见,而是集中于本身的要点。

[44] *Braunfield*, 366 U.S. 606—07 (粗体为原作者所加)。

显然周日歇业法，与 Sherbert 案中的失业救济排除条件和 Smith 案中关于毒品的法律一样，都有阻止宗教遵守的效果。最后，对"一般法"规则的总结性表述本身被限定为：只有在政府不能通过一些较少限制性的手段来实现其目的的情况下，对宗教遵守的限制才是符合条件的。也许通过公休日可以获得普遍安宁这一目的，是不能通过对安息日者豁免适用而达到的，但是，正如许多州和联邦政府事实上所做的，严格的毒品法已经通过豁免在宗教仪式使用某些物质而得到显著的放松，这是个公平问题。

针对 Sherbert 案的一个强有力的主张是，它让法院成为不受原则指导的约束的最后的仲裁者，法院裁定几乎所有规制行为的法律的重要性和对不确定的人群和诉求给予豁免的合适性。但是，作为对 Sherbert 案的回应，Smith 案的表述似乎不如美国传统上对宗教自由特殊考虑那么宽容。[45] 它甚至不如对根据言论条款对表达赋予的保护那么宽容，因为如前所述，O'Brien 标准和公共论坛原则提供了某些反对间接限制的保护措施。宗教有时候根据这些原则得以被保护，在这种意义上宗教实践也属于表达行为。[46] 类似地，赋予父母指导子女教育的实体性宪法保护也已经扩展适用于在宗教背景下的教育[47]，也不得不包括以外语进行的教学。[48] 但是，如果我们让 Sherbert 负担标准对作为行为的宗教实践充分发挥效力，法律及其实施的一般性将会受到极大的阻碍，同样，在这种意义上，实践自由条款对宗教实践（亦即，基于宗教的行为和节制）的保护也会受到极大的阻碍，而既然宗教操纵行为被排除在对平等保护的否认之外，Smith 规则的效力就非常小——事实上几乎根

---

[45] 见 Michael W. McConnell, "The Problem of Singling Out Religion", 50 *DePaul L. Rev.* 1, 12—15 (2000)。

[46] 例可见，*Martin v. City of Struthers*, 319 U.S. 141 (1943)；*Cantwell v. Connecticut*, 310 U.S. 390 (1923)。

[47] *Pierce v. Soc'y of the Sisters of the Holy Names of Jesus and Mary*, 268 U.S. 510 (1925)。

[48] *Meyer v. Nebraska*, 262 U.S. 390 (1923)。

本没有。

因此，在这一部分的原则和对某些中间道路的吁求之间存在着明显的冲突，但是，除了不受准则或原则指导的个案权衡之外，没有谁能指出这种道路可能是什么。与之前的哈兰大法官一样，斯卡利亚大法官认为，因为美国的立法传统上对宗教信徒规定豁免，具有普遍适用性的法律原则的严苛在很大程度上被消解——特别指出，立法对在圣典上使用葡萄酒或佩奥特仙人掌的豁免，以及免除发誓或服兵役的义务。依靠立法来解决宗教中的两难困境当然使法院免于承担这些困难的任务，即分配公开宣布的政策的权重，并决定在赋予宗教豁免时，这些政策将会遇到怎样的困难。但是，这一方法也有其不便之处。首先，它使宗教自由部分任由多数人的容忍来摆布，而这种容忍不太可能向少数的、不熟悉的或志趣不相投的宗教团体展现。其次，这些立法中的豁免规定合起来已经被认为是对宗教切实的偏袒，而这是另一个宗教条款——设立条款所反对的。[49]

（二）设立条款

设立条款的文本和历史，使得在当代原则中运用这一条款时，对它达成清晰和迫切的理解更为困难。取而代之，我们有一组词汇以及一个显著的隐喻，即教会和国家之间的隔离之墙。[50] 必须加以说明的是，存在着有关遵守设立条款的教会法意义上的标准，

---

[49] Kurland，前注[10]，at 7—8（提及最高法院在 Reynolds v. United States，98 U. S. 145，164 (1878)的"根本合理性"，对此，Kurlan 的表述如下："允许仅仅基于宗教而准许个人免于遵守法律，将让他人因为未能皈依同样的信仰而遭到惩罚"）；又见上注，at 94（指出这个问题，"豁免根据宗教信仰制定并有效颁布的警察条例的义务，是否构成对'设立条款'的违反"）。

[50] 见 Reynolds v. United States，98 U. S. 145，164 (1878)（引用 Jefferson 之语：要相信宗教是只存在于人与神之间的问题；他不需要对别人讲述他的信仰；政府的立法权只调整行为，而不调整观点——我对全美人民的行为以主权性尊重的态度进行了思考，他们宣称立法机关"不得制定有关设立国教或者禁止宗教实践自由的法律"，从而在教会和国家之间筑起高墙）。

该标准是在 Lemon v. Kurtzman 案[51]中宣布的：

> 首先，成文法必须具有世俗性的立法目的；其次，其主要或基本的效果必须是既不会推动也不会禁止宗教的；最后，该法不会导致"与宗教的过度联系"。

在裁决疑难案件时，这一标准实际上全无用处。例如，设立条款本身以及根据该条款采取的政府行为，似乎是违反标准的第一分支。出于这一原因，对宗教的普遍容纳——诸如在教育和慈善机构中包含教会就可以免于各种州、地方和国家的税收，免服兵役，为宗教指示留出时间等——在 Lemon 案中并未被描述为宗教的特别特权，尽管它们表面上是如此，而是被作为推进假定的社会和谐的世俗目标的措施。[52] 虽然如此，Lemon 案标准继续被引用，确实不是因为其解释力，而是作为法院希望保持法理上的连续性和一贯性的标志，尽管该法理以不一致、不连贯和变动着的微弱多数为明显特征。[53] 要理解这种不加修饰的无序状态，其最佳的方法就是一方面展现法官们，有时也是整个最高法院整体的根本立场的范围，而另一方面列明提出设立条款诉求的案件类型。这样就产生了一个粗略的范式和临时性的轨迹。

布伦南大法官所一贯坚持的最严格的政教分离立场，现在也是为约翰·保罗·史蒂文斯(John Paul Stevens)、戴维·苏特(David Souter)、鲁思·巴德·金斯伯格(Ruth Bader Ginsburg)大法官以稍为温和的方式所坚持的立场，这一立场会寻找并宣告那些将国家与宗教相联合的任何行为无效，并以极端的怀疑主义来处理任何在政府资源与宗教之间进行沟通的行为。当然，要谴责所有支持宗教的行为，而不与宗教实践自由条款和长期存在的实践相

---

[51] 403 U.S. 602, 612—13 (1971).
[52] 对这类豁免的例子，可见 McConnell，前注[45]，at 3—6。
[53] 在 Allegheny County v. American Civil Liberties Union, 492 U.S. 573, 593 (1989)中，最高法院背离了 Lemon 标准，它裁决"设立条款，至少禁止政府对宗教信仰问题表明立场，或者'坚持与个人在政治团体中的地位相关的宗教'"，但是随后又回到了这一标准。

矛盾,这是不可能的。作为不同意见,布伦南和史蒂文斯大法官愿意谴责将立法会议以政府付费的牧师的祈祷开始,但是人们担心他们是否会继续扩展他们的意见,不准许军队和监狱中存在牧师。他们没有再进一步,去谴责国家货币上"我们信奉上帝"的字样,或者是最高法院会议以"上帝保佑合众国和这尊贵的法院"开始。[54]很难说明什么可以解释这些停止区。假定没有把设立条款原初和文本上的意义,限定为给各州规定"有关设立国教"的所有事务[55],另一个极端也是不容易阻止的。迈克尔·麦克康奈尔(Michael McConnell)在大量的作品和数次在最高法院的论辩中已经提出一项规则,即设立条款只是禁止赋予宗教某些特别特权和利益的政府行为,但是,只要该行为对宗教进行辅助的同时,使得按世俗的标准来确定的世俗的机构和个人也能从中受益,就不会遭到禁止[56](我们已经看到,对于实践自由的问题,麦克康奈尔坚持宗教享有大量的豁免和特权)。只要世俗的私立学校也可以获得类似的补贴,这一标准也允许州向教区学校实施补贴。与一些对宗教自由有着强烈义务的自由民主社会相比,这对于宗教并不更为宽容。但是,这对于持有下述见解的人是强烈的谴责,他们声称当代的设立条款体现了杰弗逊(Jefferson)所提出的原则,即为支持他人的宗教,甚或是他本人的宗教而征收税收,税额再少,也是专制的。[57] 因此,在继续论述之前,我必须列出在宗教和政府关系的另一轴的各项元素。

---

[54] 见 *Lynch v. Donnelly*, 465 U. S. 668, 674—78 (1985)(认为"我们历史中充斥的是对开国元勋和近代领导人的深思和发言中的神明指引的企盼和价值的官方参照",这段历史可能"有助于解释为什么法院拒绝对设立条款采取僵化、绝对的看法")。

[55] *William Rehnquist* 大法官,如他之后所作的那样,在 *Wallace v. Jaffree*, 472 U. S. 38(1982)案中,似乎愿意考虑回到设立条款的文本含义上来。

[56] 例可见,Petitioner's Brief, *Mitchell v. Helms*, 530 U. S. 793 (2000)(No. 98-1648),1999 WL 639126, at 33—38 (August 19, 1999)。

[57] 见 *Everson v. Bd. of Educ. of Ewing Township*, 330 U. S. 1, 16 (1947)(Black 法官)。

接近该轴原点的是政府看起来允许自己以某种象征性的方式与宗教相联系的情形，例如，它允许私人组织在公共公园中进行圣诞展览。尽管该原则的某些争议可以体现在这些情形之中，在众多事项之中，仍然难以采用一项严格的原则来区分这样两个圣诞节的孤儿院，其中一家有圣诞老人以及驯鹿拉的雪橇的形象，而另一家则没有。[58] 另一极端是学校中的祈祷情形，例如 *Engel v. Vitale* 案[59]中，州董事委员会起草一份祷词，一个学校董事会要求在每个上学日开始前必须背诵（不要求没有意愿的学生参加）。在这两个极端之间还有一些情形，例如，公共资金流向教会或教会相关组织，以帮助他们提供一些服务，如医疗保险、各种层次的教育、收养服务、儿童看护、老人看护等，政府可能会另行直接提供这些服务。这些中间类型构成的服务系统，与 *Engel* 案中的学校祈祷相比具有较少的强制性和侵犯性，但是这里集中了所有的热点。理由是充分的：大量的金钱具有潜在的风险，更为重要的是，对于并非来自富庶家庭的子女而言，与教会相关的学校是公立学校的重要竞争者，而且如果公立学校的费用优势为这些补贴所消解，就会危及政府在初级和次级教育中近乎垄断的地位，以及伴随它的强大的政治和意识形态利益。贯穿设立条款原则的不一贯性纷繁难解之处，也许可以用争论的某些参加者的风险如何之高来加以解释。[60]

近年来，数位法官已经自愿将这一分析加以推进，超越"分离墙"之类口号的简单重复，或者利用毫无意义的 *Lemon* 标准来考虑设立条款法理可以提供哪些基础性原则（由于这正是宪法所要求的，无论是否愿意，厌恶这种分析毫无用处，因为——正如我们所看到的——在这里，回溯这一条款的文本或原初含义是徒劳的。

---

[58] 可对 *Lynch v. Donnelly*, 465 U. S. 668 (1984)（不违反设立条款）与 *Allegheny County v. American Civil Liberties Union*, 492 U. S. 573 (1989)（违反设立条款）加以比较。

[59] 370 U. S. 421 (1962)。

[60] 见 Fried, 前注[8], at 163—172。

它要么是原则,要么什么都不是)。在明确这一争议的术语——如果不是原则本身——方面已经取得了一些进展。斯卡利亚和迈克尔·麦克康奈尔大法官提出的分析思路[61],是把设立条款视为对良心自由的进一步的保障机制:政府行为强迫一种不必要的宗教证词——类似于 West Virginia Board of Education v. Barnette 这样一起有关言论自由的案件中的向国旗敬礼的行为,在这种意义上这种行为是违宪的。[62] 类似地,正如在 Lemon 标准的第三项所列明的,禁止政府与宗教的勾联,也许可以视为保护信徒参加他们自己——而非其他人——的正统观念所定义的教会的自由。[63] 设立条款的理念的效力也有它明显的缺陷:对于那些无法通过保护表达自由或者保护宗教实践自由而奏效的情形,这一理念也无能为力。要回避这一反对意见,就必须对强制的概念加以扩展,不能仅限于以国旗敬礼案为例的这种类型的强制,该案中不参加这一活动的孩子就被学校开除,并指责他们的父母造成孩子的退学。在 Lee v. Weisman 案[64]中,最高法院否决了由一位公共的牧师参加初级中学的毕业典礼的做法,尽管这一仪式并不是强制参加的。最高法院提到了"造成间接强制的特定风险",对非信仰者或反对者造成的印象是"企图运用国家的机制来实施宗教的正统学说",而且"公共压力,或者同行压力……尽管是细微的或者是间接的……是和任何外在的强制同样真实的",对于那些不愿意的参加者而言,肃立并保持沉默看来至少是一种参与形式,而不是针对他们观点采取尊重的态度。[65](此后这一裁决已经扩展到在高中足球比赛中引导学生的牧师[66])。针对设立条款意在保护的事物,斯卡利亚法官的不同意见书把明显的和有时是血腥的强迫历史,与最高

---

[61] Michael W. McConnell, "Coercion: The Lost Element of Establishment," 27 Wm. & Mary L. Rev. 933 (1986).
[62] 见第 4 章;又见 Wooley v. Maynard, 430 U.S. 705 (1977)。
[63] Kedroff v. Saint Nicholas Cathedral, 344 U.S. 94 (1952).
[64] 505 U.S. 577 (1992).
[65] 同上注,at 592—93.
[66] Santa Fe Indep. Sch. Dist. v. Doe, 530 U.S. 290 (2000).

法院所依据的易变的且主观的同行压力概念进行比较。事实上可能认为,用如此复杂的强制概念去说明设立条款原则的复杂性,是用更为模糊的概念去解释模糊的概念。

桑德拉·戴·奥康纳(Sandra Day O'Connor)大法官,更经常在判决的不同意见书和协同意见书[67]中,提出了相关的标准:

> 设立条款禁止政府坚持以任何方式与人们在政治共同体中的地位相关的宗教。政府可能会在两个方面违反这一禁令。一种是与宗教社团联系过于紧密,这可能会影响到这些社团的独立性,准许这些社团进入政府或非信徒不能完全共享的政府权力,从而导致在宗教方面的政治支持者的产生。第二种,也是更为直接的违反禁令行为,就是政府对宗教的认可或否定。认可行为给非信徒所传达的信息是他们属于局外人,并非政治共同体的正式成员,伴随的信息就是对信徒来说他们是局内人,是政治共同体所庇佑的成员。而反对,则会传达相反的信息。[68]

根据奥康纳大法官的观点,政府行为是否是这种不能容许的认可,需要根据它所针对的"客观的信观察者"对该行为的反应来判断。[69] 尽管正如 Lee 案中提出的"心理强制"标准一样模糊,在试图对禁立国教原则被认为旨在实现的目标进行确切说明时,认可标准是有效的,并且使得这种说明成为考量政府行为的依据。

作为一个讨论的框架,认可标准在象征性行为中最为用,它引发了对在准许公共财产或公共仪式上存在宗教性言论或标记中的政府介入意义的解释。由于更为不确定,当应用于关键的学校

---

[67] 例可见,*Capitol Square Review and Advisory Bd. v. Pinette*, 515 U. S. 753, 777 (1995) (O'Connor 法官,部分持赞同意见,对判决持协同意见);*Wallace v. Jaffree*, 472 U. S. 38, 73,76(1985)(O'Connor 法官,对判决持协同意见)。

[68] *Lynch v. Donnelly*, 465 U. S. 668, 678—88 (1984).

[69] *Bd. of Educ. of Westside Cmty. Schs. v. Mergens*, 496 U. S. 226, 249 (1990)(课余"基督徒俱乐部"对学校设施的使用可以从"作为初中生的客观观察者"的角度来判断)。

筹款领域时,这一标准就不太有用了。但是,考虑到随着人事变化而发生过程变化的可能性,要洞悉在这一领域中正在形成的最高法院的法理某些特征,还是可能的。

反对为宗教机构提供物质支持的最不妥协的现代表述,出现于一份由四个激烈的不同意见者提出的意见书中,一部新泽西州法律允许学区向任何非营利的学校,包括公立学校和教会学校,提供学生交通费用:"无论数额大小,不得征收任何税用于资助宗教活动或宗教机构,无论名称可能为何,或者他们可能采取怎样的形式来传播和实践宗教。"[70] 正如我已经指出的,这一表述不得用于限制它的逻辑。甚至布伦南大法官,对国家资助教会学校的最坚定的反对者,也没有反对向这些学校提供治安和消防的保护,更不必说豁免其财产和其他税收义务。[71] 实际上,最高法院从未考虑过,在联邦收入和不动产税收中广泛应用的扣除对宗教团体的慈善捐款的做法是否等于确立国教。只有在这种扣减被具体地指向送儿童去教区学校时,布伦南、马歇尔和史蒂文斯大法官(在不同意见书中)才断定这些扣减违反了"不征税"原则。[72] 同样重要的是,对于数个支持教会学院和大学的若干州[73]和联邦项目[74]——这些项目中都包含了若干限制,要求资金不得用于宗教目的——提出的所有质疑都已经被驳回了。事实上,最为成功的

---

[70] *Everson v. Bd. of Educ.*, 330 U. S. 1, 16 (1947) (Black, J.)

[71] *Walz v. Tax Commission*, 397 U. S. 664 (1970) (对纽约市的宗教建筑赋予税收豁免提出的质疑被驳回;只有 Douglas 法官持不同意见)。

[72] *Mueller v. Allen*, 463 U. S. 388, 417 (1983) (Marshall 法官,不同意见书) (援引 *Everson* 案, 330 U. S. at 16)。在该案中,最高法院裁决,明尼苏达州法律通过为世俗机构提供资金补助,允许州纳税人削减学费、教材费和子女就读中小学需要的交通费用,这并不违反设立条款。持不同意见者批评道,最高法院并不承认它的判决事实上推翻了一些早期的判决,例如 *Meek v. Pittenger*, 421 U. S. 349, 372—73 (1975) 和 *Wolman v. Walter*, 433 U. S. 229, 255 (1977) 案的判决。

[73] *Lemon v. Kurtzman*, 403 U. S. 602, 625 (1971)。

[74] *Roemer v. Md. Public Works Bd.*, 426 U. S. 736 (1976); *Hunt v. McNair*, 413 U. S. 734 (1973)。

资助众多公民接受高等教育的政府项目,即退伍军人权利法案(G. I. Bill)和类似项目,总是毋庸置疑地允许受资助者去私立或教会有关机构上课。

  对政府可以向教会有关的中小学提供的非资金扶持的类型,法律上的限制几乎复杂到滑稽的地步。向教会学校的学生提供世俗性的教材贷款是法律允许的。[75] 对于辅导材料的贷款则是不允许的[76],也不会向学校退还这些材料的费用。[77] 但是,州可以向这些学校提供计算机和其他教育材料。[78] 政府可能向教会学校退还管理州统一考试的费用[79],但是不退还教师自行组织的考试费用。[80] 仅在极少情况下,最高法院才承认这些先例中存在不一致以至于需要明确地推翻。[81] 除非是在现实主义的基础之上,要把这些高等教育案件区别于这些向教会有关的中小学提供类似资助的案件——它们已经被裁决为违反了设立条款——并非易事。有人认为理由在于:大学生和研究生们更有能力对他们所接受的教育得出自己的结论。[82] 最高法院的意见书中未被注意的部分是这一事实,即在高等教育领域还没有形成政府经营小学和中学的那

---

[75] *Tilton v. Richardson*, 403 U. S. 672 (1971).

[76] *Bd. of Educ. of Cent. Sch. Dist. No. 1 v. Allen*, 392 U. S. 236, 248—49 (1968).

[77] *Meek*, 421 U. S. at 372—73; *Wolman*, 433 U. S. at 255.

[78] *Mitchell v. Helms*, 530 U. S. 793 (2000).

[79] *Comm. for Pub. Educ. and Religious Liberty v. Regan*, 444 U. S. 646, 662 (1980).

[80] *Levitt v. Comm. for Pub. Educ. and Religious Liberty*, 413 U. S. 472, 482 (1973).

[81] 见 *Mitchell* 530 U. S. at 808("我们承认第九巡回法院和第五巡回法院所发现的问题是不可回避的——*Meek* 和 *Wolmen* 是我们的判例法中的异类。因此我们可以认为它们已经不是良法了")。

[82] *Tilton v. Richardson*, 403 U. S. 672, 686 (1971)(多数意见)(Burger 首席大法官)("对于削减国会的目标和限制的意图或趋势而言,大学生的怀疑主义并不是微不足道的障碍")。*Bowen v. Kendrick*, 487 U. S. 589 (1988)案中就持有一种古怪的中间立场,其中最高法院驳回了对指向组织——特别是包括宗教关联组织——的一个联邦补助项目提出的表面质疑,该项目向未婚的少年教授避免早孕的知识,特别是通过禁欲避免早孕的知识。

种准垄断格局,而且这些公共资助项目没有表现出对已经确立的利益的威胁。实际上,很难不把这一领域的法律,视为在那些寻求以某种方式来支持教会有关的中小学的人和有义务维持政府垄断的人之间的竞争。

现在的斗争主要是针对这类项目,它们不是向机构而是向参加这些机构的家长和学生提供资金上的扶持。针对这类扶持的最有力表述,是刘易斯·鲍威尔(Lewis Powell)在 Committee for Public Education and Religious Liberty v. Nyquist 案[83]中代表最高法院撰写的判决意见书,其中,废止了纽约州的一个项目,该项目为低收入学生家长提供50—100美元的补贴用于支付非公立学校的学费,并允许中等收入的学生家长享受总额高达每个孩子1000美元的贷款支持用于支付非公立学校的学费。[84] 引用 Lemon 标准,最高法院裁定:

> 准确地说,向私立学校(其中大多数是宗派性的)提供扶持是纽约州法律的功能所在。州希望通过向家长提供一部分学费,能有效减轻他们的资金负担,以保证他们能继续选择送他们的子女到宗教导向的学校去就学。而这种扶持的另一个目的——创造多元化的教育环境和保护负担过重的公立学校的财务稳健——当然是无懈可击的,扶持措施的效果必然是为非公立的、宗派性的各种机构提供所希望的资金支持。[85]

十年之后,在 Nyquist 案中持不同意见书的威廉·伦奎斯特(William Rehnquist)大法官,在 Mueller v. Allen 案[86]中代表最高法院出具了判决意见书,赞同明尼苏达州的一部法律,该法允许家长

---

[83] 413 U.S. 756 (1973).
[84] 年收入低于5000美元的父母们可以获得的补助。年收入低于9000美元的可以获得全额的税收信贷,而年收入达到25000美元的父母们不能获得任何东西。这一决定也否定了向非公立学校拨款用于维护修缮的许可。同上注,746—66.
[85] 同上注,at 783.
[86] 463 U.S. 388 (1983).

从他们的州所得税中扣除总计 800 美元,用于补偿因为送子女去公立或私立的中小学就读产生的教材、交通以及学费等费用。伦奎斯特大法官适用了 Lemon 标准的第二点,并像进行障碍滑雪一样在众多先例中曲折前行,他断定,该法"相对于 Nyquist 案中否定的安排,与我们在先前的判决和 Nyquist 案中赞同的扶持项目更为相似"[87]。具有重要意义的因素是"对于所有家长——包括其子女就读于公立学校,或者是宗派性的和非宗派性的私立学校——所花费的教育开支都可以享受扣除额"[88],以及"通过各个家长对它向宗教学校提供的任何可能的扶持措施进行引导,明尼苏达州已经减少了其行为可能招致的基于设立条款的反对意见。当然,可以确定的是,向家长们提供的资金扶持最终所产生的经济效果,与直接向这些孩子所就读的学校提供资金补贴的效果相当。但是,也可以确定的是,在明尼苏达州的这种安排之下,只有作为学龄儿童的家长们的众多私人性的选择结果,才可以取得公共资金"[89]。该案的不同意见书——奇怪的是它并未包括 Nyquist 案判决书的作者——指出,在 Nyquist 案中,教会学校所享受到的扶持只是"作为家长的众多私人性选择的结果"[90]。

自 Muller 案以来,最高法院——常常是以票数接近的表决——对于为教会相关学校提供公共资源的项目已经日渐宽容。最重要的具有实用性和原则性的判决是于 2002 年在 Zelman v. Simmons-Harris 一案中作出的。[91] 最高法院否决了对俄亥俄州的一个项目基于设立条款提出的质疑,该项目向未能考入 Cleveland 市公立学校的学生提供资助("教育券"),使他们得以进入公立或私立学校,包括教会附属学校。之前,背离 Nyquist 案所确立的严格

---

[87] 同上注,at 394.
[88] 同上注,at 397.
[89] 同上注,at 399.
[90] 同上注,at 408-11(Marshall, 法官,不同意见书)。
[91] 536 U.S. 639 (2002).

的反资助原则的戏剧性转折,发生于 Agostini v. Felton 案之中[92],这是一个最高法院在其中明确推翻这个复杂领域中的先例之一的罕见判例。最高法院批准了一个将公立学校教师送入私立包括教会学校的联邦项目,该项目旨在为这些处于不利境地的学生提供补救性教育。在 Witters v. Washington Department of Services for the Blind 案中[93],最高法院再次适用了 Lemon 标准的第二点,在数年前批准了根据州职业再教育项目向一位盲人学生提供资助,以帮助他在教派学院中为作牧师继续学习。1993 年,在 Zobrest v. Catalina Foothills School District 案[94]中,最高法院裁定,由公共资金而向就读于天主教中学的聋人学生提供翻译,并不违反禁立宗教条款。这些项目的特点已经在 Mueller 案中得到了强调:这些资金可以用于公立和私立学校,而"只有为众多学龄儿童家长的私人选择作出结果时,才可以取得公共资金"。但是,所有这些项目只涉及少数儿童,正如 Agostini 案中的项目那样,只是指向有着特殊需要的儿童。鉴于这些混乱的不可调和的先例,又缺乏明确原则,Zelman 案的判决在原则方面具有决定性。首席大法官伦奎斯特——其任职法院数十年,早期是作为持不同意见者,但是自从 1983 年的 Mueller 案以来,取得了更多的成功,已经推动建立了更具包容性的原则——宣称:

> 俄亥俄州教育券项目完全不依据宗教进行区分。它直接对大量个体提供好处……它允许这类个体在众多公立或私立的,宗教的和世俗的选项之间进行真正的选择。因此,该项目其实就是关于真实私人选择机会的项目。为保持这些驳回质疑类似项目的判决延续不断,我们裁决,这一项目并不违反禁立宗教条款。

与向残疾儿童提供的有限帮助且相当让人同情的背景不同,教育

---

[92] 521 U.S. 203 (1997)(推翻了 Aguilar v. Felton, 473 U.S. 402 (1985))。
[93] 474 U.S. 481 (1986).
[94] 509 U.S. 1 (1993).

券项目体现了国家为儿童提供通识教育的方式的根本转变的可能性，它潜在地将一部分重要职能转交给不属于国家机关但是常常属于国家的规制控制之下的私人组织，这种风险不可能更大了。

Zelman 案的判决在原则意义上是决定性的，在这种意义上它宣布了一项在关键性背景下随时可以应用的规则，但是，这可能是不稳定的先例。有四位持不同意见者，他们一有机会就表现出在裁决中摒弃这一规则的各种迹象，并回到了 1983 年之前 *Nyquist* 案确立的"无辅助"原则。戴维·苏特（David Souter）大法官已经突出强调：在对自 1947 年以来的整个判决过程审查之后，他把任何从 *Mueller* 案中推理而来的结论都描述为下降时期，并认定"今天就已经出现了原则的破产"。这种不同寻常的指责本身就带有推翻过去几乎二十年的先例的内在义务。它使这一领域原则的稳定性都蒙上了阴影。[95]

三、结论性的思考

是否有何依据可以使混杂的原则、相互冲突的先例和不确定的原则变得有序，而不致过于偏离宪法文本、法律资料和我们的国家传统呢？与第一修正案的其他条款一样，借用弗里德里希·哈耶克（Friedrich Hayek）的术语，最好是把宗教条款视为我们的宪法自由的一部分：良心自由、不受政府强加的正统学说的自由、信教和不信教的自由。第二项指导原则考虑了宗教在（一些）信徒生活中的特殊地位。宗教对它的信徒要求的主张深度，并为自身建议政府与宗教之间谨慎地保持适度距离：除非有必要不与信徒聚集在一起，既不支持也不反对宗教信仰。第一修正案从整体上体现了对个人自治的尊重，体现了政府并不拥有他这一观念。这一简单的视角可能在一定程度上提示了宗教条款的原则视角。

我先从设立条款说起。上文引用的奥康纳法官的不认可原则

---

[95] 对本案不同意见书的作用的概括讨论可见 Fried，前注〔8〕。

的优点是,把设立条款与相互尊重的概念相联系。甚至在政府认可也许没被认为对局外人产生强制时,没有难以置信的延伸,与局外人没有享受到的政府对世俗政策的信守相比,这样的认可确实更容易使得局外人在本土成为陌生人:出于宗教的性质,即它不是决定性表现的对象,也不是选择的对象,以至于政府与一种或另一种宗教的联合以某种特定的具体方式将非信徒排除在外。在这种意义上,认可就类似于将我们按照等级或种族进行划分的政府行为。[96] 这类行为使得处于我们选择的社会空间中的个人固定不动,并服从于国家。不可避免的是,不认可原则也有某种不确定性。它在某种程度上是主观的。当政府变得无处不在,对这种情况的极端敏感和对犯罪的过度警惕剥夺了大多数人的表达机会,以非官方立场审视这可能是让人尴尬的。自由言论公共论坛原则还有尚待阐释之处:在包含有宗教信息的地方,必然会有众多观点得到表达,而政府只不过是提供了一个论坛,要让少数人理解在官方认可中包含的信息,实在是有些无理和粗暴。如果不考虑这类表达可以(或者必须)得到限制以免违反设立条款,最高法院通常的立场是在这些背景下的宗教表达并不违反设立条款。[97]

于是,以良心自由的名义,在为提供以一般性或中立的术语界定的福利而设计的一般项目——例如教育、卫生保健和社会服务中,排除宗教机构的参与,这看来有悖常理。在 20 世纪 70 年代发生的一些案件,像 Nyquist 案一样,利用了 Everson 案中的语言风格(尽管不是结论),已经被准许确定了教条主义和极端主义的基调,在这方面,它与旨在培养宽容和迁就融合精神的宪法规定完全冲突。幸运的是,随后的发展已经向一种更为温和、合理的方式缓慢

---

[96] 见第七章。
[97] *Good News Club v. Milford Cent. High Sch.* , 533 U. S. 98 (2001); *Rosenberger v. Rector and Vistors of the Univ. of Va.* , 515 U. S. 819 (1995); *Capitol Square Review and Advisory Bd. v. Pinette*, 515 U. S. 753 (1975); *Lamb's Chapel v. Center Moriches Union Free Sch. Dist.* , 508 U. S. 384(1993); *Widmar v. Vincent*, 454 U. S. 263 (1981).

的进步,不可避免地与在这方面本来可以达到和实施的大致状态相一致。缓慢的进步正是我们唯一想要的。认可和尊重的概念不完全是传统的。比起只是要求宽容式的——谦卑也好、讽刺也罢——中立(indifference),什么算得上是强制(innposition),则是一个风俗和习惯问题。因此,重要的是,最高法院的先例不会超出社会实践。我认为,在最极端和强硬的情形下,20世纪70年代,最高法院的原则已经失去了赋予这些概念以实质内容的共同体敏感性。

对于宗教实践自由,最高法院在 Sherbert 案中也偏离了既有的规则,说了不想说的话。另一方面,Smith 规则又是如此刻薄地对待宗教实践,以至于几乎否定了历史上国家和宪法对于宗教义务的特别关注。我建议,当对于个人参与特定宗教实践的选择产生了间接或非故意的不利影响时,宗教实践自由的权利要求通常不应该被接受,而不是禁止、歧视或试图遏制宗教实践。但是,甚至在这类产生间接和偶然的不利影响的情形下,如果政府行为对于个人的选择产生了如此重大的影响,以至于实际上有直接禁止的排他效果时,那么应该对宗教自由的权利要求加以考虑。然后,这种强制需要通过更加严格的审查。[98] 最高法院仍然必须判断一种特定的强制是否具有这种极端效果,但是,至少当法律在极端的情形未能表明宽容和庄重,这些宗教实践自由条款的生气勃勃的精神时,对某些事项不加掩饰的实践类似于一种豁免权。相比之下,Sherbert 规则要求在每个案件中根据严格的审查标准进行权衡。

相对不太严格的立场尤为合适,因为从我们国家一开始,尊重、庄重和宽容的精神就没有体现在上半个世纪的宗教条款法理的复杂的法制主义之中,而是体现为对宗教信仰的成文法或裁量性的迁就融合:从早期对贵格会会员豁免宣誓和服兵役的要求,到现在对美洲本土宗教的圣礼中使用佩奥特仙人掌的豁免,在美国

---

[98] 这些句子直接来自 Hobbie v. Unemployment Appeals Comm'n of Fla., 480 U.S. 136 (1987)案中,副司法部长作为法庭之友提出的诉讼要点的引言和摘要。这里省去引号,原因是这些文字是我撰写的。最高法院,包括 Scalia 法官这位 Smith 案判决的撰写人,否定了这一论说,并坚持它在 Sherbert 案中的判决意见。

印第安宗教自由法中对这些宗教的迁就融合[99]，或者对信奉宗教的雇员豁免禁酒令抵制基于宗教的歧视。[100] 当然，这些立法规定的迁就融合并不涉及庄重和宽容等优点的要求：它们是对赢得立法关注的特定事例作出的回应。正如我们已经看到的，对更为严格的，使法院得以通过完全可以预测的方式来利用那些优点的原则表述之探求，已经被证明是鬼火（will o' the wisp），只是表现出一种规律的假象。最后，宗教条款原则应当在实践自由的下限和设立条款的上限之间留下相当大的空间。相比之下，有一些更为极端的原则——诸如 Nyquist 和 Sherbert 规则——不仅没有在上下限之间留下空间，有时甚至本末倒置。

最后，过于严苛的原则体制使得政府介入的宗教原本可能占据的大部分空间宪法化，这或者是侵犯实践自由条款或者是设立条款的行为，总之是不适当的行为，因为出于这些目标什么可以被视为宗教，最高法院显然不能提供一个令人信服（或者甚至逻辑上一致）的概念。仅有的解决这些问题的最高法院判例，已经分析了成文法对服兵役义务的豁免规定，但是分析得并不深刻。其中一起案件提出了这个问题，"虔诚和有意义的信仰在后人的生活中所占据的位置，是否与对神的正统信仰在心目中所占据的位置相当"[101]，它以更为模糊的事物来解释模糊的事物，难以想象还有比这更为明显的例子。实际上，正如哈兰大法官所指出的，进行这种划分的企图本身就可能违背设立条款。[102] 评论家们也并没有做得

---

[99] Pub. L. No. 95-341, 192 Stat. 469（作为修订编入 42 USC §1996）.
[100] *Corporation of Presiding Bishop v. Amos*, 483 U.S. 327 (1987).
[101] *United States v. Seeger*, 380 U.S. 163, 165—66 (1965). 又见 *Gillette v. United States*, 401 U.S. 437 (1971)（正如罗马天主教神学中所阐释的，不是对所有的，只对拒绝被征召参加非正义战争者给予豁免）；*Welsh v. United States*, 398 U.S. 333, 342—43 (1970)（"对战争的反对意见必须是基于道德、伦理和宗教方面的原则"，而不是"基于政策上的实用主义和便利"）（多数意见）；同上注，at 344, 345, 356（法律必须被解释为限于"反对战争者总体上出于神学信仰"，而不是"非有神论宗教"或"世俗的"信仰的原因，根据设立条款，国会无权对此划分界线）（Harlan 法官，协同意见书）.
[102] *Welsh*, 398 U.S. at 356.

更好。杰西·乔珀(Jesse Choper)已经要求这一概念限定于教导"超时空结局"的可能性的信仰体系。[103] 这一建议有些接近于霍布斯(Hobbes)的一种观点,即对拯救自己生命的行为进行惩罚是无效的,除了在这种情形下行为人的计算使得法律的威慑甚至更为无用。这一建议显然是不充分的。有些宗教并不包含关于死后生活的学说。这一建议也与设立条款中使用的术语没有太多关联。但是更为深刻的是,它忽略了出于庄重、容忍、宽容而不愿强迫我们的公民以背叛自己良心的方式来侮辱自己,即使我们可以施加足够的压力来做到这一点。但是,这一更为宽泛的概念,曾经使得我们更为不着边际,由于哲学和文化的义务[104],或者对于朋友和家庭的忠诚,可能会提出类似严酷的两难困境。[105] 基于宗教的强制是不同的或者更为强烈的,而主张应该赋予宗教豁免,这样的主张显然是循环论证。肯特·格林沃尔特(Kent Greenwalt)已经明智地建议,利用维特根斯坦(Wittgenstein)和哈特(H. L. A. Hart)的"家族相似性"的概念[106],而非试图通过这一术语适用的必要和充分的条件来对其加以定义,

  在理解和运用宗教概念方面,更能获得丰硕成果的路径是确定该概念可以无可争议地适用情形,并且探究在更令人疑惑的情形下,这些情形与无可争议地适用情形之间相类比

---

[103] Jesse H. Cooper, "Defining 'Religion' in the First Amendment", *U. Ill. L. Rev.* 579 (1982).

[104] 试想一下,如果一名热爱艺术的士兵得到命令基于战略考虑去摧毁某个宏大的建筑纪念碑,将会面临的两难困境。

[105] McConnell,前注[1],第1410—1416页. McConnell认为,在不存在足够迫切的需要时,神父听取忏悔的特权,和对其他与宗教义务相冲突的法定义务的豁免相似,是宗教实践自由条款的合宪性要求。法律通常也免除配偶之间的作证的义务,但是并未免除子女、父母,当然也不包括朋友之间的作证义务。记者经常援用职业伦理来拒绝透露信息来源。尽管有些法律已经创设了不同程度的保密特权,这些特权很少被认为是宪法所要求的。成文法或普通法所要求的神父听取忏悔特权是否违反了设立条款——尤其是在作证对于证明第三方主张的公正性来说具有关键意义的时候?

[106] H. L. A. Hart, *The Concept of Law* (2d ed. 1994).

的接近程度。这种方法可以使这一概念得以适用于那些不具有共同特征的情形,这样的结果是字典式的方法所要排除的。[107]

对于立法者或者普通法系的法官对具体的某类案件设置豁免规定而言,这一方法可能是非常有效的。尽管宪法也是以试验的方式在发展,要根据其基础性的原则来进行自我解释仍要承受更大的压力。它的结论更为永久性和排他性。与立法不同,宪法不能轻易被撤回。最高法院的判决必须为全国的法院、律师和立法者提供指引。如果裁判宪法问题的法官从这些情形中探索出的结论是令人信服的和有用的,而非仅仅是处理手头的这一起案件,他必须解释可以使得他们"无可争议"的特定情形是怎样的。仅仅是对这些情形——佛教、基督教、伊斯兰教和犹太教——加以列举是不够的,因为这一名单并不能告诉我们,何为信仰体系所必须具备并可以进行类比的特征。

关于这些无可争议的情形,出现在脑海中的是,他们暗指对某些实体或力量的信念,这些实体或力量的存在不是通过寻常的证据性或论说性的手段可以证明的(简单来说,就是超自然的)。任何更为简短的概括都有将那些不太熟悉或只有少数信徒的信仰——如那些美国土著群体的信仰——排除在外的危险。这种依据对于超自然现象的信仰和义务来进行的认定,也表明了法律可能赋予宗教的这类特别考虑的基础:在某种意义上,信奉宗教者超出了更广泛的共同体的范围,在共同体中,通过所有人都可以参加的一般讨论,来审议和制定组织形式。在这种意义上,信仰体系处于一般讨论的范围之内,通常只有在我们要求并诉诸表达——也就是言论——时,才可以要求这种豁免。当然,信徒们通常会参与这些一般讨论,并且他们在这样做时他们可能发现自己罪孽的特定来源,但是,他们无法期待在这个讨论中因信仰而受到特殊待

---

[107] Kent Greenawalt, "Religion as Concept in Constitutional Law", 72 *Cal. L. Rev.* 753, 764 (1964).

遇,因为他们必定会谢绝对这一待遇的顺从。[108] 通过那些参与讨论而不信教的人们,这为任何具体的宗教特权人道主义留下了需帮助的问题。在我们的国家中,已经有如此之多的人以这样的方式处于该讨论之外——但是,并非都是处于讨论之外的同样或类似的位置——使其对于针对他们的慷慨行为的要求更具回应性,但绝不应成为唯一依据。

这一观念与宗教条款原则非常吻合。当然,正如晚近学说对确立国教的理解,它解释了为什么政府确定宗教信仰和实践对于平等普通的公民而言是侵犯性的。它还解释了为何在免除共同负担时,法律必须认真对待那些因为共同负担的宗教敏感性而主张豁免权的人。圣保罗写道,在希腊人眼中,基督教就是愚昧。[109] 就市民社会而言,我们都是希腊人,尽管我们之中许多人也可能是基督教徒——犹太人、穆斯林或者佛教徒。

---

[108] 有些宗教——佛教是这样一种宗教吗?——可能会否认他们呼吁超出理性的过程和大家可利用的证据。我想,在这种情形下,他们就无权享受通常赋予思想自由的特殊待遇。也许他们之中有些出于这一理由而提出主张。有些提到理性宗教的人,他们当然只对为数相当之多的理性主张享有权利。见第四章。

[109] "犹太人是要神迹,希腊人是求智慧;我们却是传钉十字架的基督,在犹太人为绊脚石,在希腊人为愚拙……" I Corinthians 1. 22—23 (KJV).

第六章　自由和财产

如有明智判断力者所希望的那样,表达自由的宪法原则更为接近于自由主义式的理想。思想是自由的,无论选择怎样的措辞风格,它都不属于国家、政府和社群,而只是个人按照他的希冀去使用的财产。一般而言,对这种使用的限制,包括诸如淫秽的例外,必然意味着防止这种自由在相邻使用中的互相干预;此外,由于思想和它的产物是非排他性物品,这些限制非常宽泛。卢梭的追随者——当前称为社群主义者对这种体制深恶痛绝,为了以救助、平等、同胞之爱、人的完善、国家荣誉等更高利益为名的公共项目,他们要求承认思想的权利——首要的可能是思想。他们的计谋之一是把演说领域纳入物质的范围,以印证这一结论:因为关注不是无穷的,而且言论的传播也要消耗成本,思想领域也是有限资源的领域。[1] 一般而言,如第四章所述,宪法原则绝对抵制社会主义者这种思想的尝试。

但行为自由完全是另一个问题。物质资源是有限的,这是我们生活于其中的世界已被确认的特点之一。事实上,物质的有限性不但不可避免,而且是对行为自由的不幸束缚;这是多种悦人心意的人际交往的必要条件。空间限制和有限资源虽然束缚了我们的自由,但也为我们获得自由提供了条件。有限的物质世界与无垠的思想领域,何者是基本的,这是一个经典问题。我们要表达和思考的内容多数是关于我们在物质世界中能做的:从修建纪念碑,

---

[1] 见 Owen M. Fiss, *The Irony of Free Speech* (1996); Cass R. Sunstein, "Lochner's Legacy", 87 *Colum L. Rev.* 873, 883—84 (1987); Cass R. Sunstein, *Democracy and the Problem of Free Speech* (1993)。

到治愈患者,到爱的行为。物质世界是限制我们的行为自由和使用有形资源的场景,是被泛化的行为自由和财产的范围。这也是自由和财产在宪法中被相提并论的原因。在否认对空间和物质产品的公共权利要求方面,我们的宪法文本、传统和原则比在思想自由方面更加含糊其辞。物质资源首先是公共资源,将其分配给个人符合社会利益,这种主张看似非常合理。从而,"政府是个巨大的虚伪实体,每个人企图通过它牺牲他人利益而生存"[2]。弗雷德里克·巴斯夏(Frederic Bastiat)的上述格言看来可能只是尖刻地表达了一种必然的真相,有些人可能会用一种戏谑的口吻来揭示这一真相。众所周知,在从洛克到康德、诺齐克这些经典自由主义者的著作中,含蓄地把自我所有权(self-ownership)的原理扩展到"世界和它的完整性",这种相反的立场难以完成其具体的细节,然而,这一趋势仍持续存在于我们的传统和法律中。这种持续存在的原因之一可能是这种认识,即物质世界是展示思想自由的必要场景。

一、文本:征用、契约和正当程序

第五修正案规定:"任何人……未经正当法律程序,都不得被剥夺生命、自由或财产。"第十四修正案把这些对于联邦政府行为的限制适用于州,"任何州非经正当法律程序,不得剥夺公民的生命、自由或财产……"在刑事诉讼中的多种权利保证之后,"正当程序"一词的历史和第五修正案的制定有力地表明,在可能导致罚金、没收、监禁或死刑判决的法律诉讼中,正当程序应该作为程序性规则的一般保证。[3] 这种保证可能也应该适用于民事诉讼中个

---

[2] 见 *Selected Essays on Political Economy* 144(George B. de Huszar ed., 1964)。

[3] 主要的历史材料收集在 *Founders' Constitution*, 302—42 (Philip Kurland ed., vol. 5, 1987)。见 Alexander Hamilton, *Remarks Regulating Elections*, *N.Y. Assembly*, cited in *Founders' Constitution*, 见前注, 313 页("'正当程序'的用语有明确的技术性含义,仅适用于程序和法院的诉讼");又见 E. Corwin, *Liberty Against Government*, 23—57 (1948); John Hart Ely, *Democracy and Distrust* 15 (1980)。

人财产可能被剥夺的情形,但是,第七修正案中关于民事诉讼的特别规定,为这种情形确立了陪审团审判权利的单独保护。[4] 第五修正案紧随正当程序条款之后,规定了在刑事背景之外影响个人利益的政府行为,即"非经公正补偿,个人财产不得因公共用途而被征用"。这一规定将焦点从刑事程序和没收上转移开来。政府可能只是攫取财产,也可能构建一些程序来获取它,但征用必须是为了公共用途并辅以公正补偿的支付。正当程序条款规定的是没收而非征用,征用条款的措辞和它在正当程序条款之后确立进一步表明:正当程序条款意在规定犯罪性的、惩罚性的或者刑事的财产剥夺。在美国,直接剥夺生命的法律从来不曾成为争议的焦点。在英国,立法机关制定的剥夺生命的法律不为人知,但是这些法律的特别规定与未经修订的宪法相悖,该宪法禁止褫夺公权的法案。[5]

尽管正当程序条款措辞的重心在于刑事诉讼中的没收财产,它仍然引发了争议,臭名昭著的 *Dred Scott* 案[6]成为该争议的导火索,即正当程序条款抵制的是实体的强制,而不只是针对这些强制在适用中的程序缺陷。密苏里州的一个奴隶斯科特(Scott),被他的主人,一个外科军医买到位于原路易斯安那州域内的 Fort Snelling,此地后来归属于威斯康星州。密苏里妥协案(Missouri Compromise)在该州废除了奴隶制。[7] 斯科特返回密苏里州(一个蓄奴州)后,以错误监禁为由在联邦法院起诉他的主人。他主张,他在其他废奴的州的寄居已经使其成为一个自由民,因而,当他返回密苏里州时不应再被视为奴隶。密苏里妥协案显然已经被"正当

---

[4] *Founders' Constitution*,前注[3],343—67.
[5] U.S. Const. art. 1, § 9.
[6] *Dred Scott v. Sanford*,60 U.S. (19 How.) 393 (1856).
[7] Missouri Compromise Act, Act Cong. March 6, 1820, 3 Stat. 545, § 8.

地"纳入法律。然而,法院驳回了斯科特的诉讼请求。[8] 这一声名狼藉的判决导致了灾难性的后果,但法院的推理是基于对一项尚有影响的原则(的错误适用)。甚至不是在一个州而是一个属地的域内,"议会对于公民的人身或财产的权力绝不仅仅是裁量的权力"。在为一个属地的统治而通过法律时,议会不只受权利法案的约束,也不能"制定在一个属地范围内关于禁立国教、禁止自由贸易,或者削减言论、出版自由……的法律"。该案的意见书继续表述到:

> 联邦政府不享有这些权力,以及其他与个人权利有关的权力……而私有财产权已经被给予平等保护。从而私有财产权与个人权利相结合,并被宪法第五修正案置于同样的地位之上,该条款规定,非经法律正当程序,任何人的生命、自由或者财产不被剥夺。……如果一位美国公民不是因为任何违法行为,只是因为本人或者带着他的财产进入美国的一个特定属地内,就被议会的一项法律剥夺他的自由或财产,这项法律就几乎不可能承受法律正当程序的尊称。[9]

本段的重要内容和它支持的结论坚定而无可争议地宣称,正当程序条款判断的是法律的实质,而不只是在具体情形下适用法律的程序。用托尼(Taney)的话来说,当考虑对收入、特定种类或层次的收入或者遗产征税时,是否有人可能认为:苛税的征收就是这样一种"不可能承受法律正当程序的尊称"的税?它根本不是程序。它是法律,而当决定某个特定案例是否受它拘束时,程序随之

---

[8] 最高法院裁定,联邦法院对于 Scott 案没有管辖权。最高法院遗臭万年地判决,非裔美国人不是宪法项下的公民,而是"劣等人阶层"。相应的,Scott 不能被认为是任何一州的公民,而这是对其主张有管辖权的要求。28 U.S.C. §1332; Dred Scott, 60 U.S. at 403—30. 最高法院再没有继续讨论正当程序问题。

[9] Dred Scott, 60 U.S. at 450. Taney 继而指出,由于宪法明确认同了可以把奴隶作为拥有的财产的一种,国会就不能以明显不受赞成的方式来随意处置这种财产。

而来。最高法院没有表明，据以裁定斯科特进入和寄居在自由属地的程序是有瑕疵的，或者该程序并未给他的主人充分的机会去证实他从未把斯科特带入自由领域。最高法院的判决是法律寻求达到的立法目的，而不是如何公正和准确地适用程序来达到这个目的。

50 年后，在纽约州法为面包店工人规定最长工作时间这一迥然不同的背景下，最高法院采用了同样形式的论说。在洛克纳诉纽约州(*Lochner v. New York*)案[10]中，最高法院判决，"订立与企业有关的契约的普遍权利，是受联邦宪法第十四修正案保护的个人自由的一部分"。最高法院进一步阐述如下：

> 当然，必须承认，州政府对警察权的有效行使存在限制。对于这种概括的主张没有争议。否则，第十四修正案就失去了效力，而国家立法机关的权力将是无限的，这足以说明某些法律条文的制定是为了维护人们的道德、健康或安全；这些立法是有效的，无论如何，权利要求可能根本没有依据……因此，在诉诸法院的每一个案件中，当涉及立法的这一特点时，当寻求联邦宪法保护时，这个问题必然浮现：州政府是公正、合理、适当地行使了警察权，还是不合情理、不必要、恣意地干涉了公民个人的自由权利，或者介入了那些看来对于劳动者自己和家庭的生计是适当或者必要的有关劳动的契约？当然，有关劳动的契约自由包括双方当事人。购买劳动力的一方和出卖劳动力的另一方有同样的权利。[11]

本案与 *Dred Scott* 案不同，因为纽约州法律被裁决已经剥夺了面包工人和他们雇主的自由，而密苏里妥协案剥夺的是斯科特的主人的财产。这两个案例都认为，即使通过正当程序适用一般法律，宪法仍禁止对自由和财产的剥夺。这两个案例遭遇了同样的文本和概念性的问题。但是，无论正当程序条款最初的字面含义如何，它

---

[10] 198 U. S. 45 (1905).
[11] 同上注, at 56。

在适当的范围内早已被接受。正如布兰代斯(Brandeis)大法官在1927年所表述的,"尽管与我相左的观点看来是有说服力的,可以断定,第十四修正案的正当程序条款不仅适用于程序事项,也适用于实体法的争议"。[12]

然而,概念性的问题是基础性的。所有法律都以这样那样的方式影响着自由或财产。财产、侵权和契约法的背景性体制都由下述因素构成并且仅限于此:何者会被作为财产来统计,以及何者可能被认为是对自由的干涉。如霍姆斯(Holmes)所言,"你有权挥动你的拳头,但是不要碰到别人的鼻子"。[13]在这个例子中,自由和财产利益看来是显而易见的,以至于我们甚至不关注法律规定,或者至少没有证实这些规定的存在。但我驾车沿高速公路行驶(以何速度?)的自由权利和你沿路行走或穿越公路的自由权利,二者之间的界限是什么呢?这是个相对容易划分的简单界限。这些背景性体制不是一成不变的。因此,在法律违法剥夺公民的自由或财产时,如果宪法用于判决,宪法就要裁决普通法律。

但是,用什么标准来裁决?据记载,阿基米德(Archimedes)在阐述杠杆原理时,曾经说道:"给我一个支点(pou sto),我可以撬动地球。"宪法必要的支点在哪里?明显比较简单且宪法上不能避免的问题恰恰是,何为程序性的正当程序的组成因素,这个问题的答案对于宪法裁决普通程序,确定它是否确实"正当"是必要的。在这方面,年复一年,已经公认,除非宪法自身特别设计了更严格或不同的程序要素,在制宪时代形成的程序和实践中可能发现用来判断正当程序的基准。[14]但是这种观点并不盛行,在那些宪法并未特别规定的案件中,它让位于更加模糊和笼统的程序公平观

---

[12] *Whitney v. California*, 274 U.S. 357, 373 (1927)(协同意见书)。

[13] 引自 Zechariah Chafee, Jr., *Free Speech in the U.S.* 31 (1954)。

[14] *Pacific Mut. Life Ins. Co. v. Haslip*, 499 U.S. 1; 38 (1991) (Scalia 法官,协同意见书)。

念。[15] 施以刑罚必须在经过陪审团审判之后,在审判中,被告人有权获得律师帮助并与不利于己的证人对质。据权利法案所指出的,在一定情形下,上述的以及其他程序性保护被视为正当程序的内容。[16] 但是,个人可能在并非对罪行审判的程序中被剥夺自由:存在对于被控犯罪和一旦放纵会引起较大危险的人进行的预防性拘留。[17] 一些人可能造成极大的危险,以至于他们可能被羁押直至宣告判决之后。[18] 罚金刑通常可能只适用于符合正当程序标准的刑事诉讼中,但惩罚性的财产没收在民事诉讼和私人侵权案件中都适用。[19] 这些非刑事的对自由或财产的剥夺,必然要求程序的正当性足以被称为"正当程序",但是宪法条文没有确定什么程序是正当的。宪法学说也没有认可,在一些具有历史意义的特别时刻,例如制宪时,为考量将来的诉讼确立了基准。如果涉及程序时是如此,确立宪法的支点,并据此来判断在实体权利上的立法改变是否将导致对自由或财产的剥夺,岂不是难上加难?

无论主题是联邦主义、分权、言论还是宗教,每个主题都有相关的宪法条文为学说的发展提供指引(或者至少是保护),宪法学说必须把普通法律作为一个过程来判断。正当程序是从这些条文的指引中漂移出来的。至于程序性正当程序,它不能仅仅被认为是对权利法案中明确的程序性保护措施(大陪审团起诉、陪审团审判,诸如此类)的概括表达,因为这将导致涉及过剩的正当程序。对于最高法院仍然存在某些指引,这些指引来自法官和律师长期

---

[15] *Mathews v. Eldridge*, 424 U. S. 319 (1976); *United States v. Salerno*, 481 U. S. 739 (1987).

[16] 通过第十四修正案对州和联邦政府的适用,相同的要素已经被零碎地整合了。

[17] *United States v. Salerno*, 481 U. S. 739 (1987).

[18] *Kansas v. Hendricks*, 521 U. S. 346 (1997); *Kansas v. Crane*, 122 S. Ct. 867 (2002).

[19] *State Farm Mutual Automobile Insurance Co. v. Campbell*, 123 S. Ct. 1513 (2003); *BMW of N. Am., Inc. v. Gore*, 517 U. S. 559 (1996); *Honda Motor Co., Ltd. v. Oberg*, 512 U. S. 415 (1994).

以来形成的对正当程序的基本要素的认识实践:最不可或缺的是,在与判决结果没有利害关系的裁判者面前展示观点和证据的机会[20],取决于程序的特征和何者处于危险境地[21],以及其他保护措施,例如律师援助,这甚至可能由政府开支[22]。即使在没有成文宪法和司法审查的大不列颠,只要成文法没有明确规定其他程序,某些所谓自然正义的模式就被展开,用来判断行政程序的公正性[23]。在国际法中也援用了这些最低标准,例如对非法战士的另行处理不给予日内瓦公约的保护[24]。但是,当正当程序逐渐成为判断实体法的一项规则,来自审判实践的专业模式的指引不再可用,看来多数法官将转而漂浮在主观偏好和无垠推测的汪洋大海中。

一度有人认为,如果针对州政府,仅仅把正当程序的实体适用视为一种与权利法案的实体保护——例如,第一修正案对言论和宗教的保护——相结合的便利途径,这种不安就可能平复。这种观点具有把实体性正当程序与宪法条文紧密联系的标志性价值,但它并未被广为接受。事实上,它只是临时地以文本规则的名义违背了宪法的条文。毕竟在第五修正案中也有正当程序条款,而且因为权利法案约束的仅仅是联邦政府,针对联邦政府,这几乎不能被认为是与权利法案的其余部分相结合的。在 Dred Scott 案中,最高法院甚至并未中止这种可能,而是适用这一条款来进一步从实体上限制国会的权力。在更少见的声名狼藉的案件中,最高法院常规地超出了结合主义作用的范围,使州和联邦的政府行为的实

---

[20] *In re Murchison*, 349 U. S. 133, 136 (1955); *Turney v. Ohio*, 273 U. S. 510 (1927).

[21] *Mathews v. Eldridge*, 424 U. S. 319 (1976).

[22] *M. L. B. v. S. L. J.*, 519 U. S. 102 (1996); *Foucha v. Louisiana*, 504 U. S. 71 (1992); *Argersinger v. Hamlin*, 405 U. S. 951 (1972); *Gideon v. Wainwright*, 372 U. S. 335 (1963); *Powell v. Alabama*, 287 U. S. 45 (1932).

[23] *Bancoult v. Secretary of State for Foreign and Commonwealth Affairs and Another*, 2 WLR 1219 (Q. B. 2000).

[24] *Ex parte Quirin*, 317 U. S. 1 (1942).

体依据归于无效。

被这些难题置于尴尬境地的评论者和法官们,不喜欢这种显然不受约束的司法权,他们提出这种实体司法权行使的另一个标准:如果政府行为(立法、行政、执行)被证实与合法的政府目标没有合理关系,这些行为就是违宪的。因此,我们再次遭遇最有伸缩性的宪法考量:合理基础审查,它仅仅探究,政府是否寻求实现许可的目标?以及其手段与它的实现是否有合理关系?由于具有伸缩性,至关重要的是假定受法律约束的公民可能质疑法律是不合情理的。换言之,只要符合正式的制定程序,而且对这种行为没有特定的宪法阻碍,政府就可能恣意妄为,这种认识是错误的。就权利的前景来看,可能再次申明这一主张:如果不能证实政府强加的负担的理由,个人有免予承担这种负担的一般权利。个人有权免受"恣意的负担和无目标的限制"[25]。自由是默认的立场。在实体正当程序中包含的自由有时被称为消极自由,或者现代自由[26]——免受政府约束的自由。从而我们有两种相争的默认的立场。前者承认所有政府权力,除了被一些明确的宪法限制所排除的权力;后者使自由成为默认的立场,如果寻求限制自由,政府权力必须始终自行解释。[27]

---

[25] 这个短语,在 Souter 大法官对于 *Washington v. Glucksberg*, 521 U.S. 702 (1997) 一案的协同意见书中被援用,在 Harlan 大法官 *Poe v. Ullman*, 367 U.S. 497 (1961) 一案的不同意见书中被引人注目地展开。Harlan 大法官随后引用了 *Allgeyer v. Louisiana*, 165 U.S. 578 (1997)。这一短语的历史是有教育意义的。它最早出现在 *Allgeyer* 案中,这标志着第一次成熟地宣布了新兴的实体正当程序学说,它被适用于一部旨在限制利用跨州的保险公司的州法律。Harlan 大法官用这个词组来评价康涅狄格州禁止使用避孕用具的法律,而 Souter 大法官用以联系将医生帮助自杀犯罪化的一部州法律。

[26] Benjamin Constant, *The Liberty of the Ancients Compared with That of the Moderns* (1819); Isaiah Berlin, *Two Concepts of Liberty: An Inaugural Lecture* 7 (1958). 持续地把现代的自由和他称之为古代的自由相并列,这涉及集体自治权,而不是针对政府的权利。Berlin 把这种消极自由特定化为仅限于不被管束的自由。

[27] 见 Randy Barnett, *Restoring the Lost Constitution: The Presumption of Liberty* (2003)。

有人认为后一种观点是无稽之谈,因为日常文明生活的条件都依赖于对政府在某种程度上的某些约束,所以,特定约束的缺位仅仅为潜在的政府约束之网遗留了空间。例如,缺少阻止雇主要求雇员同意不参加工会的规则[28],给强制实施这些协议的法律限制体制留下了空间。据此,政府约束无处不在,说约束的程度多少没有意义,有意义的只是一种约束(或者约束机制)相对于另一种约束的品性。

二、征用和契约

消极自由的观念取决于事务的某些背景状态,不受政府约束,据此,每种新限制都是背离这一宪法支撑的[29]——赋予这种背景状态和具体表达这种状态的法律规则以特权。尽管赋予这种特权在理论上是一个基本步骤,当断言它确立了一系列法律规则时就超出了普通法律的情形,它符合(并且超出了)一种专业假设,即存在这样的一系列规则:对人身的暴力行为是一种可诉的恶行,以暴力或欺诈的方式剥夺财产同样可诉;协定应该被贯彻执行。[30] 只要认为基本法中以某种方式蕴含了这些规则,政府对这些规则的背离就可能被裁定为对"生命、自由或财产"的剥夺。但是,当处理这些不可避免的细微差异,诸如定义过失或者自卫的规则,明确可以强制执行的契约的类型和情形的规则时,调整什么,何为财产,何为持有,何为暴力或者欺诈获取?尽管指定一种先验的情形作为经营人身保险的基本原则看似合理,指定这种情形作为具体表

---

[28] *Coppage v. Kansas*, 236 U.S. 1 (1915).

[29] 见 Sunstein, "Lochner's Legacy," 前注[1]; Charles Fried, "Is Liberty Possible?" in *Liberty, Equality, and law: Selected Tanner Lectures on Moral Philosophy* (Sterling McMurrin ed., 1987); Thomas W. Merrill, "The Landscape of Constitutional Property," 86 *Va. L. Rev.* 885 (2000).

[30] Richard A. Epstein, "A Critical Reappraisal," 18 *J. L. &Econ.* 293, 315 (1975).

达它们的特定制度的细节则令人难以置信。这解释了 Lochner 案判决令人难以置信的原因,它把一种特定情形铭记于契约体制之中。但这也表明了为什么 Dred Scott 案不仅难以置信而且是错误的:它赋予一项既存的条件性财产制度(奴隶动产)的细节以特权地位,同时完全忽略了相对人,斯科特本人对于人身安全的基本保护这一更为根本的权利要求——这种忽略揭示了一种确定的结构和位阶制度,它存在于关于人、财产和契约的背景制度的模糊概念中。

详细说明关于自由、财产与契约的某一背景系列规则的难题,与不能作出这种详细说明所导致的严峻的宪法阻碍相称。宪法自身看来要求这一学说找到出路,因为它要求私人财产非经公正补偿不得为公共目的而被征用[31],而且要求各州不能通过"任何……削弱契约责任的法律"[32]。如果法律详细表明什么属于或不属于财产权利或者契约责任,那么,看来可能在缺失(认为任何政府行为的常规形式是对财产或契约权利的重新定义而非削弱)或僵化(法律不准许任何有损某种财产或契约权利的改变)的极端之间,把握这些宪法保障。针对被关注的过于苛刻、过于狭隘的例外的失败,解决方案的基本线索包括对普遍例外的保护,还包括未阐明但明显的假设,即财产权利有必要成为统领财产法体系的特定概念。

第一条线索在 Eastern Enterprises v. Apfel 案中被阐明[33],该案涉及一项强迫特定企业按年度为退休煤矿工人的健康利益基金支付大量资金的联邦立法,由于该法被适用于一些已经多年不从事煤炭生产的企业,而这些企业早已完全履行了对自己的矿工承担的义务,最高法院宣布该法无效。这一法定义务可能被分析为对

---

[31] 第五修正案的这一条款的引申意义是,即使支付了公正的补偿,政府也不能为非公共目的剥夺私人财产。见 *Hawaii Housing Auth. v. Midkiff*, 467 U.S. 229, 241 (1984) (法官意见)。

[32] U.S. Const. art. I, §10.

[33] 524 U.S. 498 (1998).

矿工和他们的雇主之间最初的雇佣契约义务的损害，或者把迫使在先的经营者支付矿工基金视为对钱款的"征用"，或者是非经正当程序剥夺财产。这首先是不容易被利用的，因为未修订的宪法的损害条款仅仅适用于州，以至于即使要抵制非经法律正当程序的财产剥夺，该条款背后的力量也必须与第五修正案的保护结合起来。[34] 征用条款的适用也是尴尬的，这是因为在本案中公正的补偿仅仅是返还经营者被迫支付的那些钱。传统的征用条款有一种强制出售的意味，允许政府获取它认为需要的财产，留下等价货币使所有者的处境并不恶化。此处的公正补偿在补偿了原所有者之后没有使社会价值增加，而是简单地否定了这一体制。故此，毫无疑问，虽然最高法院中的多数派相信这种义务有些问题，在理性上却不能如此裁决：四位大法官支持征用分析，尽管这种分析是尴尬的，而第五位则主张这是与导致非经正当程序的财产剥夺的法律有关的罕见案例，他强调，由于这种体制为解决全国范围内的问题，寻求通过恢复便利但关联性较低的系列利益来承受负担中不成比例的部分，它是极端地溯及既往和明显不公正的。[35]

　　Hodel v. Irving 案是政府试图通过在现有定义之外重新定义财产权解决这一问题的例子。[36] 在19世纪末，国会实行了一项把印第安人吸收到周围的法律和社会体制中的政策，把印第安人的保留地分配给单个的部落成员，当他们死亡时传给继承人。在几代人之后，最初的小片土地成为几十人有时是几百个所有人拥有的

---

[34]　最高法院接纳了这种形式的结合，针对联邦政府，以正当程序条款与第十四修正案的承诺（即任何州不得拒绝对每个人给予平等的法律保护）相结合。

[35]　虽然罕见但还是发生了，*BMW of N. Am. , Inc. v. Gore*, 517 U. S. 559 (1996) 一案中，因为汽车制造商没有向一位医生披露他的新车的一部分是被重漆过的，这导致了4000美元的差价，阿拉巴马法院判决给这位医生200万美元的惩罚性损害赔偿。最高法院的三个成员判定，这不仅是程序的错误，而且完全不同于其他诉讼的错误，其结果本身是如此不公正以至于在宪法上是无法接受的。又见 *State Farm Mutual Automobile Insurance Co. v. Campbell*, 123 S. Ct. 1513 (2003)。

[36]　481 U. S. 704 (1987)。

未分割的利益。鉴于这些局部利益仅仅产生名义上的收入，为解决这种发展中显而易见和复杂的难题，国会在 1983 年力图通过把这些利益归还给部落来消灭最小的局部利益。因而，作为相当合理的判决的结果，成文法所创制和定义的财产权在此处本应在现有范围之外被重新定义，但它却形成了谬论。不过，最高法院判定该法是违宪的：

> ……这一规制实际上导致了取消某种类型的财产的权利——个人遗产中未分割的微小权利。从封建制时期起，传承财产的权利——特别是在一个家庭中——已经以某种形式成为盎格鲁—美国法律体系的一部分……
>
> ……
>
> 基于裁决彻底废除继承和遗赠特定类型的财产可能是一种征用，我们再次确认一系列案件持续的生命力，承认州政府调整财产继承和遗赠规则的宽泛权力不涉及对公正补偿条款的保障，在适当时美国的权力也是如此。本案的不同之处在于事实上继承和遗赠都被彻底废除了；实际上，即使在政府寻求推进目标的情形下，它们被废除了，印第安土地的所有权合并与财产的进一步继承并不冲突。[37]

在一定程度上，这一分析承认财产权的传统特征，并承认政府有权力撤销或改变它创设的财产权。当被创设的权利类似于传统的财产权，该权利的传统事宜可能被修改，但不可能完全废除而不予补偿。因此，虽然并未明确认识到洛克（Lockean）所称的财产的自然权利，宪法学说通过确认宪法的基线——财产的概念性支点——长期存在的财产的传统意义，接近了这种自然权利。宪法学说期待着确切地否定一些总体的、联邦的普通法律[38]，这被嘲笑

---

[37] 481 U.S. at 716—18（内文引用省略）。
[38] *Erie R. R. Co. v. Tompkins*, 304 U.S. 64 (1938)。

为"天马行空"[39]。但是，在裁决政府超出了调整普通法的范围时，征用法律采用了财产基本法的一些根本的（或者上位的）概念体系，并且认为这是一种背离。[40] 如果这一条款不能在宪法之外解读，它就不可能有别的意义。

也可能有人认为，有另一种可选择的解释，用以维持财产法体系的严格确定的特征：关于财产没有共同的根基，没有根本的基础；它完全是州法律的附随产物。所以，唯一的禁止是州法律不能改变，至少不能过多、过快或者以过于狭隘的方式改变。修改的适当幅度是保证它不被用于挑剔一些自愿的或者任意选择的部分人群。[41] 但是多少为太多，多快为太快，是他们自己在假设了一些已接受的相对稳定的概念背景下作出的判断。例如，使每个房客成为他租用的房间的所有者就过于激进，以至于要求他们向原所有者支付补偿金。[42] 尽管印第安人分配案指出可能必须支付某些名义上的补偿金，把 999 年的租约转变为完全的所有权基本上不属于强制征用的案例。[43] 由于着眼于对作为土地传统权益之一的通行权创设的概念性关注，批准公众穿过你的土地的一部分是征用；但是，如果作为总的分区制体制的一部分而对于财产使用的限制——因为它并不在这样一个熟悉的概念范围之内——那么这可

---

[39] *Southern Pacific Co. v. Jensen*, 244 U. S. 205, 222 (1917)（Holmes 法官，反对意见书）。

[40] *Accord Nollan v. California Coastal Comm'n*, 483 U. S. 825 (1987)（在一个人土地上的通行权这一传统的不动产上的权利）；*Loretto v. Teleprompter Manhattan CATV Corp.*, 458 U. S. 419 (1982)（在与通信公司的电缆铺设相连接中发生的对建筑物的实际占用，构成作为第五修正案目的的"征用"）；*Webb's Fabulous Pharmacies, Inc. v. Beckwith*, 449 U. S. 155 (1980)（利益是被传承下来的所有者的主要财产）；*Andrus v. Allard*, 444 U. S. 51 (1979)（候鸟条约法之鹰保护法禁止已存在的鸟类制品的贸易，这并不违背征用条款）。

[41] 例可见，*Lucas v. S. Carolina Coastal Comm'n*, 505 U. S. 1003 (1992)。

[42] 例可见，*Hawaii Housing Auth. v. Midkiff*, 467 U. S. 229 (1984)。

[43] 又见 *Loretto v. Teleprompter Manhattan CATV Corp.*, 458 U. S. 419 (1982)。

能属于或者也可能不属于征用。[44]

最高法院对契约条款更加谨慎,导致对宪法学说的类似的理论需求:若非契约义务的内涵有某个稳定的核心,宪法学说无法证实这些义务已经被"损害"。但是,契约条款比征用条款更具有约束政府的潜力。这是无条件的:首先它不允许损害,而不是像在征用财产的案例中那样,要求政府为造成的损失提供补偿。更为重要的是,财产制度处于预设的典型财产权利的框架之内(例如,租赁权、非限定继承不动产所有权、通行权),这些权利可以被买、卖、互易、继承或者抛弃。然而,契约是一个非常笼统的框架,据此,两个或多个(也可能更多的人)个人可能以最广泛的可能方式建立联系,这种联系可能持续相当长的时期。在契约的外部界限之内,它有可能组织一个完整的替代性政府(这是社会契约理论背后的幻想)。即使更不广泛的契约安排为政府的规制计划提供了有力的替代物,这同时依赖于政府承担的强制执行契约的义务。我认为,原因在于宪法学说在强制执行契约条款方面比财产条款更加不严格。但学说也未将这一条款在宪法之外一并解读。自新政以来,与对私人当事人相互承担的义务的干预行为相比,学说对被设计用来开脱自己责任的政府干预提出了更多详细审查。[45] 对前一种干预的审查是极其宽大的。[46] 当出现对这些私人安排的侵害时,如果损害可能被视为一般规制体系的意外,规则是根本不适用契约条款。不能阻止州作出和强制执行这样的法院判决,基于下述交易中所有类型的契约结果必须被废除这一事实,营业性的赌博

---

[44] *Penn. Cent. Transp. Co. v. City of New York*, 438 U.S. 104 (1978); *Euclid Ohio v. Ambler Realty Co.*, 272 U.S. 365 (1926).

[45] *United States Trust Co. v. New Jersey*, 431 U.S. 1 (1977); *United States v. Winstar Corp.*, 518 U.S. 839 (1996).

[46] *Energy Reserves Group, Inc. v. Kansas Power &Light Co.*, 459 U.S. 400, 413 (1983)("除非国家本身是契约一方当事人,'由于它习惯于审查经济和社会规制,……涉及特定措施的必要性和合理性,法院服从立法机关的决定是适当的'")。

或者含酒精饮料的交易将被禁止。[47]

三、自由

但是,何为自由?除了正当程序条款中提及自由之外,没有关于自由的条款。然而,我们被告知自由有实体性含义,而且这种含义不能被在宪法的其他条款中列举的自由所穷尽——例如,第一修正案保障的言论和宗教的自由。给出实体自由概念的确定内容,有两种方式:其一,某个宪法思考和学说发展的过程可能证实,特定领域的自由突出到足以引起实质正当程序的保护;其二,作为一般术语,自由被认为是不受政府的约束。宪法学说囊括了这两方面。宪法学说包含了自由论者的前提:原则上任何强加的义务必须证明自身的正当性。在这种意义上,*Lochner* 案和 *Dred Scott* 案的论说幸存下来,但是,如同疫苗一样,其形式从根本上被削弱了:政府通过证明(1)对该利益的侵犯是可允许的目标,(2)对自由的侵犯理性地与该目标的完成相关,回答了就所谓普遍自由权利提出的质疑。换言之,政府必须始终自行解释,但所作出的任何解释根本上是似是而非的,而且不准许政府以其他理由寻求完成不准许它进行的行为。[48] 这是理性基础考查,它很容易符合一个评论者提出的讽刺性描述,他认为"最高法院像一个精神病关怀组织"[49]。同时,*Lochner* 案适用更严格的详细审查是如此令人怀疑,以至于它的名字成为代表反对立法合宪性审查的一揽子观点的警句。实际上,即使这种审查不是基于可能被称为自由条款的条款,而是基于宪法中另一些更明确的限制性条款,例如贸易条款或第

---

[47] 例可见,*Manigault v. Springs*, 199 U. S. 473 (1905)("通过订立契约,当事人也许不能禁止立法机关为公共利益而制定法律")。

[48] *Williamson v. Lee Optical*, 348 U. S. 483 (1955).

[49] James Bradley Thayer, "The Origin and Scope of the American Doctrine of Constitutional Law," 7 *Harv. L. Rev.* 129, 144 (1893).

一修正案,这种审查也会被嘲弄为重复了以 *Lochner* 案为象征的实践。[50]

如我所言,自由是消极自由,每个政府约束对它的损害都是在某种程度上的,因此,必须设定某种标准,来判断这些损害是否是宪法所准许的。但是,与财产和契约的概念相比,普遍的自由概念更缺乏可以用来细化这些标准的坚实的文本或者学说的基础。在 *Lochner* 案与相似的案件中,法院假定家长主义(有时)[51]和对议价能力和资源的再分配是政府违法行为的目的。但如霍姆斯在他著名的 *Lochner* 案的不同意见书中所指出的,根据宪法,判决的正确程度显然不足以作为推翻由民主选举产生的政府部门的决定的基础。如果存在某些违法行为,最高法院必须指出它们是怎样的,而且它的表述必须准许对这些宣告无效的约束适用和不适用的案例作出原则性区别。除了对被视为最初的社会主义内容的明显厌恶,最高法院不能提供这类区别。在富兰克林·罗斯福的第二任期之初,在 *West Coast Hotel v. Parrish* 一案[52]中,*Lochner* 案被放弃。可是尽管批判是有力的,最高法院不再沿着老路声称抛开程序缺陷,并吸收了权利法案明确的宪法保护,自由条款没有为宣告政府行为无效提供基础。至少政府必须始终自行解释。

184

四、基本权利

使自由条款保持其生命力的内容,大体上并未起到象征性的和告诫性的余留作用,但它们是对于几种特定自由的多种非常有力的保护进行详尽阐述的源泉。最近两个案件阐明了这一条款的

---

[50] 例可见,*United States v. Lopez*,514 U. S. 549,603 (1995)(贸易条款)(Souter 法官,不同意见书);*Va. State Bd. of Pharmacy v. Va. Citizens Consumer Council, Inc.*,425 U. S. 748,784 (1976)(商业言论)(Rehnquist 法官,不同意见书)。

[51] 但见 *Muller v. Oregon*,208 U. S. 412 (1908);*Weaver v. Palmer Bros. Co.*,270 U. S. 402 (1926)。

[52] 300 U. S. 379 (1937)。

两种作用的相互影响。在 Lawrence v. Texas 案[53]中,最高法院推翻了它 17 年前对 Bowers v. Hardwick 案[54]的判决,Lawrence 一案的大意是"不存在进行同性鸡奸的基本权利",并判决把这一行为犯罪化的法律是违宪的,是对自由的侵犯。

在 Lawrence 案 6 年前宣判的 Washington v. Glucksberg 案提供了反面的示例。一个患有疼痛、功能障碍和致命疾病的人诉称,由于州法律把医生的帮助行为犯罪化,他无法在医生的帮助下自杀。这位患者寻求判决这一法律的适用是违宪的剥夺自由的行为。基于宪法中没有明确的"死亡权"规定,最高法院没有驳回这一诉讼请求。反之,最高法院确认,该患者对于获得这项帮助享有"自由权利",因此,该州必须为强加于他的这项义务提供正当理由。[55] 州在保护生命方面的利益被认为是这个充分的正当理由。最高法院并未明确,这一正当理由能否扩展到及于那些不愿生存的人,或者反之,能否合理地牺牲这些人的愿望以支持一项一般规则,该规则保护那些可能无法作出这一选择的人或者可能被强迫这么做的人。最高法院也强调,在绝大多数州法律中传统上禁止自杀,鉴于此,可以认为政府宣布这一目标总体上在相当长的时间内是合法的。协同意见书展示了一种可选择的方式;每个案件中被关注的重点不同,在一个适当的案件中,笼统的州的利益不足以对抗个人的自由权利:一个法官写道,如果一个人承受剧痛,唯有死亡可以终结这种痛苦,那么,州法律的一般目标可能不足以证明剥夺他获得医生帮助来结束生命行为的正当性。[56] 其他数份意见书也强调,即使镇痛药可能加速死亡,这一笼统的利益也不足以证明禁止

---

[53] 123 S. Ct. 2472 (2003).
[54] 478 U.S. 186 (1986).
[55] 又见 Webster v. Reproductive Health Servs., 492 U.S. 490 (1989)。
[56] Washington v. Glucksberg, 521 U.S. 702, 750 (1997) (Stevens 法官,协同意见书)。

用镇痛药的正当性。[57] 这一叠独立的意见书达成这样的共识:尽管病人不能援引任何特定宪法权利证明政府无权阻止医生帮助他们自杀,法官们都认为,病人至少对于华盛顿州法律所限制的行为享有自由权利。尽管证明违宪的责任由原告承担,他们可以通过证明他们的自由被限制来开始履行举证责任;而后由州负责提供这种限制的正当理由。

在 Glucksberg 案中,存在关于自由的两种截然不同的权利要求的博弈。全体法官一致否决的观点主张,一个人控制本人死亡的时间和情形的自由只能因某个特定的原因被限制,这个原因应由最高法院详细审查。持协同意见的法官致力于从上述否决中排除更受关注的权利要求,对于那些人,死亡可能是唯一的终结剧痛的方法。对于他们而言,鼓吹保护生命的笼统的州利益不能轻易压倒自由权利,对于易受责难者不得被迫结束他们自己有时很艰难的生命的关注更为突出,但这也不能压倒自由权利。持协同意见的法官假定,一些自由虽然在宪法条文中没有被涉及,但它们突出于无差别的自由权利的背景中,以获得比理性基础考查所提供的更多保护措施。

Glucksberg 案为这些自由是如何涌现的提供了生动的图景。它们最初的描述一定不能过度宽泛和抽象——例如,控制一个人生活经历类型的笼统的权利,决定自己生活经历终结的笼统的权利。反之,一种非常具体的情形激发这种反应:那是荒谬的;他们不能做那些事! 在这些隐私案件中,法官持续补救的源头是哈兰大法官在 Poe v. Ullman 案中提出的不同意见[58],他断定,对已婚夫妇适用康涅狄格州法律中使用避孕药具是犯罪行为这一条款,违背了实体上的正当程序。因为看来对该条款的实施不曾存在真实的预期,最高法院多数意见判决本案不具有可裁决性。哈兰大法官

---

[57] 同上注,at 785 n.16(Souter 大法官,协同意见书);同上注,第737—38 页(O' Connor 法官,协同意见书)。

[58] 367 U.S. 497 (1961).

对这一开创性判决持异议,他进一步解释了为什么该条款是非经正当程序而剥夺了自由。尽管这一不同意见书经常被引用来支持实体正当程序的宽泛的和不确定的概念,在该案中的推理相当严谨地局限于上述的特定适用。

  我认为,法律规定已婚夫妇使用避孕药具是犯罪行为,这是对个人生活的最亲密关系行为中的隐私进行不可忍受和无正当理由的侵犯。我最终得出这一结论,尽管我断定在这个结合点上接受上诉人的其他观点是困难的和不必要的,在法条的背后如此适用方针作出的判决是如此恣意和不合情理,以至于仅以此为原因主张该法律的制定无效。

  确切地说,涉及下述内容:政府声称有权以刑法的完全权力通过干预夫妻关系最亲密的细节来实施其道德判断。这就可能准许所有附随的刑罚机制、拘留、搜查、扣押的设置;就不可避免地意味着最低限度的刑事责任的认定、公开审判和对于犯罪事实的举证。当涉及已婚夫妻的性关系的模式和方式,或者至少为使被告有机会否认这些指控,任何可以想象的细节描述、举证责任或者其他保障都不能减少对其举证的必要性。简言之,该法允许政府探究、证实和惩罚已婚夫妇对于婚内性行为的私人使用。那么,这就是我们必须对其进行合宪性考量的法律的精确特点。[59]

在这一背景下,此意见书确认,当州立法被假定是合宪的,援用在先的案例[60],这种假定并不足以证明"恣意的强加义务和无目标的限制"的正当性。哈兰举例,对于乱伦、通奸、同性恋、堕胎,也不能因州的适当目标而排除对违反性道德的劝阻。导致本案违反康涅狄格州法律的,是该禁止性规范在实践中发挥作用的具体途径。"虽然州政府主张,宪法准许根据该法律作出道德判断,它的案情摘要、论证或者最高法院对上述案件或其他案件的任一意

---

〔59〕 同上注,at 539,548(Harlan 大法官,不同意见书)。
〔60〕 见 *Allgeyer v. State of Louisiana*,165 U. S. 578(1897)。

见书的任何内容,都不曾给它为贯彻这一政策而选择的令人讨厌的干预方式提供正当理由。"

因此,问题的核心是因厌烦政府威胁要做的事情而紧张(frisson)。哈兰大法官强调,他判决的这一角度是依据一个在先的程序性的正当程序案件,*Rochin v. California* 案。[61] 警署官员强行进入了一个可疑的毒品贩子的卧室,当他吞下床头柜上的两粒胶囊时,一名警员扑向他的腹部并把他带到医院,在那里他们给他洗胃以取得证据。法兰克福特(Frankfurter)大法官并未判决该行为违背了权利法案的任何具体条款,那时权利法案还没有与第十四修正案的正当程序条款结合来对抗政府。反之,他抓住了本案的特征:

> 这种行为冲击了良知。非法进入起诉人的私人空间,强行撬开他的嘴并掏出嘴里的东西,强行取出他的胃内容物——由政府的雇员进行的上述取证过程必然侵犯了甚至久经考验的敏感性。……与声称不能根据侵害正义的意义的方法定罪相比,作为历史性的、生成的原则,法律正当程序更精确地排除了对这些行为标准的定义和限制。[62]

这一解释的难题在于,它看起来相当主观和短暂。当最高法院不是针对官方的特定违法行为来推翻特定的有罪宣告,而是如哈兰在 *Poe* 案中所做的那样,宣告一项一般法律规则无效;即当它由程序性的正当程序转向实质性的正当程序时,这样的抱怨更为严重。然而,哈兰并未止于这段文字,他又引用了法兰克福特针对主观归责的辩护词:

> 正当程序条款的模糊的等高线大体上没有遗忘法官。我

---

[61] 342 U.S. 165 (1952).
[62] 同前注,at 172。在今天这将是一个简单的案件。在 *Mapp v. Ohio* 案中,367 U.S. 643 (1961),最高法院判决,第四修正案已被整合入第十四修正案之中,这样的整合包括了联邦对排除规则的救济。这个官员的行为将是关乎不合理的搜查和逮捕的清晰示例。

们可能不会仅仅根据个人的和私人的理念来判决,而无视束缚法官行使司法功能的那些限制。尽管正当法律程序的概念不是最终的和确定的,这些限制源自融合在我们的司法程序的总体性质中的因素。……这些因素深深地植根于理性和引人注目的法律职业传统之中。

宪法裁决是一种普通法裁决,在宪法裁决中法院援引传统、先例和职业直觉,从特殊到特殊进行类比。由于法兰克福特提到反对 *Rochin* 案中自诉的特权,哈兰指向权利法案的特定条款——例如,第三修正案中禁止在和平时期为士兵分配私人住房的条款(此条款罕有援引),以及第四修正案中保障不受不合理的搜查和逮捕的条款——不是将其作为有拘束力的宪法条文,而是作为"引人注目的法律职业传统"的证据:

> 正是这一观点使最高法院不断地认识到宪法条文显著的强制特性,尽管这一特性必须从具体条款的更大的背景下辨别出来。而且因为这个背景不是关于文字而是关于历史和目标的,不能把正当程序条款赋予的自由的完整范围,仅仅判定或者限制在宪法规定具体授权的明确范围之内。在财产征用,言论、出版和宗教自由,持有和占有武器的权利,不受不合理的搜查和逮捕的自由等等的范围之内,这种"自由"不是一系列凸现的孤立之点。宽泛地说,这一理性的连续统一体包括不负担任何恣意强加的实体性义务和不受无目标地限制的自由。

哈兰的意见书在 *Pierce v. Society of Sisters* 案[63]和 *Meyer v. Nebraska* 案[64]中都可以获得支持,从诉诸最高法院的那天起,两案的判决就驳斥了 *Lochner* 案和相似的案件。最高法院在 *Pierce* 案中否决了一项要求孩子只能上公立学校的州法律,而它在 *Meyer* 案中则

---

[63] 268 U.S. 510 (1925).
[64] 262 U.S. 390 (1925).

否决了禁止对儿童以外语进行教学的法律规定。在上述两个案件中，法律都不能被特定化为"恣意强加的义务和无目标的限制"，也不能认为这些法律与政府的合法利益没有理性的关系。反之，通过把为儿童提供统一的共同经历作为共同的公民身份观念的前奏，两项法律都被认为有相似的、实体的政府利益。最高法院根据正当程序条款中对实体自由的保障，判决如下："它表明的不仅是免受对人身自由的限制，还有个人缔结契约的权利，从事任何普通职业的权利，获得有用的知识的权利，结婚、组成家庭和生儿育女的权利，根据自己的良心的指示崇敬上帝的权利，并且通常享有那些普通法上长期认为对于自由人有序地追求幸福而言必要的那些权利。"这些案件在今天无疑会以同种方式出现，基于第一修正案的言论、结社和宗教条款，最高法院可能找到其他方式来处理这些案件，但侵权是对于一般的自由观念而言的，这看来更接近真相。通过援引这些案件，哈兰明确了自己的观点，在明晰的宪法保障边缘，一般化的实体正当程序自由成为更受关注的焦点，这给予了那些看来可能不同的不受拘束的思想以力量和保障，但是他也指出，在具体宪法条文的明确的领域之外，存在这样的急迫的自由，它们值得接受比仅仅是理性基础审查更严格的审查。*Meyer* 案和 *Pierce* 案在此后继续被援用来支持上述主张。

但是如普通法解释的专家所表明的[65]，随着在相似情形下先例的逐个增加，在紧急的特定情况的驱使下，具体的判决可能在一段时间内发挥影响，但是其影响不可能始终以这种非主流的方式发挥作用。最终它们或者被摒弃，或者若想使之有效，就要求法院作更高层次的抽象，当更多一般的命题被宣告，这些命题就开始在一些案件的判决工作中发挥作用。因此，这与哈兰在 *Poe* 案的不同意见和实体正当程序一致。作为第一步，4 年以后，在 *Griswold v.*

---

[65] Edward H. Levi, *An Introduction to Legal Reasoning* (1948); Benjamin N. Cardozo, *The Nature of the Judicial Process* (1921).

Connecticut 案中[66]，康涅狄格州反避孕法律再次被诉诸最高法院，而这次，最高法院在意见的冲突之中达成了共识，在这些意见中没有一个无视哈兰在 *Poe* 案中最初的不同意见的权威性。最高法院的意见书确实领悟了哈兰参照的权利法案的多个条款，并主张，尽管并不受这些条款的具体调整，本案也在这些条款的半影之内（我认为，继续这个视觉的隐喻，在几个半影的交汇处，这些条款叠加产生了决定性的判决）。

在 *Poe* 案中，哈兰也强调了出现在多个宪法条文中的隐私权的概念：

> 依我之见，尽管本案的侵犯形式——实体侵犯的法律规则——不排除基于包含在正当程序条款的"自由"中的隐私权提出权利要求，但必须明了，应该主张本案所侵犯的隐私权有另一种含义，它与第四修正案，以及第十四修正案的类似观念旨在保护的权利不同：此处我们甚至没有侵入生活意义上的家，在这样的家里每人都有他自己的空间。但我认为，这种区别是非本质的乃至是吹毛求疵的：如果家庭的自然庭院是被保护的，这种关心当然导致要保护在庭院中的生活隐私。对家庭的保护当然不仅限于财产权的神圣不可侵犯。家在家庭生活中居于首要地位。这种生活的完整性是如此基本，以至于已经确定用不只一种明确授予的宪法性权利的原则对其进行保护。因而，布兰代斯大法官提到，一项法律使得"在任何地方向单独的个人传授（和平主义）都具有可罚性……无论当事人之间的关系可能如何"，他判决，"这样的法律侵犯了隐私权和家庭的自由。父母可能不依从宗教信仰、良心或者有罪宣告的指引，教授儿子或女儿和平主义。如果他们这么做，任何警署官员都可能草率地拘捕他们……"同一原则在 *Pierce* 案和 *Meyer* 案中也有体现。如 *Prince v. Commonwealth of Massachusetts* 案中所表述的，这些判决"对于政府不能进入的家庭生

---

[66] 381 U.S. 479 (1965).

活的私人范围给予尊重"。

Griswold 案传承了上述观念,并把婚姻特定化为"存在于由多个基本宪法保障创制的隐私权范围之内的关系"。由此,最高法院得出了两个有力的一般观念:这些方面的自由是"基本的",而且可以在"隐私权"概念的范畴内被把握。几年后,*Eisenstadt v. Baird* 案[67]以一种引人注目的即时方式扩展了 *Griswold* 案的观点,用来推翻马塞诸塞州一项禁止分发避孕药具的法律,该法被适用于未婚者。布伦南大法官代表最高法院出具了意见书,该意见书漠视了 *Poe* 案的不同意见以及 *Griswold* 案判决对于婚姻关系的传统性特定保护的重点关注:

> 如果根据 *Griswold* 案,不能禁止对已婚者分发避孕药具,将同样不能准许对于未婚者分发避孕药具的禁令。在 *Griswold* 案中,争议中的隐私权确实存在于婚姻关系中。已婚夫妻也并非身心独立的统一体,而是两个有独立的智慧和感情的生物的结合。如果隐私权意味着什么,那就是:已婚或单身的个人,对于影响他决定是否生育或者怀孕这种最基本的事务,有免受政府无理干预的权利。

我已述及,最高法院在本案和其他领域中看来已经采纳的普通法方式,确实包括从对于特定的、通常是引人注目的事实作出的判决的随机游走到某种更大程度上的一般性规则的最终进程。但是,从 *Griswold* 案到 *Baird* 案的判决的变化是相当大的跳跃。它宣示了两种概括陈述,其中任何一种在先前的判决中都并未以任何方式暗示过。*Poe* 案、*Griswold* 案和 *Eisenstadt* 案本身都仅限于避孕。"决定是否生育或者怀孕"这一短语不经意地缩减为"生育"一词,从而影射到迥然不同并且有更大争议的堕胎问题。因为对于婚内的或者非婚的隐私权的这种侵犯,并未表现出与外科程序有关,尽管它在 *Poe* 案中被哈兰认为有攻击性,这个问题是不同的。

---

[67] 405 U.S. 438 (1972).

它引起的争议更大,这是因为避孕仅仅包括对被卷入的人的行为的意愿的判断,而反对堕胎的力量源于这一判断,堕胎涉及杀害未出生的孩子,一个无辜的第三人。虽然上述忧虑的双方众说纷纭,布伦南大法官的措辞还是处理了这一问题,就像这些忧虑不曾存在一样。此处涉及的是"隐私权",而它是一种"对于影响人们的基本事务免受政府的不必要干预"的权利,这些观点甚至远远超出了本案的事实,提出了关于"影响人们的基本事务"的自由的一项一般原则。

仅仅一年之后,布伦南大法官在避孕和堕胎之间挖出的地下通道就使 Roe v. Wade 案的判决成为可能[68],在该案中,最高法院判决,基于第五和第十四修正案的自由条款,隐私权包括事实上不受任何实体性政府规制约束的选择堕胎的权利,至少在妊娠的前三或六个月内是如此(在前三个月内,唯一可允许的规制要求医生咨询并监督这一过程。在此后的三个月内,政府可能干预的稍多,但只限于对于保护母亲健康而言必要的范围之内)。这份意见书对于这一重要结论的解释相当草率。迫于在本案中提交辩护状的某个人的压力,最高法院否定了这一权利要求:"一个人对于按自己意愿处理自己的胎儿有无限的权利。"反之,最高法院宣布,"基于第十四修正案的个人自由概念确立的隐私权……的范围足以包括女性决定是否中止妊娠的权利"。在一些案件中,否定妇女的选择权将导致"医学上可以诊断的直接损害"。孩子的出生"可能强加给这个妇女窘迫的生活和未来……她的身心健康可能被照料孩子所累。人们关注的也是这些与这个不必要的孩子相关的不幸。"而且这"给未婚妈妈生活带来持续的耻辱"。这些损害的严重性得出的结论是,妇女对于免受这些限制的自由权利是"基本的",鉴于需要,政府不能只根据某一政府合法目标,但可以根据"迫切且重大"的目标来推翻它。最高法院认为,在对堕胎的规制中有两种合法的政府利益:母亲的健康和孕妇过上"常人生活的可能性"。

---

[68] 410 U.S. 113 (1973).

在平衡这些合法政府利益与妇女的基本自由权利之间,最高法院形成了有关三个月的规则:在前三个月中,只有在坚持堕胎成为妇女和医生之间的争执时,妇女的健康利益才能作为正当性依据。在之后的三个月,意见书仅仅准许这样的额外的规制,即在这一医学上更为危险的阶段,实施堕胎是一种能保障母亲健康的方式。

这更加直截了当。问题源于对政府在"常人生活的可能性"中的利害关系的认识。对于该利益的明确表述是古怪的,甚至保守地抽象。当然,堕胎的反对者主张,胎儿不是潜在的而是真实的生命——人。但最高法院断然否定了这一主张,它指出在普通法中没有持续地把胎儿视为人的历史,指出科学家、伦理学者和神学者在这一问题上的争议,并指出在法律文本或者第十四修正案的背景资料中缺乏"人"的定义范围。[69] 如同德国宪法法院的判决,已经作出的判决可能有别样的意蕴,即准许堕胎的法律不仅不是宪法所要求的;它们是宪法所禁止的。[70] 当最高法院判决,仅限于妊娠的后三个月中,州对潜在生命的合法利益是迫切且重大的时,问题就激化了。罗伊(Roe)坚持,在最后阶段,不是妇女的自由权利,而是母亲的生命或健康权利,可以压倒州对潜在生命的利益。但是,为什么这样,还是仅此而已?最高法院不精心地提出的理由是,胎儿在最后三个月中是能养活的,即它理论上可能在子宫外存活。虽然它孤立地出现,由于这看来并非一个完整的推断,就驱使人们在其他地方寻求解释。我凭直觉解释为,在最后阶段胎儿对于我们更明显的像是婴儿。我们可以假设它在婴儿床或者恒温箱

---

[69] 对于奴隶和他们的后代以及拟制人——即法人——是否是宪法意义上的人,仍然存在争议。第十四修正案明确肯定地解决了第一个争议,它蕴含于 *Dred Scott* 案的判决中。至于法人,他们也被认为是正当程序条款项下的人,但是不被视为第十四修正案的公民权利与豁免条款项下的公民,这部分地解释了权利法案被整合通过正当程序条款来抵制政府行为。

[70] Judgment of February 25, 1975, 39 *Bverf GLI* (1975) (translated in Jonas and Gorby, "West German Abortion Decision, A Contrast to *Roe v. Wade*," 9 John Marshall J. Prac. & Proc. 605 (1976)).

中独立存在,这使得准许堕胎看来更像是杀婴。尽管对于怀孕几周的妇女,解脱在医学上是一件容易的事,如果迫使她在此后的八个月内持续妊娠是"对良知的冲击",那么我认为,准许对于按正常情况在几周或者几天内即将出生的胎儿堕胎,可能也是对良知的冲击。当然,事实上每一个晚期妊娠都是在早期妊娠之后的,而早期妊娠可以轻易地终止。但是,不仅在公众的观念中,而且在多个州的法律体系中也存在显著差别,一些州准许堕胎,而另一些州为堕胎保留了很少空间或者根本不准许,当所颁布的一系列宪法原则面对这些差别时,这些直觉看来是其非常薄弱且可疑的基础。这与 Griswold 案中康涅狄格州法律中有悖常理的规定相去甚远。在 Roe v. Wade 案中,最高法院判决宣告的自身权威和以此为名的学说难以言表。

在 1994 年 Planned Parenthood of Southeastern Pennsylvania v. Casey 案中[71],最高法院再次考虑,并以一系列比 Roe 案更详尽的意见书,重新肯定了被称为 Roe 案的"判决要旨"的主要意见书[72]。该意见书考虑到了源自最初判决的分析和批评的产生。例如,文中有对于这种权利要求的明确认识,即堕胎的现实可用性对于妇女规划她们的生活和职业有巨大影响,并因此消除了在性别平等中的一个阻碍。这在隐私权概念的早期检验标准中很少涉及。加之,回想起布伦南大法官在 Eiaenstadt 案意见书中的话,它提出了更全面和有力的自由概念:

> 我们的先例"对于政府不能进入的家庭生活的私人范围予以尊重"。这些事务——包括人在一生中可能作出的最私密的

---

[71] 505 U. S. 833 (1992).

[72] Casey 案把 Roe 案的"判决要旨"解释为认可妇女在胎儿有生存能力之前选择堕胎的权利,但同时认可了把州的正当利益作为保护妇女健康和潜在胎儿生命的出发点。Roe 案之后的判决可能超出了对于选择权的这种解释,例可见,Akron v. Akron Center for Reproductive Health, 462 U. S. 416 (1983),但 Casey 案基本上再次确认,Roe 案所确立的简化三分法框架是有生存能力的标准,并对政府干预妇女生育选择的措施适用"不合理负担"标准。

和最个人的选择,个人尊严和自治的核心选择——是第十四修正案保护的自由的核心。自由的核心是界定个人自己对于生存、内涵、宇宙和神秘人生的定义的权利。如果对这些事物的信念是迫于政府的压力而形成的,它们就不能界定人格特征。

这一自由概念使我们回想起心目中第一修正案中有力的自由概念,但超出了它的范围,而将其理解为对某种行为的有力限制,该行为可以被描述为社交的延续——虽然性亲密关系比堕胎更趋于切题。当然,任何行为可能被认为是有表现力的,但是,在这种意义上,一个人的大部分行为源自个人的期待和信仰,并且在这种意义上表现了它们。事实上,一位智者通过支持有行为能力的成年人有权不受政府干预经合议达成经济关系,捍卫了 *Lochner* 案的判决,其措辞与最高法院在 *Lawrence* 案中的判决非常接近,只更换了一个形容词。显然,*Casey* 案意见书无意涵盖约翰·斯图亚特·密尔(John Stuart Mill)的这项原则:"要对文明社会的任何成员违背其意愿使用权力,唯一正确的目标在于防止侵害他人。他自身的物质或者精神利益不是充分的正当理由。"可疑的是,法律是否曾经如此接近严格的反家长主义规则,而且至少不难证明几乎所有成年人的同意行为的某些溢出效应,也就是说,如果法院真的把这一原则作为自由条款的含义,它们将不得不接受它满足了密尔原则。从而,最高法院本身推理出的堕胎限制不只是"无目标的限制",他们考虑到毁灭最高法院称之为潜在生命的胎儿引起的社会"危害",以及孩子父亲可能的期望和权利的损失造成的危害。因此,"神秘人生"一段使某些自由提升到这个层面,在此,非因政府的合法利害关系,政府的干预即被排除。为什么"生育……孩子"的判决因可能影响一个人的余生而至关重要,应该被提升到这一层面,但控制一个人死亡情形的判决不应如此?这只能根据实体的和政治的利害关系来解释,而不能根据 *Casey* 案提出的模糊的一般规则来解释。

在 *Casey* 案中对于 *Roe* 案有力的重申,对 *Bowers v. Hardwick* 案施加了相当的压力,在 1986 年该案判决的引人侧目的粗略和倨傲的意见书中,最高法院并未考虑下述观念,"依照宪法,在成年人之间经合意的任何私人性行为不受政府禁止"。虽然前景是对于使用避孕药具的男人和女人的起诉增加,对偶然被发现在他们认为的隐秘卧室中发生性关系的两名男子的起诉也是如此,如果堕胎是私密的、隐私的选择,那么,禁止它就"冲击了良知"。在 *Bowers* 案中,最高法院指出:"家庭、婚姻或生殖"和同性鸡奸"之间没有联系"。为辨别缺乏某种宪法条文保障的基本权利,最高法院重提哈兰大法官的标准:"这些基本权利是隐含在指定的自由概念中的,如果它们被牺牲了,自由和正义都将不复存在",或者"这些自由深深植根于美国的历史和传统之中"[73]。最高法院判决,由于禁止同性性行为已经长期存在并且非常普遍,上诉人哈德威克(Hardwick)的权利要求是难以置信的。同一论说在 *Washington v. Gluckberg* 案中被展开,反对自杀或帮助自杀的法律已经长期并且普遍存在,以至于相反的自由不能被宣告为"深深植根于美国的历史和传统之中"。然而,这项一般原则和在 *Casey* 案中宣布的由它扩展的隐私权概念,看起来将直接适用于 *Bowers* 案——事实上甚至不只是堕胎判决。性倾向、性表达组织和人生活中可能遭遇的行为,远比上述堕胎判决更为贴近"人格特征"的理念,这种理念不应"基于政府的强制而形成"*。最高法院将其适用于 *Lawrence* 案:

[在本案和 *Bowers* 案中]法律……旨在控制的个人关系,

---

[73] 这些引文分别源自 *Palko v. Conneccticut*,302 U.S. 319, 326 (1937)和 *Moore v. East Cleverland*, 431 U.S. 494, 549 (1977)。

* 事实上,*Lawrence* 案的不同意见的动力,明显源自持不同意见者表达的对于堕胎判决的强烈反感,他们坚信,与 *Texas* 鸡奸案相比,更多实体上和道德上的利益处于危险之中。例如,Thomas 大法官称得克萨斯州法律"不寻常的愚蠢",声称作为立法者他将投票废止这一规定。*Bowers* 案的判决在 *Roe* 案之后,但是在 7 年之后的 *Casey* 案对 *Roe* 案的"核心判决"的重申之前。因而,*Bowers* 案在当时可能被认为是对 *Roe* 案的重新考量的借口,而这可能说明最高法院意见书的严肃性,其作者是 *Roe* 案中主要持不同意见者之一。*Bowers* 案的判决几乎意见不合,只有 *Roe* 案的最坚定的支持者之一 Powell 大法官持协同意见,反对相反的结果。在 1987 年退休之后,Powell 大法官公开宣布,他对自己在 *Roe* 案中的立场表示遗憾。

无论在法律中是否被予以正式认可,都在个人可以不受刑事追究而自由选择的范围之内。

作为一般规则,这将劝告政府或者法院不要尝试去定义关系的含义或者试图去设定它的边界,以免伤害他人或者滥用法律保护的制度。我们有能力确认,成年人可能选择在他们的家庭和个人私生活中确立这种关系,并仍然保持他们作为自由人的尊严。当性关系明显表现为与另一个人的亲密行为,该行为可能只是个人关系更持久的因素之一。宪法所保护的自由准许同性有权作出这种选择。

最高法院的这一判决进程超出了某些特定情形,那些情形率先使哈兰大法官抵制康涅狄格生育控制法,并指出存在隐私权。该判决蕴含了更为一般和丰富的隐私权概念,如上所述,这一概念与思想自由原则相当近似:

> 保障人们的自由,要求政府无正当理由不得侵入住宅或其他私人空间。在我们的传统中,国家在家里不是无处不在的。在我们生活和存在的家庭之外的其他地方,国家的存在也不应处于支配地位。自由的延伸超出了空间的束缚。自由假定为人本身的近义词,包括思考、信仰、表达和某些亲密行为的自由。当前的案件包括个人在空间和更为超然的维度中的自由。

尽管该判决并不恰好包含米利安(Millian)原则,但它与之接近:

> 当前案件不涉及少数人。它不涉及那些可能被伤害或被强迫的人,或者处于合意不能轻易被拒绝的关系之中的人。它不涉及公开行为或者卖淫。它不涉及政府是否必须对于同性恋者寻求建立的任何关系给予正式认可。本案仅涉及两个相互之间达成充分合意的成年人,他们以同性恋的普遍生活方式进行性行为。

如果自由缺位,该判决可能被用来否认这一观点:只是广泛存在的道德上的非议,就足以作为政府对自由限制的充分基础。最高法院在 Lawrence 案中述及:"问题在于,多数人是否可能利用国家权力,通过刑法的运行把这些[道德和宗教的]观念强加于全社会。我们的义务是界定所有人的自由,而不是强行贴上我们自己的道德标签。"与之相对,哈兰大法官援引关于"结婚和离婚、成年人同性恋、堕胎和绝育或者安乐死和自杀"的法律,以认可社区的道德判断是削减自由的基础。在这种意义上,Lawrence 案相当接近布伦南大法官关于淫秽的观点,我在第四章中曾讨论该观点。

在 Casey 案中阐明并发展至今的这项原则,也在很大程度上削弱了哈兰大法官的另一个训诫性警告:实体正当程序必须可归因于法律和法律职业的习俗和传统。康涅狄格州法律与此相去甚远。得克萨斯州法律当然植根于公众道德和它的法定含义,同时也体现了明确的少数人立场并得到少数人的支持。* 斯卡利亚大法官未能一起根除实体正当程序,他通过与最详细的传统判决保持一致,并仅仅在历史并不涉及诉诸法院的特定事实时转向更高层面的通则,本应已正式认同哈兰大法官所援引的传统的规训权。[74] 但是,就像解释第一修正案或者宪法的结构性条款(或者第十一修正案)中,最高法院在传统的解释中情愿回顾已经确立的详细判决,以洞悉可能超出了最初预期的特定适用范围的原则。再一次,最高法院将其适用于 Lawrence 案:

> 如果那些引用和认可第五修正案的正当程序条款或第十四修正案的人,知道自由的要素在于多种可能性,他们可能会更为特殊。他们不相信有这样的见识。他们知道,时间可以使我们看不到某些真相,而后代人可能发现,一度认为必要和适当的法律事实上仅仅致力于强制。由于宪法是稳定的,每

---

* 在 Lawrence 案中,最高法院第一次援引了欧洲人权法院的判决。该法院判决,北爱尔兰法律将合意的同性性行为犯罪化违背了欧洲人权公约。在 Lawrence 案中,最高法院声称,"这一判决与 Bowers 案的前提不一致,即这项权利要求在西方文明中是非实体性的"。

[74] Michael H. v. Gerald D., 491 U.S. 110 (1989).

一代人在他们对于更大自由的追求中都可以援引宪法原则。

在这些经典案例中包含的,不是沿袭至今的自由的一般概念,而是基本权利的概念。这一概念也不仅限于堕胎和性行为。多个案件依赖于自由的实体正当程序概念和 Poe 案、Griswold 案和 Casey 案的意见书,来保护下述权利,包括:祖母和她的两个孙子——堂兄弟,非同胞兄弟——在一个"单亲家庭"中一起生活的权利[75];在未满足法院要求履行的对先前婚姻的孩子的抚养义务时,离婚的父亲结婚的权利[76];囚犯未经监狱长许可结婚的权利[77];在 Troxel v. Granville 案中,尽管州法律和法院准许祖父母的探视,寡妇限制她亡夫的父母探视孩子的权利。[78] 在最后一个案件的意见书中,确认了适格父母"决定有关孩子的照料、保育和控制的、基本的"实体性正当程序权利。

这些判决——特别是有关堕胎和同性恋关系的判决——是有争议的,并招致了有力的不同意见。事实上,很难找到一条可以使这一系列判决相一致的原则。如果堕胎是亲密、隐私的选择以至于禁止堕胎"冲击了良知",可以预期起诉使用避孕药具的男人或女人,或者起诉两个私下发生性关系的成年男子也是如此,而如果作出的选择界定了人的生存的方式和意义,表明一种选择堕胎或者进行同性性行为的权利,那么,为什么不能导出这一结论:身受剧痛的危重病人可能不选择在不可避免的死亡之日前几天或几周内结束生命?这些线索是如何厘清的?有力和笼统的关于自由的米利安假定没有发挥作用。只有"基本"权利才被保护。普通法和法律职业的传统也没发挥作用:康涅狄格州避孕法律确实是怪异的,但在这个国家,比 Roe/Casey 系列准许的更严格地规制堕胎的法

---

[75] Moore v. East Cleverland, 431 U.S. 497 (1977).
[76] Zablocki v. Redhail, 434 U.S. 374 (1978)(也判决子女抚养法律违背了平等保护条款,因为被波及的阶层的成员将被剥夺结婚的基本权利)。
[77] Turner v. Safley, 482 U.S. 78 (1987).
[78] 530 U.S. 57 (2000).

律是普遍的,在包括自由民主国家在内的很多国家也是如此。[79] 传统可能是一个指南,但它的教义有细微差别,而且需要解释。哈兰大法官在 Poe 案中援引传统对婚姻制度的尊重,最高法院在 Moore 案中提到,家和家庭的传统不仅包括父母、孩子,还包括祖父母等延伸的关系。如上所述,甚至在 Lawrence 案中对隐私权概念的扩展,也可能被认为在其背后存在某种传统的力量。

但是,任务是艰巨和不确定的。毕竟,虽然在 Moore 案中祖父母胜诉了,在另一个探视权案件——Troxel 案中,祖父母败诉。这些案件并不互相矛盾而是相互支持,原因在于:在两个案件中,最高法院都不允许政府介入家庭的安排。正如曾述及的一般消极自由那样,或许可以认为,在 Troxel 案中为母亲对于探视的事实上的控制权保留了空间,也是认可政府对于家庭的判断。我们必须进一步提炼并且注意到,Troxel 案依据的判断是,适格的父母将负责决定孩子的处境的形式,决定是否阻断远亲的探视权。通过对于传统的更细微差别的运用,Bowers 案被错误地作出判决,该判决在它适用的同性合意性行为的范围之内并未延续下来,但是,对于诸如同性婚姻、同性伴侣收养,以及军事和教育制度中对同性恋的歧视等问题,该判决可能有不确定的影响。

这种不确定的图景表明,最高法院以自由条款和实体正当程序的名义,指派自己承担管辖所有领域的法规、规章、行政和执行行为,这将是多么危险。所有政府行为至少服从理性基础审查,虽然最高法院原则上拒绝节制这种职能,甚至拒绝限制它与权利法案设定的特定自由中的宪法自由的结合,通过基本权利学说仍然可以限制它对一些主题的有效作用,在涉及家庭内部和周边的争议,以及法律应当羞于介入的亲密关系的争议时,尤其如此。在对第一修正案关于表达和结社的保护的扩张解释中,自由的其他方面被相当粗鲁地掩盖了。

未被掩盖的是经济自由这一重要领域,征用和财产条款保护的

---

[79] Mary Ann Glendon, *Abortion and Divorce in Western law* 22—25 (1987).

只是其中一部分。这是历史的造物和对于最高法院在 Lochner 案范围内的行为的变态反应。对于某些人,当自由涉及他们的工作和财产时,就与他们的家庭和性生活同样重要。对于相当多的有工作的人,职业和财产可能涉及"对于个人尊严和自治的核心选择,这是第十四修正案保护的自由的核心。自由的核心是有权界定对于生存、内涵、宇宙和神秘人生的个人定义"。为解释和可能证明这条不确定性的法律的正当性,我能做得最好的是,把它与最高法院详细阐述的在第一修正案项下的表达和结社自由原则相联系。和家庭组织、结社形式一样,性问题毕竟是表达形式。如果将来最高法院迫于压力适用这些判决来宣告同性婚姻权利、同性伴侣收养权利,甚至可能是一夫多妻或一妻多夫婚姻的权利,在自由方面可能再次引入这条线索:政府不需要认可同性伴侣是已婚的,但政府必须放任自流,并且不得干预他们如何发展他们的关系。政府可能拒绝认可一夫多妻或一妻多夫的婚姻,并把通奸作为解除婚姻的理由,此时通奸甚至可能不被作为犯罪来追诉。政府并未在保护正当程序条款项下的自由方面走得太远。也可能它走得不足够远。

五、普遍的程序保护

前述的章节探讨了对于政府剥夺个人生命、自由或财产的实体性权力的限制——无论它按照何种程序行使这些权力。为完善正当程序原则的理由,我认为,政府权力限制的不定型的范围处理并非可能强行剥夺的是什么,而是它这么做时必须要遵循的程序。在 Board of Regents v. Roth 案中[80],一位签了一年契约的州立大学教师诉称,他没有被告知他的契约在学年末不被续签的理由,因此,未经法律正当程序,他被剥夺了财产——没有遵循正当程序。最高法院驳回了这一诉讼请求,因为造成这种情形的州法律没有

---

[80] 408 U.S. 564 (1972).

创设任何超过一学年以上的权利,据此,不存在一学年之外的财产利益。州政府可以根本不按照任何程序拒绝延续这一契约。在不同意见书中,马歇尔大法官对于相反情形给出了一个非常宽泛的描述:

> 每个申请政府职位的人都有权获得它,除非政府证明某种拒绝这种雇用的理由。我认为,这是由第十四修正案保护的"财产"权利,且不能"未经法律正当程序"而被否定。这也是自由,即工作的自由,它是第十四修正案所要把握的"个人自由和机会的精要"。

这一主张并未被限定于 Roth 案的情形,它同样可以用于那些寻求政府契约或者各种利益的人。这一结论可能使州和联邦政府广泛的决策宪法化,赋予联邦法院对于所有层面政府的普遍监督权。这一观点也多次被延伸到不只限于坚持在所有判决中的程序规则性,因为如果由宪法授权法院去要求政府为所有某个人主张的损害行为说明理由,那么,对于法院而言,承担决定何谓适当理由的责任几乎不需要任何步骤。毕竟,一个奉行马歇尔大法官观念的法院不应对下述理由表示满意,"因为我们觉得是这样",或者"那是为了政府机构的利益"。

最高法院宣称,它非常不愿意承担作为所有政府行为的行政规则性和理性的保证人的职责,在这一过程中审查将由程序转向实体。[81] 但是,它没有完全否定承担这种职责的可能。在 Roth 案之前两年,最高法院在 Goldberg v. Kelly 案中曾判决[82],当纽约州从福利名单中去除一个人时,如果未提供公示和对适格的异议的

---

[81] 事实上正当程序诉求的范围通常是非常模糊的。在 Michigan v. Ewing, 474 U. S. 214 (1985)案中,一个医学院学生诉称,他对再次参加未能通过的资格考试享有实体正当程序权利。他已经经历很多程序,包括亲自出席他的系复审委员会。最高法院(推翻了上诉法院的相反判决)判决,他对于后续的注册以及免职没有财产性权利——即使是"恣意的和反复无常的"——否认他被授予任何权利。

[82] 397 U. S. 254 (1970).

机会,就违反了正当程序(这一体系准许相当充分的机会对于令状中的终止提出异议,并准予充分的个人听证,但仅在终止之后)。最高法院强调,否认个人依法可能有资格获得的利益是一种需要程序保障的剥夺。布莱克大法官的不同意见书是有教育意义的:

> 如果本案的多数判决作为国会教育和劳工委员会的报告,我即使对它有异议,也是很少一点,但是,作为表面上以宪法条文为依据的意见书,我认为它有令人遗憾的不足。如果除去文中的空话,显然,当前最高法院采纳了特区法院的观点,在应对剥夺福利接受者权利……的严酷需要时,不经在先的听证是不合理的,因此,最高法院认为这是违宪的。与简易裁决中的政府利益相对,多数派通过衡量避免终止福利利益为接受者带来的利益,得出上述结论。当前的衡量过程要求终止前进行有证据的听证,但没有什么能表明明天的衡量将会如何。虽然多数派试图根据对先例的有限引证来支持自己的判决,显然今天的结果并未依据宪法文本自身或者其他判决的原则,而是仅仅依据多数法官的集体判决来构成本案的公平和人道的程序的内容。
>
> 因而,这一判决只是最高法院中一些成员经常表达的观点的另一个变种,正当程序条款禁止最高法院多数派认为"不公平的"、"不适当的"或者"冲击良知"的任何行为。
>
> ……
>
> 作为一个宪法问题,当前要求的程序在我们的法律体系中是没有先例的。缩减到最简单的领域内,当双方当事人之间有正在发生的法律关系,这种关系要求一方向另一方周期性地支付款项时,经常遇见一些问题,本案的问题就与这种问题相似。问题经常出现在钱的"所有"一方止付,并通过主张接受者对于支付没有法定权利来证明自己行为的正当性之时。当然,接受者可以反对并诉诸法院请求强制支付。但是,据我所知,在我们的法律体系中不存在如下情形:在没有任何抵押或者契约来保障一旦被告胜诉这些支付能被返还的情况

下，仍依法要求因欠原告钱而被起诉的被告继续向没有可执行财产的原告支付。[83]

Goldberg 案与 *Roth* 案的区别何在？这些需求有紧迫性吗——那位被排除的福利接受者是绝望的吗？这位大学教师刚好失去工作吗？在 *Roth* 案中，最高法院指出，这名教师依据的政府项目明确把这种情形限制为一年之内，远非确立了将来的雇佣权利。在福利项目中没有这样的限制。因此，这两个案件也可能再次阐明了在征用案件中出现过的同一个观点：财产是法律的产物，不能控告政府"征用"了一种并没有作为财产利益被首先创设的利益。[84] 是否可能不认为对拒绝提供福利的质疑程序是原告所主张的权利的一部分，而原告必须"先苦后甜"呢？[85] 对于那些政府官员怠于遵守确立该项目的法律的诉讼而言，这种方式应当限于程序性的正当程序要求：诉讼请求的宪法维度将被放弃，在每个案件中只留给原告在确立该项目的法律项下的权利要求。最高法院明确否定了这一系列的论说：

> "先苦后甜"方式误解了宪法保障，这是确定无疑的。……显然，正当程序条款保障生命、自由和财产这些特定的实体权利非经充分合宪的程序不被剥夺。实体和程序的类别是明晰的。如果规则并非如此，这一条款将削弱为只是同义反复。剥夺"财产"的程序并不比剥夺生命和自由的更多。赋予正当程序权利的不是立法机关的仁慈，而是宪法保障。立法机关可能选择不赋予[公众]就业以财产利益，一旦赋予，根据

---

[83] 同前注，第 275—78 页（Black 大法官，不同意见书）（内部引用省略）。

[84] *Lucas v. S. Carolina Coastal Comm'n*, 505 U.S. 1003, 1016 n.7 (1992)（"可惜的是，这种带有修辞色彩的'经济上可行用途的剥夺'规则比它的精确的内容力量更大，因为该规则并未明确当价值损失时'财产利益'如何被衡量……对这一难题的回答可能依赖于州的财产法如何重塑所有人的合理预期——例如，当有关征用的原告诉称价值的减少和消灭时，州法律对于具体利益是否和在何种程度上予以法律认可和保护"）。

[85] *Arnett v. Kennedy*, 416 U.S. 134 (1974)（多数意见）。

宪法它就不能批准不受适当程序保障而剥夺这种利益。

简言之,一旦决定适用正当程序条款,问题仍然是何种程序是正当的。[86]

用弗兰德利(Friendly)大法官的话说,这个问题的答案是"某种形式的听证"[87]。听证的种类视情形而定:利益的强度,或多或少的正式程序得出正确结果的可能性。[88] 但法院彻底地否定"先苦后甜"并不完全令人满意。立法机关是否真正决定赋予财产利益,有时可能要根据它所提供的保护程序来推断,于是,这两个最高法院在逻辑上要采取不同处理的问题开始合二为一。[89]

布莱克大法官在上文引用过的不同意见书中并未远离正确目标。无论如何,当政府作出某一实体的或程序的冲击良知的行为时,可以援引从 Poe 案到 Griswold 案、Roe 案和 Casey 案演进得出的同样的方法论。但是,由于这样那样的原因,根据有效但错误的证据而错误地使嫌疑人被拘禁多日[90];不慎使一名市政工人进入有害的下水道中致死[91],在高速追击脱逃的犯罪嫌疑人时意外地使无辜的旁观者致死或致残[92];明知父亲将打孩子而把孩子还给他抚养[93];通报"活跃的商店扒手"的名字[94],这些都不被认为是非经正当法律程序剥夺了被害人的生命、自由或财产的行为。在最后一个案件中,最高法院认为,一个人的名誉权不能视为宪法所保护的财产或自由。这就比 Roth 案走得更远,因为普通法,背景州法律,通过认定诽谤行为是侵权事由认可了这样一种权利。法院提供的解释是不能准许宪法变成"侵权法的源泉"。因而,无论州法

---

[86] *Cleveland Bd. of Educ. v. Loudermill*, 470 U. S. 532,541(1985).
[87] Henry J. Friendly, "Some Kind of Hearing,"123 *U. Pa. L. Rev.* 1267 (1975).
[88] 这一经典判决是 *Mathews v. Eldridge*, 424 U. S. 319 (1976).
[89] 见 *Bishop v. Wood*, 426 U. S. 341 (1976).
[90] *Baker v. McCollan*, 443 U. S. 137 (1979).
[91] *Collins v. City of Harker Heights,Tex.*, 503 U. S. 115 (1992).
[92] *County of Sacramento v. Lewis*, 523 U. S. 833 (1998).
[93] *DeShaney v. Winnebago County Dep't of Social Servs.*, 489 U. S 189 (1989).
[94] *Paul v. Davis*, 424 U. S. 693 (1976).

律可能呈现何种特定差距和限制[95]，最高法院拒绝沿着这样的途径走下去，即以宪法范围内的救济取代州法律的通常程序和救济，除非出现某些情形：例如，州侵权行为也违背了第四修正案对于不合理的搜查和逮捕的保护。[96]

在 Flagg Bros., Inc. v. Brooks 案中，详细阐明了在宪法保护和背景州法律之间这种不确定的和理论上不能令人满意的关系。[97] 州法律（事实上是统一商法典，它使得州法律统一法典化）准许仓库管理人在发出适当通知和要求之后，出卖未支付固定保管费者的货物。与之相似，如果购买者没有支付允诺的部分款项，法律准许货物出卖者收回货物——通常是汽车、器具和家具。布鲁克斯（Brooks）夫人因为没有支付租金而被驱逐出她的公寓。她的家具不能简单地被放在街上而被移至 Flagg Brothers 仓库，该仓库对仓储物收取固定费率的保管费。她没有支付保管费，而她的财产被卖掉以支付这项费用。布鲁克斯夫人诉称，出卖她的财产未经在先的对于逾期债款的司法确认——未经程序领域内的法律正当程序。最高法院接受了 Flagg Brothers 仓库的抗辩，由于该行为是私人行为而不是任何政府官员的行为，宪法根本不应牵涉其中；宪法保障仅仅针对"政府［非私人］行为"。[98] 不同意见书中表明了什么处于风险之中。不同意见书并未得出布鲁克斯夫人有权获得救济的结论，但是，最高法院应该考虑她的权利请求的价值：州的行为是州法律批准了这一出售行为。至少可能存在这样的风险，鉴于背景法律想方设法的不公平或者"冲击了良知"，在沮丧的私人原告的案例中，所有调整私人之间关系的普通背景法律应该成为最高法院监督的客体。私人雇主因为他想让他的内兄来做这项工

---

[95] Daniels v. Williams, 474 U.S. 327(1986).
[96] Monroe v. Pape, 365 U.S. 167(1961); Tennessee v. Garner, 471 U.S. 1 (1985).
[97] 436 U.S.149 (1978).
[98] "任何州非经正当法律程序不得剥夺任何人的生命、自由或财产。"（楷体字为原作者所加）

作而解雇一个雇员,一个企业因为同样原因更换他的定做者,房东因为租房人的竞争者出价更高而拒绝和一个企业续订租约,贷款人拒绝给一个他不喜欢的人或者黑人提供贷款,出版商因他觉得主人公令人讨厌而拒绝一部小说,上述行为以常识来判断可能都是"不公平的"。

这些"不公平"的发生是因为,在准许私人当事人决定他们所希望的安排,并实施这些安排方面,背景法律规定非常笼统。可能有些具体法律是为防止其中一些行为的发生而制定的:有些法律在一定权限内抵制不公平的解雇;在一些背景下法律禁止私人当事人之间的种族歧视。但是,为什么成文法和普通法没有从总体上禁止这些不公平,或者法院在适用背景法律时为什么没这么做,是有多种原因的。这是立法机关和普通法/解释的战争通常的战场。*Flagg Bros.* 案的不同意见书主张把这些问题提交给最高法院基于宪法进行司法审查。这是与 *Roth* 系列案件的交叉点,正如布莱克大法官在 *Goldberg* 案的不同意见中先行阐述的:州立大学拒绝再次雇佣罗思(Roth)当然是州的行为,但最高法院判决,罗思是否对这一工作享有权利,以至于在不继续雇佣他时,必须给他通知、听证和理由,这是州法律对工作的定义问题。根据 *Flagg Bros.* 案的不同意见,甚至私人雇主在解雇前是否给他的雇员正当程序,也不只是一个关于契约和雇佣的州法律问题,而是联邦宪法对于该背景下州法律体系的评价问题。

这是对最高法院非常不情愿承担的权力的一种扩张。这可能是一种谨慎的勉强,但不同意见书通过质疑最高法院是否确实准备采纳州法律体系——例如,赋予宣称有力量控制财产的任何人以财产权的规定——提出了这一观点。而如果它不准许这么做,为什么从原则上承担对所有背景州法律的公平的观察摘要职能,收缩到至少确保他们不"冲击良知"?对于这份不同意见书,唯一合理的答案是,这样一部骇人听闻的法律过分远离了通常的盎格鲁—美国背景法律体系的常规,以至于我们不能将其视为州法律的一部分(在美国,与 *Poe* 案中的康涅狄格州法律相似,对于一个仓储人，*Flagg Bros.* 案的法律原则是普遍的而远非反常，对于宽泛的范围内的自助行为也是如此）。

此时，我们回到我们在征用和契约条款中所遇见的问题：如果宪法保护不受未经补偿的财产"征用"、"对契约义务的损害"以及非经正当程序剥夺自由和财产，那么，契约、自由和财产的概念不能完全由州定义和再定义；作为宪法背景法律问题，这些概念必须有某种核心含义，而不得被州法律创制或自由地废止。仅仅因为这一背景大体上没有异议，宪法学说可以假装不把它作为自身工作准则的一部分。

第七章　平　等

独立宣言提供给我们这样一个不证自明的真理,即"人人生而平等"。这一陈述引发了广泛及持久的对于平等含义的质疑。在18世纪独立宣言的文本中,这种含义是政治性的:意味着平等的政治权利以及对政治上的绝对阶级与社会等级制度的否定[1]——这出自于奴隶主的笔墨,简直是一种反讽。[2] 现在看来,平等的权利要求已被扩展到包括那些有争议的要求——对某种程度的整体生活状况的平等,尤其是物质利益的平等的要求。宪法对于平等的文本承诺则更为谦和。在第十四修正案之前,宪法根本没有涉及平等,然后,在这个修正案中提到:"任何州不得……拒绝在其管辖范围内给予任何人以平等法律保护。"这一仅拘束州而非联邦政府的承诺令人尴尬,它仅仅引发了某种学说性的回应——从最高法院最初的计划,到最终废除了合法批准的种族隔离——"歧视是如此的不正当,以至于它违背了[第五修正案的正当程序条款]",因为"宪法使联邦政府承担了更少的责任,这是不可思议的"[3]。平等允诺的含义以及它超越种族的范围有多远,尤其是超出对黑人所强加的某种法定弱势地位究竟有多远,这些问题当时悬而未决,现在依然如故。一位理论家主张,平等是主权的特性和最终的宪

---

[1] Paul D. Carrington, "Remembering Jefferson," 2 *Wm. & Mary Bill Rts. J.* 455 (1993).

[2] 当 Samuel Johnson 问到:"关于自由的最高呼声如何出自奴隶主之手?"一般可见 Joseph J. Ellis, *American Sphinx: The Character of Tomas Jefferson* (1998); John Chester Miller, *A Wolf by the Ears: The Tomas Jefferson and Slavery* (1977)。

[3] *Bolling v. Sharpe*, 347 U.S. 497 (1954).

法命令,它包含所有其他内容。[4] 另外一种极端的观点则认为,除仅仅确保无论何种权利的内容由宪法其他条款或法律赋予之外,对于平等允诺提出的权利要求毫无意义。[5] 除了使接近平等的期望落空外,后一种观点也是错误的。要提出基本的宪法路径中的平等概念,理解保障实体性权利与保障"平等保护"(如果并非平等)之间的差异,有很长的路要走。而保障实体性权利正是前三章的主题。

一、一般意义上的平等

实际上,平等的适用有必要包含对任何一种宪法权利或法定权利的承认。笼统地说,言论自由是所有人享有的权利。因此,否定任何人的此种权利都侵犯了权利本身。在这种意义上,平等是法治的代名词:法之下的平等正义是法律下的正义。规则性暗示着平等,但是它并未穷尽平等。考察政府司法部门成员的选举情况,在各州而非联邦层面,许多法官由选举产生,但是并非全部。宪法文本抑或宪法原则,并未赋予如同选举美国议员般的州司法选举权。[6] 合宪性的平等坚持要求的是,如果任一公民参加了州法官的选举,那么全体公民都必须参加(例如,不允许仅限于律师

---

[4] Ronald Dworkin, *Sovereign Virtue*: *The theory and Practice of Equality* (2000).

[5] Peter Westen, "The Empty Idea of Equality," 95 *Harv. L Rev.* 537 (1982). 但是,例可见 Keneth L. Karst, "Why Equality Matters," 17 *Ga. L. Rev.* 245 (1983); Steven J. Burton, "Comment on the Empty Ideas: Logical and Positivist Analyses of Equality and Rules," 91 *Yale L. J.* 1136 (1982); Kent Greenawalt, "How Empty Is the Idea of Equality?" 83 *Colum. L. Rev.* 1167 (1983).

[6] "合众国参议院由每州人民选举的两名参议员组成,任期6年;每名参议员有一票表决权。每个州的选举人应具备该州州议会人数最多一院选举人所必需的资格。"U.S. Const. amend. XVII. 宪法中是否有保障选举州首席执行长官的权利的规定,这是一个很好的问题。或许正如第6款第四部分所规定的:"合众国保证本联邦各州实行共和政体……"尽管紧随其后的免遭入侵的保障以及立法机关平定内乱的申请表明,这种保障是针对外部的强制或者政变的。

业或者适格的法学院毕业生)。[7] 合宪性平等在这方面明显比实体性宪法权利体系更为广泛:它潜在地适用于任何权利、利益抑或普通法所规定的损害。平等判断所有普通法,它进行这种判断不仅旨在适用的规则性,而且旨在确定分类的公平性。因此,如果州的确将司法选举限制于律师业,即使州谨慎适用法律并赋予所有律师业成员以选举权,它也将引发对合宪性平等的质疑。当然,如果法律侵犯了实体性权利,下述的诉求将彻底否定任何诉求,即法律通过这种分类使得一些人而不是另一些人处于不利地位,这是对平等保护的侵犯;它并未涉及其他人抑或未被这种分类所侵害的人。因而,在更一般的意义上,平等保护缺乏明确的合宪性关注的渊源。

但是,完全中立的法的观念毫无意义。所有的法律分类具有明显的区别,因此,质疑法律给予利益不够普遍(不公平地排除了原告),或者施加负担过于普遍(不必要地包含了原告),这在理论上总是可以适用的。平等保护判断分类的合宪性。这类似于实体性正当程序,因为它必须判断普通法,而非恰好是法律适用的规则性。实际上,这需要外部标准,即借助宪法的立足点来判断普通法。同时,类似于实体性正当程序之处也在于这一标准——缺乏特殊的环境,诸如种族抑或性别,其中的多数行为——仅仅是合理的:在作出此种分类(排除抑或包含)时,法律是否寻求了促进政府追求的合法目标?而分类与目标之间是否存在合理的关联?目标是否合法,而手段是否与它具有合理关联?[8]

合理审查并不限制所有的实体性正当程序。它更多地限制平等保护,因此即使在最近法律有时也不进行这种最宽松的审查。原因在于,对实体性正当程序的质疑经常集中于政府持续追求的目标的合法性。相比之下,平等保护案例一般赋予了这一最终目

---

[7] 例可见,*Kamer v. Union Free Sch. Dist. No. 15*, 395 U.S. 621 (1969) (校区选举中的投票可能不仅局限于那些孩子在地区学校就读的抑或缴纳的财产税用于承担学校开支的地方居民)。

[8] 例可见,*FCC v. Beach Communication*, 508 U.S. 307, 313—14 (1993)。

标的合法性和可能被选择用以实现目标的手段的合理性,但是,质疑特殊的分类如何服务于目标实现。换言之,申诉人可能说:这是可能的目标,而且甚至实现目标的手段也是合理的,但是为何是(不是)我?这是一种探究,它远没有机会使最高法院飘浮于关于价值和既定政府目标的合法性的漫无边际的思考之海中。在 Railway Express Agency, Inc. v. New York 案中,杰克逊(Jackson)大法官提供了对这种观点的经典性陈述[9]:

> 基于正当程序的条例或者法律的无效留下了未加控制或不可控制的行为,这令很多人不快。另一方面,对平等保护条款的祈愿不能使任何政府失去处理手头事务的能力。这仅仅意味着禁止或规制必须有更广泛的影响。我把这视为一种有益的原理,即城市、州与联邦政府必须行使它们的权力,除非基于一些与管制目标相关的合理差异,以保证不对当地居民给予差别待遇。为制宪者所熟知,直到今天我们都不能遗忘的是,要预防恣意与不合理的政府行为,没有比要求政府要强加于少数群体的法律原则被普遍实施更为有效的实践保障。相反,如果多数群体受影响,也没有任何情形,如此有效地为这种恣意的行为大开方便之门,以便允许官员仅仅选择那些他们愿意适用的立法,进而逃避可能遭到的政治惩罚。

此处确实存在两种潜伏的争论。首先,总体上缺乏既定法律目标与受影响个人分类的匹配,这暗示着某些更富威胁性,或许不合法的目的潜藏于立法之后,并强调更好的匹配将揭示这一点。[10] 其次,通过强调立法追逐负担的普遍下降,通过基于不赞成而卸除负担但不提供充分解释,政府无法避免在整体利益中收益和负担

---

[9] 见 Railway Express Agency, Inc. v. New York, 336 U. S. 106 (1949)(Jackson 法官,协同意见)。对于 Jackson 优异观点的再度形成,见 Gerald Gunther, Foreword: In Search of Evolving Doctrine on a Changing Court: A Model For a Newer Equal Protection, 86 Harv. L. Rev. 1, 20—24 (1972)。

[10] Charles Fried, "Types," 14 Const, Comentary 55 (1997)。

是否确实平衡的问题。这第二个正当理由在于平等概念的核心，即"治理者有公平治理的责任"[11]。

United States Department of Agriculture v. Moreno 案阐述了平等保护的这两个方面。[12] 当最初被制定时，食物券计划被设计用以为低收入群体提供食物援助，它根据家庭收入而确定需求，并把家庭定义为"有血缘或者无血缘的个人的组合，他们不是居住在一个公共机构抑或较为宽敞房间中的居民，而是作为一个共用厨具设备的经济组织居住在一起，他们通常共同购买食物"。后来的修正案修改了这一定义，以排除"含有一个与其他任何家庭成员没有血缘关系的个体的家庭"。最高法院裁决，这种分类违反了平等保护条款。这种分类与最初表述的为穷人提供援助以满足其营养需求的目标并"不相关"。至于政府在诉讼中提出的，减少欺诈风险的目标，最高法院再度裁决——尤其是在该项目特定的惩罚滥用的条款的背景下——"1971年修正案排除了食物券项目的参与，并非对于那些'可能滥用项目'的人，相反仅仅是对于那些处于绝望需求援助的人们，为保留资格他们甚至没有能力改变家居方式。传统的平等保护分析并未要求每一分类都遵循精确的'数理对称（mathematical nicety）'。但是，在此讨论的分类不仅是不精确的，它整体上没有任何理性基础"。最高法院也陈述到：

> 立法史……暗示着这条修正案旨在预防所谓的"嬉皮士"或者"嬉皮士公社"参与食物券项目。参照国会的这一目标，明显不可能维持被质疑的分类。因为如果"法律的平等保护"的宪法概念意味着什么，它至少意味着，试图伤害政治上的非主流群体的露骨的国会欲求不可能构成合法的政府利益。

因此，这一分类与任何合法的政府利益之间不存在任何合理的关联，它像一个手套一样适于不合法利益。这是可靠的理性基础分析的首要例子——与这种分析模式相比，即接受与似是而非

---

[11] *Cleburne v. Cleburne Living Ctr., Inc.*, 473 U.S. 432, 452 (1985).
[12] 413 U.S. 528 (1973).

政府利益具有某种关联的任何主张,最高法院不允许自身修正这样一个任何认真的人都不能信服的论说,在这种意义上这点是可靠的。这个案例阐明了平等保护分析的诸多功能,即防止政府借由漫不经心抑或官僚性的愚蠢而毫无意义地偏好某些公民群体,并查明任何不法的政府目的,以及带有所有参与者的政治结果或者是为那些政治上并不具有普遍性及力量较薄弱的群体提供权益,以此将政府置于剥夺每个人的权益的选择之中(或使每个人遭到损害),这正是杰克逊法官所维护的平等保护的合理基础的特征。

依据原则上应当要求政府对任何侵犯自由的行为加以说明的原理,如此有力的平等保护概念,是和有力的实体性正当程序相对应的。但是,正如我们在第六章所讨论的实体性正当程序一样,自新政法院的"转折点"以来,鉴于此种考量,最高法院很少发现在这方面未通过微弱的合理基础审查。实际上,最高法院已经洞悉,自由的许多基本方面受严格审查标准的限制。正如 Moreno 案中所阐述的,关于不符合理性基础的平等保护的分类的主张已经朝某些更适宜的方向发展。在 Romer v. Evasa 案中[13],最高法院推翻了科罗拉多州的一条宪法修正案,该修正案阻止立法机关或任何层级的州政府制定规则,去特别保障个人不受基于性别导向的歧视。与之类似,第六章所讨论的 Eisenstadt v. Baird 案[14],也被描述为平等保护案件。最高法院也推翻了地方出于税收目的而评估财产的方法,依照该方法,只有当财产被转移时才予以重新评价,并根据

---

[13] 517 U.S. 528 (1996). 修正案中规定:"不存在基于男同性恋、女同性恋以及双性恋的倾向而受保护的情形。在科罗拉多州及其所属分支或部门、任何一个专门机构、行政分区、自治市及校区中不得制订、通过或者实施任何法律、规章、条例或者政策,凭借男同性恋、女同性恋以及双性恋的倾向、行为、习惯或关系,组成或者作为基础或者使任何人或者人群有资格处于或者主张少数群体状况、限额偏好、受保护状态或者要求差别待遇。"

[14] 405 U.S. 438 (1972).

最后一次出售的日期创设了同等价值财产之间明显的不平等。[15] 同时,值得注意的是,最高法院已经推翻了村庄当局要求给予平等保护的基础,因为当一位独居的、不受欢迎的房主要求接入村庄的供水系统时,当局对他提出了不同寻常的繁琐条件。[16] 这些只是很少的成果,当考量 Romer 案与 Eisenstadt 案所触及的领域,涉及最高法院在实体性正当程序案例中被称为隐私基本权的情形时,这些成果就更加微不足道(尽管在 Romer 案中,最高法院并未主张修改 Bowers 案的在先判决,甚至并未援引该案的判决)。[17] 同时,甚至在与 Moore v. East Cleveland 案颇为类似的 Moreno 案中,法院必须来处理家居方式问题,依据正当程序条款,法院推翻了禁止并非紧密血缘关系的人们(同祖母住在一起的堂兄弟姊妹)使用同一住房的地方条例。

二、种族

平等保护条款原则的发展仅肇始于这样的事实,即该条款是战后和解,以及面对南部各州激烈的斗争,重建国会决定使那些获得解放的奴隶及其后裔获得完整的公民资格的产物。正如最高法院在 Slaughter-House 组案中所指出的:

> 在那些宣布与联邦政府关系正常化的立法机构中,由数个州通过的首批立法中的一些法律,对有色人种强加了诸多不便与负担,并且竭力削弱他们追求生命、自由和财产的权利,以至于他们的自由几乎毫无价值;与此同时,奴隶们也失

---

[15] *Allengheny Pittsburgh Coal Co. v. County Comm'n of Webster County*, 488 U.S. 336, 344—45 (1989). 这一判决相当不令人信服地与 *Nordlingger v. Hahn*, 505 U.S. 1 (1992) 判决相区别,该判决也产生了类似效果,但明显是通过加利福尼亚州普遍的主动的指令性收购进行财产评估来实现的。在 Allengheny 案中,要求平等评价的立法命令导致了不平等的评价。

[16] *Village of Willowbrook v. Olech*, 528 U.S. 562 (2000).

[17] 见第六章。

去了先前主人出于利益和仁慈所给予他们的保护。

在某些州,禁止奴隶们以仆人之外的身份出现于市镇中。奴隶们被要求在土地上居住并且耕作,但没有购买或者所有的权利。奴隶被排除在诸多利润获取之外,并不允许他们在法院为一方当事人为白人的案件作证。可以说,奴隶的生活任由坏人的摆布,是因为保护他们的法律或者不够充分,或者不能实施。[18]

因此,从平等保护的质疑转向在新奥尔良颁布屠宰肉类的垄断法令,这对于法院而言并没有多大难度:重建修正案的"普遍"目标在于,实现"奴隶的自由,保障并严格地确立这种自由,并确保新的自由民和公民免受压迫,那些人以前曾毫无限制地对奴隶加以控制……"。

尽管对第十四修正案及平等保护条款而言,这肯定是个重要事件,但与规定"合众国公民的选举权,不得因种族、肤色或以前是奴隶而被合众国或任何一州加以拒绝或限制"的第十五修正案相比,这一修正案及它的条款作为一般条款被审慎地拟订。在国会的争论及持续的早期案例中,官方的行为不仅使非裔美国人也使其他种族处于劣势地位,这种行为被认为处于这一条款拘束范围之内。早期判决尤其重要,即企业是正当程序条款与平等保护条款范围内的"个人",而非作为第十四修正案目标"公民",该修正案规定:"任何一州,都不得制定或实施限制合众国公民的特权或豁免权的任何法律。"

从平等保护条款的历史事件转向它更为一般的适用,产生了一组理论上的难题,理性基础审查是被设计用以解决这些难题的。在早期平等保护案件之一——*Strauder v. West Virginia*[19] 案中,不需要这种审查或者审查是不恰当的,该案因州法将陪审团成员限定为"白人男子",而判决一个非裔美国人的谋杀罪名不成立。如

---

[18] *Slaughter-House Cases*, 83 U.S. (16 Wall.) 36 (1872).
[19] 100 U.S. 303 (1879).

果这一明例忽略了理性基础审查案件中的学说性原理,其后果根本无法确定。政府应当希望对于犯罪和无辜的判定尽可能的富有依据,这被认为是一种合法目标;而且因为可靠的判决与教育程度相关,在 *Strauder* 案发生时,作为一个群体,非裔美国人接受着比白人更少的良好教育,州的分类可能被认为与这一目标理性地相关联。白人可能更少同情非裔美国人提出的权利要求,这点也是真实的,但是,这仅是此种目标,它所指向的是受教育的良好程度与可靠裁判的处理之间具有何种关联。同时,理性基础的分析也并不要求所有与政府目标相关的要素都需被考量。1800 年,在西弗吉尼亚州,相当多的非洲裔美国人受过比相当多的白人更好的教育,这点也是真实的,但是,理性基础审查不要求法律使用的分类与它所致力实现的目标之间具有紧密关联。最后,可以肯定,在本案中,先前的奴隶制是导致教育不平等的决定性理由,但是,这又与理性基础分析相去甚远。当然,因为这一修正案的目的旨在反对这种法律缺陷,这些论说并未发挥作用。令人惊异的是,最高法院继续陈述,如果把白人或凯尔特爱尔兰人(Celtic Irishmen)排除于陪审团之外,则是对平等保护的明显否定,尽管针对他们的偏见——而对于后者,肯定存在偏见——根本不是这一修正案的诱因。

214

  这是 *Strauder* 案的判决前提,即基于种族的分类是不合法的。将这纳入我曾使用的目标/手段分析,即或者基于种族分类而使个人处于弱势地位,这样的目标是不合法的;抑或通过种族歧视性分类来实现的合法目标(而且我设置了这样一个目标),这可能是实现目标的合理手段,但并非一种可允许的手段。对此,*Strauder* 案并未详述。它陈述了这一修正案的历史目标以及这一事实,即"有色人种被划出,并依据法律明确剥夺了他们参与公平行政的权利,因为他们的肤色实际上是他们身上的烙印,是一种依据法律的对于他们弱势地位的宣称,而且是种族偏见的推动因素,这阻碍了对不同种族的个人[平等公正]之确保"。16 年后,在臭名昭著的

Plessy v. Ferguson 案中[20],最高法院支持了一项要求在火车车厢中实行种族隔离的州法律,非裔美国人被安置在没有白人的车厢中;这可能是隔离而平等的——与 *Strauder* 案不同,该案只准许白人参加陪审团。被最高法院置之不理的是隔离中所隐含的侮辱。最高法院并未看到隔离中的侮辱,除非非裔美国人选择作出这种解释。首席大法官哈兰不赞同 *Pleesy* 案中的无情主张,这为基于宪法对于种族平等的新的成熟的理解奠定了基础:宪法并不允许法律创设社会等级制度[21],该术语所承载的更深层的含义是某一群体永久依附于另一群体。

这种黑人对白人永久的、制度性的依附概念是最重要的平等保护案件——*Brown v. Board of Education* 案——的主题。[22] 对最高法院而言,该案并未谴责所有依据种族的分类;甚至并未谴责诸如此类的种族隔离。反之,它明显地将判决置于这样的基础之上,即校区隔离中所固有的劣等社会信息的传递以及维持这种劣等的实践效果,即由于这些信息,不仅黑人儿童不能更好地学习,而且由于他们不能更好地学习,他们被保持了这种从属地位。*Brown* 案后不久,最高法院将其原理扩展到推翻在条款中要求种族隔离的所有法律。案例涵盖了高尔夫球场[23]、公园、海滩、公交车以及餐馆。这些扩展——由最高法院要求但它并未解释——为 *Brown* 案的最初原理施加了某些压力,该原理强调基于儿童和教育的隔离效果,但是,如果考虑到终止合法实施的社会等级制度,它与种族依附的含义颇为一致。[24]

---

[20] 163 U.S. 537 (1896).
[21] 同上注,第 559 页(1896)(Harlan 法官,不同意见书)("但是,考虑到宪法,在法律视野中,在本国并不存在优等、占优势以及占主要地位的公民。在此并不存在等级制度。我们的宪法是色盲,既不知道也不能容忍公民中的等级")。
[22] 347 U.S. 483 (1954).
[23] *Holmes v. Atalanta*, 350 U.S. 879 (1955).
[24] Charles Black, Jr., "The Lawfulness of the Segregation Decision," 69 *Yale. L. J.* 421 (1960).

Loving v. Virginia 案[25]推翻了禁止种族间通婚的法律,扩大并阐述了这一方案。[26] 从种族间夫妇的视角来看,反对种族间通婚法(尽管它们在南方盛行)粗暴地限制了涉及婚姻和亲密关系的基本自由,这一主张很快在 Griswold, Morre, Zablocki, Turner, Casey 以及 Lawrence 等实体性正当程序案件中得以确认。[27] 当这一目标出现在 Griswold 案及后续案件中时,政府维持数个种族之间差异的既定目标,即使被认为是合法的,也几乎不能通过严格审查。但是,或许是因为实体性正当程序学说并未获得良好发展,最高法院将 Loving 案作为平等保护案例来对待,它要求根据分类而非强加的负担加以分析。而且在那些条款中分类似乎是完全对称的:对其中一半夫妇所强加的限制同另一半夫妇完全一致,并不存在不平等,似乎也不存在援引平等保护条款的基础。当"隔离但平等"被宣称并遭到谴责,可以说所要求的平等从未成为现实:为白人提供的设施总是最好的[28],只有允许黑人和白人共享学校、公共设施、火车车厢等,才能确保事实上的平等。但是,此种争议并不适用于反对种族间通婚的法律。如果要以平等保护条款的名义推翻这些法律,则需要不同的原理。最直接的原理是,这些法律是旨在维持白人优等地位制度的一部分,而种族间通婚以及混血儿童将使这一制度混乱并消逝。在较为次要的意义上,如果黑人与白人通常能够自由地混合(mingle)——如隔离主义者经常所说的——在学校、公园、娱乐场所等地的混合将使破坏种族间的亲密关系变得更为艰难,这同样可能也是真实的。但是,Loving 案中的最高法院并未停滞于这种解释。相反,它依然回想起一个更为基本的原理:所有的种族分类都带有固有的歧视性。[29] 这一原理不同于反依附原

---

[25] 388 U.S. 1 (1967).
[26] 对本问题的复杂讨论以及其他涉及种族间亲密关系的主题,见 Randall Kenney, *Interracial Inmacies: Sex, Marriage, Identity, and Adoption* (2003).
[27] 见第六章。
[28] Black,前注[24]。
[29] *Korematsu v. United States*, 323 U.S. 214 (1944)(Korematsu 似乎首先偏好将种族视为"可疑阶层")。

理，因为，至少在理论上——以及或许在某些社会的实践中——种族或群体隔离可能不仅与平等的地位和尊重相一致，而且或许也是它的一种实践状态。[30]

在援用平等的过程中，Loving 法院的意旨不仅限于平等：它意味着某种公民基本处境的统一。在法律面前我们不仅仅是平等的，而且也是孤立的个人。最好的解释当归之于首席大法官哈兰在 Plessy 案的不同意见中的格言，即宪法是"色盲"。因此，这一概念当然要求平等，但又超越了平等，坚持不只是平等而且也是独立公民资格的原理。

这一结论伴随着宪法原则试图解决的一揽子问题。种族是法律可能从未承认的被禁止的分类吗？或者它针对的是被禁止的目标，即或许允许使用种族这一分类，但不能服务于这种目标？[31] 该目标可能是反依附的，但是，我相信，这是一种不同的、需要付出更多努力的禁止不完整的公民资格的目标——如我所言，它要求独立的公民资格。但是，它可能似是而非地论称，禁止种族婚姻与反依附同样可能作为考量将种族视为实现目标之手段的正当理由；这也是平权措施争论的症结所在。[32] 但是，除种族问题之外，公民资格统一的意旨何在？所有法律都在分类。因此，威胁到独立公民资格学说的其他分类或分层有哪些？异教徒和民族的起源与种族（无论如何，这都是模糊和不精确的概念）[33] 是如此密切相关，以至于早期它们等同于种族的概念。[34] 因此，宗教带有能够区分

---

[30] 见 Black，前注[24]，第 424 页（解释造成这种分散的不平等的是社会关于种族隔离的实质性含义，并摈弃了隔离但平等的"虚构"）。

[31] Ronald Dworkin, *Law's Empire* 388 (1986).

[32] *Regents of the Univ. of Cal. v. Bakke*, 438 U. S. 265, 407 (1978)（Blackmum 法官，反对意见）（"为了超越种族主义，我们必须首先考虑种族问题"）。

[33] 见 Theodore W. Allen, *The Invention of the White Race*, vol. 1, *Racial Oppression and Social Control* 21—24 (1995); Michael Omiyi and Howard Winant, *Racial Formation in the United States: From the 1960s to the 1990s* 55 (1994).

[34] *Strauder v. West Virgina*, 100 U. S. 303, 308 (1879); *Hernandez v. Texas*, 347 U. S. 475 (1954).

的能力,实际上在各州广泛适用的设立条款,通常部分被解释为出于维持公民资格一体化的目的。[35] 正如我们将看到的,性别同样也是个难题。年龄与能力的差异预示着我们之间的区别。因此,的确存在诸多财富、职业及社会地位的差异。这些差异中,又有多少由禁止种族间婚姻或更为狭隘的反依附原理所实现?此外,诸多历史所形成的差异中,他们为何将其严苛地适用于种族呢?最终,第十四修正案仅仅许诺:"任何一州……在管辖范围内,不得拒绝给予任何人以平等法律保护。"这引出的问题超越了所有那些关于被禁止的目标或分类的问题:宪法在何种程度上禁止歧视性私人行为,它隐含于中立的一般法之后——例如,在造成这种歧视恰当形式的契约或遗嘱中?与这些问题相关,宪法在多大程度上要求采取积极的步骤去排除或缓和不平等状态?

三、性别与其他分类

宪法仅针对不利于"分散和孤立的少数群体"的措施提供特殊的保护,这已经成为平等保护原理的一贯陈述。这一短语源自于 *Carolene Products Co. v. United States* 案中哈兰·斯通(Harlan Stone)大法官的意见书[36],从19世纪30年代以来,该案认可了一项令人难以忍受的特殊利益立法,该法禁止"装运牛奶"的州际货运运输中撤去牛奶中"加入"了非牛奶物质的奶制品。该法明显被拟定用来压制竞争以保护奶业的利益,并以牺牲公众利益为代价[37],鉴于本章曾论及的标准的更为严格的概念,此项立法甚至通

---

[35] 见第五章。*Lynch v. Donnelly*, 465 U.S. 668 (1984)(O'Conor 法官,协同意见书)。

[36] 304 U.S. 144, 152 n 4 (1938);又见 Louis Lusky, "Minority Rights and the Public Interest," 52 *Yale L. J.* 1 (1942)。

[37] *Dean Milk Co. v. City of Madison*, 340 U.S. 349 (1951); *Minnesota v. Clover Leaf Creamery Co.*, 449 U.S. 456 (1981); *H. P. Hood & Sons v. DuMond*, 336 U.S. 525 (1949); *Baldwin v. G. A. F. Seelig, Inc.*, 294 U.S. 511 (1935)。

过了理性基础的审查,这并不完全明晰。正如约翰·哈特·伊利(John Hart Ely)所指出的,这一脚注旨在描述这种概括性的理论[38]:

> 首先,我们是民主的。对于政治选择而言,并不存在任何客观基础,同时,当法院干预这些基础的形成时,也仅仅是用他们自己的偏好取代立法者的政策偏好。然而,宪法看来的确要求这种干预。它可以被理解为对民主的保护而并非取代。言论被保护,这使得今天的多数群体不能通过封闭那些可能会导致民主改变的批评意见,而使自己处于牢固地位。只有当那些或多或少持久地处于弱势地位的群体——而且这种地位可进一步扩展为广泛的权利——将其排除于分享政治资源的期望之外,此时,平等保护条款才保护他们免受政治上不可避免的腐败的影响。

作为一种对 Lochner 时期带有某种诬蔑含义的阐述,很明显,这一理论仅仅允许那些法院介入,这些介入将促进而并非阻碍"渐进的"日程安排。[39] 很难与现代实体性正当程序及言论自由学说,尤其是现代商业言论学说相一致[40],然而,它也一般性地被援引,用来解释那种不可避免的分类法,它基于平等保护条款而必须要求特殊的严格审查。按照常理,那些在历史上忍受着歧视和隔离的种族、伦理以及宗教上的少数群体,完全满足这一理论。但是,妇女如何呢?首先,她们并非少数群体。其次,尽管分散(如果这意味着不同),她们之间的孤立——如果存在——必然是与种族隔离相当不同的一种孤立,既然每个男人都有母亲及许多女性伴侣、女儿或姐妹,因此,在男人和女人之间看似存在着更广泛的利益同

---

[38] 见 John Hart Ely, *Democracy and Distrust* (1960).

[39] J. M. Balkin, Some Realism About Pluralism: Legal Realist Approaches to the First Amendment, 1990 *Duke. L. J.* 375.

[40] 见 Laurence H. Tribe, "The Puzzling Persistence of Process-Based Constitutional Theories," 89 *Yale. L. J.* 1063 (1980).

一性。加之,第九修正案中对妇女选举权的保障以及实际上大量妇女的确参加投票[41],因此,可以理解,直到 1971 年[42],与那些使妇女处于弱势地位的立法(不是说仅仅给她们差别待遇甚至可能是更有利的待遇)相关的宪法诉愿才得以认真对待。[43] 但是,仅仅在几年之后,在 1976 年的 *Craig v. Boren* 案中[44],最高法院便裁定,对基于性别而导致差异的立法应遵循强化的审查标准,尽管这并非最高的审查程度。[45] 引人注目的是,*Brown v. Board* 案因性别歧视而宣布了俄克拉何马州的一项法律无效,该法规定妇女在 18 岁时可以购买酒精度为 3% 的"淡啤酒",而男子必须等到他 21 岁生日时才能享受这一特权。统计表明年轻男人酒后驾车的比率远比年轻女人更高,不顾这样的统计结果,最高法院仍得出了这一判决。[46] 该案阐明了将平等保护分析适用于性别问题时所带来的困难。当依据法律和习惯而否定强加于妇女的劣势地位时,这类似

---

[41] 自 1964 年以来,妇女已成为选民中的多数,因为那些人口中符合投票年龄的妇女比男性多,尽管直至 19 世纪 70 年代中期,参加投票的妇女仍少于男性。在 1988 年、1992 年以及 1996 年总统大选时,52% 的投票者是妇女。见 Richard A. Seltzer, Jody Newmand Melissa Vorhees Leighton, *Sex as a Political Variable*: *Women as Candidates and Voters in U's Elections* 64, 125 (1997)。

[42] *Reed v. Reed*, 404 U.S 71(1971).

[43] 例可见 *Schlesinger v. Ballard*, 419 U.S. 498 (1975); *Stanley v. Illinois*, 405 U.S. 645, 656 (1972)。

[44] 429 U.S. 190 (1976).

[45] 在 *Frontiero v. Richardson*, 411 U.S. 677 (1973) 案的多数意见中,布伦南大法官类推出妇女是"分离和孤立的少数群体",尽管她们人数众多,由于过去的歧视,其成员"在联邦决策过程中代表名额严重不足"。同上注,第 686 页 n.17. 在 *Craig v. Boren* 案中,未能赢得多数意见提出性别分类需要严格审查保障,Brennan 法官宣称,性别分类将接受中度审查,要求"依据性别的分类必须有助于重要的政府目标,并必须与那些政府目标的实现具有实质性关联"。Craig, 429 U.S., at 197.

[46] Brennan 法官坚持,俄克拉何马州立法机关的统计数据中确认,18% 的女性及 2% 的男性被诉酒后驾车,这"并非统计学意义上的微不足道",他们并未证明基于性别的分类的正当性。同上注,第 201—202 页。Rehnquist 法官在不同意见中,批评了 Brennan 法官对这些数字轻易不予考虑,并注意到,其他调查表明全国 18 岁以下的酒后驾车诉讼已增长了 138%,其中被诉 93% 的人为男性。同上注,第 223 页。

于作为设立条款目标的"黑人法典"——它剥夺了妇女的选举权、从事特定职业的权利[47],并对她们强加了更为广泛的限制。[48] 此时,似乎可以看出平等保护条款的功用。第九修正案,赋予妇女投票权,使这一类比更为接近。[49] 但是,进而,男性相对于女性的劣势地位,法律又是如何将这纳入此方案的视野之中的呢?另一个例子是法定强奸的定义,它惩罚男人而不论其年龄,而对于18岁以下的从事性活动的女人则不予惩罚。[50] 存在许多可利用的论说。与反依附原理最为接近并经常在案例中重复的论说是[51],这些措施延续了女性具有较弱能力的陈词滥调,或者如俄克拉何马州法案一样,顽固地认为妇女拥有更少的力量、侵犯性以及更缺少阳刚之气。但是,也存在另外的解释:无论这些法律是否将某一性别附属于另一性别,它们具有将公民分离为两种群体的效果,并进而剥夺了彼此间共同的尊严与公民资格。[52]

然而,假设所有法律分类或者解释引发了这个问题:为什么依据性别的分类将招致强化的平等保护审查这一更为猛烈的宪法炮火攻击。依附与劣势的历史是其缘由之一。个人并未进入或者脱离这种分类——自愿地或者随年龄,自然地——而是终生被固定

---

[47] *Bradford v. Illinois State*, 83 U.S. (16 Wall.) (1872).

[48] 见 *Frontiero v. Richardson*, 411 U.S. 677, 685—86 (1973)。

[49] Reva B. Siegel,"She the People: The Nineteen Amendment, Sex Equality, Federalism, and the Family," 115 *Harv. L. Rev.* 947 (2002).

[50] *Michael M. v. Superior Court*, 450 U.S. 464 (1981) (裁决加利福尼亚州的法定强奸法,惩罚男性而非女性参与者,基于该法旨在阻止非法怀孕,因此目的在于保障女性,而非惩罚女性)。

[51] *Wengler v. Druggists Mut. Ins. Co.*, 446 U.S. 142 (1980); *Orr v. Orr*, 440 U.S. 268 (1979); *Schlesinger v. Ballard*, 419 U.S. 498 (1975).

[52] 这种推理最好地解释了 *United States v. Virginia*, 518 U.S. 515 (1996) 案的效果,在该案中,最高法院裁决维吉尼亚军事机构排除女性是违宪的,它解释到:"仅仅因她们是妇女,法律或官方政策就否定她们完整的公民资格地位——追求、实现、参与以及基于个人资质与能力为社会作贡献的平等机会时,联邦和州政府的行为均与平等保护原则不相一致。"同上注,第532页。

于一个类别中,这带有明显的二元特征[53],也造成了创设等级制度中某一阶层(当它处于某些文化中)更为强势的危险。在学说的文本中,性别带有"固定和永恒"的特性。[54] 进而,由于男人和女人之间存在的差异,困难将出现,对于这些差异的认识不必然导致错误的扩大,而且依附模式也并未推动公民间的分离和孤立。这些差异的内容是个有争议的问题,但最突出的是必须面对只有女性才可以生育孩子的事实。相比之下,黑人与白人之间的这种差异特征则很少——它们并非学说旨在克服的社会分割的产物——而且像对某些疾病不同的易感性一样,如果被认识和实践,这些差异很少或者不可能产生依附或隔离的效果。就性别而言,情形恰恰相反,家庭关系和生育子女的社会结果,这些是这个难题最为关键之处。类似地,一定程度的隔离——诸如沐浴与卫生设施——尽管为文化所确定,可能一度被认为是良好的并且各方可能平等地渴望这种隔离。整个性吸引的行业在此都发挥作用。端庄和隔离是自愿进行最亲密关系的交往的前提。然而,种族案件中的这种隔离的确一直是最有害和最无礼的。我认为,在对这些差别的认识中,宪法原则已经停止了,它没有像怀疑种族一样怀疑性别的分类,性别分类依照所谓中度审查——这种分类可能有效地致力于更广泛范围内的有效目标。[55] 有些人可能对这种较低程度的保护感到恼火。原则是布告牌,在这种学说性推动的推理性谬误的边际中,作为一种对于性别平等的效忠宣誓,我确认,其中一个最为糟糕的理由便是此种同等对待的富有标志意义的结果。这种理由是为了同等对待种族与性别,同时也为了对后者适用更为严格的审查标准。而另外一个糟糕的论述将认可偶尔作出性别区分的必

---

[53] 我谈及生物学性别,如法律中规定的,并非社会概念的性别,它可能有多种形式与等级。毕竟生物学之外对性别的法律解释是这种分析的主题。

[54] *Reed v. Reed*, 404 U. S. 71, 76 (1971).

[55] 见 *Craig v. Boren*, 429 U. S. 190, 197—98 (1976); *United States v. Virginia*, 518 U. S. 515, 531 (1996)(要求为性别分类提供一种"非常有说服力"的正当理由)。

要，但将称颂这种转移，即将此种区分的权力从立法机构转移至法院（与律师）。

种族与性别平等的这种分析，解释了为什么法院始终拒绝对年龄的分类适用任何严格审查标准[56]，但是，残疾，尤其是诸如智力低下等永久性的、终生残疾又如何呢？在 Cleburne v. Cleburne Living Center[57] 案和 Board of Trustees of the University of Alabama v. Garrett[58] 案中，最高法院两次给出了答案：根据残疾的分类并非内在的"可疑"，而且不适用严格审查；这些分类与政府的合法目标存在合理关联，这点是充分的。第一个案件更富有揭示性。地方条例允许为那些老人和刑满释放的罪犯提供集体居住安置（group living arrangement），但不涵盖智力低下的人。最高法院断定，这种分类不符合任何被提供的目标——据推测是为了居民自身安全的需要——这只可能被解释为不合理的偏见。同时，例如，为了保留财产价值而迎合这种偏见，这不能证明此种不合理分类的正当性。[59] 同时，最高法院出于两个缘由，有力地否定了对此类残疾给予任何特殊的合宪性保障。首先，概念本身过于广泛与不确定。所有种类和程度的残疾，可以证明最广泛的差别待遇的正当性。这一概念缺乏开放的特性，该特性客观地依附于性别和种族，它经常是荒谬的，并且与社会习俗不相一致（例如，在 Plessy v. Ferguson

---

[56] "联邦中的老年人……不像那些由于种族或出身缘由被歧视的人们，他们并未经历过'蓄意不平等对待的历史'，也不曾基于并未真正显示他们的能力的刻板的特征而受制于唯一的残疾。" Mass. Bd. of Retirement v. Murgia, 417 U. S. 307, 313 (1976); Kimel v. Fla. Bd. of Regents, 528 U. S. 62 (2000). 进而，这个国家中的老年人不同于 Stones 法官所言的"分散和孤立的少数群体"，由于他们通常很高的参选率及可以自由支配的收入，他们有能力在立法机关中获得更大的、可能不合乎比例的优势。

[57] 473 U. S. 432 (1985).

[58] 531 U. S. 356 (2001).

[59] 这一案件表明的主题，在一个种族案件 Palmre v. Sidotti, 466 U. S. 429 (1984) 案中首次被攻击，该案中，最高法院裁决，两种族夫妇抚养的儿童几乎必然遭遇的偏见，不能证明剥夺那些嫁给黑人的白人母亲对儿童的监护权的正当性。

案中,仅有八分之一被告为黑人)。在 Carolene 案脚注的表述中,智力低下的人不是分散的少数群体。其次,他们也并非孤立的:事实表明,他们的家庭及其他关系已经为他们提供了来自社会各阶层的有力和有效的支持。[60] 这样的积极支持导致了各级政府对残疾人的有效立法保护。

四、贫穷与基本权利

留下穷人有待论述。20 世纪的社会主义者主张等级造成的差异,其中有一半已经成为社会力量的最有力的分支与从属。等级不具有连续和永恒的特性,而且我们的社会是社会性的、在地理上具有流动性的社会,这些事实性的主张或许同样具有政治性。但是,即使这种广泛分享合众国信仰条款比现实更为理想化,宪法学说是如何使平等保护条款成为经济平等的驱动器的,查明这点依旧非常困难。[61] 在从 20 世纪 60 年代晚期到 70 年代早期的短暂时光里,最高法院的意见书中偶尔出现的名言对这类项目不以为然。自第二次世界大战后的诸多宪法中,出现了某些类似于(某种程度的)经济和社会平等的承诺时,这并非一种空想的方案。德国宪法确定的首要原则是,德国不仅法治的国家(法治国),特定的社会团结措施与扶持也构成它的根基(社会福利国家)。[62] 南非宪法也作出了类似的承诺。[63] 通常,这些非常一般的原则伴随有更

---

[60] Cleburne, 473 U.S. 第 445 页("立法机关的回应……否定了关于智力低下者在政治上可能是无力的主张,在这种意义上他们没有能力引起法律制定者的关注")。

[61] Robin West, *Progressive Constitutionalism: Reconstructing the Fourteeth Amendment* (1994). 又见 William E. Forbath, "Caste, Class and Equal Citizenship," 98 *Mich. L. Rev.* (1999); Frank I. Michelman, "The Superme Court, 1968 Term-Foreword: On Protecting the Poor Through the Fourteeth Amendment," 83 *Harv. L. Rev.* 7 (1969).

[62] David Currie, *The Constitution of the Federal Republic of Germany* (1994); Mary Ann Glendon, *Comparative Legal Traditions* (1982).

[63] S. Africa Const., chap, 3, §§26—28.

多的对例如住房、教育、医疗保健、家庭扶助甚至就业的具体保障。尽管这些并非出于对平等的保障，它们可能被视为反对严重不平等的保障。

同时，那便是在最高法院的法官意见中，对这一概念的偶然的漠视是如何开始出现的。或许最为接近的路径是布伦南法官在 *Shapiro v. Tompson* 案中所涉及的，即"家庭获得维系生存的手段——包含食品、住房以及其他生活必需品——的能力"[64]。但是，这一表述的背景将其排除于一般保障的提供之外。加利福尼亚州试图拒绝对在本州居住不到一年的人给予该州慷慨的社会福利，因为担心这可能成为吸引来自其他贫穷州中的穷人的吸铁石。进而，这个案件并非为这些人赋予某种绝对权利，抑或任何社会福利权益，而是剥夺新进入者的权益。此种分类限制了各州之间随意迁徙的自由，该案判决，这项自由是一种"基本权利"，除非基于紧迫的州的利益，不能对其加以限制。因此，新近的移民移居到更富有的地区并使他们的家庭过上更好的生活，这种愿望不能认为对他不利。但是，如果加利福尼亚州拒绝给所有人提供福利，*Shapiro* 案并未对排除该剥夺的论说提供学说性解释。

在构筑我们的社会福利国家中，平等保护所发挥的杠杆功能，这在几年后的 *San Antonio Independent School District v. Rodriguez*[65] 案中被加以明确否定。得克萨斯州为公立初级和中级教育提供资助，该案判决撇开了对此种制度的质疑，它主要依赖于地方税收，这导致每个学生所获得的资助因地区而存在巨大差异。法院陈述到，教育并非基本权利（如迁徙权一样的权利），此种不平等仅仅需要——并可以很容易——满足理性审查。关于资格的唯一宽泛陈述是，该制度只为每位儿童提供"获得必要的最低基本技能的机会，以使他充分享有言论权利并充分参与政治过程"。但是，这是否要求合宪性干预，谁了解这些最低基本技能的内容，以及此类技

[64] 394 U.S. 618, 627.
[65] 411 U.S. 1 (1973).

能是否在整个地区内易于遭到政策性的剥夺,这些都不清晰(实际上,包括得克萨斯州在内的许多州的宪法,都将免费的公立教育作为一种基本权利,当要求地区间平等的严格措施时,也一直为州法院所解释)。

作为终曲,十年后最高法院对这种情形加以了否定:即使有时实现郊区儿童免费乘车实际上是不可能的[66],公立学校拒绝为某些郊区儿童提供免费交通仍然违反了平等保护。关于教育的判决在住房[67]、医疗保健[68]领域也被提及。目前这种剥夺的一种例外情形,存在于接近司法制度的特定方面。在重罪案中,必须以公共支出为贫穷的被告提供律师,这类似于在特定的儿童监护案中必须为父母提供律师。[69] 然而,这些案件可能被视为限制的重要性,它们肯定不承诺由政府来确保社会平等的学说。这是因为,正是政府在刑事诉讼中试图为被告提供帮助,如果当事人没有辩护律师的帮助,根据正当程序的要求,政府的行为可能会有失公正。

然而,Shapiro 案的意义在于,通过旨在缓解贫穷所导致不平等结果的宪法学说,该案描述了一种限制性的承诺。Shapiro 案论及了基本的迁徙权益以及这种宪法上的错误行为,即由于贫穷因素的考量而惩戒该权利。与种族和其他几个可疑的分类一样,限制基本权利的措施要接受严格的平等保障审查。这些基本权利是什么?由第一修正案所保障的权利是基本的,由陪审团审判的权利

---

[66] *Kadrmas v. Dickinson Pub. Schs.*, 487 U. S. 450, 458 (1988).

[67] *Lindsey v. Norment*, 405 U. S. 56 (1972).

[68] *Memorial Hospital v. Maricopa County*, 415 U. S. 250 (1974) 这一案件裁决,亚利桑那州法律规定一年居住期限作为接受非紧急医疗保险或者免费医疗救助的条件,这创设了不合宪的分类,通过否定新进入者的基本生活需求,这种分类侵犯了迁徙权。因此,这一案例利用 Shapiro 式的推理,即并非围绕医疗保健权,而是围绕迁徙权作出判决。

[69] *Gideon v. Wainwright*, 372 U. S. 335(1963);同时,在轻罪案件中,如果被告将被判处监禁。*Argesinger v. Hamlin*, 407 U. S. 25 (1972). 后来,该裁决扩展至那些州试图寻求其他严重不合理限制的案例,即 *Foucha v. Louisiana*, 504 U. S. 71 (1992) 案中对精神病患者的不自觉的承诺,以及 *M. L. B. v. S. L. J.*, 519 U. S. 102 (1996)案中父母权利的终止。

以及在宪法文本中明确规定的许多权利都是基本的。但是，为了确保这些权利的享有，依据平等保护条款反对不恰当的分类，这似乎是多余的。如果我被剥夺了言论自由权，我就有第一修正案的权利主张，而无论其他人是否也遭遇了同样的剥夺。以付费为条件，我在公共讲坛发表言论的权利违背了第一修正案，即使在穷人的情况下这一费用被放弃。[70] 在这种意义上，真正的平等保护与实体性保护相互交织着：正如我们已经看到的[71]，对于言论权利的歧视性剥夺（几乎都存在着某种方式的歧视）可能削弱了所主张的剥夺的正当理由。除了与劳动争议相关联之外，禁止对居民区进行纠察，这表明该条例并非内容中立，并因此而宣布该条例无效。[72] 但是，在 Police Department of City of Chicago v. Mosley[73] 案中，基于平等保护的要求，由于对基本权利施加了不正当的不平等限制，对学校建筑附近进行纠察的类似禁止被取消。二者并无区别。现在，将这一推理运用于一种默示的基本权利，例如 Shapiro 案中出现的迁徙权。这肯定不是一种平等保护权：它是一种实体性权利。即使一个州对所有人施加同样的限制——例如，在允许迁入该州或定居之前要求有 5 年的等待期，该州也不能对它施加限制（除非存在紧迫性缘由）。这正是哈兰法官针对 Shapiro 案判决在不同意见中的部分主张。尽管学说肯定与他的观点相左，他仍然怀疑拒绝给予福利是种对于迁徙权的限制：由于一种宪法权利的行使而导致利益被剥夺，就构成了对这种权利的限制，这需要正当理由。[74]

但是，在平等保护的背景下，怎样的权利才算是基本的呢？权利可能会不赋予任何人，但是赋予了某些人以权利，是否就一定要

---

[70] *Forsyth County, Georgia v. Nationalist Movement*, 505 U.S. 123 (1992); *Murdock v. Pennsylvania*, 319 U.S. 105 (1943).
[71] 见第四章。
[72] *Carey v. Brown*, 447 U.S. 455 (1980).
[73] 408 U.S. 92 (1972).
[74] *Speiser v. Randall*, 357 U.S. 513 (1958).

第七章 平等 265

赋予所有人呢？很少有这样的权利。最重要的是选举权。*Harper v. Virginia State Board of Elections*[75] 案宣布 1.50 美元的表决税无效，该案宣称这是一种"新的"平等保护。[76] 但是，不管意见书中如何陈述[77]，该案也并未像对财富分类那样，审慎地考量对选举权所施加的有关限制。尽管与 1966 年相比，今天的总量更加微不足道，以至于很难明确地将穷人排除于投票之外。这些象征性的费用作为公共场所或私人会场发表言论的前提，或者是印刷、传发小册子、展示标志或者举行主日崇拜的前提，明显违反了第一修正案（可以设想，为援用第五修正案中反对自我归罪的特权，或者抚养或生育孩子的权利收取的象征性费用）。为选举税提供的正当性根据，在上述的其他例子中也未发挥更好的作用：这笔小额支付象征着选举者在较为严肃地履行这项公民义务，或许这笔款项可以多少折抵一些选举的开销。为适格选举人的真挚程度创设标准不是州的任务，州只是确保第一修正案权利行使的严肃性。所以，这实际上并非关于财富作为不合理分类的问题——就像选举或出任公职的财产条件一样——这些措施一度是熟悉的，但由于普遍代表理论的变迁，在绝大多数选区已逐渐销蚀，后来就看不到了。[78]

选举权作为平等保护的基本权利，戏剧性地来自于 19 世纪 60 年代之前的选区重新分配案件。[79] 这些案件改变了国家的政治图

---

[75] 383 U.S. 663 (1966).

[76] Archiblad Cox, "The Superme Court, 1964 Term-Foreword: Constitutional Adjudication and the Promotion of Human Rights," 80 *Harv. L. Rev.* 91 (1966).

[77] "我们断定，无论何时只要州把投票者的财富或者支付某种费用作为选举人的标准，它就侵犯了第十四修正案的平等保护条款。投票者资格与财富以及是否缴纳表决税或其他税收无关。"Harper, 383 U.S. 第 666 页。

[78] 同上注，第 684 页（Harlan 法官，不同意见）（提出如果财产资格没有由于广泛的普遍争论而被缩减，作为一种"我们政治结构的传统组成部分"，它可能是合宪的）。没有案件曾表明财产资格是否本质上不合宪，而 *Quinn v. Millsap*, 491 U.S. 95 (1989) 案判决，地方政府重组委员会成员的选举中的财产资格可能是"一种不公平的歧视形式"。同上注，第 107 页。

[79] *Reynolds v. Sims*, 377 U.S. 533 (1964); *Avery v. Midland County Texas*, 390 U.S. 474 (1968); *Kirkpatrick v. Preisler*, 394 U.S. 526 (1969).

景。几十年以来,为了反映从郊区到市区激增的人口迁移,州立法一直未曾改变州或国会的选区划分,结果是,在某些情况下,城市选区中的州立法者所代表的选举者数量是郊区立法者所代表选举者数量的两倍。郊区倾向于更保守并很少倾向于竞争性的种族,结果是在州立法机关和众议院中,保守派,几乎是封建领主占优势。最高法院认为,这侵犯了每一投票者使其选票与其他投票者的选票被平等考虑的权利。最高法院推理认为,可以肯定,同一选举中,一项规则为某些投票者直接分配了两倍甚至更多的投票,这侵犯了平等保护,这正是不适当分配选区代表权的结果。最高法院漠视了这样的论说,即基于保留历史上独特的选区的选民代表的需要,或者在简单的多数主义安排之下,富有特定利益的群体和地区有被吞噬的危险。这些争论的结果是,在国会、众议院以及选举委员会中,依据宪法要求对那些较少人口的州适用不合比例的代表制。[80] 最高法院的推理具有惊人的概括性,即"立法机构代表人民而并非树或田地"[81]。借助这种无情的逻辑,这项学说被扩展至几乎各种以及各个层面上的选举。纽约市(该市由几个独立的辖区共同组成)评估委员会不再依法认可通过不合比例代表制而形成的几个区之间的利益差异。[82] 在宪法学说中,再没有什么比这更为斩钉截铁地确认了美利坚合众国的公民资格概念,它是一种个人主义的、原子化的、变化的概念,并不受群体、历史、利益以及区域的固定纽带的影响。

五、目的与效果

重新分配议席案牢固地植根于宪法学说之中,案件如此之多,以至于每隔十年的人口普查之后,为了确保对一人一票投票原则

---

[80] 最具戏剧性的不平等由第十二修正案所保障,在特定情形下,在总统选举中给每个州的代表一票表决权。
[81] Reynolds, 377 U.S. at 562.
[82] Bd. of Estimate of City of New York v. Morris, 489 U.S. 688 (1989).

的忠诚贯彻,都出现了诉讼膨胀。可是,在某种意义上,他们代表了平等保护学说的一种异常情况。被牢固确立的平等保护学说的公理是从不接受党派平等[83],只有蓄意强加不平等的政府措施才侵犯了平等保护条款,而那些"仅仅"对不同公民阶层施加不平等影响的措施并非如此。最为重要的是,正是这个公理阻止了平等保护条款对平等发挥积极推动作用。

Jefferson v. Hackney 案[84]首次明确宣告了这一学说,它也最好地阐述了这一学说。得克萨斯州为有依赖性儿童的贫穷家庭提供的福利津贴,远远少于为盲人或残疾人提供的福利津贴。有证据表明,在包含大量单亲家庭的前一群体中,黑人不合比例地多,而盲人和其他残疾人随意地分布于整个人群之中。直接针对弱势的单亲家庭抑或种族群体的措施将违反平等保护,但是,最高法院判决在此并不存在这种目的。此处,两种不同的方案在不同的时间基于不同的目的而被制定。由于它们对不同的群体与阶层施以不平等的对待,如果任何这两种方案能够被统计、比较并确定其中缺陷,那么,最高法院将处于难以应对的境地,它要依据频繁改变的不同结果对整个法律规范体系进行权衡和调整。为了理解负担的大量性,考虑到原则上没有任何理由遗漏全部私法主体——财产、契约以及侵权——当在实际环境中发挥作用时,它们可能与不同的群体具有关联。如果只考量接受严格审查的对种族施加的负担,工作是相当困难的。除非法院仅仅替代政府的其余部分,如果必须考量不同层次的财富与贫穷造成的不同影响,这点是不可能的。例如,所有政府机构所提供的统一费用可能令人怀疑。而且

---

[83] 例可见 Theodore Eisenberg, "Disproportionate Impact and Illicit Motive: Theories of Constitutional Adjudication," 52 *N. Y. U. L. Rev.* 36 (1977); Charles R. Lawrence III, "The Id, the Ego, and Equal Protection: Reckoning with Unconscious Racism," 39 *Stan. L. Rev.* 317 (1987); David Benjamin Oppenheimer, "Negligent Discrimination,"141 *U. Pa. L. Rev.* 899 (1993); Michael J. Perry, "The Disproportionate Impact Theory of Racial Discrimination," 125 *U. Pa. L. Rev.* 540 (1977).

[84] 406 U. S. 535 (1972).

因为财产法、契约法以及侵权法毕竟是法律,它们也是权利的卫护者,要求穷人与富人负担同样的食物价格。像对继承权的限制一样,控制租金也是宪法要求的。

但是,鉴于改变的人口规模,而并非对某阶层投票者的某种有意支持,这并非不合比例代表制么?它仅仅是立法者调整区域界线的偶然失败。

由于所有的立法都平衡相冲突群体之间的利益,同时,立法者都很好地意识到这点,即如果他们改变了受益与负担的平衡,将影响到他们所代表的和选出他们的不同群体的状况,因而,在不合比例的代表权分配中,主张应作出此种调整的立法者正是因未做调整而从中获益的人,这不能避免与 Jefferson v. Hackney 案中的目的测试之间的紧张关系。也不能通过指出分区机制旋即被构建于单一的复杂法律体系之中,来摆脱这种反常情形,而且 Jefferson 案中被指控的影响正是结果,或许是无目的的,即在不同时间因不同目的制定的法律的完整聚集体。[85] Jefferson 案未被局限于这种方式。就在第二年,在 Washington v. Davis[86] 案中,最高法院援引这种目的要求去推翻对公务员考试的指控,因为它具有实际效果但不以导致成功的白人申请人数量不合比例为(所主张的或者被证明的)目标。[87] 最终,选举权有某种原则上的单一性,依据这样的争论才能获得最好的解释,即选举决定了其他法定(尽管并非宪法上的)权利:无论如何它本身都不受宪法控制而受法律控制,而这应该是民主选择的产物。

---

[85] 这种区分可能解释了在 Bush. v. Gore. 531 U.S. 98 (2000)案中,最高法院为何愿意推翻一种不平均并可能引起偏见的统计体系。该体系由佛罗里达州最高法院为2000年总统选举而颁布,而且并未试图成为在各州、全国以及联邦各选区长期存在的一种统计体系。

[86] 406 U.S. 229 (1976).

[87] Cf. Gomillion v. Lightfoot, 364 U.S. 339, 341 (1960); Mobile v. Bolden, 446 U.S. 55, 69—70 (1980)案描述了目的问题。

六、平权措施(affirmative action)

平权措施的指派或——对它更有敌意的——反向歧视而导致不同的事态进展,为了理解平等保护学说对待这一问题的复杂性,这种陈述奠定了基础。正如在 Strauder 案与 Brown 案中所阐述的,种族分类使奴隶的后裔处于劣势地位,使他们获得平等的公民资格是重建条款的原则性目标,这些分类如此明显地可疑,以至于几乎从未发现他们与紧迫的政府利益之间的密切关联,这种密切关系可能证实它们的正当性。[88] 但是,即使以整个人口中的其他群体为代价,出于使前述受害群体处于不利地位的目标,哪些法律依据种族进行分类呢?

由于各种地位以及福利措施,清除种族平等的形式障碍依旧将黑人遗忘,同时,黑人几乎完全缺位于所有荣誉、权力以及特权的坐席,意识到这些,公众与私人的措施被采取,实际上,实现这种平等可能需要另外几代人的努力。最有力的步骤存在于公立学校之中,Brown 案首次终结了隔离措施。但是,十年后,实践中仍保留着依据种族划分的区域。带有更明显的恶意,南部校区尝试了诸多破除形式隔离的措施,但实际上这些措施被设计用以维持隔离:"自由选择"计划,根据推测允许父母把孩子送到任何他们想送的学校去[89];维持以种族居住模式划分的校区界限[90];以及最令人失望的是仅仅完全地封闭一个体系,在该体系中,除了阻止白人和黑人孩子一起进入学校之外,找不到任何其他方式。[91] 在清除这些策略方面,最高法院是一致的和无情的。形式上的摈弃隔离并

---

[88] 一个罕见的、现在声名狼藉的例子是 Korematsu v. United States, 323 U.S. 214 (1944) 案,其中基于种族的分类幸免于严格审查。在 Korematsu 案中,依据第二次世界大战"紧迫的公共需求"以及关于难以区分日裔美国人忠诚与否的主张,一项拒绝接纳所有来自西海岸的日本后裔的法令被认为是正当的。
[89] Green v. County School Board, 391 U.S. 430 (1968).
[90] Swann v. Charlotte-Mecklenburg Bd. of Educ., 402. U.S. 1 (1971).
[91] Griffin v. County Sch. Bd. of Prince Edward County, 377 U.S. 218 (1964).

不充分。以前法律所规定的双重制度处处存在,地方政府必须采取平权措施,尽可能合理地接近实现我们所宣称的一元体系,即使这意味着忽略了已建立的列席区并用校车载儿童穿过城镇以实现某种伪装的种族平衡。[92] 当政府蓄意违反宪法时,法院的救济权力扩展到超越了终止违法行为的要求:他们将塑造被设计用来逆转违法行为"延迟效果"[93]的救济措施。

但是,较少的生存机会、较低的收入、更糟糕的社会地位以及几乎所有黑人都缺位于选举制度与权力地位中,这些情况导致许多从未实行过歧视的公立或私人的机构采取了所谓包含黑人的平权措施,黑人因为低收入、恶化的教育以及隔离的习惯而缺席于其间。最高法院仅在上一代中才受理了由此引发的合宪性诉讼——最近的判决是 2003 年 6 月关于密歇根州的系列平权措施案件——从那时起这些判决如此严密地被划分,并且反对阵营如此坚定,以至于到现在答案都不稳定,并可能随着核心内容的改变或任何一个法官的更替而逆转。[94]

确定这一主题术语的案件,从 *Regents of University of California v. Bakke* 案开始。[95] 在 *Bakke* 案中,一个申请进入戴维斯分校医学院的白人申请者,基于平等保护提出了对学校入学计划的质疑,该计划为确保重要的来自特定的少数群体的学生的入学人数,在一个入学班级的 100 个名额中保留了 16 个名额。基于比他们所感兴趣的更为复杂的原因,从那时起已经提及了该案中由鲍威尔大

---

[92]　*Swann*, 402 U.S. at 27.

[93]　*Regents of Univ. of Cal. v. Bakke*, 438 U.S. 265, 352 (Brennan 法官,部分同意部分不同意见)。

[94]　例可见 *Adarand Constructors, Inc. v. Pena*, 515 U.S. 200 (1995)(5-4);*Wygant v Jackson Bd. of Educ.*, 476 U.S. 267 (1986)(5-4); *Fullilove v. Klutznick*, 448 U.S. 448(1980)(多数意见)。

[95]　438 U.S. 265(1978)。

法官撰写的压倒性意见[96],而没有其他法官加入。毋庸置疑,这是一项更富有深度和权威性的声明,它宣布:"任何区别种族抑或人种的分类都是内在可疑的。"鲍威尔法官否定了反对者的争辩,即当种族偏好"良好"时,它应受较低程度的审查评价。鲍威尔法官陈述到,这种"良好"偏好的效果可能仅仅"强化了普通的陈词滥调,主张特定的群体不可能在没有特殊保障的情况下获得成功"。同时,鲍威尔法官利用了这些措施,它们被设计用来缓解抑或消除可以确定的非法歧视的影响,例如,在校区隔离案中所采纳的那些措施,他担心,补偿"社会性歧视"的更为"不定型的"目标将"永恒地溯及既往"。那些鼓吹偏好的人坚持 Bakke 案,因为它接受把多元性作为"宪法上允许的高等教育制度的目标"。然而,鲍威尔的推理把他的判决限于教育制度,对于教育制度,学术自由和选择学生的能力是第一修正案所关注的首要问题,学生将最大限度地促成"观念的明显改变"。因此,种族偏好的多元性原理几乎很难适用于教育背景之外。鲍威尔法官强有力地断言,无论在历史上际遇如何,平等保护条款确认宪法保障个人而非群体的境遇[97],并确保无论要判断个人的优点还是缺点,只能基于他的自身行为与特性,而不能基于他是一个种族群体的成员。

马歇尔法官的不同意见以无人匹敌的率直和权威陈述了他的反对立场:鲍威尔法官想要黑人与白人在法律面前作为个人出现,但是他忽略了这样一个事实,即由于他的种族,几千年以来的奴隶制度和几代以来歧视的合法化已经为每个黑人打上了深深的烙印,每个黑人既是黑人群体也是黑人个体。同鲍威尔法官一样,马歇尔法官也是个人主义者。他一直领导着废除种族隔离的法律运

---

[96] 在下文要讨论的 2003 年密歇根大学平权措施系列案件中,这些被多数意见所承认。但见 Hopwood v. Texas, 236 F. 3d 256, 274—75 (5th Cir. 2000)(判决 Bakke 案所发展的多样性理论并未与对州立大学平权措施计划的质疑相结合)。

[97] Compare Owen M. Fiss, "Groups and the Equal Protection Clause," 5 *Phil. v Pub. Affaris* 107 (1976).

动,可以肯定,他从未有片刻相信种族带有内在的和不可根除的明显特征。在这一点上,他与近代的黑人隔离主义者和"多文化主义者"相区别。[98] 相反,历史促使着其他可能在法律上无差异的特性变成固定于每个黑人个体上的烙印,有时他们分享他们之间可能存在的各种差异。马歇尔法官写道:"在20世纪的美国,没有必要让每个黑人出来证明,他们一直是种族歧视的受害者,我们社会的种族主义如此普遍存在,以至于任何人——无论有钱还是有势的——都不能摆脱其影响。"由此,加利福尼亚州大学制度是对一种明显事实的恰当回应,而且鲍威尔法官的规则是不切实际的和不确定的。开始使黑人处处居于有权力与有声望的地位是必要的,这使得他们和白人能够习惯他们的处处存在,并最终消除依附的标记。正如布莱克门大法官在不同意见中所指出的:"为超越种族主义,我们必须首先考虑种族。"[99]

布伦南大法官的不同意见表达了一种更为精细与微妙的姿态,这并未偏离他在此后20年中的立场[100],并依然是最高法院的

---

[98] 一个代表性的例子是 Marshall 法官在 *Emporium Capwell Co. v. Western Addition Commuity Organization*, 420 U.S. 50 (1975) 案中的意见。*Emporium* 的某些黑人雇员,除依赖其工会代表之外,还自行组织了关于歧视的集团诉讼并寻求雇主的补偿。全国劳动关系法案规定,通过验证的工会是一个单位内部所有雇员的独特的交易代理人。上诉法院法官 Charles Wyzanski 撰写了非常有利的不同意见陈述:"在非白人被准许提起的反对白人的诉讼中,把非白人置于白人的怜悯之中,这将是对民主的嘲讽。压制、有意的或其他的非白人诉求的陈述,不可能被我们的社会所容忍,即使这可能至少是一种短期的结果,也会对企业的劳资关系造成暂时的负面影响。在代表非白人问题上,非白人和黑人一样,不可能违背他们的意愿将自己托付给白人代言人。说唱演员表演的时代已经过去了。"(485 F. 2d 917, 940 (1973)) Marshall 法官不接受这种观点。Marshall 有力地重申了劳工法政策,所有工会成员中的雇员力量通过其工会完成共同事业。关于 Marshall,一般可见 *Mark Tushnet, Making Civil Rights Law: Thurgood Marshall and the Supreme Court, 1936—1961* (1994); Mark Tushnet, *Making Constitutional Law, Thurgood Marshall and the Supreme Court, 1961—1991* (1997); Juan Williams, *Thurgood Marshall: American Revolutionary* (1998)。

[99] Bakke, 438 U.S. 第 407 页 (1978) (Blackmun 法官,不同意见书)。

[100] *Metrp Broadcasting, Inc. v. FCC*, 497 U.S. 547 (1990)。

四位成员继续坚持的学说,尽管事实上,Bakke 案以来只有一次多数意见中采纳了他的观点。[101] 他同意种族是一种可疑的分类,但是,对分类的不同利用将导致嫌疑的程度不同(毕竟在 Craig v. Boren 案中,当多数意见不可能判决对性别分类适用严格审查标准时,正是布伦南大法官最终或多或少地创设了中度审查的原则类别)。有些种族分类被设计用以促进种族平等,这些分类可能是"良好的",而另一些分类的目的(或这次效果)是建构或维持种族依附。[102] 正如将近二十年后,史蒂文斯大法官在其不同意见中的陈述,最高法院的平权措施法理"忽略了'不得侵入'的标记与表示欢迎的擦脚垫之间的差异"。[103] 鉴于此种观点,对种族进行有利于黑人的分类的法律仍须为自身说明理由。但是,它们不被局限于某些紧迫性正当理由,也不必像严格审查要求的那样,手段必须是为它们的适当目标度身订制的。

City of Richmond v. JA Croson Co. 案阐述了这两个标准间的差异。[104] 最高法院适用严格审查标准推翻了这一条例,即要求所有城市建设工作的承包人至少把 30% 的分包工程给予少数民族分包者,其中具体包含"黑人、讲西班牙语的人、东方人、印度人、爱斯基摩人或阿留申人"。列治文市(Richmond)历史上曾作为南部邦联的首都,实际上在 1978 年到 1983 年间,不到百分之一的城市建设合同由少数民族运作的商业团体履行;或许最高法院自己的经验以及作为顽固的种族主义者的建设企业和建设联盟[105],一起导致

---

[101] 同上注。
[102] 种族分类的良好利用的概念,可能被追溯至 Dworkin 开创性的分析,即 Ronald Dworkin, *Taking Rights Seriously* 224 (1977)中,后来他也描述了作为被禁止的目标的种族和作为被禁止的类别的种族之间的差异。见 Ronald Dworkin, *Law's Empire* 388(1986)。
[103] *Adarand Construtors, Inc. v. Pena*, 515 U.S. 200, 245(1995)(Stevens 法官,不同意见书)。
[104] 488 U.S. 469 (1989).
[105] 见 *Local 28 of Sheet Metal Workers Int'l Ass'n v. EEOC*, 478 U.S. 421 (1986); *Fullilove v. Klutznick*, 448 U.S. 448 (1980)。

了不同意得出下述结论：这种招标预告通知书的理由是充分的。多数意见明确地否认了这一观念，即这是一种良好的歧视，它的正当性应由较低水平的审查来证明。适用严格审查标准时，它注意到，不存在任何由城市在缔约实践中，或者甚至由城市承包人造成实际歧视的证据。因此，不能援引救济性目标。与 Bakke 案中鲍威尔法官的意见相回应，最高法院拒绝了对社会性歧视进行救济的目标，这种歧视可能更好地解释黑人承包人的代表人数不足的情形。实际上，用更富有争议的术语，最高法院指出，只有对可确定的歧视进行救济的目标，才能满足严格审查。[106] 但是，即使可以发现紧迫的利益，最高法院根据特别的重点和效果得出结论，被选择用来服务于该利益的这种手段，既不够审慎，又不与目标充分匹配，以至于不能满足严格审查的要求。该条例的受益者包括美国土著人与阿留申人，他们甚至不曾被要求在列治文市工作或生活。30% 的数字的设定看来是无中生有的。[107] 但是，或许更为重要的是，该市从未尝试过任何种族中立的措施，例如，帮助新进入者到工厂找工作，或者调整那些可能引起的排他性效果的人际关系和其他阻碍。在最高法院看来，正是这种偶然与未加调节的对种族配额的求助，宣告了这种措施无效。

尽管 Croson 案判决看似已经是确定的，当下，最高法院对于平权措施的立场甚至仍未确定。多年以来，尽管低等法院中不断出现相互冲突与混淆的判决，最高法院依旧继续避免这些案件，它们将阐明鲍威尔法官在 Bakke 案中的单独意见的地位与含义，而且当额外的紧迫利益被用以证明适用种族和 Croson 案的正当性时，该案仅允许针对可确认的既往歧视进行救济，这将解释鲍威尔法官的意见与参照多样性之间的差异。在 2003 年 6 月密歇根大学的平

---

[106]　Croson, 488 U. S. 第 493 页（"基于种族的分类引发了侮辱性伤害的危险。如果他们并未严格保留补偿标准，实际上，他们可能形成种族低等的概念并导致政治上的种族敌视"）。

[107]　Marshall 法官在不同意见中指出，在 50% 的城市黑人人口及几乎为零的黑人分包工作之间，这个数字大致只达到一半。

权措施案,即 *Grutter v. Bollinger* 案[108]与 *Gratz v. Bollinger* 案[109]中,最高法院最终修正了 *Bakke* 案的判决,并以鲍威尔法官的判决作为它的判决的基础。虽然如此,关于平权措施的法律仍旧是混乱与不确定的。在对密歇根案及其对平权措施原则影响加以具体考量之前,为使这一图景更为完整以确定案件的另一边界,对于同样有意义的选区划分中的平权措施的处理是有必要的。

与种族相关的选举权故事,是既复杂又混乱的。第一个案例开始于 *Mobile v. Bolden* 案。[110] 长久以来,阿拉巴马州的莫比尔(Mobile)市通过选举选择它的三个城市委员,在选举中,席位并非被分散到各个区内,他们整体选举产生委员会的每个成员。该市黑人大约占人口的 40%,但是即使在 1965 年选举权法颁布之后,公开登记为黑人赋予了选举权,依旧没有黑人当选。只要白人投票者拒绝为黑人候选人投票,而不论该候选人所属党派或其纲领如何,这种种族上的两极分化选举现象就能确保委员会保持全部是白人。然而,如果该市被划分为单议席选区(或是如果采取了某些制度,例如比例代表制),委员会可能更接近地反映该市的种族组成。这项基于第十四修正案、对选举权的保障与种族无关的第十五修正案以及 1965 年选举权法的诉讼失败了。最高法院适用它确立的平等保护学说判决如下:在黑人获得选举权之前,原有的选举制度长期处于恰当的地位,因此,它并不以排除黑人根据自己的选择选出代表的实际权力为目标。当前未能因产生这种后果而改变这一制度,原因在于它并未违反法律抑或宪法。多议席选区制在南部是一普遍现象,它被用于选择州立法者甚至国会议员,通常具有种族排除效果。国会决定作出某些关于 *Mobile* 判决的行为。但是,是什么呢?明确要求比例种族代表制的法律太类似于宣布依据种族对国家的割据,以至于不能被接受。可是,类似的某

---

[108] 123 S. Ct. 2325.
[109] 123 S. Ct. 2411.
[110] 446 U. S. 55 (1980).

种制度是许多人想要获得的,而且在某种意义上如果所有的障碍都真正消失,那么普通人的法律将提出,这种结果是个人可能最后希望的。1982 年《选举权法》第二章采纳了一个深思熟虑的模糊规则,作为对 Mobile 判决的回应:

(a) 任何州或政治分支都不能对选举资格、前提、标准、实践或程序强加限制,也不能适用任何可能导致合众国公民由于种族、肤色而被剥夺或者削减选举权的措施……

(b) 基于情况的整体性,如果证明,因为某个阶层的成员比其他选民具有更少的参与政治过程及自己选择代表的机会,导致政府或政治部门的任命或选举的政治过程,并不能保障(a)款所保障的这个阶层的公民的平等参与,该行为就被确认为违反了(a)款。受保护阶层的成员已经被选入政府或者其他政治部门中的程度,可能是应该被考虑的情况之一;假设这一章中并未确认这样的权力,即确保受保护阶层当选代表数量与其占总人数的比例相当。[111]

基于这些条款(第五章我并未对此进行详述)[112],法院和州立法机关转而塑造所谓的多数—少数选区:选区被如此划分,以便涵盖足够的少数民族选举人保障他们在这个选区中占多数,即使这意味着把他们从邻近的选区中抽取出来。这发挥了功效。尤其是 1990 年人口普查后,黑人成员在国会及州立法者中的人数获得了实质性增长。[113] 但是,这也是有代价的。选区时常被奇怪地划分,违背了通常的概念,即立法机关的选区应当是持续、紧凑的,并追随历

---

[111] 42 U.S.C. § 1973. 见 Pamela S. Karlan, "Undoing the Right Thing: Single-Member Offices and the Voting Rights Act," 77 *Va. L. Rev.* 1 (1991); Samuel Issacharoff, Pamela S. Karlan, and Richard Pildes, *The Law of Democracy*, 441—545 (1998).

[112] 见 Samuel Issacharoff, Pamela S. Karlan and Richard Pildes, *The Law of Democracy*, 546—670(1998).

[113] 1989 与 1992 年间,黑人国会议员的人数从 25 个增加到 38 个。同一时期,国会中拉丁美洲人的人数也从 10 个增加到 17 个。

史上的政治性区划,例如市、县以及镇的边界划分。

自合众国建国以来,为实现其政治目的,立法机关滥划选区的情形就一直存在:通常旨在确保或否定特定利益或党派的代表,或是为惩罚或奖励特定的候选人。[114] 或许,某些滥划选区的情形就像最高法院在 Shaw v. Reno 案中所推翻的情形一样极端[115]:例如,加利福尼亚的 12 区,"长约 160 公里,但不比 I-85 地带(I-85 corridor)宽。它可能是一种蛇形模式,穿过烟草公司、金融中心以及工业区'直至包括了足够多的黑人聚居区'"。某一州立法机关评述到:"如果你开着两侧的车门飞驰于各州之间,你可能会杀了该区域内的多数人。"选区界限依据种族划分人口,这一事实对于最高法院在 Shaw 案的判决而言是关键的。与此关联的是什么？哪里存在着不平等？谁被不公正对待？在议席重新分配案之前,乡村居住者有时具有两倍于城市居住者的投票权。在 Mobile v. Bolden 案中,多议席选区有意或无意地否定了少数民族群体作为代表的机会。但是,在滥划选区时,黑人被划入了黑人占多数的选区,而被排除于邻近选区之外。在 Shaw 案中发挥作用的概念并非数值的平等:它不涉及某一群体对另一群体违宪的依附,而是依据种族的侵益性分离。"重新分配计划包括某一区域中应归属于同一种族的人们,但他们基于地理以及政治边界而被普遍分离,而且他们之间除了肤色之外并不具有多少共同点,这些计划与政治隔离之

---

[114] "滥划选区"这一术语被制造于 1812 年吉尔伯特·斯图尔特(Gilbert Stuart)看到马塞诸塞州的埃塞克斯郡(Essex County)的分区地图之后,由地方长官 Elbridge Gerry 将其签署为法律。译者注:进一步的说法是,Elbridge Gerry 为其所属政党利益,擅自将选区重新划分,其中埃塞克斯郡划为神话中的火蜥蜴(salamander)形状。于是,人们把他的 Gerry 和 salamander 合起来,形成了 gerrymander 这个字,其含义为"因一党利益擅自改划行政区域等或篡改、操纵以求私利"。

[115] 509 U.S. 630 (1993).

间具有令人不安的类似之处。"[116] 这种"良好"的种族性滥划选区的假设是：黑人而并非为个体公民享有这种代表制；昨天的政治家将决定今天的公民应如何安排自己去选择未来的政治家；而且这种安排应按照种族分界进行。可是，自始的四名持不同意见者始终坚持他们的立场，他们坚定地指出，选区划分必须遵循某些基础，而那些基础总是政治性的；他们总是尽力试图将具有类似利益的公民聚集起来，亦即，使得郊区投票者有发言权，使得那些来渔业社区的人们拥有知晓其利益并为其代言的代表。但是，对多数人而言，这不是关键所在：假设远郊区的黑人与市内的黑人具有同样的利益，仅仅因为他们属于同一种族，这种假设是令人不快的；如果这种假设具有某些真实性，那么将其制度化并使政治领导者从中获得既定利益，就是对其简单地探究，并使重要性本应消失的种族划分变得持久。这是 Bakke 案的重演。

这部分情节具有特别的不稳定性，因为持不同意见者肯定是正确的，即区域划分必须遵循某种标准，而且最高法院并没有兴趣从整体上管辖这些事务。[117] 在大多数最近的案例中，颇为尴尬的妥协是只有当界限划分依据了某种突出的种族基础，或多或少排斥了其他传统政治基础，才构成违宪的行为。因此，在最近 Shaw 案重复的陈述中，最高法院断定，为本党利益改划选区是被允许的，因为其正当理由是对于现任者的保护。[118] 问题被进一步混淆，

---

[116] 同上注，第 647 页。这个案件使我想起 Board of Education of Kiryas Joel Village School District v. Grumet, 512 U.S. 687 (1994) 案，该案裁决，为宗教团体撒塔玛哈西德派（Satmar Hasidim）成员创设特殊学区的法律，违反了宪法的设立条款。最高法院还裁定，这种政治界限的划分依据了宪法所不允许的宗教的基础，因为"州不能将其公民权力授予那些依据宗教标准选出的群体"，并且立法动机也再度成为一种适应而非依附，这更具攻击性。

[117] 例可见，Davis v. Bandemer, 478 U.S. 109 (1986)。该案中，当选区划分将民主党的选举力量实质上打了折扣时，民主党人诉称这违背了平等保护。最高法院判决，平等保护并未被违反，并主张，违宪的歧视仅仅发生"在选举制度实质上使特定投票者在有效影响政治过程的机会上处于不利地位之时"，而不仅仅发生于"缺乏适当比例的代表"之时。

[118] Easley v. Cromartie, 532 U.S. 234, 248 (2001)。

是因为 *Shaw v. Reno* 案微弱多数中的一员,该案意见书实际上的撰写者,奥康纳法官已经指出,她在该案中指责的这种基于种族的滥划选区可能通过严格审查,因为根据 1982 年《选举权利法案》,州立法机关的目标可能紧迫到足以通过这种最严格标准的审查。这一意见是令人困惑的:在一个涉及联邦公共事务契约领域的种族保留案件中,同一位法官坚持国会应受到相同的平等保护限制,如同于 *Croson* 案中曾强加于列治文市(Richmond)的限制一样。[119] 同时,一般而言,当最高法院依据第十四修正案实施其执行权时,它适用了与它本身所宣称的不同的实体性合宪标准,它总是不愿表现出对国会的更多遵从。[120] 在第十五修正案也被接受的选举权中它产生了差异么?抑或这些正是奥康纳法官所担心的第二种想法呢?

最终,当最高法院决定审理涉及密歇根大学的两种平权措施案例时,它希望这可能解决自 *Bakke* 案以来,适用于此领域的特殊原理中所存在的某些混淆之处。实际上,这种期待被最高法院在 *Grutter* 案与 *Gratz* 案中不寻常的举动所强化,在 *Grutter* 案中认可了对本科生入学的审查,即使上诉法院并未对此案作出判决,在 *Gratz* 案中则对法学院入学案件的争论设定了审查。最高法院支持法学院的计划,并裁决本科生入学制度违反了平等保护。最高法院在两个案件中的意见书旨在适用 *Bakke* 案中鲍威尔法官的单独意见,因此,现在可以认为这份意见具有牢固的学说基础。但同时,只有

---

[119] *Adarand Constructors, Inc. v. Pena*, 515 U. S. 200, 214—18 (1995).

[120] *Bd. of Trustees of Univ. of Ala. v. Garrett*, 531 U. S. 356 (2001)(裁决:宣告国会试图废除对州雇员侵犯美国残障法案行为的主权豁免的努力是无效的); *Kimel v. Fla. Bd. of Regents*, 528 U. S. 62 (2000)(裁决:国会允许雇员因侵犯《就业年龄歧视法案》(ADEA)起诉州雇主,这超越了第十四修正案所允许的救济权限); *Fla. Prepaid Postseondary Educ. Expense Bd. v. College Savings Bank*, 527 U. S. 627 (1999)(宣布《专利保障补偿清算法案》(Patent Protection Remedy Clarification Act)无效,该法对专利侵权要求废除了州主权豁免); *City of Boerne v. Flores*, 521 U. S. 507(1997)(宣布《宗教复兴法案》无效,其中国会试图否决最高法院在 *Employment Division of Oregon v. Smith* 案中的判决)。

四名法官完全认可了这份意见：斯卡利亚法官与托马斯法官简要指出，严格审查并不允许像多样化的政府紧迫利益这么模糊的理由，而这四名法官将允许更广泛的对种族的良好利用，就像布伦南法官在 Bakke 案中极力主张的那样。

本科生入学制度出于多种因素的考量，其中，包含高等学校、年级以及课程的困难度、高中的声誉、业余活动等其他类似要素，并由此给予一系列的加分。实际上 150 分可以确保入学，作为三个"代表名额不足"的少数民族群体，非裔美国人、说西班牙语的人以及土著美国人的成员之一，申请人可被自动赋予额外的二十分。非少数民族申请人之间的竞争则相当激烈。但是，在实际效果上，任何符合资格等级以及测试分数的申请者都可以获得足够的分数，因此为少数群体多加的二十分，实际上确保他们能够入学。实际上在几年前，在分数制度建立之前，那些基于偏好，进而被认为能胜任这一学业的少数民族申请人也将被自动接收。

相反，相对于更大量的申请者以及充滞着本科生项目的地区，为了在 3500 名申请者中选择 350 个适合人员，被法官判决的这家法学院并未适用这种机械的制度，而是在滚动的录取进行中单独考量每个申请者并与其他人相比较。然而，法学院从形式上致力于实现它所谓的多样性，从而接纳代表名额不足的少数民族成员以"有意义的数量"出现，以便确保这些学生在教室中不止是象征性的出现——这也就是法学院政策所谓的"群聚效应"。这种承诺需要以重要性较低的学术证明接纳偏好的少数群体申请者。这种形式政策的制定者以及法学院的证人很明显较好地研究了鲍威尔法官的意见书，因为他们把多样性的价值解释为使教室经历更加丰富，而且可能比鲍威尔法官的意见更好，他们还解释说他们并未假设，所有的少数民族学生都具有同样的观点或类似的经历：相反，一个被学习的有价值的教室经验恰好在于，这些成员中的许多观点都与其他群体相同，进而，以模式化术语思考群体成员的倾向将被消除。正如首席大法官在他的不同意见中所指出的，这种更为个性化的审查常规地导致少数民族准入者与庞大的申请群体中的人数保持密切的比例关系,甚至更明显的,西班牙人的"群聚效应"远比非裔美国人小,但是比土著美国人大。进而,当滚动的录取完成时,入学官员收到的日常表格中详细描述了少数民族和非少数民族申请者以及准入者的人数。如果在反垄断案例中要求提出明显的证据针对被告,很少有人会反对斯卡利亚法官的判决:"出于种族歧视,密歇根大学法学院的这种神秘的'群聚效应'的正当理由甚至挑战了最容易欺骗的人。入学统计表明,这是涵盖了种族上成比例的入学制度的伪装。"只是涉及的人数更少,使得法学院没有采取类似于本科生项目的某种更为机械的制度。正如金斯博格大法官在案件中的不同意见所指出的,"如果忠诚是最好的政策,可以肯定,密歇根精确描述并充分披露的学院的平权措施项目,更偏爱通过【法学院的制度】的眼色、点头示意抑或伪装达到类似的人数"。

最高法院分裂的判决可以从两个方面令人信服地加以抨击,这是尚未解决的两个案件所宣称的原则的紧张关系——而非不连贯性——的确切标志。当种族可能作为诸多要素中的一种时,鲍威尔法官的个别判断概念可能有某种意义:应当牢记他正是 *Mckleskey v. Kemp* 案法院意见的撰写者[121],在该意见中,对这一统计性证据加以了摈弃,即某些州的陪审团更可能判处被告黑人谋杀者死刑,或至少判定他们是杀害白人受害者的凶手。鲍威尔法官解释到,陪审团的判决是个性化的判决,由大量不协调的群体在适当指导下作出多因素的考量。但是,当它被适用于行政过程时,这种差异毫无意义,单独的一组决策者年复一年地面对大量的申请者,并因提出"有意义的人数"和"群聚效应"而被起诉。可是,这种数字目标纯粹是多样性原理本身的一种看似合理的要求。受代表大公司、企业领袖以及退休军官的法庭之友的书状的诱使,通过奥康纳法官富有激情的认可,平权措施被作为一种为受过训练的少数群体成员提供在企业界和军官团中担任领导职务的机会的方式,

---

[121] 481 U.S. 279 (1987).

由此，更为深入的不连贯性被引入：

> 进而，法学院的主张被许多专家的研究和报告所支持，这些研究和报告证实，这种多样性改善了学习效果，并有助于学生为持续增长的多样化的劳动力、社会和法律职业作出更好的准备。多数美国企业已经清楚地认识到，当下持续增长的全球化市场所需要的技能，只能通过受多种人群、文化、思想以及观点的影响而得以发展。高职位的退休官员以及文职军官主张，更高资质、种族多样化的军官团对于国家安全而言最为基本。进而，因为大学，尤其是法学院，代表着大量国家领导人的训练基地，……领导者的路径必须明显地对来自每个种族和种族背景的富有才华以及符合资格的人开放。进而，法学院在获得多样化的学生方面具有紧迫性利益。

在 Bakke 案中，鲍威尔法官中否定了类似的论说——需要训练医生以为少数民族社区服务，这可以证明医学院项目的正当性——以利于单纯地强调把多样化的观点带入教室而产生的教育利益。这是他认为法院应当不愿涉及其中的学术判断，目的在于尊重学术自由的第一修正案价值。同时，奥康纳法官在法学院案件中重点强调了这个学术自由原理。尽管奥康纳法官本人是激进的意见书的撰写者，该意见书否定了多样性原理在政府契约以及广播许可证颁发中的可适用性，但是，被援引的段落仍暗示了这种处处存在的雇员及政府项目空间。

最终，我认为，最高法院仍未摆脱 Bakke 案以来的混乱。作为克服奴隶制和隔离所造成的不平等的手段，出于自身的利益赞同分离以及种族自觉的声音开始出现，而且与废除种族隔离计划之初相比，这种声音越来越大且越来越多。但是，它们在宪法原则中不受尊重。当下，这一观点像在 Bakke 案时期一样，开始转为法律上或事实上实现避免种族分裂的社会的最好方式。在这项计划开始时，与清除所有障碍并允许事件自然发展时可能发生的情况相比，许多人认为，借助采取平权措施启动的种族融合应当得出的过程的结论,看来更接近于目标的实现。在 Bakke 案会议投票之前的秘密讨论中,史蒂芬斯法官陈述到,种族偏好可能"作为一种临时性举措被接受,而并非一种永久的解决方案"。鲍威尔法官同意这点。但是,当史蒂芬斯法官建议,"或许……黑人不需要这些特殊的项目延续更长时间",马歇尔法官打断了他的陈述,并说到,这将是"另一百年的事情"。在鲍威尔法官传记中记录到:"这种陈述使鲍威尔哑口无言……他从种族配额代代相传的前景中退却了。"[122]

这正是当下我们所处的位置。进展已经取得,但有理由担心,如果平权措施被摈弃,现有的进展将破灭。[123] 我相信,使鲍威尔法官退却的原因在于目前比 Bakke 案时期有更大的风险。我们有又一代的种族分类和偏好。整个精英结构取决于对它的选民和地位的种族划分。鲍威尔大法官与马歇尔大法官同意,不涉及种族的统一与不可分的国家就是目标。但是,如果为了使种族在各种背景下有合法的决定性,我们继续无限期地进行种族划分(出于可能造成麻烦的必要性,从形式上把个人归入特定种族),那么,这一时刻将很快到来——我希望它不是已经在那里了;当这种新形式的种族隔离变得永久,每个人被作为个体,而非他被某个人的"公共政策"所指定的群体的成员来判断,这作为理想将不再可能——我希望被确立的利益不曾变得过于强大。在我看来,当认识到对再度种族隔离的真切关注时,尊重这个最终目标的方式并非通过个别判断与"机械的"标准之间朦胧且实际上不连贯的差异——假设某种类似军队或其他大型官僚企业所适用的类似差异——而是通过在这一有限且确定的时期之后,对呼吁终止种族偏好所作出的坚定承诺。奥康纳法官陈述了这一观点的部分内容:

> 然而,我们留意到,"第十四修正案的核心目标在于废除政府基于种族所强加的所有歧视"……因此,明示种族的入学

---

[122] John C. Jeffries, Jr., *Justice Lewis F. Powell, Jr.* 487 (2001).
[123] William G. Bowen and Derek Bok, *The Shape of the River: Long-Term Consequences of Considering Race in College and University Admissions* (1998).

政策必须被及时限制。这一要求反映了种族分类具有潜在的危险,这使得它们只能依据利益需求而被适用,尽管迫近了目标的实现。铭记种族偏好的持久的正当理由将侵犯基本的平等保护原理。我们发现,毫无理由使明示种族的入学项目免除这一要求,即政府对种族的所有使用都必须具备逻辑终点。法学院也承认,所有"明示种族的项目必须具有合理的持续时间的限制"。

在高等教育范围内,通过明示种族的入学政策中的"日落条款"和定期审查可以满足持续时间的要求,并判断种族偏好对于实现学生主体多元性是否仍有必要。

金斯博格大法官与布雷耶大法官,在法学院案中表达了共同意见,并额外强调:

> 最高法院的评论,即明示种族项目"必须具有逻辑终点",符合对于政府的平权措施的国际性理解。美国于 1994 年批准加入了《消除一切形式种族歧视国际公约》(International Convention on the Elimination of All Forms of Racial Discrimination)……认可了"采取特别的具体措施确保某些种族群体或属于这些群体的个人获得充分发展与保护,以保证这些群体与个人充分和平等地享有人权及基本自由"。但是,公约指出:此等措施"不应要求在被用来实现既定目标之后继续维持这种后果,使得不同种族团体之间有不平等的或者孤立的权利"。

不幸的是,最高法院在这两个案件中的全面要点是,明示种族的平权措施是可以允许的但只限于某些时候,与之相似,这些铿锵有力的论述很少发挥作用(被忆起的一个陈述是,杰拉尔德·冈瑟(Gerald Gunther)教授在完全不同的背景下关于亚历山大·比克尔(Alexander Bickel)的评述:"他百分之百是为了原理,百分之八十是为了机遇")。这也是奥康纳法官如何得出这样的推论的原因,即:

> 从鲍威尔法官首次赞同利用种族促进公共高等教育领域内学生主体多样化利益的实现开始,已经 25 年了。自那时起,许多高等级与测试分数的少数民族申请者的数量实际上在减少。我们期待,从现在开始的 25 年后,种族偏好的利用对促使今天所许可的利益的实现将不再有必要。

这根本不存在限制。50 年的时间长到足以使依据种族的划分变为一种习惯,为某些人创设实践上的和政治上不可动摇的权利,这些人认为,他们自己从这种制度中获得利益,并且知道他们在种族企业中的作用。同时,甚至奥康纳大法官"终点过于遥远"的观点也仅仅表达了一种企盼。唯一一种超越种族主义的方式可能是停止利用种族——并非是在今天或者明天,而是以深思熟虑的速度,也就是说,5 到 7 年来实现。只有借助确定性的终结点,制度才能具有应对政治压力的动力,并真正围绕整体的公民概念。我相信,最高法院应当允许这些项目持续,但是,仅限于这种条件,即大学修改这些项目以宣布一个固定的、确定的年限,在这个年限之后,这些项目将终结。

后 记

在第一章中,我留下了开放性的问题,即原则是否可能适用于富有争议且疑难的宪法问题,以及最高法院实际上是否受原则拘束。如果这些问题的答案是否定的,那么宪法将不复存在;而仅仅存在着合宪性判决。随后的章节展示了那些判决,好像原则是可能的——具有同样的结果——好像原则确实指引着最高法院。我继续论述,几乎就像政治不存在,几乎就像法官不是由总统任命并由参议院确认一样,参议院往往更关心被任命者如何判决案件。某些法官被任命,主要是因为他作为律师与法学家的能力及职业声望(我们可以想到霍姆斯、休斯、卡多佐以及第二任大法官哈兰、史蒂文斯以及布雷耶法官),或者为满足区域及人口统计的关切。但是,至于约翰·马歇尔、托尼、首席大法官哈兰、斯通、布莱克、法兰克福特、道格拉斯、瑟古德·马歇尔、伦奎斯特以及斯卡利亚,选择他们,是因为他们所考虑的内容,同样也因为他们的考虑是如此慎重。这些任命是富有希望的——这仅仅偶然被意识到——他们将改变法院的判决过程。如果政治——在最高意义上的政策,拥簇富有争议的公共利益概念——规制着最高法院,那么最高法院每次新的任命都将可能是一次新的选举,其决定由政党讲坛所确定。

最高法院的工作并非如此。在对自己的洞察力富有庄严笃信时,对于我在本书中对精致的原则框架所作的洋洋得意的论述,可以置之不理,这些论述没有为限制判决的泛滥提供引导路径。法律职业者或政治学家可能被此种庄严的姿态所吸引。但是,我不仅是一名学者与教师,还是一名法院面前的辩护人。辩护者可能只是很少并审慎地允许自己以某种政治术语推进案件。辩护者的整个工作几乎就是认真对待原则,并证实其所极力主张的立场与现有原则如何契合,或者,辩护者的立场如何可能被法院偶然采纳,以至于他的立场在不确定的未来发挥着原则与先例的作用。我也曾是我所在的州的最高法院法官,这项工作包含以在意见书中可以解释的某种方式来裁判案件——判决将"撰写"——这些意见书可能说服某一方足够多的同事来形成多数意见。正如我在第一章中所解释的,那些意见书可能对过去负责并制约未来。因此,我表达了一个内部人士对宪法的观点——"内部人士"并非意味着我提供了私人信息或尖刻的流言飞语,而是意味着我的判决撰写是处于法律训诫之内的,而非凌驾于其上或是超出其外的。如果这种训诫是一种幻觉,而实际上真实的事态进展取决于利益和政治的整体判断,那么,我宁愿相信我已经注意到并从未试图通过将你们——我的读者——俘获于我的虚幻体系之中,以使自己消除疑虑。我是否正确,请你们为自己作出判断。

内部人士的视角并未使人看不到真相,它也不要求这一信念,用戏剧 Iolanthe 中大法官的话来说,"法律是包含所有智识的真理。它没有任何欺诈或缺憾"。我在第五章中所主张的宗教条款原则,在许多方面达到了适度的不连贯。在第二章中,我坚持认为,最高法院逐步升级的第十一修正案原则是错误的。但是,甚至对于清晰与一致的原则,聪慧的观察者也必须理解,某些原则是极富有争议的且有赖于一人一票的选举。最高法院 2002 年的食物券判决(在第五章中所讨论的)相当清晰且与宗教条款法理的长期过程相关联,但是,四位持不同意见者陈述了如此有力的不同意见,以至于一个单独的新任命就可能导致它的逆转。类似的不稳定不仅出现在设计拙劣的第十一修正案判决中,而且,也出现在限制国会权限范围的论述更充分的判决中,该判决基于贸易条款以及第十四修正案的执行条款并保障州内的内部程序不受联邦命令的吞噬(这些在第二章被讨论)。最后,受到严格与审慎审查的种族偏好措施,旨在改善历史上在选举、经济和教育方面的弱势群体状况,这一原则的整体进程已经吸收了四位法官的强烈不同意见(这一主题在第七章集中论述)。

在所有这些领域中,严密的划分被低俗地描绘为自由主义者与保守主义者,但是,这样的标签很难标明某种可辨别的、一致的法学或政治项目。由于根据主题,分立的双方法官已经准备坚持自己所理解的宪法所作出的要求,并进而推翻选举所产生官员的判断以及立者的判断,激进分子与拘谨的法官之间的差异根本不能解释任何问题。党派标签及任命法官的总统的个性很少能够解释这种分离。我们也不能将这种分歧强加于某种一致的政治视角。这样的角度可能有助于解释看来已经成为沃伦法院主题的内容,它们被通过高超的技巧来发扬,并在过去34年来由布伦南法官所坚持:通过宪法构建某种制度并将它置于联邦法院的监督之下,在某些方面,看来更类似于福利国家鼓吹者,这种类型的社会民主在北欧国家已经出现[1],在美国政治中它与进步主义传统相关联。在这段时期,最高法院在广泛的领域内确立了诸多著名的新宪法原则,包括:刑事程序、实体性刑法、联邦法院对州刑事司法管理的监督作用、外国人权利、一般的诽谤与言论自由法、公务员制度基本保障的宪法化、选区重新划分、废除种族隔离、平权措施以及生育权。如果加上由于一到或两张选票而未通过的项目,这一列表可能更为冗长,或许包括由政府出资提供基本生活需求的供给的宪法权利,而且肯定包括废除死刑。这个范围的项目超越了最高法院历史中的任何其他内容。其中,可能只有一种例外情形,即由首席大法官马歇尔在宪法原则中牢固构建的我们的联邦体系的主要轮廓。

对于解释目前的选举集团,我能做得最好的解释是,试图将最

---

[1] 见 Morton J. Horwitz, *The Warren Court and the Pursuit of Justice* (1998); Frank I. Michelman, *Brennan and Democracy* (1999); Richard A. Posner, "In Memoriam: William J. Brennan, Jr.," 111 *Harvard L. Rev.* 9, 10 (1997); Charles Fried, *Remarks at Supreme Court Ceremonies in Memory of Justice Brennan* (May 22, 1998)(副本保存于哈佛大学法学院图书馆); Frank I. Michelman, "The Supreme Court, 1968 Term-Foreword: On Protecting the Poor Through the Fourteen Amendment," 83 *Harvard L. Rev.* 7 (1969).

近几十年看做是对那些项目的回应,因为今天多数人或多或少倾向于破坏选举集团的大部分,同时,少数人维持着至少对那一时代精神的自发的但却逐渐减弱的忠诚。最高法院应当部分受过去拘束,这并非不平常,甚至或许也并非不恰当。但是,当过去由长期以来或输或赢的争斗中所形成的忠诚氛围所代表时,这一氛围一定会随着岁月而消散,而新的回应与忠诚必然得以发展,当新法官加入法院之后尤其如此。对于最高法院而言,过去十年是个不寻常的稳定时期。1994年作出的最后一次新的任命,由斯蒂芬·布雷耶法官替代哈里·布莱克门法官,其倾向与布莱克门并无明显差异。但是,鉴于法官的平均年龄,在未来几年肯定还有数次新的任命。无论他们是谁,即使他们的同情心更多地存在于对四人方的反对,而非五人,他们都不可能引起原则的突变。遵循先例的制度惯性将强有力地抵制任何大规模的逆转进程。

在 Planned Parenthood of Sountheastern Pennsylvania v. Casey[2] 案中,一位最坚定的持不同意见者——苏特大法官加入(或许撰写)了确认先例的共同意见之中,拒绝推翻 Roe v. Wade 案:

> 遵循先例的义务始于必要性,相反的必要性划定了它的外部边界。借用卡多佐的观点,如果注意到的每个问题都重现于引发这个问题的每个案例之中,我们意识到任何司法体系都不可能从事社会的工作。实际上,潜存于我们宪法之中的法治概念要求对先例的尊重,这种持续性随时间而发展,因此,对先例的尊重从定义上来看是不可或缺的。在另一个极端,不同的必要性将使其感受到,如果先前的司法判决如此明确地被视为错误,该判决的执行因此也注定是错误的。

> 甚至当推翻先例的判决像罕见的后一种例子一样,并非在实质上注定如此时,一般认为,遵循先例规则并非"一成不变的命令"。当然,在每个合宪性案件中并不一定如此。然

---

[2] 505 U.S. 833, 846 (1992) (主张判决 Roe v. Wade, 410 U.S. 113 (1973) 不应被推翻)。

而,当最高法院重新审视先前的判决时,它的判断通常来源于一系列谨慎与实用的考虑;它们被用来检验先例的推翻与法治目标之间的一致性,并衡量对先例的重新认可以及推翻先例的相应成本。因此,我们可能询问规则是否被证实仅因违背实际的可利用性而变得不可容忍;它是否造成了某种社会依赖,以至于推翻它将带来特别困难的后果并增加不公正的否定的代价;相关的法律原则是否已充分发展,以使留下的旧规则不过是被摈弃原则的痕迹;或者现实已发生了这样的改变或被加以不同对待,以致剥夺了旧规则的重要适用或正当性依据。

过去二十年以来,很少有五比四的判决满足推翻先例的那些标准。这尤其是不可能的,即如果有一个新的多数派,无论法官个人相信什么,基于一些先例"如此明确地被视为错误,该判决的执行因此也注定是错误的",它将推翻大量先例。正如我在第六章所解释的,*Lawrence v. Texas* 案对 *Bowers v. Hardwick* 先例的推翻,是少有的能够与上述说明相契合的案件。

一种更富理想的可能性是,随着时间的流逝,对宪法原则的不同思考方式可能影响这样的事实,即既存先例是如何被适用、扩展以及确定的。托马斯大法官经常但并不规律地表达这样一种倾向,他认为,宪法将更朝向自由主义方向发展,也更为机械化地简单与直接。相比之下,很多场合下,布雷耶法官都陈述了这样的观点,即在诸多领域中,他为了实践目的的宪法原则过于机械化和过于强调合法性。因而,他可能重新将言论自由法从规则与原则范畴,转而定位为一种公开承认的实用主义路径,承认并试图平衡许多复杂争议中所暗含的普遍言论自由的"价值"[3]、对传媒现代方

---

[3] 这并非我所希望的发展。见 Fried, "The New First Amendment Jurisprudence: A Threat to Liberty," 59 *U. Chicago L. Rev.* 225 (1992)。

式的控制[4]、隐私与言论自由之间的冲突[5]、商业资金以及一般的选举过程的规制。[6] 布雷耶也推动了对那些源于其他宪法民主党人及其宪法法院中相关问题的考量,可能暗含着以下方面法律发展的建议,它们包括死刑、仇恨性言论、政治集会的规制以及联邦主义。[7] 仅在 Lawrence 案中就有许多素材被允许在最高法院的意见书中发挥作用。

如果这些路径中的某一个或者其他新的路径被采纳,随着时间的流逝,宪法的本质便会改变。因为较少受缚于遵循先例原则,改变可能并非突然,但比偶然的推翻先例更为丰富。遵循先例要求尊重过去的判决,而并非尊重那些判决的思考方式,需要尊重的是那些思考遵循先例本身的方式以及思考一般意义上宪法本质的理解方式。

---

[4] 见 *Turner Broadcasting Systems v. FCC*, 520 U. S. 180, 220（1997）（协同意见书）；*Denver Area Telecommunications Consortium v. FCC*, 518 U. S. 727, 740（1996）（协同意见书）。

[5] *Bartnicki v. Vopper*, 532 U. S. 514, 535（2001）（协同意见书）。

[6] *Nixon v. Shrink Missouri Government PAC*, 528 U. S. 377, 399（2000）（协同意见书）。

[7] 例可见,*Ring v. Arizona*, 536 U. S. 584—618（2000）中布雷耶法官的资本惩罚比较讨论；*Nixon v. Shrink Missouri Government PAC* 中的商业资金,*Knight v. Florida*, 528 U. S. 990（1999）（不同意见书）中执行死刑判决的长期延迟；以及 *Printz v. United States*, 521 U. S. 898, 976（1997）（不同意见书）中的联邦主义。

案例表

（案例表中出现的页码为原书页码）

Abrams v. United States, 179n36, 190n66

Adarand Constructors, Inc. v. Pena, 181n44, 228n94, 230n103, 235n119

Agostini v. Felton, 163

Aguilar v. Felton, 163n92

Akron v. Akron Center for Reproductive Health, 193n72

Albernaz v. United States, 3n8

Alberts v. California, 102, 103

Alden v. Maine, 37, 38, 48

Allgeheny County v. American Civil Liberties Union, 157n53, 158n58

Allgeheny Pittsburgh Coal Co. v. County Commission of Webster County, 212n15

Allgeyer v. Louisiana, 177n25, 186n60

Andrus v. Allard, 181n40

Arcara v. Cloud Books, 123

Argersinger v. Hamlin, 176n22, 223n69

Arguello v. Conoco, Inc., 112n83

Arnett v. Kenndey, 203n85

Ashcroft v. Free Speech Coalition, 106n64

Associated Press v. National Labor Relations Board, 26, 26n46, 119n114

Avery v. Midland County, Texas, 224n79

Baker v. McCollan, 204n90

Baldwin v. G. A. F. Seelig, Inc. 217n37

Ballard, United States v., 153n39

Bancoult v. Secretary of States for Foreign and Commonwealth Affairs and Another, 176n23

Barnes v. Glen Theatre, Inc., 123—124, 115n101

Barron v. Mayor & City Council of Baltimore, 39n87

Bartnicki v. Vopper, 119n117, 133n165, 245n5

Baty v. Williamette Indus., Inc., 112n88

Beauharnais v. Illinois, 107n70

Benefit v. City of Cambridge, 128n139

Bernstein v. United States Department of State, 94n23

Bethel School District No. 403 v. Fraser, 126n132

Bibb v. Navaho Frieght Lines, Inc., 23n30

Bishop v. Wood, 203n89

Bivens v. Six Unknown Named Agents of the Federal Bureau of Narcotics, 38n82

BMW of North America, Inc. v. Gore, 175n19, 179n35

Board of Education of Central School District No. 1 v. Allen, 161n76

Board of Education of Kiryas Joel Village School District v. Grumet, 234n116

Board of Education of the Westside Community Schools v. Mergens, 160n69

Board of Estimate of City of New York v. Morris, 225n82

Board of Regents v. Roth, 200—201, 202, 204, 205

Board of Regents of the University of Wisconsin v. Southworth, 132n160

Board of Trustees of the States University of New York v. Fox, 116n107

Board of Trustees of the University of Alabama v. Garrett, 41, 42, 44, 45, 220, 19n21, 41n96, 235n120

Bob Jones University v. United States, 153n36

Boerne, City of, v. Flores, 40, 41, 42, 43, 45, 46, 43n97, 46n102, 151n23, 235n120

Bolger v. Youngs Drug Products Corp., 114n98

Bolling v. Sharpe, 207n3

Bowen v. Kendrick, 161n82

Bowen v. Roys, 153—154, 151n26

Bowers v. Hardwick, 184, 194—195, 197, 199, 212, 245

Bowsher v. Synar, 57, 69, 56n22, 57n24, 58n26

Bradford v. Illinois State, 219n47

Brandenburg v. Ohio, 96, 99—101, 110, 111, 112, 99n37, 107n70

Branzburg v. Hayes, 145n7

Braunfeld v. Brown, 154, 154n44

Brown v. Board of Education, 215, 218, 227

Brown v. Louisiana, 131n157

Buckley v. Valeo, 100, 101, 18n19

Burlington Indus., Inc. v. Ellerth, 112n81, 112n89

Burson v. Freeman, 100, 101

Bush v. Gore, 2, 226n85

Butler v. Michigan, 106n61

Butler, United States v., 22n28, 54n14

Cammarano v. United States, 113n95

Cantwell v. Connectinut, 100n38, 155n46

Capitol Square Review and Advisory Board v. Pinette, 160n67, 165n97
Carey v. Brown, 120n119, 223n72
Carolene Products Co., United States v., 217—218, 221, 100n44, 116n104
Carroll Towing Co., United States v., 99n34
CBS, Inc., v. Federal Communication Commission, 135n169
Central Hudson Gas & Electric Corp. v. Public Service Commission of New York, 116, 116n106
Champion v. Ames, 24n31
Chaplinsky v. New Hampshire, 110, 112, 101n46, 106n65, 107n70
Chisolm v. Georgia, 36
Chumra, In re, 117n110
Church of the Lukumi Babalu Aye, Inc. v. City of Hialeah, 152, 155
Cincinnati, City of, v. Discovery Network, Inc., 114n99
City of—, See name of city
Civil Rights Cases, 40n88
Clark v. Community for Creative Non-Violence, 123—124
Cleburne v. Cleburne Living Centers, Inc., 220, 210n11, 221n60
Cleveland Board of Education v. Loudermill, 203n86
Clinton v. New York (Line Item Veto Case), 58
Cloverleaf Butter Co. v. Patterson, 115n104
Cohen v. Cowels Media Co., 119, 122—123
Colegrove v. Battin, 144n4
College Savings Bank v. Florida Prepaid Postsecondary Education Expense Board, 43n98
Collin v. Smith, 71n70
Collins v. City of Harker Heights, Texas, 204n91
Committee for Public Education and Religious Liberty v. Nyquist, 162, 163, 164, 166, 167
Committee for Public Education and Religious Liberty v. Regan, 161n79
Commonwealth v. Davis, 127n136
Commonwealth v. Pike, 128n140
Connick v. Myers, 126n132
Coppage v. Kansas, 177n28
Cornelius v. NAACP Legal Defense and Education Fund, Inc., 85n12, 120n118, 132n161
Corporation of Presiding Bishop v. Amos, 167n100
County of—, See name of county
Cox v. New Hampshire, 126n130
Craig v. Boren, 218—219, 230, 100n44, 218n45, 219n46, 220n55

Dambrot v. Central Michigan University, 112n89
Daniel v. Paul, 27, 27n48
Daniels v. Williams, 204n95

案例表 **295**

Davis v. Bandemer, 234n117
Dean Milk Co. v. City of Madison, 217n37
Debs, In re, 26n47
Dennis v. United States, 99, 99n35
Dennis, United States v., 99n34
Denver Area Educational Telecommunications Consortium, Inc. v. Federal Communications Commission, 136, 138, 138n180, 245n4
DeShaney v. Winnebago County Department of Social Services, 204n93
Doe v. University of Michigan, 112n89
Dolan v. City of Tigard, 48n105
Dred Scott v. Sanford, 172—173, 174, 176, 178, 182—183, 172nn6, 8, 173n9, 192n69
Dun & Bradstreet, Inc. v. Greenmoss Builders, Inc., 107n71

Easley v. Cromartie, 234n118
Eastern Enterprise v. Apfel, 179
E. C. Knight Co., United States v., 22n28, 24n34
Edwards v. South Carolina, 100n39, 128n141
Eicnman, United States v., 121n120
Eisenstadt v. Baird, 190, 191, 193, 212
Eldred v. Ashcroft, 142
Employment Division, Department Resources of Oregon v. Smith, 40, 41, 149, 150—151, 152, 153, 154, 155, 166, 166n98, 235n120
Emporium Capwell Co. v. Western Addition Community Organization, 229n98
Energy Reserves Group, Inc., v. Kansas Power & Light Co., 182n46
Engel v. Vitale, 158
Equal Employment Opportunity Commission v. Wyoming, 34n65
Erie Railroad Co. v. Tompkins, 180n38
Euclid Ohio v. Ambler Realty Co., 181n44
Everson v. Board of Education of Ewing Township, 166, 158n57, 160n70, 161n72
Ex parte—, *See name of party*

Faragher v. City of Boca Raton, 112n81
Federal Communication Commission v. Beach Communications, 209n8
Federal Communication Commission v. Mississipi, 34n65
Federal Communication Commission v. South Carolina State Ports Authority, 37n75
Feiner v. New York, 100n38
Feist Publications, Inc. v. Rural Telephone Serv. Co., 141n190
Ferreira v. Levin, 90n18
Fitzpatrick v. Bitzer, 37n76, 39n84

Flagg Bros., Inc. v. Brooks, 204—205, 206
Florida Prepaid Postsecondary Education Expense Board v. College Savings Bank, 43n98, 235n120
Fogerty v. Fantasy, Inc., 141n190
Forsyth County, Georgia v. Nationalist Movement, 223n70
44 Liquormart Inc. v. Rhode Island, 117, 12n21, 115n103, 117n109
Foucha v. Louisiana, 176n22, 223n69
Frazee v. Illinois Department of Employment Security, 153n30
Frontiero v. Richardson, 218n45, 219n48
Fullilove v. Klutznick, 228n94, 230n105

Garcia v. San Antonio Metropolitan Transit Authority, 34, 38, 41
Gebser v. Lago Vista Independent School District, 112n82
General Electric Co. v. Gilbert, 12n22
Gertz v. Robert Welch, Inc., 107n71
Gibbons v. Ogden, 21—22, 23, 29, 31, 113n94
Gideon v. Wainwright, 176n22, 223n69
Gillette v. United States, 167n101
Gitlow v. New York, 98nn29, 32
Goldberg v. Kelly, 201—202, 205
Goldman v. Weinberger, 151n25, 153n34
Gomillion v. Lightfoot, 227n87
Gooding v. Wilson, 110n76
Good News Club v. Milford Central High School, 204n97
Grace, United States v., 128n144
Gratz v. Bollinger, 228, 231, 235—236
Graves v. New York ex rel. O'Keefe, 3n8
Green v. County School Board, 227n89
Gregory v. City of Chicago, 100n39, 128n141
Griffin v. County School Board of Prince Edward County, 227n91
Griswold v. Connectinut, 189, 190, 191, 193, 198, 203, 215
Grutter v. Bollinger, 228, 231, 235, 236—238, 239—240
Guest, United States v., 40n89

Hague v. CIO, 127nn135, 137, 130n154
Hammer v. Dagenhart, 22n28, 25n40
Hans v. Louisiana, 36, 37, 38, 39, 44, 37n71
Harper v. Virginia State Board of Elections, 224, 224nn77—78
Harper & Row Publishers v. Nation Enterprises, 141n191
Harris v. Forklift Sys., Inc., 112n84
Harris, United States v., 40n88

案例表　297

Hawaii Housing Authority v. Midkiff, 178n31, 181n42
Hayburn's Case, 71, 75, 76, 77, 55n15, 71n71
Heart of Atlanta Motel, Inc. v. United States, 29n59, 40n90
Heffron v. International Society for Krishna Consciousness, 132n160
Hernandez v. Texas, 217n34
Hippolite Egg Co. v. United States, 24n32
Hobbie v. Unemployment Appeals Commission of Florida, 153n30, 166n98 (Solicitor General's brief)
Hodel v. Irving, 179—180
Hodel v. Virginia Surface Mining & Reclamation Assoc., 34n65
Hoke v. United States, 24n33
Holmes v. Atlanta, 215n23
Honda Motor Co., Ltd. v. Oberg, 175n19
Hopwood v. Texas, 228n96
Houston E. & W. Texas Railway Co. v. United States (Shreveport Rate Case), 29n58
H. P. Hood & Sons v. Du Mond, 217n37
Humphrey's Executor v. United States, 62, 67, 62n48, 67n57
Hunt v. McNair, 161n74

Immigration and Naturalization Service v. Chadha, 57, 69, 57n25, 58nn26, 31
In re—, See name of party
International Society for Krishna Consciousness v. Lee, 131nn155—157

Jackson v. Metropolitan Edison Co., 135n171
Jacobellis v. State of Ohio, 103
Jefferson v. Hackney, 225—227
Jenkins v. Georgia, 106n59
Jones v. Alfred H. Mayer Co., 40n89
J. W. Hampton & Sons v. United States, 56n21

Kadrmas v. Dickinson Public Schools, 222n66
Kansas v. Crane, 175n18
Kansas v. Hendricks, 100n43, 175n18
Kedroff v. Saint Nicholas Cathedral, 159n63
Kendall v. United States, 60
Kimel v. Florida Board of Regents, 41, 44, 45, 37n76, 41n95, 220n56, 235n120
Kirkpatrick v. Preisler, 224n79
Knight v. Florida, 245n7
Korematsu v. United States, 216n29, 227n88
Kovacs v. Cooper, 113n93, 128n142
Kramer v. Union Free School District No. 15, 208n7

Labor Board Cases, 26—27, 31, 41
Ladue v. Gilleo, 119n117
Lamb's Chapel v. Center Moriches Union Free School District, 165n97
Lawrence v. Texas, 184, 194, 195—197, 197—198, 199, 245, 246
Leathers v. Medlock, 136n173
Lee v. International Society for Krishna Consciousness, 131n155—156
Lee v. Weisman, 159, 160
Lee, United States v., 153, 153n36
Legal Service Corp. v. Velazquez, 132n162
Lemon v. Kurtzman, 156, 158, 162, 163, 157n53, 161n73
Levitt v. Committee for Public Education and Religious Liberty, 161n80
Lewis v. New Orleans, 110n76
Lindsey v. Normet, 223n67
Linmark Assoc., Inc. v. Willingboro, 117n109
Local 28 of Sheet Metal Workers International Association v. Equal Employment Opportunity Commission, 230n105
Lochner v. New York, 114, 116, 173—174, 178, 182—183, 188, 194, 200, 218
Lochner v. United States, 12
Lopez, United States v., 18, 27—28, 30, 31—32, 32—33, 39, 41, 43, 28n54, 29n58, 46n102, 183n50
Loretto v. Teleprompter Manhattan CATV Corp., 181nn40, 43
Los Angeles, City of, v. Preferred Communications, Inc., 136n173, 137n178
Lotus Development Corp. v. Borland International, Inc., 94n23
Loving v. Virginia, 215—216
Lucas v. South Carolina Coastal Commission, 181n41, 203n84
Lynch v. Donnelly, 157n54, 158n58, 160n68, 217n35
Lyng v. Northwest Indian Cemetery Protective Association, 151n26

Manigault v. Springs, 182n47
Mapp v. Ohio, 187n62
Marbury v. Madison, 8, 40, 60, 63, 75, 76, 46n103, 74n78, 76n80
Marsh v. Alabama, 127n134
Martin v. City of Struthers, Ohio, 113n93, 125n129, 128n143, 155n46
Maryland v. Wirtz, 29
Massachusetts Board of Retirement v. Murgia, 220n56
Masses Publishing Co. v. Pattern, 93n21, 98n31
Mathews v. Eldridge, 175n15, 176n21, 203n88
McCollum v. Board of Education, 144n5
McCulloch v. Maryland, 17, 19—20, 22, 17n16

McDaniel v. Paty, 153n32

McKleskey v. Kemp, 237

Meek v. Pittenger, 161nn72, 77

Members of City Council v. Texpayers for Vincent, 138n179

Memorial Hospital v. Maricopa County, 223n68

Metro Broadcasting, Inc. v. Federal Communications Communication, 228n94, 230nn100—101

Metropolitan Washington Airports Auth. v. Citiznes for the Abatement of Aircraft Noise, Inc., 57n24

Meyer v. Nebraska, 188, 189, 155n48

Miami Herald Publishing Co. v. Tornillo, 134, 136, 109n74, 119n116

Michael H. v. Gerald D., 197n74

Michael M. v. Superior Court, 219n50

Michigan v. Ewing, 201n81

Miller v. California, 105—106, 105nn57—58

Minneapolis Star & Tribune Co. v. Minnesota Commissioner of Revenue, 124, 119n113

Minnesota v. Clover Leaf Creamery Co., 217n37

Mitchell v. Helms, 281n56 (petitioner's brief), 161nn78, 81

M. L. B. v. S. L. J., 176n22, 223n69

Mobile v. Bolden, 231—233, 233—234, 227n87

Monroe v. Pape, 204n96

Moore v. East Cleveland, 199, 212, 215, 195n73, 198n75

Moose Lodge No. 107 v. Irvis, 135n171

Moreno, U. S. Department of Agriculture v., 210—211, 212

Morrison v. Olson, 67—68, 69, 69n64

Morrison, United States v., 27, 28, 30—31, 32, 33, 39, 44, 46

Mueller v. Allen, 162—163, 164, 161n72

Muller v. Orgeon, 183n51

Murchison, In re, 176n20

Murdock v. Pennsylvania, 119n113, 223n70

Myers v. United States, 66, 67, 60n40, 61n45

National Association for the Advancement of Colored People v. Button, 150n17

National Labor Relations Board v. Fried-man-Harry Marks Clothing Co., 26n45

National Labor Relations Board v. Fruehauf Trailer Co., 26n44

National Labor Relations Board v. Jones & Laughlin Steel Corp., 26, 28, 30

National League of Cities v. Usery, 34, 35, 37—38, 14n5

Near v. Minnesota, 78n2
Nevada v. Hibbs, 45
New York v. Ferber, 106n62
New York v. United States, 18, 34—35, 39, 47, 14n7
New York Times Co. v. Sullivan, 106—107, 108, 114, 141
New York Times Co. v. United States (Pentagon Papers Case), 133n165
Nixon v. Shrink Missouri Government PAC, 138nn181—182, 245nn6—7
Nordlinger v. Hahn, 212n15
Nollan v. California Coastal Commission, 48n105, 181n40
Northern Securities Co. v. United States, 24n35
NVR, In re, 37n78

O'Brein, United States v., 122—124, 129—130, 152, 155, 122n123, 129n150
Oklahoma Press Publishing Co. v. Walling, 119n114
O'Lone v. Estate of Shabazz, 153n33
Oncale v. Sundowner Offshore Services, Inc., 112nn81, 86
One Book Entitled Ulysses by James Joyce, United States v., 101—102, 102n47
Orozco v. Texas, 12n23
Orr v. Orr, 219n51
Osborne v. Ohio, 106n63

Pacific Mutual Life Insurance Co. v. Haslip, 175n14
Palko v. Connecticut, 195n73
Plamore v. Sidotti, 221n59
Paris Adult Theatre I v. Salton, 105, 103n52, 105n56
Parker v. Levy, 93n20
Patterson v. McLean Credit Union, 113n91
Paul v. Davis, 204n94
Penn Central Transportation Co. v. City of New York, 181n44
Pennsylvania v. Union Gas Co., 37n77
Perez v. United States, 27n48
Perry Education Association v. Perry Local Educators' Association, 132n158
Pierce v. Society of the Sisters of the Holy Names of Jesus and Mary, 188, 189, 155n47
Pittsburgh Press Co. v. Pittsburgh Commission on Human Relations, 115n100
Planned Parenthood of Southeastern Pennsylvania v. Casey, 193—194, 195, 197, 198, 203, 215, 244—245, 3n8, 193n72
Plessy v. Ferguson, 214—215, 216, 221
Poe v. Ullman, 185—186, 187—188, 189—190, 191, 198, 199, 203, 206, 177n25
Police Department of City of Chicago

案例表 **301**

v. Mosley, 120, 223, 129n147
Pope v. Illinois, 106n60
Posadas de Puerto Rico Assoc. v. Touism Co. of Puerto Rico, 116—117, 116n108
Powell v. Alabama, 176n22
Printz v. United States, 34, 35, 39, 41, 47, 245n7
Progressive, Inc. United States v., 94n24

Quinn v. Millsap, 224n78
Quirin, Ex parte, 215n24

Railway Express Agency, Inc. v. New York, 209—210, 209n9
R. A. V. City of St. Paul, 129n147
Red Lion Broadcasting Co. v. Federal Communication Commission, 134, 135, 136
Reed v. Reed, 218n42, 104n54
Regents of the University of California v. Bakke, 228—230, 231, 234, 235, 238, 239, 217n32, 228n93, 96, 230n99
Reno v. American Civil Liberties Union, 106n61
Reno v. Condon, 35
Renton v. Playtime Theatres, 104n53
Reynolds v. Sims, 224n79, 225n81
Reynolds v. United States, 150, 154, 156nn49—50
Richmond v. J. A. Croson Co., 230—231, 235, 231n106
Richmond Newspaper, Inc. v. Virginia, 133—134
Ring v. Arizona, 245n7
Rochin v. California, 187, 188
Roe v. Wade, 191—193, 194, 195, 198, 203, 244, 193n72, 244n2
Roemer v. Maryland Public Works Board, 161n74
Romer v. Evans, 212
Rosenberger v. Rector and Visitors of the University of Virginia, 165n97
Rosenfeld v. New Jersey, 110n76
Roth v. United States, 102
Rubin v. Coors Brewing Co., 116n105
Rust v. Sullivan, 120, 118n112, 120n118, 132n162

Sacramento, County of, v. Lewis, 204n92
Sacred Heart Hospital v. Pennsylvania, 37n78
Saia v. New York, 128n142
Salerno, United States v., 100n43, 175n15, 175n17
San Antonio Independent School District v. Rodriguez, 222
Santa Fe Independent School District v. Doe, 159n66
Schenk v. United States, 78n2
Schneider v. State, 90n17, 129n148
Seeger, United States v., 167n101
Seminole Tribe of Florida v. Florida,

37, 38, 42, 45, 48
Shapiro v. Thompson, 222, 223, 224, 223n68
Shaw v. Reno, 233—234, 235
Sherbert v. Verner, 41, 149—150, 151—152, 153, 154, 155, 166, 167, 149nn14, 16, 150n17, 166n98
Shuttlesworth v. City of Birmingham, 128n141
Silva v. University of New Hampshire, 112n89
Slaughter-House Cases, 212—213, 213n18
Solomon, United States v., 68n60
South Dakota v. Dole, 35n68, 46n102
Southeastern Promotions, Ltd. v. Conrad, 132n159
Southern Pacific Co. v. Jensen, 180n39
Southern Railway v. United States, 29n59
Speiser v. Randall, 224n74
Stafford v. Wallace, 24n37
Stanley v. Georgia, 104n54
State Farm Mutual Automobile Insurance Co. v. Campbell, 175n19, 179n35
State of—. See name of state
Strauder v. West Virginia, 213—214, 215, 227, 217n34
Swann v. Charlotte-Mecklenburg Board of Education, 227n90, 228n92
Swift & Co. v. United States, 28n56

Tennessee v. Garner, 204n96
Terminiello v. City of Chicago, 2n3, 100n39, 110n77
Texas v. Johnson, 121n120
Thomas v. Review Board of Indiana Employment Security Division, 153n30
Tilton v. Richardson, 161nn75, 82
Tony and Susan Alamo Foundation v. Secretary of Labor, 150n19
Troxel v. Granville, 198, 199, 215, 198n78
Tumey v. Ohio, 176n20
Turner v. Safley, 215, 198n77
Turner Broadcasting System, Inc. v. Federal Communications Commission (1994), 136, 137, 136n174
Turner Broadcasting System, Inc. v. Federal Communications Commission (1997), 136, 137, 136n174, 138n182, 245n4

UMW Post, Inc. v. Board of Regents of University of Wisconsin, 112n89
United States v. —. See name of defendant
United States Postal Service v. Council of Greenburgh Civic Association, 131n157
United States Trust Co. v. New Jersey, 182n45

案例表　**303**

United Transportation Union v. Long Island Rail Road Co., 34n65

Universal Studios, Inc. v. Remeirdes, 142n192

Valentine v. Chrestensen, 101n46, 113n95

Village of—. *See name of village*

Virginia, United States v., 219n52, 220n55

Virginia State Board of Pharmacy v. Virginia Citizens Consumer Council, 115n102, 183n50

Wallace v. Jaffree, 3n8, 157n55, 160n67

Walz v. Tax Commission of the City of New York, 152n28, 161n71

Ward v. Rock Against Racism, 128n142

Washington v. Davis, 227

Washington v. Glucksberg, 184—185, 195, 177n25, 184n56, 185n57

Washington, State of, ex rel. Public Disclosure Commission v. 119 Vote No! Committee, 117n110

Weaver v. Plamer Bros. Co., 183n51

Webb's Fabulous Pharmacies, Inc. v. Beckwith, 181n40

Webster v. Reproductive Health Service, 184n55

Welsh v. United States, 167nn101—102

Wengler v. Druggists Mutual Insurance Co., 219n51

West Coast Hotel Co. v. Parrish, 183

West Lynn Creamery, Inc. v. Healy, 19n21

West Virginia State Board of Education v. Barnette, 159, 82n8, 127n133

Whitney v. California, 81n7, 98n29, 99n33, 174n12

Wickard v. Filburn, 27, 29, 30

Widmar v. Vincent, 165n97

Weiner v. United States, 67n57

Williamson v. Lee Optical of Oklahoma, 100n44, 183n48

Willowbrook, Village of, v. Olech, 212n16

Wilson v. Blackbird Creek Marsh Co., 23n29

Winstar Corp., United States v., 182n45

Wisconsin v. Yoder, 153n31

Witters v. Washington Department of Services for the Blind, 163

Wolman v. Walter, 161n72, 161n77

Wooley v. Maynard, 127n133, 159n62

Wygant v. Jackson Board of Education, 228n94

Yates v. United States, 98, 98n30

Young, Ex parte, 37n72

Young v. American Mini-Theatres,

Inc., 104n53
Young v. New York City Transit Authority, 113n92
Youngstown Sheet & Tube Co. v. Sawyer (Steel Seizure Case), 59, 50n1, 60n38, 95n25

Zablocki v. Redhail, 215, 198n76
Zelman v. Simmons-Harris, 163—164
Zobrest v. Catalina Foothills School District, 163
Zorach v. Clauson, 144n3
Zurcher v. Stanford Daily, 145n7

索 引

（索引中出现的页码为原书页码）

abortion,堕胎 191—194,198,199,
 193n72
Ackerman,Bruce A.,阿克曼,布鲁斯
 51n6,54n12
Adams,John,亚当斯,约翰 51,60,
 69,70—71,73,74,51n4,60n39
administration,行政:
 adjudication in,裁决 67,69,
  72—73,73n75;
 administrative law judges,行政法
  官 63,73,73n75;
 administrative procedure acts,行
  政程序法 38,67,69;
 civil service,公务员 64—65,
  66;
 congressional control over,国会
  控制 56—58,60—61;
 constitutional basis of,宪法基础
  56—58;
 court's role in,法院的作用 67,
  69,72—73,76—77,201,
  71n71;
 dismissal of officers,官员的免职
  60,62—63,66—67;

as distinct from legislating,不同
 于立法 57—59,54n14;
and enforceable duties and
 rights,实施的责任和权利
 63;
federal departments,联邦机构
 64,69;
as "headless fourth branch" of
 government,作为政府"无头
 的第四部门" 66,67,69;
independent agencies,独立机构
 25,26,63—64,65,66,67,69,
 70,134;
independent counsel,独立检察
 官 67—68;
masters, court-appointed,专家,
 法院指定的 76;
modern administrative countries,
 现代行政国家 55—66,71,
 148,153;
position of, in government struc-
 ture,位置,在政府组成中
 53,56—58,63,65—66;
presidential-congressional con-

flicts over,总统与议会的冲突 60—66;

presidential control over,总统的控制 57—59,65—66,66—67;

and remedies against government agencies,针对政府机构的救济 38,63;

rule making in,规则制定 67,69;

and separation of powers,分权 53—54,55—68,71

affirmative action,平权措施 217,227—240,243

age classifications and discrimination,年龄分类和歧视 39,42,44,45,220,220n56

Allgeyer v. Louisiana,177n25,186n60

antitrust,反垄断 24,135

appellate jurisdiction,regulation of,上诉法院管辖权,规制 77

Appointments Clause,任命条款 56—57,64,66,68,51n5

"appropriate legislation" powers,"适合立法"的权力 16,39—40,55,46n102

Archimedes,阿基米德 174—175

Aristotle,亚里士多德 82,53n11

armed forces,in separation of powers,陆海空三军,分权 59

Article I (legislative). 第 1 条（立法）

See Congress; specific clause. 见议会;特殊条款

Article II (executive). 第 2 条（执法）

See President; specific clauses. 见总统;特殊条款

Article III (judiciary). 第 3 条（司法）

See federal courts; judicial branch; Supreme Court. 见联邦法院;司法部;最高法院

Article VI: Supremacy Clause. 第 6 条:最高条款,47,72,3n7

Article VII. 第 7 条。

See ratification of Constitution. 见宪法的批准。

Articles of Confederation,邦联条例 16,19,58

association, freedom of,结社,自由 148,159,199,200

Association Clause. 结社条款

See under First Amendment. 见于第一修正案

attempts, law of,尝试,法律 97—98

autonomy, as constitutional issue,自治,作为宪法问题 81,165,170,200

balancing interest, compared with rules,利益平衡,与规则相比较 80,88—89,92—93,118—119,133,138—139,155—156,245

Bank of the United States,美利坚合

众国银行 20,46,61,61n44

Bankruptcy, as federalism issue, 破产，联邦主义问题 37,37n78

Barnett, Randy, 巴尼特，兰迪 177n27

Bastiat, Frederic, 巴斯夏，弗雷德里克 171

Berlin, Isaiah, 伯林，以赛亚 177n26

bicmeralism, 两院制 52—53,56,57,58n31

Bickel, Alexander, 比克尔，亚历山大 103,240

Bill of Rights, 权利法案 1,39,183,199；

    and due process standard, 正当程序标准 100n43；

    and Fourteenth Amendment, 第十四修正案 39,187,175n16；

    procedural guarantees of, 程序保障 175,176,100n43；

    substantive guarantees of, 实体性保障 173

    See also specific clauses and amendments. 又见特殊条款和修正案

bills of attainder, 褫夺公权法案 39,172

Black, Hugo L., 布莱克，雨果 201—202,203,205,241

Blackmun, Harry A., 布莱克门，哈里 115,230,244

Bourne, City of, v. Flores 40,41,42,43,45,46,43n97,46n102,151n23,235n120

Bowers v. Hardwick 184,194—195,197,199,212,245

Brandies, Louis D., 布兰代斯，路易斯 81,174

Brandenburg v. Ohio 96,99—101,110,111,112,99n37,107n70

Brennan, William J., 布伦南，威廉 102,105,106,148,149,150,154,157,161,190,191,193,197,222,230,235,243,218n45,219n46

Breyer, Stephen, 布雷耶，斯蒂芬 31—32,46,48,138,141,239—240,241,244,245,31n60,34n65,245n7

Brown v. Board of Education 215,218,227

campaign regulation, 竞选规制 245—246,251n19

Cardozo, Benjamin, 卡多佐，本杰明 241

Carolene Products Co., United States v. 217—218,221,100n44,116n104

"cases and controversies","案件和争议" 55,71,72

castes, classifications, 等级制度，分类 165,207,215,219,215n21

Central Hudson Gas & Elective Corp. v. Public Service Commission of New York 116,116n106

character, as quality of judges and courts, 特征，作为法官和法院的品

质 7

children, protection of, 儿童, 保护 106, 151

Choper, Jesse, 乔珀, 杰西 167

citizenship: 公民身份:
    individualistic, 个人主义的 225, 234;
    unity of, 统一 169, 216—217, 219, 240

civil service, 公务员 64—65, 66.
    See also administration 又见行政

Civil War amendments. 内战修正案
    See Reconstruction amendments. 见重建修正案

classifications, 分类:
    by age, 根据年龄 220, 220n56;
    "benign" classification, "良好的" 分类 228, 230, 239n102;
    castes and, 社会地位 165, 215, 219, 215n21;
    by disability, 依据残障 220—221;
    discrete minorities, 分离的少数群体 217, 218, 221, 218n45;
    by economic class, 依据经济阶层 221—224, 226;
    by ethnicity, 依据种族划分 217, 218, 228;
    by gender, 依据性 45, 218—220, 221, 100n44, 218n45, 219n53;
    gender and racial classifications compared, 性和种族分类比较 220;
    by household type, 依据家族类别 210—211;
    judging of, 判决 208—210, 216—217, 219—221, 228—229, 238—240;
    by race, 依据种族 165, 212—217, 220, 221, 227—240, 243, 100n44, 215n21, 227n88, 229n98, 239n102;
    by religion, 依据宗教 218, 234n116;
    and unity of citizenship, 公民身份的统一 216—217, 219

clear and present danger standard. 明显与现存的危险标准
    See under speech, freedom of 见言论, 自由

Clinton, William, J., 克林顿, 威廉, 大法官 68

Coke, Edward, 科克, 爱德华 70

collegiality on courts, 在法院中共同掌权 10—11

color-blind, Constitution as, 色盲, 宪法 216, 215n21

commandeering of state and local authorities, 州和地方权力机关的征募 18, 35, 47, 243

commerce, regulation of, 贸易, 规制:
    and commercial speech, 商业性

言论 113—117;

and dual sovereignty, 与双重主权 23—24;

and economic activity, 经济活动 25,27,29—31,41,47,114,29n58;

and federalism, 联邦主义 18—19,21—32,47;

as a general power, 一般权力 21—22,31—32;

and labor relations, 劳动关系 26;

1937 "turn" concerning, 1937年的"转变" 25—26,114;

and racial discrimination, 种族歧视 27,40;

recent limit on, 近期的限制 27—32,243

Commerce Clause, 贸易条款 16,21—22,25,27,28,29,31,32,33,39,40,41,43,47,183,243

commercial speech. 商业性言论

See under speech, freedom of 见言论,自由

common law, 普通法:

compared with constitutional law, 与宪法性法律相比 12,168,180—181,187,189,191,204,205;

defamation in, 诽谤 108,204;

English, 英国 4,72,4n11;

judiciary in, 法院的 4,72—73;

private actions in, 私人诉讼 205;

property rights in, 财产权 180—181;

status of the unborn under, 未来情形 192

communitarianism, 社群主义 170,171

compelling interest standard, 紧迫的利益标准 41,192,223—224,227

Congress, U.S., 议会, 美国:

and the administrative state, 行政国家 56—59,60—61,62,63—64,65—66;

apportionment of, 分工 224—225;

"appropriate legislation" powers of, "适当立法"的权力 16,55,46n102;

bicameralism in, 两院制 52—53,56,57,58n31;

challenge to Supreme Court's interpretive authority, 对最高法院解释权的质疑 41,46—47,151;

circumscription of presidential powers, 总统权力的界限 59—60;

and creation of offices, 部门的创设 56—57,56n23;

differences between House and Senate, 众议院和参议院的差异 53;

and dismissals of officers, 官员的免职 60, 61—62;
election of senators, 参议员的选举 14, 208, 208n6;
enumerated powers of, 被列举的权力 16, 32, 54;
and federal supremacy, 联邦至上 38;
fiscal power of, over administration, 财政权力, 在行政之上 62;
fiscal power of, over states, 财政权力, 在州之上 46, 47, 46n102;
and judicial independence, 司法独立 74;
law making compared with administrating, 法律制定与行政的比较 54—55, 56—59, 54n14;
law making compared with judging, 法律制定与审判的比较 74—75;
leverage of, over courts, 杠杆作用, 对于法院 77;
limited by Bill of Rights, 限于权利法案 172—173;
limited by federalism, 限于联邦制度 14—15, 18—19, 32—33, 37—38;
limited by the First Amendment, 限于第一修正案 84;
presentment of legislation, 立法陈述 56, 57, 57n25, 58n31;
President's leverage over, 总统的杠杆作用 77;
regulation of court jurisdiction, 对于法院管辖权的规制 77;
representation of states in, 州的代表 14, 55n18;
rule making, legislating as, 规则制定, 制定法律 54—55, 54n14;
as source for constitutional law, 作为宪法的渊源 1;
special (private) legislation, 特殊的(秘密的)立法 54n13;
vested powers of, 既定权力 16, 49, 51, 54
congruence and proportionality standard, 一致和均衡标准 43, 44, 45, 47—48
conscience, freedom of, 良知, 自由 145, 159, 164, 165, 167, 168
Constant, Benjamin, 康斯坦特, 本杰明 285n26
Constitution, U.S. (generally), 宪法, 美国, (总体上):
as compact, 作为契约 146;
compared with unwritten constitutions, 与不成文宪法相比较 51;
as constitution of liberty, 作为自由的宪法 164;
as creation of states or of nation, 作为国家或州的建制 17,

17n15,51n6;

　　as juridical revolution,作为司法改革　16;

　　literal application,字面的适用　3—4,50,50n2;

　　mediated or filtered by doctrine,被原则调和或渗透　3—5,32,46—47,50—51,78,159,3n8;

　　as new creation,作为新的创设　15—16,49—50;

　　states' role in,州的作用　14,16—17,18,17n15,18n18;

　　structure behind,背后的框架　32,46—47,50—51;

　　as supreme law,作为最高法律　3,74;

　　text as distinct from doctrine,直接源于原则的条文　3—4,50;

　　ultimate authority for,最终的权威　51n6.

　　See also doctrine, constitutional; specific clauses and amendments 又见原则,宪法的;特殊条款和修正案

constitutional doctrine. 宪法原则

　　See doctrine, constitutional 见原则,宪法

constitution,foreign,宪法,外国:

　　court's role in,法院的作用　72,4n10,89n15;

　　equality protections in,平等保护　221;

　　freedom of expression in,表达自由　84n11;

　　right to information in,知情权　133,133n163;

　　separation of religion and government in,政教分离　145—146;

　　unwritten constitution,不成文宪法　51

constitution,state,宪法,州:

　　free public education,公民义务教育　222;

　　independent judiciary,司法独立　70—71;

　　restrictions on clergy,对神职人员的限制　153;

　　separation of powers,分权　51,53,52n4,55n15;

　　sexual orientation,性倾向性　212,212n13

Continental decision making,大陆法的决策　4,72,4n10

contraception,避孕　185—186,189—191

contract law,契约法:

　　compared with property law,与财产法相比较　181—182;

　　doctrine and regime of, distinguished,原则和制度,著名的　178;

　　and equal protection,平等保护　226;

expectations and assumed rights in, 预期和假定的权利 178—179;

and First Amendment, 第一修正案 114, 117, 119;

impairment of contracts, 契约损害 39, 178, 179, 181—182, 206;

legal establishment of contract rights, 契约权利的合法确立 178—179;

liberty of contract, 契约自由 173—174;

social contract theory, 社会契约论 182;

substantive due process in, 实体性正当程序 173—174

Contracts Clause, 契约条款 178, 181—182, 206

copyright, 版权 43, 140, 141—142

Copyright Clause, 版权条款 43, 142

criminal law, 刑法:

administration of, 行政的 72—73;

criminal speech, 违法言论 86—87, 91, 96—98, 78n2, 107n70;

death penalty, 死刑 237, 243, 245;

due process in, 正当程序 171—172, 175;

exclusionary rule in, 排除规则 187n62;

and federalism, 联邦主义 33;

religious practice, 宗教实践 150—151;

right to counsel in, 辩护权 223, 223n69;

sexual behavior, 性行为 184, 185—186, 197

death penalty, 死刑 237, 243, 245

Declaration of Independence, 独立宣言 207

defamation, 诽谤 106—109, 117, 119, 141, 204

Dicey, A. V., 戴雪 72

disability classifications and discrimination, 残障分级和歧视 39, 42, 44, 220—221

discrimination. 歧视

See age classifications and discrimination; disability classifications and discrimination; private discrimination; racial issues 见年龄分级和歧视; 残障分级和歧视; 私人歧视; 种族问题

dismissal of administrative officers, 行政官员的免职 60, 62—63, 66—67

dispute resolution, as court's task, 争议解决, 作为法院的责任 2, 71, 76, 77

dissentting opinions, 不同意见:

as dialogue with majority, 作为与

多数派的对话 11；
and precedent, 先例 11—12；
prophetic dissents, 预言式的不同意见 12；
role of, 作用 10—12
diversity jurisdiction, 管辖权的多样性 36, 39, 172n8
doctrine, constitutional, 原则, 宪法：
analogy, development by, 类推，通过其发展 24—25, 187；
analytical rules compared with balancing of interests, 与利益平衡相比较的分析规则 80, 88—89, 92—93, 118—119, 133, 138—139, 155—156, 245；
application of to legal regimes, 对合法政体的适用 109, 141—142
classifications, evaluation of, 分类，评价 208—210, 216—217, 219—221, 238—240；
coherence or incoherence, 一致或不一致 ix—x, 7, 9—10, 157, 242；
commitment and generalization, 委托事项和泛化 4—5, 50—51, 191；
compared with decisions, 与判决相比较 241；
compromises in, 妥协 149；
congruence and proportionality standard, 一致和均衡标准 43, 44, 45, 47—48；
constitutional law as judge of ordinary law, 宪法作为一般法的法官 174, 175, 208, 209；
Constitution mediated by, 经其考虑的宪法 3—5, 32, 46—47, 50—51, 78, 159, 175, 3n8；
as constraint on Supreme Court, 作为最高法院的限制 2, 241；
continuity of, 连贯性 5, 6—8, 10, 11—12；
as determined by Supreme Court, 由最高法院确定 46—47, 50—51, 168；
dilemmas resolved in, 所解决的两难困境 89；
discipline and culture in development of, 发展中的规律和特征 73—74, 80, 242；
on disputes and jurisdiction, 关于争议和管辖权限 71, 77；
doctrines about doctrine, 关于原则的学说 10；
establishment of property and liberty interests, 财产和自由利益的确立 174；
existence of, 存在 2—3, 178—179, 241—242；
forbearance as response to indeterminacy, 作为对不确定性的反应的宽展期 165, 166—169；

freedom of the mind as principle behind,隐含于其后的思想自由条款 80,84—85,91—92,96,145,170；
fundamental liberties in,基本自由 185,189,190,192,195,198,211—212；
government's burden of justification,政府的正当性证明责任 90,182—183,90n18；
ground zero rule as,零依据规则 90—92；
hierarchy in principles and regimes,法律和政治体制的层级 178；
individual autonomy as principle behind,隐含于原则之后的个人自治条款 165,170；
intention-effect distinction,目的——效果特性 225—227；
judicial independence required for,要求司法独立 74；
levels-of-scrutiny analysis in,审查程度分析 110,114,183,243,211—212,230；
limits of principle in,法条限制 109,156—157；
limits on impact of,对其影响的限制 46；
politics and doctrine compared,政治和学说相比较 241—243；
pou sto (standing ground),原告资格 174—175,177—178,209；
rigidity or pragmatism in,严格或者实用主义 245；
role of precedent in,先例的作用 3—10,187,242,244—246；
rules transcending ordinary law,超越普通法的规则 178；
structure, articulation of,结构,清晰度 32,178；
symbolic use of,象征性使用 220；
tentative development of,试验性发展 168；
unity of citizenship and use of categories,公民身份统一和种类的使用 216—217；
use of tradition in,传统使用 187,199；
various sources of,多种来源 1
See also rule of law. 又见法治
Douglas, William O.,道格拉斯,威廉 93,99,144,241
Dred Scott v. Sanford 172—173,174,176,178,182—183,172nn6,8,173n9,192n69
dual sovereignty,双重主权 23—24,33,34
Due Process Clause. 正当程序条款 See due process of law; Fifth Amendment; Fourteenth Amendment. 见正当法律程序；第五修正案；第十四修正案

due process of law, 正当法律程序：
    and Bill of Rights, 权利法案 175,176,100n43；
    in deprivation of property, 剥夺财产 179,200—201,202—203；
    under Fifth Amendment, 第五修正案 171—172,176,179,207；
    under Fourteenth Amendment, 第十四修正案 39,44,171,187,200,213,187n62,192n69；
    in international law, 国际法 176；
    procedural due process, 程序性正当程序 171—172,175,176,187,200—206；
    professional practice as guide for, 作为其指引的职业实践 176；
    substantive due process, 实体性正当程序 172—174,176—177,182,185—186,188,197,198,199—200,209,211—212,215,216,218,177n25
Dworkin, Ronald, 德沃金，罗纳德 1n1,208n4,230n102

economic equality. 经济平等
    See under equality 见平等
economic liberty. 经济自由
    See under liberty 见自由
education, 教育：
    affirmative action in, 平权措施 228—230,231,235—238,240；
    foreign language prohibition, 外语禁止 188；
    free public education as right, 公民义务教育权 222；
    funding of private and religious schools, 私立和教会学校的基金 157—158,160—164；
    governmental and private roles in, 政府和私人的作用 158,161—162,164；
    harassment, protection against, 骚扰，保护所针对的 112,112n89；
    public school attendance requirement, 公立学校准入要求 188；
    religion—based school distinct, 教会学校区域 212n16；
    religious education, 宗教教育 155,157,158,160—164；
    school financing, 学校资金 222；
    school prayer, 学校祈祷 158,159；
    school safety, as federalism issue, 学校安全，作为联邦体制问题 28,30,31,33,31n60；
    segregations in schools, 学校中的种族隔离 215,227—228；
    speech codes, 言论守则 112n89；

voucher programs, 保障计划 163—164, 242
Electoral College, 选举团 14, 225
Eleventh Amendment, 第十一修正案 19, 35—36, 37, 42, 43—44, 45, 48, 197, 242, 37n78
Ely, John Hart, 伊利, 约翰·哈特 110, 218
employment, regulation of, 雇佣, 规制:
    affirmative action, 平权措施 230—231;
    and due process, 正当程序 200—201;
    and federalism, 联邦主义 18—19, 25—26, 28—29, 34, 35, 37, 41—42, 45;
    Labor Board Cases 26—27, 31, 41;
    pre-1937 opposition to, 1937年之前的反对 25—26;
    and racial or sexual harassment, 种族或性骚扰 112—113, 112n81;
    and religious practices, 宗教实践 150—151;
    and state sovereign immunity, 州主权豁免 37, 45
Employment Division v. Smith 40, 41, 149, 150—151, 152, 153, 154, 155, 166, 166n98, 235n120
England, 英格兰:
    common law in, 普通法 4, 72;
    opinions in, 意见书 4, 4n11;
    precedent in, 先例 4
    See also Great Britain. 又见大不列颠
enumeration of powers, 对权力的列举 16, 19—20, 32, 54
environmental protection, 环境保护 37, 61
equality, 平等:
    alternative meanings of, 可选择的意义 207—208, 216—217;
    antidiscrimination programs and, 反歧视方案 112;
    civic unity as equality, 作为平等的公民统一 216;
    compared with substantive right, 与实体性权利相比较 208—209;
    in Declaration of Independence and Constitution, 独立宣言和宪法 207—208;
    economic and social equality, 经济和社会平等 221—223, 225—226, 243;
    equality of application, 平等适用 208, 210;
    under Fourteenth Amendment, 第十四修正案 207;
    impartiality as equality, 作为平等的公正 210;
    and intention-effect distinction, 目的——效果特性 210;

due process of law,正当法律程序：
and Bill of Rights,权利法案 175,176,100n43；
in deprivation of property,剥夺财产 179,200—201,202—203；
under Fifth Amendment,第五修正案 171—172,176,179,207；
under Fourteenth Amendment,第十四修正案 39,44,171,187,200,213,187n62,192n69；
in international law,国际法 176；
procedural due process,程序性正当程序 171—172,175,176,187,200—206；
professional practice as guide for,作为其指引的职业实践 176；
substantive due process,实体性正当程序 172—174,176—177,182,185—186,188,197,198,199—200,209,211—212,215,216,218,177n25

Dworkin, Ronald,德沃金，罗纳德 1n1,208n4,230n102

economic equality. 经济平等
See under equality 见平等
economic liberty. 经济自由
See under liberty 见自由
education,教育：
affirmative action in,平权措施 228—230,231,235—238,240；
foreign language prohibition,外语禁止 188；
free public education as right,公民义务教育权 222；
funding of private and religious schools,私立和教会学校的基金 157—158,160—164；
governmental and private roles in,政府和私人的作用 158,161—162,164；
harassment, protection against,骚扰，保护所针对的 112,112n89；
public school attendance requirement,公立学校准入要求 188；
religion—based school distinct,教会学校区域 212n16；
religious education,宗教教育 155,157,158,160—164；
school financing,学校资金 222；
school prayer,学校祈祷 158,159；
school safety, as federalism issue,学校安全，作为联邦体制问题 28,30,31,33,31n60；
segregations in schools,学校中的种族隔离 215,227—228；
speech codes,言论守则 112n89；

voucher programs,保障计划 163—164,242

Electoral College,选举团 14,225

Eleventh Amendment,第十一修正案 19,35—36,37,42,43—44,45,48,197,242,37n78

Ely,John Hart,伊利,约翰·哈特 110,218

employment, regulation of,雇佣,规制：
 affirmative action,平权措施 230—231；
 and due process,正当程序 200—201；
 and federalism,联邦主义 18—19,25—26,28—29,34,35,37,41—42,45；
 Labor Board Cases 26—27,31,41；
 pre-1937 opposition to,1937年之前的反对 25—26；
 and racial or sexual harassment,种族或性骚扰 112—113,112n81；
 and religious practices,宗教实践 150—151；
 and state sovereign immunity,州主权豁免 37,45

Employment Division v. Smith 40,41,149,150—151,152,153,154,155,166,166n98,235n120

England,英格兰：
 common law in,普通法 4,72；
 opinions in,意见书 4,4n11；
 precedent in,先例 4
 See also Great Britain. 又见大不列颠

enumeration of powers,对权力的列举 16,19—20,32,54

environmental protection,环境保护 37,61

equality,平等：
 alternative meanings of,可选择的意义 207—208,216—217；
 antidiscrimination programs and,反歧视方案 112；
 civic unity as equality,作为平等的公民统一 216；
 compared with substantive right,与实体性权利相比较 208—209；
 in Declaration of Independence and Constitution,独立宣言和宪法 207—208；
 economic and social equality,经济和社会平等 221—223,225—226,243；
 equality of application,平等适用 208,210；
 under Fourteenth Amendment,第十四修正案 207；
 impartiality as equality,作为平等的公正 210；
 and intention-effect distinction,目的——效果特性 210；

and restraints on speech,对言论的限制 112;
and the rule of law,法治 208
See also equal protection of the laws. 又见法律的平等保护
Equal Protection Clause,平等保护条款 207,212—213,216,218,221,223,225,229,224n77
equal protection of the laws,法律的平等保护:
 and affirmative action,平权措施 217,227—240;
 antisegmentation purpose of,反分裂目标 216—217,219,220,234,238;
 antisubordination purpose of,反依附目标 215,216,217,219;
 classifications under,分类 209—212,213—221,227—230,238—240;
 discrete minorities under,分离的少数群体 217,218,221,218n45;
 and economic classes,经济阶层 221—223,225—226;
 ends-means analysis in,目的——手段分析 209—210,214;
 under Fourteenth Amendment,在第十四修正案之下 39,42,207,212—213,214,216,217,221,28n55,179n34
 and fundamental rights,基本权利 222—225;
 government-monitoring function of,政府控制作用 211;
 individuals and groups in,个人和群体 225,229,234,239;
 intention-effect distinction in,目的——效果特性 225—227,232;
 and private law,私法 226;
 and racial discrimination,种族歧视 207,212—217,227—240;
 and voting rights,选举权 219,224—225,227,231—235,224n77;
 women as protected group,作为被保护群体的妇女 218—220,218n45;219n53
 See also equality. 又见平等
Establishment Clause. 设立条款
 See under First Amendment. 见于第一修正案项下
executive branch. 执行部门
 See administration; President 见行政,总统
ex post facto law,事后的法律 39
family law,家庭法:
 bigamy,重婚 150;
 child custody and support,儿童的监护和养育 33,223;
 control over children's schooling,对儿童教育的控制 155;

familial autonomy, 家庭自治 198,199,200;
  federal authority, 联邦权力 33;
  interracial marriage, 种族间婚姻 215—216;
  right to marry, 结婚权 198, 215,198n76
federal agencies and departments. 联邦机构和部门
  See administration 见行政
federal courts (below Supreme Court), 联邦法院(在最高法院之下):
  congressional creation of, 国会创设的 71,77;
  diversity jurisdiction, 管辖权种类 36,39;
  federal question jurisdiction of, 联邦问题管辖权 36—37,39;
  independence of, 独立 71,77;
  and independent counsel, 独立检察官 67;
  as source of constitutional law, 作为宪法渊源 1
federalism, 联邦主义 246;
  background of, 背景 13—18;
  commandeering of state and local authorities, 州和地方权力机关的征募 18,35,47,243;
  and commerce power, 贸易权力 21—32,33,47;
  congruence and proportionality standard in, 一致和均衡标准 43,44,45,47—48;
  court's role in policing, 法院在维持治安中的作用 14—15, 20—21,30,32,42—43,46—47;
  and dual sovereignty, 双重主权 23,24,33,34;
  and education, 教育 28,30—31,32—33;
  and employment regulation, 雇佣规制 18—19,25—26,28—29,34,35,37,45;
  and enumerated power, 列举的权力 19—21,22;
  and family law, 家庭法 33;
  and federal fiscal power, 联邦财政权力 46,47,46n102;
  federal interference in state operations, 联邦对州的运行的介入 34—35;
  and federal supremacy, 联邦至上 35,38,47;
  and Fourteenth Amendment, 第十四修正案 21,39—40,41, 42—44,37n76,46n102;
  general or specific limits on Congress, 对议会概括或具体的限制 18,30—31;
  and intellectual property rights, 知识产权 43—44,45;
  and racial discrimination, 种族歧视 27;

recent reassertion of limits on federal powers, 近来对联邦权力限制的重新主张 14,27—32,33—35,37—39,242;

and religious liberty, 宗教自由 41,46;

and state sovereign immunity, 州主权豁免 35—39;

structural articulation of, 结构的清晰度 33;

as vertical separation of powers, 作为纵向的分权 58

Federalist Papers, 联邦党人文集 68,72,52n9

federal question jurisdiction, 联邦问题管辖权 36—37,39

federal supremacy, 联邦至上 35,38,47

Fifeenth Amendment, 第十五修正案 16,213,232,235

Fifth Amendment, 第五修正案 75,171,172,176,179,191,207,224,178n31

First Amendment, 第一修正案:

Association Clause, 结社条款 148,189;

Brandenburg, 隔离墙 96,99—100,100—101,110,111;

clear and present danger standard, 明显与现存的危险标准 96—101,99n36;

and equal protection, 平等保护 4,229;

Establishment Clause, 设立条款 35,143,144,145,148—149,156—164,165,167,168,217,158n55,168n105;

First Amendment interests, compared with doctrine, 第一修正案利益, 与原则相比较 138—139;

and Fourteenth Amendment, 第十四修正案 41,145,150;

and freedom of the mind, 思想自由 79—84,87,90,92,96,145;

Free Exercise Clause, 实践自由条款 143,145,148—149,149—156,157,166,168n105;

and fundamental right, 基本权利 223;

ground zero rule under, 零依据规则 90—92;

and individual autonomy, 个人自治 165;

and liberty in general, 一般自由 197,199;

limiting or negative principle of, 限制性或消极规定 79—80,87,96,129,130,133,141,164—165,183;

political conception, 政治理念 78—79,103,108,115,133,79n5;

positive right conception of, 积极权利概念 129—131,133—

134;

Press Clause, 出版条款 78, 82, 86, 145;

prior restraint conception of, 事前限制理念 78, 264n2;

Religion Clause, 宗教条款 143, 144—145, 147—148, 152, 164—165, 167, 169, 189, 242;

religion and speech clauses compared, 宗教和言论条款的比较 144—145, 148, 155;

and speaker-audience communication, 演讲者——听众交流 80—82;

Speech Clause, 言论条款 78, 82, 86, 145, 148, 155, 189;

tension between Free Exercise and Establishment Clause, 实践自由和设立条款之间的紧张关系 148—149, 156, 167, 168n105;

unprotected categories of speech, 不受保护的言论种类 79, 101, 110, 112, 113—114

See also mind, freedom of the; religion; speech, freedom of. 又见思想,的自由;宗教;言论,的自由

force, government monopoly of, 力量,政府垄断的 85, 87

Fourteenth Amendment, equal protection of the laws, 第十四修正案,法律的平等保护 16, 232, 40n89;

applied to federal government, 被适用于联邦政府 179n34;

and Bill of Rights, 权利法案 39, 187, 187n62, 192n69;

due process under, 正当程序 39, 44, 171, 174, 187, 200, 213, 175n16, 192n69;

enforcement provision of, 实施条款 39—40, 42, 44, 235, 243, 46n102;

equal protection under, 平等保护之下 39, 42, 207, 213, 28n55, 179n34;

and federalism, 联邦主义 21, 39—40, 42—44, 37n76;

and First Amendment, 第一修正案 41, 145, 150;

"persons" in, "人" 192, 213, 192n69;

privileges and immunities under, 特权与豁免 213, 192n69;

right to privacy under, 隐私权 191;

and the states, 州 39, 41, 150, 171, 207, 217, 175n16

See also due process of law, equal protection of the laws. 又见正当法律程序,法律的平等保护

Fourth Amendment, 第四修正案 188, 204, 187n62

France, government of, 法国,政府

55,58,69,51n3

Frankfurter Feilx,费利克斯·法兰克福特　2,187—188,241,154n43

freedom of association. 结社自由

　　See association,freedom of. 见结社,自由

freedom of conscience. 良知自由

　　See conscience,freedom of. 见良知,自由

freedom of the mind. 思想自由

　　See mind,freedom of. 见思想,自由

freedom of the press. 出版自由

　　See First Amendment：Press Clause;speech,freedom of. 见第一修正案：出版条款；言论,自由

freedom of religion. 宗教自由

　　See First Amendment; religion. 见第一修正案；宗教

freedom of speech. 言论自由

　　See First Amendment：Speech Clause;speech,freedom of. 见第一修正案：言论条款；言论,自由

Free Exercise Clause. 宗教实践自由条款

　　See under First Amendment. 见第一修正案

Friendly,Henry J.,弗兰德利,亨利　203

Fuller,Lon,富勒,朗　x

fundamental rights and liberties. 基本权利和自由

　　See under liberty. 见自由

gender issues. 性问题

　　See classifications;sex and sexuality;women, 见分类；性和性征；妇女

Germany,德国：

　　abortion in,堕胎　192；

　　government of,政府　72,146,221；

　　social equality in,社会平等　221

gerrymanders,滥划选区：

　　electoral,选举　233—235,223n114；

　　judicial,司法　77；

　　religious,宗教　152,155,152n28

Ginsburg,Ruth Bader,金斯伯格,鲁思·巴德　157,237,239—240

government(generally),政府（总体上）：

　　alternative structures of,可选择的结构　51—54,65；

　　its burden of justification for impositions,对于强加的负担的说明理由　177,182,184,90n18；

　　as embodiment of citizens,作为公民的代表　88；

　　explicit and implied structure of,外在与内在的结构　51,58；

　　and federal balance,联邦均衡　13—15,34—35,47；

fiscal power as leverage in, 作为杠杆的财政权力 46, 47;
force, monopoly of, 力量, 垄断 85, 87;
freedom of speech in, 言论自由 79, 94—96;
and freedom of the mind, 思想自由 79—83;
governmental property, 政府财产 127, 131, 132, 151—152;
governmental speech, 官方言论 94—96, 120, 126—127, 145;
increasing size and role of, 越来越多的类型和作用 55—56, 148;
and individual autonomy, 个人自治 81, 82—83, 84—86, 146, 165, 177;
limited and expansive models of, 有限与和扩张的模式 147—148, 177;
limited by rules, 限于规则 2, 79—80;
as new creation, 新的创设 15—16, 49—50;
and private domain and institutions, 私人领域和公共机构 95—96, 161—162, 164;
separation of government and religion, 政教分离 143, 144, 145—146, 156—164, 165—166, 234n116

Gratz v. Bollinger 228, 231, 235—236

Great Britain, 大不列颠:
due process in, 正当程序 176;
government of, 政府 51, 52, 53, 55, 70, 71.
See also England. 又见英格兰

Greenawalt, Kent, 格林沃尔特, 肯特 168

Griswold v. Connecticut 189, 190, 191, 193, 198, 203, 215

Grutter v. Bollinger 228, 231, 235, 236—238, 239—240

gun control, as federalism issue, 控制枪支, 联邦问题 18, 28, 30

Gunther, Gerald, 冈瑟, 杰拉尔德 240

Hamilton, Alexander, 汉密尔顿, 亚历山大 13, 54n14, 68n61, 171n3

Hand, Augustus, 汉德, 奥古斯塔斯 102

Hand, Learned, 汉德, 勒尼德 98, 99

harassment, racial and sexual, 骚扰, 种族的和性的 112—113, 112nn81, 89

Harlan, John M. (elder), 哈兰, 约翰 (老) 215, 216, 241, 215n21

Harlan, John M. (younger), 哈兰, 约翰 (小) x, 12, 29, 98, 103, 155, 167, 185—186, 187—188, 189—190, 191, 195, 196, 197, 199, 224, 241, 152n28, 177n25

Hart, H. L. A., 哈特 168

Hayburn's Case 71,75,76,77,55n15,71n71

Hayberk,Friedrich,哈耶克,弗雷德里希 164

health care, as claimed right,医疗保险,被主张的权利 223,223n68

Herodotus,希罗多德 45—46

Hobbes,Oliver Wendell,Jr.,霍布斯,奥利弗·温德尔 12,97,98,127,174,183,241,99n36

housing, as claimed right,居住,被主张的权利 223

Hughes,Charles Evans,休斯,查尔斯·埃文斯 26,28,29,241

Immigration and Naturalization Service v. Chanda 57,69,57n25,58n26,31

immunity,sovereign. 豁免,主权

 See sovereign,immunity 见主权,豁免。

independent agencies. 独立机构

 See administration 见行政

independent counsel,独立检察官 67—68

individuals and individual rights,个人和个体权利：

 autonomy,自治 81,89,165,170,195,200,83n10;

 citizenship,individualistic,公民身份,个人主义的 225,234;

 and freedom of the mind,思想自由 80—84,89,170;

 general freedom from imposition,免受强制的一般自由 177,177n26;

 governmental claims upon,政府的要求 81,83,171;

 individual and group interests compared,个人与群体利益的比较 88—89,229,234,239;

 personhood, attributes of,人格,特征 194,195;

 racial and individual identities,种族和个人身份 229,234,239;

 religion and,宗教 83,146—147,165;

 and rule of law,法治 2;

 scrutiny tests for violations of rights,对权利侵犯的详尽审查 100,177;

 security of the person,人身安全 178;

 self-ownership,自我所有权 83,85,165,170,171.

 See also liberty 又见自由

intellectual property rights,知识产权 43—44,141—142

Internet, and freedom of speech,互联网,言论自由 136,139—140,141—142

Islamic law,judges in,伊斯兰法,法官 73—74

Jackson,Andrew,杰克逊,安德鲁

61,61n44

Jackson, Samuel, 杰克逊, 塞缪尔 207n2

judging, 审判:

    Anglo-American and Continental models of, 英美法和大陆法模式 4, 72—73;

    application of rules in, compared with balancing of interests, 规则的适用, 与利益平衡相比较 80, 88—89, 92—93;

    character in, 特征 7;

    collegiality in, 共同掌权 10—11;

    common law adjudication, 普通法判决 4, 187;

    compared with legislating, 与立法相比较 74, 88, 156, 168;

    consistency and precedent in, 连贯性和先例 6—9, 242;

    constitutional and common law judging compared, 宪法判决和普通法判决的比较 4, 168, 187;

    discipline and culture of, 规则和文化 73—74, 80, 242;

    dispute resolution, as task of, 争端解决, 任务 2, 76, 77;

    negative and active roles compared, 消极和积极作用的比较 80;

    personal element in, 个人因素 6, 10—11;

See also rule of law 又见法治

judicial branch (Article Ⅲ), 司法部门（第三条）：

    appointment and tenure of judges, 法官的任命和任期 71;

    "cases and controversies", "案件和争议" 55, 71;

    congressional regulation of jurisdiction, 国会对管辖权的规制 77;

    creation of lower courts, 基层法院的创设 77;

    diversity jurisdiction, 管辖权的类别 36;

    duty to uphold Constitution, 支持宪法的责任 74—75, 77;

    treason cases, 叛国案 75;

    vested power, 既定的权力 49, 51, 74.

    See also federal courts; state courts; Supreme Court 又见联邦法院; 州法院; 最高法院

judicial gerrymanders, 司法滥划选区 77

judicial independence, 司法独立：

    argument for, 论据 70—74;

    compared with judicial supremacy, 与司法至上的比较 75—76;

    constitutional protection of, 宪法保护 70—71, 74—75;

    Continental alternative to, 大陆法的替代物 72—73;

索引 **325**

and judicial review,司法审查 74—75;

and rule of law,法治 74

judicial review,司法审查:

of administration,行政 67,69;

as enforcement of judicial independence,作为司法独立的实施 71,74—75;

in Supreme Court's constitutional role,在最高法院中的宪法作用 46—47,74—75

judicial supremacy,司法至上 74—77

juries,陪审团:

discrimination in jury service,对陪审团制度的歧视 213—214;

right to trail by jury,被陪审团审判的权利 172,223,144n4

justice of Supreme Court (as persons),最高法院法官(作为个人):

collegiality and,共同掌权 10—11;

dissenters,持不同意见者 11—12;

effect of precedent on,先例的影响 6—7;

impact of individuals,个体的影响 6,12,241,243;

majority opinions by,多数意见 10—11,4n11;

politics and,政治 6,241,243;

and "turn" in 1937,1937年的"转变" 25.

See also Supreme Court 又见最高法院

Kafka,Franz,卡夫卡,弗朗兹 94

Kalven,Harry,卡尔文,哈里 127

Kant,Immanuel,康德,伊曼努尔 82,83,84,146,171

Kenndey,Anthony M.,肯尼迪,安东尼 33

Kramer,Larry,克雷默,拉里 15,14n4,15n9

Kurland,Philip,库兰,菲利普 148,156n49

Labor Board Cases 26—27,31,41

law,rule of. 法律,治理

See rule of law 见法治

Lawrence v. Texas 184,194,195—197,197—198,199,245,246

Leval,Pierre N.,勒瓦尔,皮埃尔 109n75

libertarianism,自由意志论 170,182,245

liberty,自由:

assertion of liberty claims and government's burden of justification,对自由主张和政府负担说明理由的声明 182,184—185,90n18;

autonomy as liberty,作为自由的自治 200;

constitution of liberty,宪法自由 164;

as default position,缺位 177,197;

economic liberty,经济自由 199—200;

familial privacy and autonomy,家族隐私与自治 198,199,200,215;

fundamental rights and liberties,基本权利和自由 185,189,191—192,195,198,211—212,215,222,223—224;

lack of textual or doctrinal guidance for generalized liberty,对于泛化的自由缺乏文本或原则的指引 183;

legal establishment of liberty interests,自由利益的合法确立 174;

liberties of mind and action compared,思想自由和行为自由的比较 170—171;

liberty interest cases,自由利益案件 184—200;

liberty of the moderns,现代自由 177,177n26;

liberty-property connection,自由和财产的关系 171,200,206;

mobility as liberty,迁徙自由 222,223;

negative liberty,消极自由 177—178,177n26;

privacy as liberty interest,作为自由利益的隐私 190,191,196,199;

religious liberty,宗教自由 39,40,41,45,46,48,164—165;

and rule of law,法治 2;

specific rights compared with generalized liberty,具体权利与泛化的自由的比较 182—183,185,189,198;

in structure and hierarchy of doctrine,原则的框架和层级 2,177—178,206;

substantive liberty,实体上的自由 182,188.

See also individuals and individual rights; Liberty Clauses 又见个体和个体自由;自由条款

Liberty Clauses,自由条款 182,183—184,191,194,199

Lincoln, Abraham,林肯,亚伯拉罕 61

Lochner v. New York 114,116,173—174,178,182—183,188,194,200,218

Locke, John, and Lockean ideas,洛克,约翰,和他的思想 68,69,70,147,171,180

Lopez, United States v. 18,27—28,30,31—32,32—33,39,41,43,28n54,29n58,46n102,183n50

Loving v. Virginia 215—216.

Madison, James, 麦迪逊, 詹姆士 27—28, 52, 53, 52n9, 54n14

majority opinions, 多数意见:
 collegial nature of, 组织性质 10—11, 242;
 as dialogue with dissenters, 与持不同意见者的对话 11;
 origin of, 由来 4n11

Manning, John, 曼宁, 约翰 58n31

Marbury v. Madison 8, 40, 60, 63, 75, 76, 46n103, 74n78, 76n80

Marshall, John, 马歇尔, 约翰 15, 17, 19—20, 21—22, 23, 24, 29, 31, 46, 74—75, 76, 113, 241, 244, 4n11, 19n23, 20n26

Marshall, Thurgood, 马歇尔, 瑟谷德 161, 201, 229, 238, 239, 241, 117n109, 229n98, 231n107

masters, court-appointed, 专家, 法院指定的 76

McConnell, Michael, 麦克康奈尔, 迈克尔 147—148, 157, 159, 168n105

McCulloch v. Maryland 17, 19—20, 22, 17n16

Meiklejohn, Alexander, and political conception of First Amendment, 米克尔约翰, 亚历山大, 第一修正案的政治理念 78—79, 83, 108, 115, 133, 79n5

Merrill, Thomas W., 梅里尔, 托马斯 177n29

Miami Herald publishing Co. v. Tornillo, 134, 136, 109n74, 119n116

Mill, John Stuart, 密尔, 约翰·斯图尔特 83, 194, 83n10

mind, freedom of the, 思想, 自由:
 compared with liberty of action, 与行为自由相比 170—171;
 compelled beliefs, protection against, 强制信仰, 保护 82, 109;
 defined, 定义 81—82;
 as a duty, 作为义务 84;
 as evaluative standard, 作为评价标准 86, 88—89, 109;
 and First Amendment, 第一修正案 80—84, 86, 88, 89, 91—92, 96, 102, 115, 116, 145;
 and freedom of conscience, 信教自由 145;
 and individual self-determination, 个人自主决定 80—82, 84, 170, 196;
 as limit on government, 对政府的限制 79—80, 96, 170;
 limits of doctrinal influence of, 学说影响的限制 109, 116;
 limits of extent of, 范围的限制 86;
 as a negative right, 作为消极权利 96;
 passive form of, 被动形式 109;
 as preeminent or foundational right, 作为突出的或基本的权

利 82—84,86,170;

and a right to know,知情权 133—134;

and speaker-audience communication,演讲者—听众传播 80—82,86.

See also speech, freedom of 又见言论,自由

mobility, rights of,迁徙,权利 222,223,223n68

Montesquieu, Charles-Louis de Secondat,孟德斯鸠,夏尔路易·德·色贡达 52,68,69,70,52n8

moral hazard,道德风险(投保人可能不可靠造成的风险) 153

Murphy, Frank,墨菲,弗兰克 101,110

National Labor Relations Board v. Jones & Laughlin Steel Corp. 26,28,30

Necessary and Proper Clause.必要和适当条款

See Sweeping Clause 见兜底性条款

negative liberty.消极自由

See under liberty 见自由

New York Times Co. v. Sullivan 106—107,108,114,141

Nineteenth Amendment,第十九修正案 16,218,219

novus ordo seclorum,新时代的新秩序 15—16,15n10

Nozick, Robert,诺齐克,罗伯特 171

O'Brien, United States v. 122—124,129—130,152,155,122n123,129n150

obscenity.淫秽

See speech, freedom of: sexual expression 见言论,自由:性表达

O'Connor, Sandra Day,奥康纳,桑德拉·戴 160,165,235,237,238,239,240

opinions,意见:

advisory,咨询 55n15;

dissenting,不同 10—12;

majority,多数 10—11,242,4n11;

per curiam,法官意见 10n19

parliamentary systems of government,政府的议会体系 51,52,65

Passmore, Thomas,帕斯莫尔,托马斯 71

patents and trademarks,专利和商标 43—44

Paul, Saint,圣保罗 169,169n109

persons, definition of,人,定义 192,213,192n69

Poe v. Ullman 185—185,187—188,189—190,191,198,199,203,206,177n25

Powell, Lewis F., Jr.,鲍威尔,刘易斯 162,195,228—230,231,235,236,237,238,239

pou sto (standing ground), in doctrine,原告资格,学说 175,177,180

powers, enumeration of. 权力,列举

See enumeration of powers 见权力的列举

powers, separation of. 权力,分离

See separation of powers 见权力的分离

Preamble of Constitution, 宪法序言 51n6

precedent,先例:

and courts outside United States, 美国之外的法院 4,4n10;

dissenting opinions and,不同意见书 11—12;

and "fresh start" alternative,可选择的"新开始" 4—5,7;

role in constitutional doctrine,在宪法原则中的作用 3—10, 242,244—246

preclusion of state regulation,排除州的规制 22—23

presentment of legislation,立法的描述 56,57,57n25,58n31

President,总统:

administration as belonging to,属于行政 59,60;

appointments power, 委任权 56,57,59—60,64,77;

circumscribed by Congress,被国会限制 59;

conflicts with Congress over administration,与国会在行政上的矛盾 60—66;

dismissal power of,罢免权 60, 62—63,66—67;

election of,选举 14,225n80;

executive power compared with legislative,与立法相比的行政权 57—58;

general manager model of,总负责人模式 59,62,65,70;

implied power of,隐含的权力 55,59;

law making role in,制定法律的作用 56,57;

limits on power of,权力限制 59,70;

national leader, role as,国家领导人,作用 59,60;

powers granted to,被赋予的权力 16,51,54,56,59—60;

as source of constitutional law,宪法来源 1;

unitary presidency,单一任期 66,68,72;

vested powers of,既定权力 49, 51,54,59;

veto power,否决权 57,60, 57n25

Press Clause. 出版条款

See under First Amendment 见第一修正案

privacy, right to,隐私,权利 113, 189—192,193,196,199,212,245

private actions, compared with state action, 私人行为,与政府行为相比较 204—205,217

private discrimination, 私人歧视 40,44,217,40n89

private domain compared with government, 与政府相比私人的范围 95—96

private rights, enforcement of, 私人权利,实施 58

Privileges and Immunities Clause, 特权与豁免条款 192n69

procedural due process. 程序性正当程序

    See under due process of law 见正当法律程序

property, 财产:

    communal claims on property, 对财产的公共请求权 171;

    compared with contracts, 与契约相比较 181—182;

    due process protection, 正当程序保护 172—173,174,179, 200,204;

    and economic liberty, 经济自由 199—200;

    and equal protection, 平等保护 212,226;

    expectations and assumed rights in, 预期和假定的权利 179;

    and federalism, 联邦主义 33, 43;

    and First Amendment, 第一修正案 119;

    as fundamental right or concept, 作为基本权利或概念 180—181,206;

    governmental property, 政府财产 127—133,151—152;

    intellectual property rights, 知识产权 43—44,141—142;

    just compensation protection, 公正补偿保护 45,172,178, 179,181;

    legal establishment of property rights, 财产权的依法确立 174,180—181,203

    liberty-property connection, 自由财产关系 171,200,206;

    the mind as individual property, 私有财产观念 170;

    positivist regimes in, 实证主义体制 181;

    property rights in hierarchy of doctrine, 财产权的层级原则 177—178;

    and regulatory power, 规制权力 125,127,181;

    regulatory takings, 规制性征收 48,181;

    and religious practices, 宗教实践 151—152;

    slave owning as property, 作为财产拥有的奴隶 178,173n9;

    takings, 征用 172,178,179, 181,203,206,178n31;

zoning,分区 151,181
Property Clauses,财产条款 171,182,200
proportionality. 均衡
 See congruence and proportionality standard 见一致和均衡标准
public forum,公众论坛 127—128,130—133,134,135—136,138,140,165
public space,regulation of,公众空间,规制 104,126—128,104n53

Rabban,David M.,拉班,大卫 78n2
racial issues,种族问题:
 affirmative action,平权措施 217,227—240,243;
 case system,案例体系 165,207,215,215n21;
 classifications by race,种族分类 165,213—217,220,221,227—240,243,100n44,215n21,227n88,229n98,230n102;
 discrimination as equal protection issue,歧视作为平等保护问题 212—217,227—231;
 discrimination as federalism issue,歧视作为联邦主义问题 27,40;
 harassment,protection against,骚扰,保护 112;
 hate speech,protection against,仇恨性言论,保护 96,109,107n70;
 individual and racial identity,个人和种族的一致性 229,234,239,229n98;
 interracial marriage,种族间婚姻 215—216;
 segregation,种族隔离 212—216,227—228,238;
 voting rights and districting,选举权和(众议院的)选区 231—235.
 See also slavery 又见奴隶
Railway Express Agency,Inc. v. New York 209—210,209n9
Rakove,Jack,拉可福,杰克 17,17n17
ratification of Constitution,宪法的批准 17,17n15,51n6
rational basis analysis. 理性基础分析
 See under scrutiny,levels of 见审查,层级
rationality. 合理性
 See reason 见理由
Rawls,John,罗尔斯,约翰 146,136n172
reapportionment,重新分配 224—225,226—227,233—235
reason,原因:
 coherence and,一致 9—10;
 and freedom of the mind,思想自由 84;
 operation of over time,随时间的

运作 8—9；
paradox of rationality,合理性的自相矛盾 7,9；
and rationality analysis,合理性分析 209；
religion of reason,信仰的动机 169n108
Reconstruction amendments,重建修正案 1,16,55,213,219,227
Regents of the University of California v. Bakke 228—230,231,234,235,238,239,217n32,228nn93,96,230n99
regulatory takings,规制性征用 48,181
Rehnquist,William H.,伦奎斯特,威廉 29—30,30—31,33,45,162,163—164.236,241,157n55,219n46
religion,宗教：
 ad hoc balancing compared with doctrine in,与原则相比的特别平衡 155—156；
 alternative conceptions of religion and rights,可选择的宗教和权利的观念 145—147,167—169,169n108；
 belief-action distinction,信仰—行动特征 150—152；
 compared with speech,与言论相比较 144—145,148,151,155,165,169；
 in constitution of liberty,宪法自由 164；
 doctrinal confusion about,学说的混乱 149,156—157,164；
 forbearance as response to doctrinal indeterminacy,作为对不确定性原则的反应的延展期 165,166—169；
 and freedom of association,结社自由 148,159；
 and freedom of conscience,信教自由 145,159,167,168；
 historical and social role of,历史和社会的作用 143—146,149；
 immunity-from-regulation interpretation of First Amendment,第一修正案免受规制的解释 148；
 individual autonomy and,个人自治 83—84,146—147,165；
 moral hazard and religious exemptions,道德风险和宗教免除 153；
 non-endorsement standard in establishment doctrine,在确立原则中的非认可标准 160,165,166；
 priest-penitent privilege,牧师—忏悔者特别待遇 168n105；
 prohibitive impositions standard in free exercise doctrine,实践自由学说中的禁止强迫接受标准 166；

in public forum, 公众论坛 165—167;

regulatory burdens on free exercise, 实践自由的规制负担 40—41, 48, 149—156, 166;

religion-neutral interpretation of First Amendment, 第一修正案对宗教中立的解释 148, 152;

religion of reason, 宗教的理由 169n108;

religious education, 宗教教育 155, 157, 158, 160—164;

religious gerrymander, 宗教选区 152, 155, 152n28;

religious liberty, 宗教自由 39, 40, 41, 45, 46, 48;

religious speech and expression, 宗教言论和表达 135, 151;

school prayer, 学校祈祷 158, 159;

separation of religion and government, 政教分离 143—144, 145—146, 156—164, 165—166, 235n116;

tension between exercise and establishment protections, 行使和确立保护之间的紧张关系 148—149, 156, 167, 168n105;

and unity of citizenship, 公民身份统一 217.

See also First Amendment; Establishment Clause, Free Exercise Clause, Religion Clause 又见第一修正案:设立条款,实践自由条款,宗教条款

Religion Clause. 宗教条款

See under First Amendment 见第一修正案

reserved powers. 权力保留

See Tenth Amendment 见第十修正案

right to die, as claimed right, 死亡权,被主张的权利 184, 194, 198

Roe v. Wade 191—193, 194, 195, 198, 203, 244, 193n72, 244n2

Roman Republic, 罗马共和国 52

Roosevelt, Franklin D., 罗斯福,富兰克林 25—26, 62, 65, 66, 70, 183

Rousseau, Jean-Jacques, 卢梭,让·雅克 170

rule making, 规则制定:
    administrative, 行政 67, 69;
    legislating as, 立法 54—55, 54n14

rule of law, 法治:
    administrative law and, 行政法 72—73;
    analytical rules compared to balancing of interests in, 与利益平衡相比的分析规则 89, 118—119;
    common law and, 普通法 72—73;
    critique of notion of, 概念的批评 2;

defined, 定义 2;
discipline and culture of judging in, 审判的规则和文化 73—74, 242;
equality and, 平等 208;
federalism and, 联邦主义 15, 46—47;
and judicial independence, 司法独立 74, 77;
and limits on power, 对权力的限制 59;
and protection of liberty, 自由的保护 2;
and remedy of wrongs, 违法行为的救济 38;
and sovereign immunity, 主权豁免 38.
See also doctrine, constitutional 又见原则,宪法

Russia, government of, 俄罗斯, 政府 51, 52

Scalia, Antonin, 斯卡利亚,安东尼 151, 155—156, 159, 197, 235, 236—237, 241, 100n42
schools. 学校
See education 见教育
Scott, Dred, 172—173, 178, 284n8
scrutiny, levels of, 详细审查, 级别:
as doctrinal device, 原则性设计 45, 100, 183, 211—212, 223, 243, 100n44, 218n45;
heightened scrutiny, 严格审查 150, 166, 212, 218, 219, 220, 226, 100n44;
intermediate scrutiny, 中度审查 100, 220, 230, 100n44, 218n45;
rational basis analysis, 理性基础分析 100, 114, 123, 177, 183, 185, 199, 211, 213, 220, 222, 100n44;
strict scrutiny, 严格审查 100, 150, 223, 230, 243, 100nn43—44, 218n45, 227n88

segregation. 种族隔离
See under racial issues 见种族问题

separation of powers, 分权:
and the administrative state, 行政国家 53, 55—66, 71;
alternative models for, 可选择的模式 51—54, 54n12;
background of, 背景 49—54, 52n7;
bicameralism and, 两院制 52—53;
congressional-presidential conflicts over administration, 国会和总统在行政上的冲突 60—66;
congressional-presidential reciprocity in, 国会和总统的互惠 57—58;
constitutional status of, 宪法地位 51, 52,

courts' enforcement of,法院的执行　52,57,58,59,60—61,66—68,69,71—72,74—77;

deduced and inferred,演绎和推断　51,54—55,57;

as doctrinal issue,原则问题　49—51;

for effective use of power,权力的有效运用　52,53,68,69—70,52n7;

federalism as form of,联邦主义形式　58;

independent agencies in,独立机构　63—64,65,66,67;

judicial independence in,司法独立　70—77;

law making and administration distinguished in,立法与行政的区别　56—59;

parliamentary system, compared with,议会体系,比较　51—52,65;

presidential leadership in administration,总统在行政中的领导　58—62,65,69—70;

for security against abuse,保障安全反对滥用　52,68—69,70,72,52n7;

and social order,社会秩序　53

separation of religion and government,政教分离

See under religion 见宗教

Seventeenth Amendment,第十七修正案　14

Seventh Amendment,第七修正案　172,144n4

sex and sexuality,性别和性征:

classification by gender,依据性别分类　218—220,100n44,218n45,219n46,53;

sexual behavior,性行为　184,185—186,189—191,194—198,219;

sexual expression,性表达　79,86,101—106,115,119,195,200;

sexual orientation,性倾向性　172—173,178,195,198,199,200,212,212n13

Sherbert v. Verner　41,149—150,151—152,153,154,155,166,167,149nn14,16,150n17,166n98

slavery,奴隶　13,172—173,178,212—213,229,238,40n89,172n8,173n9,192n69,207n2

social contract theory,社会契约论　182

social democracy,社会民主主义　243

socialism,社会主义　170,183,221

Souter, David H.,苏特,戴维　157,164,244—245,177n25

South Africa,南非　146,221

sovereign immunity,主权豁免:

of government,政府　38;

of states,州　35—39,42,48,

37nn71,75,37n76

special (private) legislation,特殊的（私人）立法 54n13

speech, freedom of,言论,自由：

    action, speech as,行为,言论 86,93—94,110—111,115；

    action, speech as prompt to,行为,言论作为提示 86,90—91,96,98,110,111；

    in broadcasting media,广播媒体 134—136；

    in cable media,有线媒体 136—139；

    and campaign finance regulation,竞选资金规制 100,10n19；

    clear and present danger standard,明显和现存的风险标准 97—101,99n36；

    commercial speech,商业性言论 79,101,110,112—113,113—117,128,218,117n109,130n151；

    compared with equal protection,与平等保护相比较 218,223；

    compared with freedom of religion,与宗教自由相比较 144—145,148,151,155,165,169；

    compelled speech,被强迫的言论 82,96,109,159；

    content-neutral regulation,内容中立规制 118,119—120,121,122,129,137；

    copyright as limit to,版权限制 141—142；

    defamation,诽谤 106—109,117,119,141,204；

    doctrinal rules compared with balancing of interest in,与利益平衡相比较的原则性规则 80,88—89,92—93,118—119,133,138—139,245；

    editorial discretion in,编辑的裁量 136,137；

    foreclosure of speech,言论的排斥 96—101；

    freedom-of-the-mind conception of,思想自由观念 80—84,86,88,89,91—92,96,102,115,116；

    governmental speech,官方言论 94—96,120,126—127,145；

    government-subsidized speech,政府资助的言论 129—130；

    ground zero rule,零依据规则 90—92；

    hate speech and fighting words,仇恨性言论和挑衅性言辞 79,96,101,109—113,245,107n70,111n80,121n121；

    impermissible effects (burdens),不容许的效果（负担） 87,92—93,117—121,125；

    impermissible purposes (prohibitions),不容许的目标（禁令）

89—92,96—101；

on Internet,互联网 136,139—140；

as limiting or negative principle,作为限制或消极的原则 79—80,96,129,130,133；

political-purpose conception of,政治目标观念 78—79,83,103,108,115,133,79n5；

positive right conception of,积极权利观念 96,129—131,133；

prior-restraint protection,预先限制保护 78；

prohibition and burdens compared,禁止与负担的比较 86—89,96,117—121；

public forum for,公众论坛 127—128,130—133,134,135—136,138,140,165；

in public space,公共空间 104,126—128,104n53；

regulatory burdens on,规制负担 48,87—88,92,100,118,122—124,125—134；

and a right to information,知情权 133—134,133nn163—165；

seditious speech,煽动性言论 78n2；

sexual expression,性表达 79,86,101—106,115,119,200；

speaker-audience communication,演讲人听众传播 80—81,86；

speech codes,言论编码 112n89；

state action,broadcasting as,,广播 134,135；

symbolic speech,象征性言论 94,121—125,145,151；

tariffs on,关税 87,97,124—125,223,87n14；

time, space, and manner regulation,时间、地点和方式规制 125—134；

unprotected categories,不受保护的种类 79,101,110,113—114,141—142；

view-point-neutral regulation,观点中立规制 118,120—121,132；

violent expression,暴力言论 79,104—105,110,111,119.

See also First Amendment; mind, freedom of the 又见第一修正案；思想，自由

Spending Power Clause,分配权力条款 54n14

Stanton, Edwin,斯坦顿,埃德温 61—62

stare decisis,遵循先例 39,244—245,246.

See also precedent 又见先例

Starr, Kenneth,斯塔尔,肯尼思 68

state constitutions. 州宪

See constitutions, state 见宪法，州

state courts,州法院：
 constitutional authority of, 宪法权力 77,77n83；
 functions of,作用 71,55n15；
 general jurisdiction of,一般管辖权 77；
 majority opinions in,多数意见 10—11,242；
 as source of constitutional law,宪法的来源 1

states,州：
 commandeering of,征募 18,35,47,243；
 in creation of Constitution,宪法创设 17,252n15；
 dignity of,尊严 37,48；
 federal interference in operations of,联邦对运行的干涉 34；
 fiscal subordination of, to Congress,财政依附，国会 46,47,46n102；
 and Fourteenth Amendment,第十四修正案 39,41,150,171,207,217,175n16；
 as model for federal government,作为联邦政府的模式 49；
 and private and religious education,私人和宗教教育 161,164；
 reserved powers of,权力保留 16—17,18；
 sovereign immunity of,主权豁免 35—39, 42, 48, 37n71, 75, 37n76；
 state processes compared with constitutional claim,州程序与宪法诉讼的比较 204—206；
 states' rights claims,州的权利要求 13；
 in structure of federal government,联邦政府的框架 14,18,18n18.

 See also constitutions, state；federalism；state courts 又见宪法，州；联邦主义；州法院

Stevens,John Paul,史蒂文斯，约翰·保罗 148—149,157,161,230,236,238,241

Stewart,Potter,斯图尔特，波特 278

Stone,Harlan Fiske,斯通，哈兰·菲斯克 217,241

Story,Joseph,斯托里，约瑟夫 50n2

substantive due process. 实体性正当程序

 See under due process of law 见正当法律程序

Sunstein, Cass R., 桑斯坦，凯斯 8n13, 28n56, 52n7, 135n170, 138n181, 170n1, 177n29

Sun Yat-sen,孙中山 54n12

Supremacy Clause,最高条款 3,38,47,72,74,3n7

Supreme Court, U. S.,最高法院，美国：

and activism-restraint distinction, 激进主义限制的特性 243;
and adherence to principles and rules, 对原则和规则的遵守 2, 46—47;
appellate jurisdiction of, 上诉法院 77;
appointments to, 任命 71, 77, 241, 244, 51n5;
"cases and controversies", "案件和争议" 55, 71;
character in, 特征 7;
as collegial body, 有组织的主体 10—11;
congressional challenges to interpretations of, 国会对解释的质疑 41, 46—47, 151;
contracts, decisions on, 契约, 判决 173—174, 181—182;
control of, over its constitutional role, 控制, 宪法作用 42—43, 46—47, 74—77;
dissenting opinions in, 不同意见 10—12;
due process, decisions on, 正当程序, 判决 172—173, 185—186, 187, 188, 197—198, 200—206;
equal protection, decisions on, 平等保护, 判决 209—238;
federalism, decisions on, 联邦主义, 判决 14—15, 17, 18, 19—32, 33—35, 36—44;

freedom of speech and press, protection of, 言论和出版自由, 保护 96—103, 105—107, 110—111, 116—117, 119, 120, 122—125, 133—134, 1136—137, 141—142;
free exercise of religion, decisions on, 宗教实践自由, 判决 149—156, 166—167;
institutional inertia in, 制度惯性 244;
interpretive hegemony of, 解释的优先权 41, 42—43, 46—47;
and judicial independence, 司法独立 74—77;
and judicial review, 司法审查 46—47, 74—77;
law making by, 法律制定 2;
liberty interests, decisions on, 自由利益, 判决 184—200;
majority opinions in, 多数意见 10—11, 4n11;
1937 "turn" in, 1937 年的转变 25—26, 82, 114;
political versus doctrinal role of, 与原则作用相对的政治作用 241—244;
precedent, reliance on, 先例, 依据 4, 6—8, 244—246;
property rights, decisions on, 财产权, 判决 172—173, 179—181, 200—201;
reaction against Warren Court

project,对沃伦法院项目的反应 244;
role of,作用 1—2,4,46—47,50—51,55,71,74—77,168,183,199;
and rule of law,与法治 2,46—47;
separation of powers, decisions on,分权,判决 57,58,59,66—68,69,71,75,76;
separation of religion and government, decisions on,政教分离,判决 156—164,165—166,234n116;
state processes, decisions on,州程序,判决 200—206;
as source, of constitutional doctrine,来源,宪法学说 1,3,4,46—47,50—51;
use of levels of scrutiny,审查层级的适用 45,183,243;
vested powers of,既定权力 49,51,55;
Warren Court project,沃伦法院项目 243—244.
See also justices of Supreme Court 又见最高法院法官
supreme law, Constitution as,效力最高的法律,宪法 3,74,3n7
Sweeping Clause,兜底性条款 19,21,40,56

Taft, William Howard,塔夫脱,威廉·霍华德 66
takings. 征用
See under property 见财产
Taking Clause,征用条款 172,178,179,181,200,206,178n31
Taney, Roger,托尼,罗杰 173,241,61n44,173n9
Tenth Amendment,第十修正案 16—17,18,21,23,33—35,47
Third Amendment,第三修正案 188
Thirteen Amendment,第十三修正案 16,40n89
Thomas, Clarence,托马斯,克拉伦斯 115
tort law,侵权法:
compared with constitutional law,与宪法相比较 204;
defamation in,诽谤 106—107,108,204;
and equal protection,平等保护 226;
and First Amendment,第一修正案 106,108,119;
liberty and property under,自由和财产 174
travel,旅行
See mobility, rights of 见迁徙,权利
treaty power, in separation of powers,条约权力,分权 59
Twelfth Amendment,第十二修正案 225n80
Twenty-fourth Amendment,第二十四

修正案 16n12

Twenty-sixth Amendment, 第二十六修正案 16

Vesting Clauses, 授权条款 16, 49, 51, 54, 59

Virgil, 弗吉尔 52n10

Virginia State Board of Pharmacy v. Virginia Citizens Consumer Council 115n102, 183n50

voting rights, 选举权 16, 208, 213, 218, 219, 224—227, 231—235, 16n12, 208n6

Warren, Earl, and the Warren Court, 沃伦, 厄尔, 和沃伦法院 103, 154, 243

Washington, George, 华盛顿, 乔治 49, 60

Washington v. Davis 227

Washington v. Glucksberg 184—185, 195, 177n25, 184n56, 185n57

Weber, Max, 韦伯, 马克斯 85

Wechsler, Herbert, 韦克斯勒, 赫伯特 x, 14, 14n4

White, Byron R., 怀特, 拜伦 58n26

Wittgenstein, Ludwig, 维特根斯坦, 路德维格 168

women, 妇女：

 equal protection rights of, 平等保护权 45, 218—220, 28n55, 218n45, 219n52;

 offensive speech, protection against, 攻击性言论, 保护 109, 111—112;

 privacy rights and abortion, 隐私权和堕胎 191—192, 193;

 sexual harassment, protection against, 性虐待, 保护 112;

 violence against, as federalism issue, 暴力, 联邦主义问题 28, 30—31, 40, 44, 28n55, 31n60

Wood, Gordon, 伍德, 戈登 17n15

Wyzanski, Charles E., 怀赞斯基, 查尔斯 229n98

Xerxes, 薛西斯 45, 46n100

Zenger, John Peter, 曾格, 约翰·彼得 134

保守派的宪法代言人：查尔斯·弗瑞德——代译后记

一

作为保守主义的宪法代言人，我们首先可以从查尔斯·弗瑞德的经历中获得见证。查尔斯·弗瑞德拥有哈佛法学院的卡特法理学讲座教授席位。自1961年开始，他就在哈佛法学院教授宪法、商业法、刑法、联邦法院法、劳动法等多门课程。但是，与此同时，他具有极为丰富的法院实践工作经历。曾就职于美国联邦最高法院、联邦巡回法院上诉法院、哥伦比亚区法院以及许多上诉法院。同时，在里根总统办公室担任顾问。1985年12月，里根总统任命他为司法部长。作为最重要的保守派象征行为是在2005年，他对罗伯茨就职联邦最高法院法官发挥了支持和推动作用。这也改变了美国最高法院中保守派与自由派的力量对比。正是由于面对诸多案件的实践经验，使得查尔斯·弗瑞德在本书中也援引了大量案例来说明最高法院中的宪法。

同时，这位保守主义者的宪法代言人当然也不会仅仅在案例中某些政治行为中表现出他的"保守"。在本书的叙事风格上，我们也可以看出尽显温和的文字，甚至时时会带有自然法的神学色彩。例如，"非凡制表匠"（第14页）*、波希战争的相关描述（第45页）、伊斯兰教义（第73页）。在本书中，他以"悲切地关怀"描述了最近宪法中发生的诸多案例以及历史上曾经产生过重要意义的判

---

* 以下页码均为原书页码，即本书边码。

决,强调了司法判决需遵循必要的原则,并由此描述了对原则性路径的追逐。如果从美国宪法对最高法院以及司法的功能来看,查尔斯·弗瑞德便是属于强调以最高法院为中心的司法至上主义者。因此,也就是阿克曼所宣称的"法律职业叙事"[1]。进而,从这本书中,我们可以获得对保守派的宪法学者以及强调"最高法院中的宪法"而非"最高法院之外的宪法"的最好理解。

二

美国宪法学者从其政治意识形态及其所持有的主要观点来看,大体上可以分为保守派、自由派与激进派。一旦这些学者加入法院体系之中,我们往往可以根据他们在意识形态与哲学上的一贯立场来推断他们对重要案件的可能看法。大法官们也有自己的倾向,人们一般可以根据他们在意识形态和哲学理念上的一贯立场,推断他们对某些重要案件的看法。即使是总统在提名最高法院法官时,也会选择那些与自己在意识形态上较为接近的法官。最高法院如果按自由派和保守派划线的话,持坚定保守派立场的有伦奎斯特、斯卡利亚和托马斯,坚定的自由派有斯蒂文斯、索托尔、金斯伯格和布雷耶,奥坎纳和肯尼迪则属于"摇摆投票者"。

一般而言,保守派是保守主义宪法学者思想的政治标签。从美国宪法制定之初,便可以发现保守主义的身影。这是因为,制宪之初,美国宪法受到英国宪法的影响,并以 1760 年和 1787 年间存在的英国宪法作为他们的样板。而在那些年间,保守主义的重要代表人柏克在英国下院中地位显赫,并大量地论述了宪法的理论与实践。[2] 从费城会议参加宪法制定的人员组成来看,也是以保守派居多。而受英美法系的影响,最高法院也曾一度被认为是保

---

[1] 汪庆华:《宪法与人民——布鲁斯·阿克曼的二元主义宪政理论》,《政法论坛》2005 年第 6 期。
[2] 拉赛尔·阿莫斯·柯克:《保守主义的传统》,载于〔美〕肯尼思·W. 汤普森:《宪法的政治理论》,张志铭译,生活·读书·新知三联书店 1997 年版,第 49 页。

守主义的主要阵营。一直到罗斯福新政时期,自由派开始在最高法院中占据上风。1975 年,随着最后一位"新政法官"道格拉斯的退休,伦奎斯特主导最高法院的时期,最高法院又逐渐转向保守。

从保守派的宪法学者来看,他们往往主张一种有限的政治,一种应受到宪法和法律限制的、法治的政府以及一种受到历史和文化限制的温和政治。在他们看来,多数重要的法律,不可以是立法机关制定出来的法律,法律是被发现的,而不是被制定的。传统是法律的重要渊源。[3] 因此,维护既成的传统,是保守主义的最大特征。查尔斯·弗瑞德在本书中多次表达了这样的观点。例如,"最高法院首先亦是一个法院,我们要求法院应当受到规则与原则的拘束"。(第 2 页)由此,保守派的宪法学者往往更为强调推理,强调某种事务之间的逻辑必要性与行为的连贯性。因为,在他们看来,"此种连贯性赋予了最高法院判决以规则性与可预测性,他们必须使法院权力的行使的确是,而且看上去是合法且可接受的"。(第 5 页)同时,他们在宪政改革的态度上也往往更倾向于渐进的选择,不主张激烈的社会变革。正如查尔斯·弗瑞德所描述的:"如果这些路径中的某一个或者其他新的路径被采纳,随着时间的流逝,宪法的本质便会改变。因为较少受缚于遵循先例原则,改变可能并非突然,但比偶然的推翻先例更为丰富。遵循先例要求尊重过去的判决,而并非尊重那些判决的思考方式,需要尊重的是那些思考遵循先例本身的方式以及思考一般意义上宪法本质的理解方式。"(第 246 页)

也正是基于这些政治哲学思想基础,查尔斯·弗瑞德在本书中试图描述宪法中所存在的一些基本原则。随着案例的发展,这些源于文本与案例中的原则,往往会呈现出消逝或者改变的特征。(第 12 页)作者从分权、言论、宗教、自由与财产、平等各个章节,展开了对宪法原则的探询。几乎在每个章节,我们都可以看到这样的文字,诸如"思想自由不仅仅是一项正确的原则,它还是为第一修正案原则复杂结构提供主要活力的原则"。(第 96 页)"是否有何依据可以使

---

[3] 刘军宁:《保守主义》,中国社会科学出版社 1998 年版,第 105 页。

混杂的原则、相互冲突的先例和不确定的原则变得有序,而不致过于偏离宪法文本、法律资料和我们的国家传统呢？与第一修正案的其他条款一样……最好是把宗教条款视为我们的宪法自由的一部分……"(第164页)等,这些话语均为我们展示了宪法中可能存在着具有连贯性与持续性的宪法原则。同时,借助大量案例,查尔斯·弗瑞德审慎且合理地阐述了随时间流逝而形成的宪法原则。

三

"遵循先例"是英美法系中重要的法律原则,也是普通法审判技术的特征。对于不愿意改变现状尊重传统的保守派来说,他们更容易对先例表现出一种遵循的态度。而美国法院由于在建国前后,更多地遵循了英国法院的实践,因此,为了维持法律的连贯性以及原则的持续性,先例非常必要。"遵循先例"要求能够适用的先例在待决案件中必须被适用,即便该案件如果能够以一种新的方式考虑的话,法官会以当前的正义标准作出不同于先例的判决。查尔斯·弗瑞德在本书中也在诸多章节通过对案例的探讨,展示了法官对于先例的尊重。因此,本书通过大量的案例描绘了这一事实。例如,"联邦主义"章节中对于贸易条款发展的追述；"财产与自由"章节中 Roe v. Wade、Planned Parenthood of Southeastern Pennsylvania v. Casey、Washington v. Gluckberg 案,描述了其中所包含的基本权利概念而非泛化的自由概念；"言论"章节所追溯的 West Virginia State Bd. of Educ. v. Barnette、Branderburg v. Ohio、New Yorks Times v. Sullivan 等。尽管,在我们看来,很多案件被视为美国最高法院发展历程中富有变革意义的案件。但是,对于作者而言,即使是那些富有转折性的案例中,他也能看到更多遵循先例的影子,或者说,他依旧可以找到先前类似案件中相一致的观点或者论述。这也是作者对于具有"连贯性"与"一致性"的宪法原则的一种近乎固执的追求。

当然,查尔斯·弗瑞德也承认遵循先例并非总是如此。"如果宪法原则并未变得僵化，那么在普通法裁决路径依赖的驱使下，就必须存在区分、限定和摈弃先例的余地。"（第 12 页）在某些时刻，法官可以推翻先前的判决。正如，在第六章中所讨论的 *Lawrence v. Texas* 案中，便推翻了 *Bowers v. Hardwick* 案的判决。"如果这些路径中的某一个或者其他新的路径被采纳，随着时间的流逝，便会改变宪法的本质。"（第 246 页）

在这种对"遵循先例"的强调中，本书作者认为法院，尤其是最高法院在其中发挥着重要的作用。因此，查尔斯·弗瑞德在本书中对法院的作用进行了回顾和审视。例如，在第三章"分权"中，他清晰地描述了强调司法部门判断法律是什么的职责与权威，这早在首席大法官马歇尔时代便已确定。（第 74 页）由此，在对分权原则加以回顾之后，他认为司法独立性则可能成为司法最高性的体现。这些也是本书副标题"最高法院中的宪法"之含义，即强调美国宪法原则的两个来源之一的先例，尤其是最高法院的判决。（第 3 页）最高法院的判决必须为全国的法院、律师和立法者提供指引。（第 168 页）这种对于以法院为中心的论述方式恰恰是新一代的宪法学者，例如，桑斯坦等学者加以批驳的对象。在他们看来，这实际上弱化了其他官员和普通公民的责任感，分散了对司法外其他策略的注意力。[4] 因此，通过本书的阅读，我们应当能够更好地理解所谓的新宪法学者与上一代宪法学者之间所具有的分歧。当然，即使如查尔斯·弗瑞德本人，他也注意到了一些新的宪法学者，例如布雷耶的观点，即在诸多领域中，他认为目前所存在的宪法原则过于机械。而实际中，布雷耶恰恰推动了那些源于其他宪法民主党人及其宪法法院中相关问题的考量。（第 245 页）也就是说，对于查尔斯·弗瑞德来说，他的时代是与里根时代紧密相随的，而当下他对于未来宪法学发展的可能方向也已经有所察觉，但

---

[4] 森斯坦：《偏颇的宪法》，宋华琳、毕竞悦译，北京大学出版社 2005 年版，第 10 页。其他相关观点可参见布鲁斯·阿克曼：《我们人民：宪法变革的原动力》，孙文恺译，法律出版社 2003 年版，森斯坦：《实体行政》，胡敏洁译，载刘茂林主编：《公法评论》第 3 卷，北京大学出版社 2005 年版。

对他来说,任何激烈的变革都将不被考量。

四

从整体上来看,本书正是对查尔斯·弗瑞德多年来从事的宪法学教学以及宪法实践经历的一种总结。从中,我们可以看到他几乎全部的宪法学思想。在日新月异的时代变化中,保守主义的宪法学思想占有何种地位?其观点的重要内容为何?这些或许都可以从本书中获得答案。

这本书是由胡敏洁、苏苗罕及李鸻三人合译。这其中,译者并非就是保守主义宪法学思想的喜好者。本书中的某些观点与译者们先前所翻译的一些文章所持有的观点并不相同。因此,在翻译过程中,更多的是一种不断的学习,甚至是一种自我思索的过程。而作者所独特的宪法学观点以及书中所引用的冗长案例与话语,都为本书的翻译增添了难度。同时,在本书翻译的过程中,每个人都经历着不同的地域变迁或即将面临生活城市的改变。因此,这本书的翻译也不断转移着场所。在各个译者的努力下,终于于2008年3月前后完成了本书的翻译和校对工作。

在译者完成本书翻译之际,感谢林来梵教授、章剑生教授、朱芒教授给予的关心与鼓励;感谢田雷先生、宋华琳先生给予的帮助与支持。感谢汪庆华先生、毕竞悦女士以及北京大学出版社的编辑联系本书的出版以及进行前期的准备工作。感谢本书的责任编辑白丽丽女士所付出的艰辛努力。尽管在这条漫长的翻译之旅中充满了艰辛,译者也尽量努力试图去避免其中的错误。但是,其中或许仍旧疏漏了某些错误之处。这些均由译者负责(胡敏洁信箱:huhuminjie@hotmail.com;苏苗罕信箱:sumiaohan@163.com;李鸻信箱:birdflying7528@gmail.com)。

胡敏洁
2008年3月1日

附　记

本书的翻译分工为：

序言、第一、二、三、七章、后记，由胡敏洁译出，并负责前期的统稿工作以及后期校对工作。

第四、五章由苏苗罕译出，并负责序言与第一章的初校工作。

第六章由李鸧译出，李鸧还制作了全书的索引和案例表，并负责后期的统稿和校对工作。

宪政经典

1. 权利的成本——为什么自由依赖于税
   〔美〕霍尔姆斯 桑斯坦著 毕竞悦译
2. 普通法与自由主义理论:柯克、霍布斯与美国宪政主义之诸源头
   〔美〕小詹姆斯·R.斯托纳著 姚中秋译
3. 偏颇的宪法
   〔美〕凯斯·R.桑斯坦著 宋华琳、毕竞悦译
4. 英国宪制
   〔英〕白哲特著 史密斯编 李国庆译
5. 司法审查与宪法
   〔美〕西尔维亚·斯诺维斯著 谌洪果译
6. 宪法(第三版)
   〔日〕芦部信喜著 林来梵、凌维慈、龙绚丽译
7. 反联邦党人赞成什么
   〔美〕赫伯特·J.斯托林著 汪庆华译
8. 法院与宪法
   〔美〕阿奇博尔德·考克斯著 田雷译
9. 最小危险部门——政治法庭上的最高法院
   〔美〕亚历山大·比克尔著 姚中秋译
10. 就事论事——美国最高法院的司法最低限度主义
    〔美〕凯斯·R.桑斯坦著 泮伟江、周武译
11. 公债与民主国家的诞生
    〔美〕大卫·斯塔萨维奇著 毕竞悦译
12. 何谓法律:美国最高法院中的宪法
    〔美〕查尔斯·弗瑞德著 胡敏洁、苏苗罕、李鹄译

13. 我们的秘密宪法——林肯如何重新定义美国的民主(待出)
    〔美〕乔治·弗莱彻著 陈绪纲译
14. 大宪章(待出)
    〔英〕J. C. Holt著 贺卫方译
15. 宪法的领域:民主、共同体和管理(待出)
    〔美〕Robert Post著 毕洪海译
16. 冲突中的宪法(待出)
    〔美〕Robert Burt著 车雷译

2008年7月更新